罗曼诺夫王朝的衰亡

[英] 伯纳德·帕尔斯 著

符白羽 译

中国华侨出版社

·北京·

图书在版编目（CIP）数据

罗曼诺夫王朝的衰亡 / (英) 伯纳德·帕尔斯著；

符白羽译. — 北京：中国华侨出版社, 2023.2

ISBN 978-7-5113-8768-4

Ⅰ.①罗… Ⅱ.①伯… ②符… Ⅲ.①罗曼诺夫王朝
(1613–1917)—历史 Ⅳ.①K512

中国版本图书馆CIP数据核字(2022)第062829号

罗曼诺夫王朝的衰亡

著　　者：[英]伯纳德·帕尔斯

译　　者：符白羽

出 版 人：杨伯勋

策划编辑：唐崇杰

责任编辑：李胜佳

经　　销：新华书店

开　　本：710毫米×1000毫米　　1/16开　　印张：35.5　　字数：465千字

印　　刷：北京天正元印务有限公司

版　　次：2023年2月第1版

印　　次：2023年2月第1次印刷

书　　号：ISBN 978-7-5113-8768-4

定　　价：138.00元

中国华侨出版社　　北京市朝阳区西坝河东里77号楼底商5号　　邮编：100028

发行部：（010）64443051　　传　真：（010）64439708

网　　址：www.oveaschin.com　E-mail：oveaschin@sina.com

如发现印装质量问题，影响阅读，请与印刷厂联系调换。

出版说明

　　《罗曼诺夫王朝的衰亡》是英国历史学家、利物浦大学俄罗斯历史教授、《斯拉夫和东欧评论》创办人伯纳德·帕尔斯（1867—1949）的代表作品。伯纳德·帕尔斯是欧美学界公认的俄罗斯史巨擘。

　　需要注意的是，虽然本书多层次、宽角度地深入剖析了罗曼诺夫王朝衰亡直接的与间接的、重要的与次要的、本质的与表象的因素，但不宜全盘接收作者的全部观点，尤其是作者的个别观点不仅需要商榷，甚至应该批判。

　　作者对末代沙皇尼古拉二世充满了深深的同情，但是却忽略了这种结果的根源。沙皇尼古拉二世所代表的统治阶层给俄国中下层人民带来了深重的灾难，尤其是俄国参加世界大战后，前线将士死亡枕藉，后方人民哀鸿遍野，一片末日的景象。哪里有压迫，哪里就有反抗。反抗暴政是人民的权利，打倒暴政是人民重生的必由之路。因此，罗曼诺夫王朝被历史的巨轮碾碎是时代发展的必然，是不可逆的最终结果。

　　作者对布尔什维克及其革命运动颇有微词，却忽略了俄国人民选择布尔什维克的客观现实。沙皇尼古拉二世退位后，俄国革命浪潮非但没有减退，反倒更加汹涌澎湃，各政治派别为救国、图存继续斗争。然而，残酷的现实将俄国人民喝醒了，只有布尔什维克才能救俄国，其他政治派别带给俄国人民的除了灾难，别无其他。历史选择了布尔什维克，人民选择了布尔什维克，大势所趋，无法改变。

2023年2月

导　言

　　从1904年起，我萌生了研究俄罗斯当代历史的想法，一直到1919年，我都在从事相关工作。第一次世界大战结束前，我每年都会在俄罗斯逗留三四个月，寻找曾在公共事件中扮演过或仍在扮演重要角色的人。我并不是为了采写新闻，而是收集史料。持各种观点的俄罗斯人很喜欢这种交谈方式，他们在了解研究主题后，会一直和我保持联系。大多数人友好诚实地讲述自己的故事，直言不讳、毫无保留，气氛十分融洽。塞缪尔·N.哈珀是我非常重要的朋友，现任芝加哥大学的俄语教授，1906年至1908年曾与我共事三年。我们常一起拜访公职人员，他们细致地讲述经历，我们则及时记录，并且通常在当天整理好笔记。这种方法的好处是，如果某一事件有好几个当事人，在他们的讲述内容以回忆录的形式发表前，我们就能在记录时做一些修正，并且将不同人的讲述内容加以比对。我幸运地亲历了很多重大事件，并且与这些公职人员保持着联系。因此，我对公开出版物中提及的俄罗斯公共事务非常熟悉。

　　十月革命后，我完成了俄罗斯史的编撰工作。我意识到应该把自己掌握的这一时期俄罗斯历史的第一手资料记录下来，毕竟那是我的研究领域。我将其收入了《我的俄罗斯回忆录》中，当然该书所载仍有待系统化。我期待这些资料多少对未来的史学家有点儿用处。不过，我也希望在整理完资料后暂时将其束之高阁，然后深入研究有关这一时期——俄罗斯帝国历史上最关键的时期——的所有其他已出版的材料。这项工作一做就是八年多，成果便是目前这本书。

"二月革命"和十月革命的性质决定了这段历史的一手史料比其他任何时期的都要丰富，不过，我在寻找的很多材料已经佚失。例如，第一次世界大战期间，因为我能与前线的任何一支俄罗斯帝国部队同吃同住，所以得到部队的存档记录对我而言并非难事。然而，其中大部分现已无处可寻。"二月革命"和十月革命让我有机会接触到大量无比珍贵的史料，比如在此期间流转于主要当事人之间的十分私密的书信、日记和记录，其中很多本来是无法与公众见面的，但作为一名历史专业的学生，我必须向这位共产主义历史学家——波克洛夫斯基教授致以最崇高的敬意，因为他的缘故才使我有机会读到这段丰富史料的大部分内容。波克洛夫斯基教授把在苏联已经被摒弃的极端观点注入自己的史学研究。对整个俄罗斯学术界来说，他做学问的天赋弥足珍贵。在对亲自牵头的研究工作和出版物进行整理时，他从未忘记自己历史学家的身份。我与很多移民出国的学者和官员保持着密切联系。在他们中间，从未有人声称自己的私密记录材料有任何失实之处，好几人甚至不惜大费周章证明自己的材料符合史实。很多十分私密的材料权威性不言自明，并且可从其他地方加以佐证。

我会对这些史料加以分析，并且提醒读者哪些史料对叙述历史是重要的。在这些史料中，我认为排在首位的当属1917年"二月革命"至十月革命的这八个月期间临时政府调查委员会的逐字记载。在尼古拉二世退位后不久，俄罗斯法律界优良传统的传承者、新任司法部部长克伦斯基成立了调查委员会。他已出版的记录时间跨度为1917年3月31日至10月24日。1917年11月7日共产主义革命爆发时，记录工作戛然而止。临时政府完全是自由民主的，其调查委员会的工作交付于地位显赫、训练有素的法律专家。给调查委员会提供证据的人通常不会像在诉讼案件中那样受审，其中不乏尼古拉二世的前大臣在内的在押犯人。审查过程虽然有礼有节，但提问直白详尽。对从事历史研究的人而言，提问的大部分内容有很高的价值。接受审查的人十分配合。不少人在狱中将自己所知之事毫无保留地写下来，这体现出俄罗斯人特有的爽直。审查对象几乎囊括了所有内阁主要成员和前成员，其中大部分人享有人身自由。将军和高级警官也在审查对象之列。除此之外，审查对象还包括万恶的旧政体的寄生虫。他们恬不知耻地利用政体腐败，谋求一己私利。帝国杜马①成员和其他身居要职的公职人员也提供了证词。全部证词组成了一部每卷约五百页、篇幅共七卷的巨帙。在几乎所有与罗曼诺夫王朝的衰亡最息息相关的人的说法之间，我们可以一一对比。耐人寻味的是，一方面，记录显示诚实的大臣们给出了警世恒言，然而，每一个都逃脱不了下台的命运；另一方面，在这段历史中，主要反面角色的繁枝细节的证词往往最客观。其他史料对此也能加以佐证。尤其值得一提的是，普罗托波波夫和别列茨基共占一卷的证词，科米萨罗夫和马努伊洛夫不加掩饰的陈述，准科夫斯基、瑙莫夫、伊格纳季耶夫和波克洛夫斯基不失尊严的记录，以及伊万诺夫将军和杜本斯基将军用一个将军的笔触对真实革命的描述。

同样重要的还有亚历山德拉皇后每天——有时一天两封——用英文写给丈夫尼古拉二世的私密书信。在信中，她倾诉了个人生活的方方面面，而她丈夫尼古拉二世的回信则简短得多。那时，她与丈夫尼古拉二世不止一次地长期分居两地。第一次世界大战爆发前，尼古拉二世夫妇很少分开。第一次世界大战爆发的第一年，亚历山德拉皇后的信里谈及的无非是

---

① 帝国杜马是具有协商或立法性质的俄罗斯议会。1905年，沙皇尼古拉二世同意成立帝国杜马。在俄罗斯帝国时期共召开过四届。——译者注

一些家常琐事。可从那之后，两人的通信便成了这段史实的主要见证。信中详尽地记载了拉斯普京的政治主张。亚历山德拉皇后将这些信转交给丈夫，再由尼古拉二世授权执行信中的政治主张。我们只需对比接下来重大政治事件的发生日期，便能知道有多少拉斯普京的主张得以执行。

当尼古拉二世夫妇在一起时，拉斯普京甚至有比平常更多的接近两人的机会。从亚历山德拉皇后的书信中不难看出，哪怕她表现出了明显的嫉妒，安娜·维鲁波娃仍然能以拉斯普京的主要中间人身份得到授权，将拉斯普京其他方面的主张直接转达给尼古拉二世。亚历山德拉皇后的书信中处处显示出拉斯普京对政治事务压倒性的影响。从尼古拉二世与母亲玛丽亚·费奥多罗芙娜皇太后的通信中，我们可以推断这些信保留在托博尔斯克，由尼古拉二世保管和亲阅。尼古拉二世一家在叶卡捷琳堡被杀后，在一个黑色皮箱里，人们发现了这些信。在对尼古拉二世一家忠心耿耿或与尼古拉二世一家有过私交的人中，没有一人质疑书信的真实性。事实上，书信中包含大量个人信息，如欧洲最重要的皇室成员的昵称，有些信息几乎是外人看不懂的暗码，所以说书信不可能是伪造的。在对书信的英文版本进行编辑的过程中，我深信这些书信为本书涉及的研究提供了丰富宝贵的信息来源。相比之下，其他类似主题的研究无法得到如此丰富的史料。

无论研究者敏锐与否，他们在探究这段历史细节的过程中都会无一例外地感到，引证这些十分私密的个人史料时需要秉持最严谨的态度。情书出自一位中年女性之手。从订婚伊始，她对丈夫的爱从未减少过。从始至终，两人之间都充满柔情蜜意。如果知道这些书信有一天会落入他人之手，她一定会感到万分痛苦。每个读信的人都会感到自己正在闯入一片神圣不可侵犯的私人领地。当时的人们毫无根据、一辞同轨地指责她的品格，她便用这些书信以一个胜利者的姿态为自己辩白。这些书信一经发表就成了历史学家的材料，成为解释君权衰落的主要论据。作为不可或缺的证据，这些书信完整地展示了亚历山德拉皇后在历史事件中扮演的角色。亚历山德拉皇后必须要接受历史的审判：历史已经证实，因她的参与而带来的影响成了数百万人毁灭的根源。

从孩童时代到最后的岁月，尼古拉二世和母亲玛丽亚·费奥多罗芙娜皇太后一直保持着通信。除了科科夫佐夫伯爵令人钦佩的记录，这些通信是最能展现尼古拉二世正面形象的一手资料。由此我们得知，尼古拉二世比人们印象中的要更有判断力和决断力，但这主要指他早年的时候。而在我研究的这一时期，由于亚历山德拉皇后的妒忌，玛丽亚·费奥多罗芙娜皇太后虽然从来没有真正疏远过尼古拉二世，但还是或多或少地脱离了他的生活。

尼古拉二世的部分日记已由苏维埃政府发表，其中，有关"二月革命"和他被幽禁时期的日记内容有很高价值。在日记中，尼古拉二世坦陈了自己的心迹。不过，正如他本人的性格一样，尼古拉二世日记的写作风格几乎把语言的克制变成了一种艺术，几乎很少有长篇大论。那些由此认为他缺乏感情的推断有失公允。

几乎任何走进过皇室家庭这个狭小圈子的人都将他们的经历写进了书里。这些书大多没有过高的价值。不过，安娜·维鲁波娃荒诞的回忆录倒是值得人们关注，因为她是拉斯普京公认的中间人——虽然她在回忆录中对此鲜有提及。安娜·维鲁波娃是最不足信的证人：她给调查委员会提供的证词诿过于人，让人产生误解。不过，书中有关家庭生活甚至有关政治的内容却是不容置喙的。

皮埃尔·吉利亚尔将尼古拉二世一家的故事写进了一本出色的书里。在书中，他向读者描绘了完美家庭生活的理想状态。他真正关注的对象是育儿室，毕竟这里是俄罗斯帝国所有问题的诞生地。虽然雇主有如挚友，但尽忠职守的吉利亚尔仍能保持头脑冷静，洞悉他们卷入的重大事件，并且以客观的视角描述了惊涛骇浪中的一隅幸福岛屿。在吉利亚尔和忠诚的本肯多夫伯爵的日记，以及克伦斯基的记录中，均提到了尼古拉二世一家被幽禁在沙皇村①的经历。克伦斯基是当时的司法部部长，后来当上了总理。在日记中，保皇派吉利亚尔还记录了尼古拉二世一家在托博尔斯克和叶卡捷琳堡的幽禁生活。对这段经历，尼古拉·索科洛夫也有精彩的记载。他是一位专业的法律调查员，克服了各种难以想象的困难，记录了故事的全部细节。而苏维埃方面，叶卡捷琳堡的苏维埃主席P.M.贝科夫的记述则要简短得多，其主要内容与索科洛夫所言一致。被幽禁后，亚历山德拉皇后的书信由安娜·维鲁波娃和其他人保管。在索科洛夫艰难的调查期间，保罗·布雷金上尉一直在他身边。索科洛夫死后，保罗·布雷金把记录总结在《谋杀罗曼诺夫家族》一书中，并且略加补充，其中还包括了克伦斯基对皇室一家刚被幽禁时的记述。忠诚的保皇派保罗·布雷金曾尝试营救幽禁在叶卡捷琳堡的皇室一家，但最后以失败告终，还差点为此搭上自己的性命。

在众多披露内部细节的记录中，有一本书不得不提，那就是时任尼古拉二世的宫廷部下属民事法庭的首席法官A.A.莫索洛夫的《末代沙皇的宫廷》。他的上级弗雷德里克斯伯爵被喜欢散布丑闻的维特伯爵说成"只是个区区骑士罢了"。莫索洛夫的书完全没有辜负上级对他的信任，这本书的内容是我们有关罗曼诺夫王朝的衰亡的藏书中非常富有洞察力的一本。然而，在官场中，就算一个廷臣与上级往来频繁，终究不可能真正亲近对方。莫索洛夫将之描述为"奥地利式的礼仪"。用他的同僚、宫廷指挥官沃耶伊科夫的话来说，这是一个充满"傀儡式人物"的世界。

德皇威廉二世写给尼古拉二世的书信对我们了解日俄战争前及日俄

---

① 今普希金市。位于圣彼得堡市南约25千米处。建于1708年，是叶卡捷琳宫所在地。1917年前
  为历代沙皇的离宫。1937年为纪念普希金而改今名。——译者注

战争期间的俄罗斯帝国政策十分重要。几个大公写给尼古拉二世的书信也很有价值，其法译本已经发表。尤其值得一提的是尼古拉大公和亚历山大大公语重心长的告诫。其中亚历山大大公写了一本自己的回忆录《大公往事》。在两个同叫玛丽亚·帕夫洛夫娜[①]的大公妃中，年纪较小的那个写了一本《我的回忆》。虽然她提供的并非一手资料，但内容还是很有吸引力的。与《我的回忆》不同的是，帕雷公主的《俄罗斯帝国回忆录》和莉莉·德恩的《真实的沙皇皇后》都未能跳出安娜·维鲁波娃狭小的叙述范围。《俄罗斯帝国回忆录》之所以流行，是因为它荒谬地诋毁了乔治·布坎南爵士的声誉。

有关拉斯普京的生平方面，罗江科的书《拉斯普京的统治》虽然有叙述不严谨、自相矛盾，甚至不准确的地方，但仍然很有价值。费利克斯·尤苏波夫亲王和弗拉基米尔·普里什克维奇都参与了暗杀拉斯普京的行动，其中普里什克维奇开出了致命的一枪。人们对凶手的行为是否光荣仍然莫衷一是。与两个共谋者有密切联系的杰出政治家和辩护律师瓦西里·马克拉科夫发表了对暗杀拉斯普京行动的评论。因此，我们也得以追踪事件的每个细节。在不同时期，伊利奥尔多[②]和亚伦·西马诺维奇与拉斯普京关系甚密。两人撰写的书分别为《神圣的魔鬼》和《拉斯普京》。伊利奥尔多先是与拉斯普京交好，然后不择手段地打击他。亚伦·西马诺维奇则是拉斯普京的助手和交易商。西马诺维奇虽然在书中不止一次地提到不少毫无根据的丑闻，但仍细致地阐述了拉斯普京的手段、政治主张和言行。这些细节从别处可以加以佐证。拉斯普京的女儿也写了一本价值不大但很有意思的书，书名为《真实的拉斯普京》。富洛普-米勒全面梳理了

① 两人中年纪较大的玛丽亚·帕夫洛夫娜大公妃生于1854年，1874年与弗拉基米尔·亚历山德罗维奇结婚。年纪较小的玛丽亚·帕夫洛夫娜大公妃生于1890年，是沙皇亚历山大二世的孙女。——译者注
② 即谢尔盖·特鲁法诺夫，"伊利奥尔多"为教名。——译者注

所有和拉斯普京有关的材料。但遗憾的是，有关拉斯普京的书《神圣的魔鬼》虽然耗费了大量心血，却被富洛普–米勒写成了新闻报道的风格，完全没有体现主要历史事件的重要性，甚至将记录的某些部分变成了杜撰的人物对话。富洛普–米勒需要为此负责。

到目前为止，我已经提到了许多记录了不为人知的历史的材料。读完此书的读者大概都会认为，从这些材料中，我们找到了罗曼诺夫王朝衰亡的真正原因。我没有提及这段历史中的某些普通史料。它们早已公开发表，包括我在内的很多人一直在使用。但在翻阅这一时期公职人员的记载时，我们发现了几个最有价值的史料。除了能力超群的政治家维特伯爵的回忆录，在这段历史前半部分的史料中，很少有涉及俄罗斯帝国政策秘史。维特的回忆录体现出他对尼古拉二世和自己的继任者斯托雷平赤裸裸的敌意，还透着一股愤世嫉俗的冷漠，这是这本回忆录的硬伤。比如，在为自己歌功颂德之外——虽然他的政绩有目共睹，他看起来并不急着向读者解释自己着手处理的头等大事及处理方式。有关黄金储备、金本位和烈酒垄断的几个章节几乎无足轻重。维特的记录不再为1905年后发生的事件提供史料。有关之后一直到第一次世界大战期间的历史，科科夫佐夫伯爵的书可谓是上乘之作。本着对读者负责的态度，科科夫佐夫伯爵写出了这部令人钦佩的作品。从作品中，我们看到了科科夫佐夫伯爵的人格力量和其对尼古拉二世的忠诚。科科夫佐夫伯爵有一个习惯，就是把尼古拉二世与自己之间的对话在会谈结束后马上记录下来。在跨度为1904年至1914年的记录中，他成功地塑造了尼古拉二世亲切友好的形象，甚至可以说是最好的形象。科科夫佐夫伯爵的这本书无疑是俄罗斯帝国这十年间史料的最佳来源。1905年至1910年任外交大臣的伊兹沃尔斯基的回忆录几乎没有涉及其任职期间重要的外交政策问题，因此，不具备太多史学价值。1910年至1916年，谢尔盖·萨佐诺夫继任外交大臣。他的记载虽然不能完全令人满意，但对自己的局限性，至少能开诚布公、毫不掩饰，所以他的书的价值要比伊兹沃尔斯基的高得多。谢尔盖·萨佐诺夫的书主要的缺点来自他对已故君主的忠诚，对王朝衰亡的理解也仅有只言片语。内阁秘书助理亚洪托夫在笔记中记述的高潮部分正是1915年立宪危机最白热化的阶段。他的笔记内容引起了人们的兴趣。普罗托波波夫同样写下了很精彩的备忘录，记录了自己下台后和被布尔什维克人处决前不久的往事，生动地描述了自己官场生涯最后的岁月，并且直陈了自己对政策的见解和主张。

1906年至1912年，战争大臣助理波利瓦诺夫将军将阐述的重点放在了斯托雷平时期的内阁和帝国杜马的日常上。在1915年6月至9月这一关键时期，他担任战争大臣，从一个士兵的角度简短而平实地记录了自己的工作，补充并拓展了我们从亚洪托夫那里已知的有关1915年立宪危机的史料。此外，"二月革命"前最后一任警察局局长瓦西里耶夫的书《俄罗斯警察与革命》中对拉斯普京的看法并不足信。因为他的职位就是拉斯普京间接任命的，所以书中有不少令人咋舌的失实甚至无视事实之处。尽管如此，它仍然涵盖了拉斯普京被杀的部分最官方的信息，并且以警察的视角记录了"二月革命"，从而成为珍贵的史料。

在"公职人员"中——帝国杜马成员和其他政府之外的人员——排在首位的当属帝国杜马主席罗江科。他的书的英译本叫《拉斯普京的统治》。书名应该不是他本人翻译的。此书是罗江科在流放期间写的，除了觐见尼古拉二世时描述详尽的重要记录——这正是我们最想从他那里得到的信息——显然没有其他记录。在其他方面，罗江科的语言有时显得松散，让人困惑不解。同样，他的论断，特别是对男人的论断，总是草率片面。米柳科夫当然也是信息的重要来源。在其他地方，我也曾引述过他书中的内容。但米柳科夫的《第二次俄罗斯革命史》除了对革命原因做了十分有趣的概括，其他的并不能满足我们的目的。书中给出的结论也不免草率。克伦斯基的书同样题材广泛。好几本书被翻译成了英文。克伦斯基的儿子是一位杰出的翻译家，将他的几本回忆录翻译成英文出版。不过，书名取得很不恰当，叫《自由的受难》——人们怎么会让自由受难呢？抛开书名不谈，书的内容还是很有意思的，只不过它是部更像是演讲而非文学作品的自传。这本书真实地披露了克伦斯基的内心情感和政治理念。在"公职人员"中，对我们了解并理解导致"二月革命"发生的事件，瓦西里·舒勒金贡献最大。他的描述中充满各种或明或暗的细节。在阅读过程中，读者会渐渐认识到贯穿全书的观点。舒勒金有高超的叙述技巧，对政治观点与自己大相径庭的人也有独到见解。在我认为有价值的材料中，有一些出自我的朋友瓦莱里·卡里克一直保留的日记。我认为他是那个时代最伟大的俄罗斯政治讽刺漫画家。瓦莱里·卡里克曾与F.卡拉瑟斯·古尔德爵士合作。老百姓很容易读懂并喜欢他的作品。

在这段历史中，英国大使乔治·布坎南爵士和法国大使帕莱奥洛格扮演了十分重要的角色，两人均留下了有迹可寻的记录。由于当时官方文件的发表遭到诸多限制，而英国驻俄大使乔治·布坎南爵士的《我在俄罗斯的使命》一书又几乎撰写于同一时期，因此，书的出版肯定受到了影响。和朋友萨佐诺夫一样，出于对下台的尼古拉二世夫妇的赤诚忠心，乔治·布坎南爵士在书中的说法有所保留。除此之外，书中简单的言辞造成了理解上的困惑，这让他的评述看上去平淡无奇。然而，只有当读者了解了当时乔治·布坎南爵士的处境后，才会明白其论断的公正和智慧。乔治·布坎南爵士的女儿撰写的《俄罗斯帝国的瓦解》简要概括了俄罗斯帝国社会，同时为她受到曲解的品行高贵的父亲辩护。法国驻俄大使帕莱奥洛格则是一个才华横溢的作家。他的《第一次世界大战中的俄罗斯沙皇》采用了日记体的形式，所以比乔治·布坎南爵士的书更有参考价值，但日记的内容有后来被人大幅改动的痕迹。虽然此书提供了有关俄罗斯帝国更丰富的细节和知识，但帕莱奥洛格的论断不如乔治·布坎南爵士的有价值。这里还要提到一个叫R.H.布鲁斯·洛克哈特的人。他曾任英国驻莫斯科副总领事，在第一次世界大战期间为协约国提供了出色的服务。R.H.布鲁斯·洛克哈特的《一位英国特务的回忆录》一书似乎有为了迎合畅销书市场而过度渲染的成分。

　　说到军事作家，英国读者不得不感谢一个人，那就是英国高级军事随员阿尔弗雷德·诺克斯爵士。他的《俄罗斯军中见闻》堪称最有价值的一手材料之一。诺克斯对俄罗斯军队了如指掌。总给诺克斯的工作添麻烦的、时任战争大臣的苏霍姆利诺夫将军称他为自己见过的最能干的军事随员。诺克斯的书主要采用日记体形式，将事件的点滴如数记录，丝毫不受后见之明的干扰，所以其史学价值更高。年轻的历史学家们不难从他的诸多论断中发现他的客观、理智和高瞻远瞩。诺克斯的书并不是一部战争史。撰写战争史这一更艰巨的任务由丹尼洛夫将军出色地完成。他写了一部书，叫《第一次世界大战中的俄罗斯帝国》。他是尼古拉大公的军需长，负责制定从第一次世界大战开始到1915年9月的军事行动命令。除了1916年布鲁西洛夫发起的进攻，大部分战斗都集中在这一时期。丹尼洛夫一直倾向于给予德意志帝国毁灭性的打击。而另一派的军事思想是想将主要力量集中在反对奥匈帝国上。在主张反对奥匈帝国的人中，不少人被提拔到了最高级别，比如年轻的戈洛温。戈洛温应该是战争初期俄军中最年轻的将军，虽然年纪不大，却不止一次地被看成是最高军职的候选人。戈洛温是一名优秀的军事历史学家，发表了第一次世界大战期间对东线作战的几个最重要阶段——坦能堡战役、俄罗斯帝国征服加利西亚和布鲁西洛夫攻势——的特别研究。他的《俄罗斯帝国与第一次世界大战》一书对俄军作战条件也做了细致调查。布鲁西洛夫是一位富有智慧的俄罗斯统帅。他的《我的回忆录》英译本书名为《一个士兵的战时笔记》。此书内容并非作战记录，而是向我们生动全面地展示了他的体验和军事思想。布鲁西洛夫对俄罗斯士兵战时心理的刻画入木三分，远胜于其他俄罗斯军官。古尔科将军的《1914年到1917年的俄罗斯帝国》一书的记录几乎全部停留在个人层面，所以价值稍逊。然而，如果没有各位德意志指挥官的记录，我们对战争的了解将是不全面的。兴登堡的《我的自传》虽然没有给出太多军事细节，但充满了人性之爱，读来让人不忍释卷。鲁登道夫提供的细节帮助我们了解战争的发展。在鲁登道夫的《我的战争回忆录》中，最让人印象深刻的，是其不止一次向俄军的勇气和骑士风范致敬。霍夫曼将军的战地简报和总结报告是对以上两本书的有益补充，并从各个方面证实以上两本书中所载内容的真实性。他对俄罗斯士兵表现出的敬意同样令人印象深刻。

讲到对整个主题的总结，不得不提到一个人的书，那就是年轻的俄罗斯学者弗洛林斯基的《俄罗斯帝国的灭亡》。在主题的安排方面，此书做得并不好，因为它将第一次世界大战期间俄罗斯人民生活的每一阶段分开，并且完全没有将军队的重要性体现出来。这样一来，读者很难追随故事的起伏，容易根据故事最后发生的转折做出草率结论。不过，对战争下的经济状况，弗洛林斯基做了一番学术研究，使后来的学生受益匪浅。

我本人也有有关这一时期的材料，其中大部分被放进了《我的俄罗斯回忆录》一书中。能与这一时期的许多主要当事人保持联系，甚至私交甚笃，对我而言十分重要。通过这种方式获取的信息对我核实其他人的说法帮助很大。另外，"二月革命"后，1935年和1938年，我两次专程前往巴黎。1936年和1937年，我两次专程前往列宁格勒。因此，我得到了大量的补充材料并当面与当事人证实我存疑的部分。需要特别指出的是，亚历山大·古奇科夫在去世前向我口述了其政治生涯的全面总结。我还要特别感谢科科夫佐夫伯爵、戈洛温将军、帕维尔·米柳科夫、亚历山大·克伦斯基和弗拉基米尔·布尔采夫。

在整理资料的过程中，确认日期是十分困难的部分。众所周知，这一时期俄罗斯帝国国内历史是用儒略历记载的。从1901年至1999年，公历日期减十三日等于儒略历日期；从1801年至1899年，公历日期减十二日等于儒略历日期。而大多数移居到俄罗斯用非俄语写书的作者通常用公历记载军事事件。即便如此，并非所有人都一直使用一种历法记录。外交大臣谢尔盖·萨佐诺夫用公历记载1908年到1909年波斯尼亚-黑塞哥维亚危机和宣战日期，却用儒略历记载国内的主要政治事件。我们不得不通过书信等各类私人材料找出日期的原始记录，而它们也不是完全可靠的，要具体确定是哪一天就更难了。人们不可能分别用两套历法记录第一次世界大战和国内政治事件。用儒略历记载坦能堡战役之类的事件只会让人更加困惑。我认识到，要让自己和读者厘清脉络的唯一方法是，将整个时期的事件用公历逐日记录下来。我很高兴这个方法在俄罗斯已经被采纳。

在多年的研究中，我得到了许多人的帮助，不知应如何向他们一一致谢。我要感谢许多向我慷慨陈词的俄罗斯人，他们知无不言，言无不尽。感谢帮助我证实细节，特别是书目部分的各位同僚。感谢阅读部分甚至整本书的读者。感谢与我一同敲定出版细节的出版商朋友们。

本书讲述的故事是我听到过的最悲情的版本。在追踪事件进展的同时，我的知识空白不断被填补。我逐渐坚定地相信，毁灭的原因根本不是自下而上，而是恰恰相反。这也是这段历史中的几位主要人物说过的话。甚至连忠诚的吉利亚尔也给出了这样的总结："一切都在为革命的发生积蓄力量，而不是为了延续王朝。"这一点必须要向读者说明。尼古拉二世有过很多拨乱反正的机会，也好几次差点儿抓住了机会。在阅读本书的过程中，读者会发现他没有这样做的原因。这不是一段自下而上的口述史。一个逆来顺受的民族长期忍受着早该终结的制度。当君主专制轰然倒塌，这个民族也没能使国内局势向好的方向发展，只有一个单薄的政体不得不做出最后的抉择：国家将何去何从？之后，当君主专制的捍卫者亲手搬开了最后一块壁垒——

比大洋中的怒潮冲决堤岸、席卷平原还要汹汹其势。[①]

俄罗斯革命的力量非但没有被削弱，反倒让故事的结局有了一种宿命感。这是无论多么成功的阴谋都无法撼动的结局。再后来，在面对大浪淘沙沉思时，一个智者会给这个故事写上一个新的名字。

这是一场自上而下发起的行动。有关"上面"，我们面对的是三个人物之间错综复杂的、有违常理的关系纠葛——拉斯普京、亚历山德拉皇后和尼古拉二世——权威性依次增加，但影响力依次减小。不过，我们不可能把这个故事看作是个人层面上的遗闻轶事。不要忘记，在观察沙皇村偏远的小小皇宫中发生的一切时，我们看到的是生活在辽阔疆域上的民族的一段历史中最关键的一段。

---

① 选自《哈姆雷特》第四幕，第五场。这里采用的是朱生豪译本。——译者注

目 录

第1章

尼古拉二世及其使命

国王来了；他是个年少气盛之人，你要对他温和一些。[①]

《理查二世》，第二幕，第一场

1894年11月1日，俄罗斯帝国最后一个专制君主去世，标志着俄罗斯帝国君主专制政体的真正终结。问题是，接下来会怎样？

亚历山大三世的驾崩出乎所有人的意料。排在尼古拉二世前面的五位沙皇中，有三位是被暗杀的，只有两位是因为病重不治。正是这两位最善于制造或许可以称作君主专制的氛围。这是一种强大的心理威慑。对暗杀和革命，当时大部分人还未形成清晰的想法。不过，人们对此的记忆从来没有消失。

保罗·特鲁别茨科伊亲王是一位才华横溢的雕塑家，创作了一个独具匠心、令人印象深刻的作品：亚历山大三世骑马雕像。亚历山大三世的儿子尼古拉二世在位期间，它一直矗立在圣彼得堡的尼古拉车站前的广场上。雕像中的亚历山大三世身材魁梧、孔武有力、胡须浓密，身着俄罗斯

---

① 文中采用的是朱生豪的译本。——译者注

军装，让人想起俄罗斯农民穿的宽松衣物和长筒靴。他的双腿紧紧夹着一匹身形矮小、性情暴烈的哥萨克马的腰部——这不正是统治者高高在上的样子吗！雕像栩栩如生地展现出君主专制的样子。无论人们赞成君主专制也好，愤慨也罢，这就是它真实的模样。1917年俄罗斯革命发生后，这座雕像还孤零零地矗立在那里。

在君主专制中，子承父业的传统完全站不住脚。比如在很多君主制国家，皇储常常会与他在位的父亲发生矛盾。不过，强势气狭的亚历山大三世在家庭中占绝对主导地位，足以将继任者任何主观意志的端倪扼杀在

俄罗斯沙皇亚历山大三世肖像。

伊凡·克拉姆斯柯依（Ivan Kramskoi，1837—1887）绘

摇篮中。据与亚历山大三世一家关系密切的莫索洛夫回忆，家人对他有一种"十足的恐惧感"。亚历山大三世可以"将一根铁制拨火棍拧成一个结"，或为了逗两个奥匈帝国军官开心，生生将一把餐叉掰弯。因为家人的唯唯诺诺，家里气氛显得和气一团。家成了教人做事规矩的学校。据说，家庭室内音乐的演奏者是一只有模有样地吹奏巴松管的大熊。

在这样的家庭氛围中，尼古拉①逐渐长成了一个纤细的年轻人，行为举止间带有一种独特的温和气质。与他最亲密的妹夫亚历山大·米哈伊洛维奇曾经这样写道："尼基②笑起来时总是柔和羞涩的，还带着淡淡的悲伤。"那双不会说谎的蓝眼睛，更给他增添了几分迷人的气息。与身为家中次子的父亲亚历山大三世不同，尼古拉清楚地明白等待自己的重任意味着什么——它就像"沉甸甸的十字架"一般。他也一定清楚自己缺乏父亲亚历山大三世性格中直面重任的魄力。伊兹沃尔斯基回忆道，尼古拉天生"十分敏感内敛"。他未曾忘记自己是在受难的圣约伯瞻礼日出生的。他为人单纯、笃信宗教，对宗教的虔诚与日俱增。他是一个勤勉认真的人，却本能地缺少自信。他的母亲玛丽亚·费奥多罗芙娜给他写了不少信，常常在信中强调，他必须谨记，对自己在公共场合的一言一行负责。尼古拉这样回应："必须从一开始就对所有人有所防范。"据说，被称作"耶稣会信徒"的宫廷教师丹尼列夫斯基将军培养了尼古拉"强大的自制力"。他的思维非常敏捷。莫索洛夫写道，尼古拉"能很快抓住对话者的思路"。总的来说，人们对像他这样的王储所受教育的印象是粗浅和不完整的，但有一点可以肯定：尼古拉不仅能马上理解对方的观点，还能明白他们接下来准备说些什么。古奇科夫曾经回忆道："话刚说一半他就明白你要向他传达什么观点"——这显然是立宪制君主最不可或缺的特质之一。

---

① 即位后，为尼古拉二世。——译者注
② "尼基"是尼古拉二世的昵称。——译者注

这位爱国主义改革领袖后来成了令他头疼的人物。

但尼古拉二世最令人印象深刻的是让人无法抗拒的个人魅力。这来源于他天生的细腻心思。在不胜枚举的记录中，所有与他接触过的人无一不对此有过着重描写。因为在所有的参考资料中对此都有提及，所以我没有必要给出具体名字。这里只稍举几例充满感情的表述。科科夫佐夫写道："他的天性单纯和善。"萨佐诺夫写道："他是一个少见的好心肠。""他的魅力吸引着身边所有的人，"布坎南写道，好像与自己交谈的"不是一位皇帝而是一个朋友。"小尤苏波夫说："他的魅力来自他的友好单纯。"尼古拉二世身边最能干的政客维特是个手段老练、工于算计的人，他憎恨甚至打心底里鄙视尼古拉二世。这等粗俗不堪的人本来是不大可能欣赏尼古拉二世的个人魅力的。然而，维特在自己充满怨恨的回忆录中这样写道：

可以说，善良在他身上体现得淋漓尽致。因为他的心地无比敦厚，所以他真心诚意地希望给整个俄罗斯帝国，包括俄罗斯帝国境内的所有民族、所有子民带来幸福……可以说，我从未遇见过比他更有教养的人。

维特还写道：

尼古拉皇帝有一种天生的独特魅力，所有第一次被他接见的人无不被打动。这种魅力不仅来自他纯朴的善意，还来自他说话的方式，特别是他给人的感觉如沐春风。我一生中从未遇到过比我们的皇帝举止更得体的人。

人们很少会把举止得体看成是一位专制君主的显著特征。但正如很多见过尼古拉二世的人一样，"在与其交谈时，我也几乎忘了面前的是一位皇帝，"索科洛夫写道，"他完全颠覆了人们对君主专制的理解。"在所有对尼古拉二世迷人个性的描述中，最全面的要数科科夫佐夫伯爵的回忆录。这是一本真诚、公正和富有洞察力的杰作。科科夫佐夫是一个简单直率的政府官员，先后担任财政大臣和首相达十年之久，赢得了尼古拉二世充分的信任和喜爱。科科夫佐夫准确的记录生动地表现出两人截然不同的个性。在记录的对话中，尼古拉二世永远是有魅力的一方，并且魅力无处不在——幽默、判断力、亲切友善、思维敏捷，以及有着很好的记忆力，没有一点儿咄咄逼人的气势。这正是尼古拉二世吸引人们的地方。人们感觉，他几乎是在要求旁边的人感到愉悦。

　　未来君主要在家中接受严苛的训练。尼古拉一般6点起床。在皇室家庭中，行军床成了司空见惯的物件。他的教育要遵循刻板的仪轨。当然，老师不得问学生任何问题，至少尼古拉最有名的家庭教师波别多诺斯采夫是这么告诉维特的。老师吩咐尼古拉要做的事情之一就是记日记，这成了他终生恪守的习惯。日记的许多部分已公之于众。日记篇幅通常非常简短，每一篇几乎无一例外地提到了天气，不过，这绝非敷衍了事。尼古拉是一个十分热爱户外运动的人，喜欢的运动有游泳、划船和在林子里打猎。体能锻炼对他而言十分必要。尼古拉走路很快。他善于仔细观察天空、太阳和云朵的变化，在写到天气时，几乎都会带着一股油然而生的愉悦感。在日记中，他欣喜地写到了"变黄的树叶"和"白霜留下的痕迹"。即使在退位后，甚至在软禁期间，他仍然热情不改地写出了"结霜的美丽晴天""阳光四射的一天"和"天气好极了"这样的字眼。尼古拉崇拜军队，对军队怀有无限热忱。只要是写到与军队有关的事情，特别是大型阅兵，他的描述中都带着一种近乎狂喜的情绪。在他早先的日记里，并没有太多涉及个人生活的内容，只提到自己受到种种限制，偶尔会用质朴自然的笔触描写某天晚上与闹哄哄的军官和士兵外出的情景。在某篇日记中，他一五一十地记录了自己是如何被送回家的。

不过很快，尼古拉的日记中便出现了那个激发他奋进的人。

1891年9月1日

上帝啊，我是多么想去伊林斯科①……如果我现在见不到她，我还要再等上整整一年，这无疑是一种煎熬。

"她"是指此生唯一的挚爱。需要特别指出的是，尼古拉对芭蕾舞者克谢辛斯卡娅的感情并未长久，只是年轻人的奇思妙想罢了。这一点也被他真实地记录在日记中。尼古拉的叔叔谢尔盖和婶婶伊丽莎白在莫斯科的伊林斯科有一幢乡村别墅。婶婶伊丽莎白的妹妹、黑森-达姆施塔特的阿利克斯②公主正与他们待在一起。她是维多利亚女王的外孙女，在英国爱丽丝公主的五个女儿中排行第四。

1892年1月2日

我梦想着有朝一日能迎娶阿利克斯。我对她倾慕已久。自从1889年她在圣彼得堡待了六个月后，这种情感愈加浓烈。一直以来我都在抵抗这种情感，并且试图欺骗自己，这般甜蜜的梦有朝一日竟会真的实现。

---

① 位于莫斯科郊外的一处属于谢尔盖·亚历山德罗维奇大公和伊丽莎白·费奥多罗芙娜大公妃的地产。——译者注
② 阿利克斯公主在皈依东正教后，改名亚历山德拉。——译者注

在同一篇日记里，尼古拉还写道："靠着这样的梦想和希望，我捱过了一天又一天。"

根据日记的内容，不难看出，尼古拉一度认为阿利克斯公主注定会嫁给英国国王爱德华七世的长子。然而，宗教成了尼古拉和阿利克斯公主之间的唯一阻碍。"一切听天由命，"在日记的结尾，他这样写道，"主之上善，期许未来，唯有平静顺从。"

宗教是横亘在两人婚姻面前的现实阻碍。从阿利克斯公主小时候的照片可以看出，她并不怎么注重外表，反倒是显出与年龄不符的拘谨羞怯，似乎在兀自沉思着什么。她心里最深的位置是留给宗教的，很难找到一个像她这样对某件事如此全心全意的人。与绝大多数人不同的是，阿利克斯公主能持久地集中注意力去思考一件事，特别是跟宗教有关的事。她有一头典型的德意志人和英国人的金发，美丽端庄。除了关心身边重大的事情，对其他任何事物，她都十分冷漠。阿利克斯公主和尼古拉深爱着彼此。在之后的一封信中，她说这种无法自拔的情感从儿时便已萌芽。只是当时她还没有意识到，自己会毕生敬重他。这也难怪——阿利克斯公主没有尼古拉那样强大的魅力，她对他的爱充满无限感激。然而，宗教对阿利克斯公主的意义重于泰山。无论她是不是公主出身，信仰的任何改变都会触及她良知的底线。

1889年，阿利克斯公主在圣彼得堡。她与那里的上流社会格格不入，也没能给别人留下好印象。来自爱人家庭的反对更是让婚姻阻力重重。尼古拉什么劝告也听不下去。最终，他的决心使父母在1894年做出让步，答应了他向阿利克斯公主求婚的请求。东正教以其强大的魅力征服一位信仰新教的德意志公主，这并不是第一次。才华横溢又愤世嫉俗的叶卡捷琳娜大帝曾是德意志安哈尔特-采尔布斯特公国的公主，熟谙天主教、路德教和加尔文教教义，后来却一心一意地信奉起了东正教，为自己的心灵找到了归属。叶卡捷琳娜大帝曾用"一棵根深叶茂的橡树"这样热情洋溢的比喻来形容东正教。这个故事在阿利克斯公主的姐姐伊丽莎白身上体现得更明显。她嫁给了性格阴郁的谢尔盖大公。谢尔盖大公举止粗野，激起了人们对伊丽莎白的无限怜悯。伊丽莎白心甘情愿地将自己托付于东正教。东正教于她而言，已不仅仅是一种慰藉了。在丈夫谢尔盖大公被暗杀后，伊丽莎白将自己完全献身于宗教，成立了马大-马利亚修道院，并且担任院长，做了数不清的善事。这是后话。同样地，当阿利克斯公主领会到俄罗斯宗教的精神力量后，对宗教的狂热让她做出了许多常人不及之事。但正因如此，她的余生不再迷惘。

1894年4月，尼古拉和阿利克斯公主在科堡相遇了。在此时，维多利亚女王亲自到访，帮他们渡过最后的难关。

在1894年4月17日的日记中，尼古拉写道："天啊，这是怎样的一天！大约10点喝过咖啡后，我们去拜访埃拉婶婶[1]，并来到了厄尼[2]和阿利克斯的房间。她的脸漂亮极了，可看上去无比忧伤——尼古拉有多少次提到了她那双美丽而忧伤的蓝眼睛啊！人们离开后，我们独处一室。两人的对话就这样开始了。这是我长久以来又盼又怕的事情。我们一直谈到12点。可我们没能达成共识。她仍旧拒绝改变自己的宗教信仰。可怜的姑娘，她哭得那么伤心。我们平静地分开了。"

祖母[3]在时总让人感到安心。三天之后，一切得以拨云见日。

1894年4月20日，多么永生难忘的一天！我与最最亲爱的阿利

---

① 这里指尼古拉·亚历山德罗维奇·罗曼诺夫的姐姐伊丽莎白·费奥多罗芙娜大公妃。——译者注
② 指巴登大公恩斯特，他同时是黑森末代大公。他是阿利克斯公主的哥哥。——译者注
③ 尼古拉二世亲切地称维多利亚女王为祖母。——译者注

克斯订婚了。上午10点过后，她来找婶婶①。在交谈中，我们达成了共识。上帝啊！我心里的一块大石头终于落地了……一整天，我都如入云端，恍如梦中。威廉二世与我的叔叔婶婶们在隔壁房间一直等到我们谈话结束。我带着阿利克斯，先是直接去见女王②，然后又去见了表嫂玛丽③。全家人欣喜若狂。用过午餐，我们来到玛丽姨妈做礼拜的教堂举行了感恩祷告仪式……我不敢相信自己已经订婚了……

　　1894年4月22日，上午10点，我亲爱的阿利克斯姗姗而来。我们一同去女王那儿和她一起喝咖啡。天气阴冷，可我的内心却欢快明亮。

在给母亲玛丽亚·费奥多罗芙娜的信中，尼古拉说：

　　我把您的信给她看过后，她不再辩驳了……周围的一切都在为我改变：自然、人类和每一件事。一切都变得善良、可爱和幸福了。

玛丽亚·费奥多罗芙娜则是这样回信的："这是一场真正的战斗！好在上帝已经助你赢得了这场了不起的胜利。"从那以后，玛丽亚·费奥多罗芙娜开始要求阿利克斯公主用英语"亲爱的母亲"来称呼她。在之后的书信中，我们常常见到这种称呼。

---

① 这里是指玛丽亚·帕夫洛夫娜，也就是尼古拉二世的叔叔弗拉基米尔·亚历山德罗维奇的妻子。——译者注
② 这里是指英国维多利亚女王。——译者注
③ 这里是指英国国王乔治五世的妻子特克的玛丽，乔治五世的母亲亚历山德拉王后是尼古拉二世的母亲玛丽亚·费奥多罗芙娜的姐姐。——译者注

在两人的恋爱过程中，他们的"祖母"是一个经常出现的人物。她还一再要求这对年轻人经常去英国看望她。阿利克斯公主一直认为自己是一个纯正的英国人。1878年，阿利克斯公主正值盛年的母亲去世。当时，阿利克斯公主只有六岁。从那以后，维多利亚女王就在阿利克斯公主的教育问题上扮演了中心角色，并且在她内心播下了思想的种子，一生从未改变。这位未来的俄罗斯帝国皇后骨子里是一个维多利亚时期的英国人。尼古拉和阿利克斯公主曾在泰晤士河畔的沃尔顿徜徉。在后来与丈夫尼古拉二世的通信中，阿利克斯常常回忆起"亲爱的沃尔顿"。他们在泰晤士河畔野餐，在温莎结伴同行。只是他们当时还不知道，温莎之旅将成为他们一生中唯一的蜜月。

订婚伊始，阿利克斯公主就成了爱人尼古拉日记中的主角。即使爱人身处远方，阿利克斯公主也会竭尽全力让他感觉自己就在身边。比如，在信中讲述一件事情前，阿利克斯公主会插入自己最喜欢的英文或德文名言。在最开始的信中，阿利克斯公主经常引用这样一首诗——在后来的信中也常常提及。

亲爱宝贝快安睡，
天使守护你床边！
天国祝福永连绵，
轻轻落在你头上！
平安喜乐每一天。
无尽真诚与奉献，
胜过万语与千言。

在尼古拉乘船启程归家的路上，阿利克斯公主在1894年7月26日的日记中写道：

> 我无时无刻不在挂念你，对你的爱与日俱增……甜美地睡去吧，让轻柔的海浪摇你入眠——你的守护天使陪在身旁，温柔地吻你。

在1894年7月28日的日记里，阿利克斯公主引用了玛丽·科雷利书里的句子：

> 往事俱已矣——未来不可知——只有当下才属于我们。

这成了阿利克斯公主的人生哲学。阿利克斯公主掌控着尼古拉的灵魂。从一开始，阿利克斯公主就像一个母亲爱孩子那样地爱着尼古拉。她怜惜他，这也难怪——只消想想，那天性温柔可爱的人却要承担如山重任。

1894年秋，亚历山大三世突然病倒。因为他正当盛年，所以最初没人意识到他的生命已岌岌可危。可随着亚历山大三世的病情急转直下，未来的儿媳阿利克斯公主能否及时赶回俄罗斯见他最后一面都成了问题。1894年10月23日，被急召回宫的阿利克斯公主抵达了克里米亚的里瓦几亚宫。这里后来成了她最甜蜜的家。从一开始，阿利克斯公主就被那里宜人的气候、葡萄园和锦花绣草吸引。然而，也就是从那时起，当所有人都把一门心思放在照料奄奄一息的亚历山大三世时，她却在激励爱人，要尼古拉在照料病人方面扮演更突出的角色。

在尼古拉1894年10月28日的日记中，阿利克斯公主补充了一段：

> 亲爱的孩子，向上帝祈祷吧。别沮丧，他会宽慰你，救你于

苦难，你的桑妮^①在为你和亲爱的病人祈祷……要意志坚定，让莱顿医生他们每天单独来见你，向你汇报他的情况及他们下一步的详细计划，这样你就总能先于别人获取消息……不要让别人先你一步，把你排挤出去……拿出主见来，让他们不要忘了你的身份。

亚历山大三世的病情发展迅速，劫数已到。亚历山大三世最喜爱的神父喀琅施塔得的约翰送了他最后一程。尼古拉与阿利克斯公主的订婚仪式是在亚历山大三世的寝宫举行的。这位未来的皇后以新任君主未婚妻的身份参加了不计其数的葬礼，一次又一次坐火车往返于里瓦几亚与圣彼得堡之间。那时人人脸上都悲云不散，可谁也找不出一张比她更悲伤的脸庞了。阿利克斯公主不仅对未婚夫尼古拉一往情深，对宗教也一片赤诚，这更使她平添了几分天然的羞怯。这就是阿利克斯公主呈现给俄罗斯人的样子。连最纯朴的农妇都说她是个不祥之人。刻毒的维特对阿利克斯公主渐生恨意，把她那张愁苦的脸跟她的姨妈丹麦公主亚历山德拉——也就是后来的英国王后^②——美丽的脸进行对比。

1894年11月26日，婚礼在一片举国悲恸的气氛中举行了。

在丈夫尼古拉二世1894年12月8日的日记中，新婚的妻子写道：

> 我从不相信世上两个凡人的结合会带来如此圆满的幸福。我爱你——我用生命爱着你。

在1894年12月9日的日记中，她又写道：

---

① 这里的"桑妮"使用的是英文，有"阳光明媚"的意思。这是阿利克斯公主的母亲爱丽丝公主给她取的昵称。后来尼古拉二世也常用此名唤她。——译者注
② 尼古拉二世的母亲玛丽亚·费奥多罗芙娜是英国亚历山德拉王后的妹妹。——译者注

尼古拉二世与亚历山德拉的婚礼。

劳里茨·蒂克森（Laurits Tuxen，1853—1927）绘

不会再分开了。我们终于永结同心。此生结束后，我们还会在另一个世界相遇相守，直到地老天荒。你的，你的。

然而，当她的丈夫尼古拉二世不得不接受俄罗斯帝国沙皇的使命时，这场"官方"蜜月又有什么甜蜜可言呢？毕竟，这是世界上最繁复的工作。尼古拉二世没想到这一天会来得这样早，对此没有做好充分的准备。尼古拉二世几乎没时间陪在阿利克斯的身边。尼古拉二世一定会先听取母亲的意见，之后还要尽可能地收集父亲亚历山大三世的大臣的想法。一个公事还没处理完，新的公事又接踵而来。阿利克斯崇拜自己的丈夫，但她生活的圣彼得堡到处是她无法苟同的冷冰冰的繁文缛节和毫无人情味的日常起居。这哪里还是她挚爱的俄罗斯帝国？尼古拉二世固然被公事所累，可处理公事不是一个新任君主接手君权时需要采取的关键举动吗？尼古拉二世整天生活在人们关注的目光下，而他忠诚的妻子则在背后默默支持。阿利克斯虽然对丈夫尼古拉二世的友善和弱点都了如指掌，但对圣彼得堡的第一印象居然是充满恐惧。

她曾对一位密友说："我感到丈夫身边所有的人都假心假意，没人在为俄罗斯帝国尽责。他们都是为了一己私利才为他服务。这些人都在利用我丈夫的年轻和不谙世事。我担心极了，成天哭泣。"

也就是在最开始这段时日里，婆媳间开始有了隔阂。玛丽亚·费奥多罗芙娜皇太后是个智慧练达之人。出于和儿子尼古拉二世一样对已故的亚历山大三世的一片忠心，玛丽亚·费奥多罗芙娜皇太后不得不违背本心，和儿媳一道参加家人的圣餐仪式。年轻的妻子常常被冷落在一旁。

这便是尼古拉二世登上俄罗斯帝国皇位时的境况。我们必须像尼古拉二世一样，将目光放长远些，从家庭氛围中移开，去审视摆在他眼前的任务。尼古拉二世与妻子的爱情看似平淡无奇却情深意切，像极了维多利亚时期英国中产阶级的爱情。尼古拉二世夫妇的生活本来有个好的开始，可接下来的发展步步皆错，与两人之间美好的爱情形成了鲜明对比。

要全面总结俄罗斯帝国问题的症结绝非易事。我在另一本书里已经给出了自己的看法。米柳科夫在《第二次俄罗斯革命史》的前几页中做了简短生动的说明。米柳科夫认为，讲到俄罗斯革命，就不得不提到农民起义的伟大领袖普加乔夫、拉津和博洛特尼科夫。俄罗斯革命绝不仅仅是实现几个近代口号那么简单。他还认为，近代国家的概念源自国外，在民智未开之前早已出现。近代国家中逐渐产生了由地方土地承租人组成的服务阶层。他们虽然表面上是地主，实际上却是中央政府官员。因为他们对国家做出了贡献——主要是军事上的贡献，所以得到土地作为回报。一开始，他们只有土地使用权，没有所有权。这一制度产生了一系列迫切的问题——与其说这些问题是政治问题，不如说是社会问题。此外，近代国家的上层建筑是人为建立的新生事物，在俄罗斯帝国的一个角落，作为君主专制和官僚主义产物的首都逐渐发展起来。

俄罗斯君主专制发轫于真正的国家需求。排在首位的是国防需求——一开始是要摆脱鞑靼人从1240年至1480年长达两百四十年的统治。这让整个国家政治、社会和经济不堪重负。在接下来的几百年内，几乎每年都要驱赶入侵者，使大量的农民——无论男女老少——被迫沦为奴隶。正是这种纯粹的军事需求从根本上塑造了俄罗斯的社会发展。渐渐地，特别是在17世纪和18世纪，每一个阶层都被赋予了相应的职能：牧师祷告、贵族打仗、商人买卖、农民种地。阶层等级体系完全由人为划定，因此，划分标准不可能一成不变。正是这种体系为阶级战争埋下了祸根。

1894年，俄罗斯农民的数量占全国人口总数的百分之七十五以上。贵族只占很少一部分。后来，备受压迫的知识分子阶级不断壮大。商人是被人为组织到一起的，顶多算是人口结构的某种补充。教会是人们生活的一部分，宗教更是如此。然而，18世纪的官方教会，特别是彼得大帝统治下的官方教会成了维持国家政体运转的工具，这与官方教会宣扬的理念背道而驰。

这种体系的顽疾的核心在于农奴制。即使到了1861年最后的解放时期，全国仍有三分之一的人口是农奴。刚才已经讲过，出于为国家政体服务的需要，农民沦为了农奴。通过最原始的方式，农民完成了到农奴的转变：在农民中间安置官员。这些官员的首要义务是服兵役，即负责带领手下变成农奴的农民打仗，并且向其征收国税。苛税重税最终全部落在了农民阶级身上。出于以上原因，"地主阶级"坐拥绝对权威，成了地主、收税人、征兵官、警长和地方长官。在1682年至1725年统治期间，彼得大帝并没有改革这个严酷的体系，反倒让它的形象更深入人心。农奴制的内涵在于，农民无法离开土地去别处谋生。它造成了很多荒唐的后果。比如说，俄罗斯南部原本是国家的主要粮仓，在被重新征服后却无人问津。直到1861年后，获得自由身的人们才被这里的肥沃土地吸引过来。彼得大帝的父亲阿列克谢一世宣布农民必须世代与土地相伴，这给了他们最致命的一击。

当谈及普加乔夫、拉津和博洛特尼科夫时，米柳科夫与农民阶级一样，脑海里浮现的是各个时期他们徒劳反抗官方政权的画面。原有的公社制度规定农民共同持有和管理村社财产，因此，农民逐渐形成了自己的文化和传统。他们被严格定义为最下层阶级。只有被贬级的人才有可能进入这个行列。这一阶级具有鲜明稳固的心理特征。到最后，农民得到了所有人的认可。从长远来看，他们才是最重要的阶级。事实上，人们通常认为narod^①这个词是特指农民阶级。有不少人中俊杰正是诞生于农民阶级。许

---

① 这个词的俄语原意指人民。——译者注

多农民拥有前瞻性的眼光和敏锐独到的洞察力，他们比别人更清楚自己受到了哪些不公正的待遇。他们认为统治自己的政府官员是入侵者。从历史的视角分析，这无疑是正确的判断。他们期盼有朝一日土地能完整地被交回到自己手中。他们有着逆势而为的顽强生命力，以各种各样的方式冲破了官方设置的铁丝网，通过大规模地发展副业，特别是在北部贫瘠的土壤上发展副业，逐渐积累了自己的财产。即便如此，农民仍免不了受地主的摆布。情势所迫，他们成了逃税和逃跑的高手，纷纷涌入政府控制名存实亡的广袤腹地。正是这群来自俄罗斯最下层阶级的人把西伯利亚变成了俄罗斯领土。也正是他们创造了哥萨克人现象——拓荒的勇士、商人和土匪。至少在拓荒的条件下，农民是自己命运的主人。在伏尔加河河岸低矮的山坡上，仍流传着斯捷潘·拉津的神话：在一首俄罗斯农民传唱的动人歌曲中，这位著名的农民领袖在那里度过了一个夜晚，并且做了一个梦。所有处在斯捷潘·拉津境况中的人都会明白他的秘密。这是最不言自明的秘密——阶级战争。

俄罗斯的政治和社会舆论，特别是后者，正是基于农奴问题形成的。17世纪初期的社会大动乱只产生了一些彼此独立的政治批评者。彼得大帝的变革完全出于国家政体利益，所以产生了更多的批评者。叶卡捷琳娜大帝在位期间鼓励甚至推行批评风气，俄罗斯第一批知识分子应运而生。然而，她的继任者保罗一世对批评的声音采取钳制政策。法国大革命给俄罗斯帝国提供了深刻教训。俄罗斯人很关注它的各个发展阶段，甚至掌握了有关巴伯夫的准确情报。这是我们英国人从未尝试过的。拿破仑战争给欧洲带来了共同利益和共同生活，加之共同的文学浪漫主义运动，对局势的发展起到了推波助澜的作用。在打败过拿破仑的亚历山大一世统治末期，第一场真正意义上的政治阴谋开始出现，也就是1825年的十二月党人起义。在此之前的宫廷革命只是隔靴搔痒。然而，十二月党人并没有真正意

十二月党人起义。

格奥尔格·威廉·蒂姆斯（Georg Wilhelm Timm，1820—1895）绘

义上的行动纲领，或者说只有一些自相矛盾的行动纲领。在尼古拉一世的统治下，国家政体中出现的反扑，标志着贵族阶级作为政治叛乱领袖的终结。1825年至1855年尼古拉一世统治期间，新生的中产阶级接手了政治叛乱的任务。这和都铎时期的英国如出一辙。然而，中产阶级发起的还不能算是一场严格意义上的革命运动，只能说是一场诞生了未来领袖的思想运动。在君主、政府官员、将军或思想家等所有知识分子看来，农民问题终究要得到解决，否则国家政体将像叶卡捷琳娜大帝预言的那样最终瓦解。我们可不要认为君主会和他人一样，支持国家政体最终瓦解的想法。尼古拉一世至少设立了五个专门委员会。当由农奴主组成的官僚机构成了拦路虎时，他把这当作一个军事问题，并且亲自担任最高统帅。这符合他一贯的做法。尼古拉一世还推行了详细的改革条例。遗憾的是，他只是在修正体系，并未做出实质性的改变。此外，思想家坚信需要来一场激进的变革。农奴制产生了两派思想家。一种是"感到良心不安的贵族"，他们认识到自己出身的特权是不公正的；另一种是奋力从底层往上爬的"属于混杂阶级的人"。两种人内心的想法完全不同。一种是希望别人过得和自己一样幸福的利他主义者，另一种则是努力使所有人都过得幸福的人。前者代表的是自由主义思想，后者则代表的是革命主义思想。

托尔斯泰把自己在克里米亚战争的亲身见闻写进了《塞瓦斯托波尔的故事》。此书文笔灵动，表达出了在这场战争中政府的无能和展现了农奴军的英雄气概。从此，书中的这一结论成为后人对克里米亚战争的主流评价。尼古拉二世的祖父亚历山大二世终于开始着手解决农民问题，并且将行动计划贯彻始终。这位沙皇虽然不强壮，但为人诚实正直，在农民问题上体现出强硬立场。亚历山大二世利用专制君主的权力，绕过身边既得利益者的重重阻力推动改革。他还向既得利益者中少数的开明人士逐一确认观点，以此确立自己的权威。然而，1861年，也就是尼古拉二世出生前七

农奴们聆听农奴解放宣言。

鲍里斯·克斯托依列夫（Boris Kustodiev, 1878—1927）绘

年颁布的解放农奴法令，本身就是一场革命。地主对农民的权力被永久撤销，成了与农民不相干的人，尽管地主过去的淫威还留在农民的记忆中。农民与地主对土地财产的看法不尽相同。在双方平分土地的大致原则下，土地问题得以解决。时至今日，在土地问题上，英国都没能取得像俄罗斯这样的长足进步。农民需付给政府补偿金，四十九年分期偿清后，便可持有土地。这样一来，五成的不动产成了农民的土地。1893年颁布的另一项法令规定，土地不得转手他人，由原来村社制度中的农民共同持有。另一半土地则仍归地主所有。自解放农奴法令颁布后，地主阶级对国家的影响力逐渐消亡。每处不动产中间像是拉起了一道铁丝网，两边是两大敌对利益：一边是以家庭为单位的地主，一边是人口众多的农民。只要警力撤除，农民便会越过障碍拿走剩下的部分，这已经成了不争的事实。地主现在成了吝啬的收租人，靠租给农民自己手里仅剩的部分土地获得收入。为

了保证土地的耕种在法令颁布之后还能照常进行，他们不得不接受农民提出的各种条件。在这场斗争中，农民是最大的受益者。在把自己的土地交给农民打理后，许多地主离开了原来的地方，靠收租生活。1917年"二月革命"爆发时，交租和不交租的农民已掌握了全国五分之四到六分之五的耕地。

解放农奴法令的颁布是一场革命。它废除了旧的根基，其他的部分则悬而未决。不完全的革命是一种妥协。亚历山大二世时期涌现出大量的大学生。这些年轻人认为，如果革命已经成功了一半，为什么不让它彻底成功呢？此时，延宕已久的农民问题的解决也在俄罗斯帝国激起了广泛讨论。农民有了自己的土地，应该以长期分期付款的方式偿还国家。土地价格是不是过高？农民真的需要偿还吗？对这些话题的讨论为猜测和理论的诞生提供了土壤。农民问题使经济理论成为几乎所有大学生最喜欢研究的对象。

体恤民情的专制君主一方面制定了解放农奴法令，另一方面仍保留了原有的公社制度。哪怕是在反对社会变革的人看来，共有制体系也是俄罗斯旧式父权社会最应当保留的特征。由于农民不再依赖原来的地主，为了维系其独立性，内务部将公社制度置于特殊的保护与控制之下。因为农民原来的特征并未发生太多改变，所以在很大程度上，农民仍然处于官方等级制度中的最底层。

然而，不可否认的是，解放农奴法令的颁布是仁爱之举。它释放了经济活力，使俄罗斯帝国发生了翻天覆地的变化。大量尚未开采的煤矿和铁矿吸引了自由劳动力，人口结构开始向矿产丰富的南部倾斜。同样，在俄罗斯帝国的其他地方，解放农奴法令的颁布成为现代发展和现代资本主义的开端。俄罗斯帝国正经历早些年在英国出现的铁路投机狂潮，到处是在建工程。即使中途出现了这样那样的错误，一旦开工，便没有停下来的可能。经济高速运行，发展速度还在不断加快。

与此同时，要填补地主阶级留下的无数社会职能空缺，有必要建立一套全新的社会秩序。疲惫不堪的皇帝和官僚不得不再次直面新的任务。无论是否情愿，他们都必须全面贯彻最优改革方案。在陪审员制度的基础上，全新的司法体系得以形成，由专业出庭律师当庭辩论。在俄罗斯帝国原有的省份中，逐渐成立了以民选和公众问责为原则并有征税权力的地方政府。国家财政预算向公众公开。大学有了选举学校官员的权力。军队也实行了现代征兵制度，一律不因出身或军衔而享有特权，除非此人是家中唯一的收入来源或接受过教育的人。在军队中，识字率的增长速度最快。虽然还没有真正意义上的自由党，但自由主义改革仍如火如荼地进行着。同一时期的英国正经历由首相格拉德斯通带领的第一场伟大改革。[①]

然而，我们刚才已经指出，原则问题仍旧悬而未决。俄罗斯革命运动正是在这些改革的基础上发展起来的。如果旧体制是万恶的，为什么不推倒重来呢？一开始，革命运动自然只关注农民阶级。在成为人们的焦点后，农民生活中所有不尽如人意的方面都被放大了。他们的日子真的变好了吗？毕竟，农民现在耕种的土地可比以前少得多了。农民现在的财产更少了，大部分人只有一匹马，有的甚至连马都没有。如果生活环境还是一成不变，日子还怎么过得下去？尼古拉一世统治期间，俄罗斯文学关注的主要是农民的生活。在俄罗斯帝国，来自农民阶级的大学生比例高于其他欧洲国家，并且很多来自农民阶级的大学生都享受国家助学金。这些出身于农民的大学生认识到，农民仍然是最大的缴税者，才保证了自己能获得免费教育。他们认识到了自己背负的债务。来自地主阶级的大学生则为自己不需要缴纳同等税款而感到羞愧。渐显疲态的政府最终走向保守。学生

---

① 改革时间跨度为1867年至1874年。——译者注

的抗议行动导致多人被开除学籍。虽然成百上千名年轻人的观点还不甚明朗甚至常常自相矛盾，但他们对社会的思考显然比以往更深刻。学生深入农村，希望制造一场农民起义和社会革命。然而，农民对这些学生显示出完全的不理解和冷漠，甚至亲手把学生交给当局。最具鼓动性的煽风点火者怀着不满的情绪回到城镇，掀起了一场针对整个官方体制的战争。战争的目标是为了人民，可他们并没有与人民并肩作战。煽风点火者在全国制造了此起彼伏的暗杀行动，以人民的解放者亚历山大二世被暗杀告终。就在那一天，亚历山大二世终于签署法令，规定由刚刚选举产生的郡县议会即地方自治局参与立法工作。

　　亚历山大二世伤重不治。亚历山大三世就是在这样的背景下登上皇位的，彼时他的儿子尼古拉不过十三岁。在骑兵队伍簇拥下，亚历山大三世与妻子紧急入宫接受加冕，成为新任皇帝，并且发表了第一条诏令。正如朗博所言："亚历山大三世的登基如同一个士兵越过突破口。"亚历山大三世身形高大魁梧，是英国国王爱德华七世的妻子的妹夫。人们通常认为，亚历山大三世在统治的十三年间实行的是长期压制政策。亚历山大三世头脑清晰，但见识不广，常常会突然发脾气或粗声辱骂。他的命令不得忤逆，只能执行。对每件事情，亚历山大三世都是一劳永逸地处理，不会在事后忿忿不平。他不会随意改变心意或意图。他就是自己的首相，这是专制君主的应有之义。亚历山大三世任人唯贤，规定他们只做分内之事，绝不许越俎代庖。只要这些人还受他的信任，就不用担心有一天会丢了乌纱帽。政府要恢复元气，国家要行稳致远，因此，战争是万万不能出现的。亚历山大三世还是自己的外交大臣。吉尔斯曾执行的是前任外交大臣戈尔恰科夫的命令。然而，接任外交大臣后，吉尔斯不过是亚历山大三世命令的执行人罢了。亚历山大三世虽然对与共和制相关的一切都深恶痛绝，但会考虑与共和制的法国达成某种保险联盟以确保和平。亚历山大三

亚历山大三世与玛丽亚·费奥多罗芙娜的加冕。

乔治·贝克（George Becker，1845—1909）绘

世并不试图去了解公众对国家的看法。恢复君主专制才是他的工作。

和平的确是保全了。国家也的确在继续向前发展。在各路政客中，出身普通的维特脱颖而出，凭借着才干和务实成为亚历山大三世的亲信。维特先后当上了首任交通大臣和财政大臣。在财政部任职的十一年里，维特以非凡的勇气和洞见引领俄罗斯帝国的经济全面发展，成为国家不可多得的领导人之一。他支持君主专制，并且笃信这是国家最好的政体形式。公众保持沉默。当时官方的说法是，一种"公众的平静"出现了。公众的思想被牢牢地控制了，这是上一任君主亚历山大二世被刺造成的惊人效果。为数不多的革命者——不会超过一百人——因参与了暗杀亚历山大二世的行动而遭到逮捕。革命成了革命者自己口中的"家庭手工业"。权威得以重新树立。这一教训被皇位继承人，也就是未来的尼古拉二世深深地刻在了脑子里。尼古拉二世是在封闭严格的家法管教下长大的。在尼古拉二世的记忆中，个性强烈的父亲让他心生敬畏。对尼古拉二世来说，国家君权有如神授，就像加冕誓词一样不可侵犯。

任何一个历史时期都不可能脱离思想而存在，无论思想本身是否空洞无物。这一时期典型的官方信条，便是毫不留情地反拨约定俗成的观点的对立面。始作俑者便是康斯坦丁·波别多诺斯采夫。波别多诺斯采夫本是能力出众、诚实正直的法律专家，曾积极推动1864年的法律改革。在那之后，随着革命浪潮风起云涌，波别多诺斯采夫开始变得越来越保守。虽然出现了各种令人费解的现代观点和新的情况，波别多诺斯采夫仍然不为所动，坚定拥护俄罗斯旧式父权社会的沙皇、教会和人民。他指出，现代欧洲媒体正在堕落。言下之意是，更好的方式是保持绝对沉默。他还指出，现代议会操控国家事务，暗示全民代表权的原则从本质上就是邪恶的。波别多诺斯采夫是一个本末倒置的虚无主义者，不惜为君主专制存在的合理性正名。在拥有至上权威的专制君主面前，他享有极高的声望，曾是皇储尼古拉的导师。在皇储尼古拉死后，波别多诺斯采夫成了皇储的弟弟亚历山大三世的导师。他与亚历山大三世的儿子尼古拉二世也一直保持密切的关系。波别多诺斯采夫控制教会发展，并且在长达四分之一个世纪的时间里以此控制人民思想的表达。也就是说，从1881年到1904年，所有人民的自由言论都被扼杀在了摇篮里。出版刊物不得不在斯库拉^①和卡律布狄斯^②的夹缝之间求得生存：要么因言论大胆而被政府审查，要么因谨小慎微而失去读者。尤金·特鲁别茨科伊亲王出身书香门第，是俄罗斯帝国民意的贵族代表。他把当下的俄罗斯帝国比作以西结预言中出现在河谷的枯骨，并且发出诘问：这些枯骨是否会复活？如果这个国家的爱国主义和宗教一旦沦为奴颜婢膝的工具，独立的思想肯定会变得愤世嫉俗。这一时期的立法主要是压制性或预防性的，如1889年新上任的地方官员严格训练农民，被称为"土地长官"。在之前推行改革的过程中，不断出现例外情况。由于例外情况太多，所谓的例外法最终被写入法典。

在亚历山大三世和继任者尼古拉二世统治期间，除了波别多诺斯采夫，维特也是一个举足轻重的人物。因为解放农奴法令解放了自由劳动力，维特制定了一套完整的纲领以监管由此带来的飞速发展的经济。由于维特的金本位政策的推出，国家财政基础稳定，特别是与外国信贷关系良好。不过除了亚历山大三世和其继任者给予了坚定支持，几乎没有任何人支持维特的观点。为了增强国家财政的稳固性，维特储备了大量黄金——这对一个基本没有流动资金的农业大国来说至关重要。通过这样的改革，维特吸引了最大规模的外国实业家来俄罗斯投资兴业。一心想与俄罗斯帝国联盟的法国借给俄罗斯帝国政府巨额贷款。德意志帝国更希望通过向俄罗斯帝国输送高级经济专家的方式与之合作。维特的打算是，外国实业家

---

① 希腊神话中吞食水手的女海妖。——译者注
② 希腊神话中在斯库拉对面像大旋涡的怪物，会吞噬所有经过的东西，包括船只。——译者注

主动来俄罗斯兴建工厂，不仅惠及当地人口，还能带动本国消费。在此期间，不少英国人和比利时人来到俄罗斯，为新俄罗斯帝国的建立做出了实实在在的贡献。维特给这些外国人丰厚的优惠政策，如暂时免税、大额政府订单甚至补贴。此外，为了照顾劳动者利益，国家还建立了托儿所、学校和医院。需要指出的是，维特的前任中，尼古拉·本格是个十分有见地的财政大臣，任期为1881年至1887年。他思想开明又受人尊敬，建立了一套全面规范的法规以保障劳动者的利益。为了监管劳动者的工作条件，政府出台法律，控制劳动者特别是妇女和未成年人的工作时长，对卫生条件提出硬性要求，规定工厂监察员保障工人权利。维特不仅使政府获得了不少重要的铁路线，还在任期内延伸了原有的铁路里程。铁路增加的长度超过了同一时期的其他任何国家。在任期内，维特最重要的工程是始建于1891年的跨西伯利亚铁路，由此开启了西伯利亚新一轮的定居大潮。后来，他还用以牙还牙的关税政策反击了德意志帝国的剥削。1894年，维特与对手德意志帝国缔结了对俄罗斯帝国有利的条约。

在亚历山大三世十三年的短暂统治即将结束时，国内发生了一系列事件，预示着一个新时期即将到来。1891年，俄罗斯帝国开始闹起了饥荒。饥荒在全国各地接二连三地出现，整整延宕了三年之久。俄罗斯帝国的饥荒主要是由发展无序造成的。北方的消费省份食不果腹。从圣彼得堡出发到莫斯科的路上，即使是在夏天，每周至少都有一个晚上会出现霜冻。因此，要让生产省份给消费省份提供口粮，需要克服交通问题。维特是大兴铁路的实干家，却并非内务大臣。消费省份三年的饥荒不仅是场可怕的自然灾害，还助长了各种批评的声音。借1890年的新法律，政府进一步限制了亚历山大二世设立的地方自治局，即郡县议会，地方自治局的发展从此陷入低谷。由于全国性饥荒，人们发出急切吁请，促使地方自治局再次采取行动。在接下来的几年中，各色人物接连登场，其中不乏亚历山大·古奇科夫这样不知疲倦、勇于进取的人。从救灾工作中，亚历山大·古奇科夫学会了执政为民的第一课。自地方自治局在民选基础上成立以来，批评者一直在追问：什么时候"会给建筑物加冕"——换句话说，选举和对公众负责的原则什么时候会运用到国家事务中。在此期间，强势的亚历山大三世去世，尼古拉二世即位。

第 2 章

日俄战争

不要老是垂下眼皮，

在泥土之中找寻你的高贵的父亲。[①]

《哈姆雷特》，第一幕，第二场

1894年11月1日，尼古拉二世登上皇位。1896年5月26日，尼古拉二世在莫斯科加冕。我们不会用太多笔墨记述他统治的前几年。从尼古拉二世登基后到1902年的这段时期已经有人研究，其内容乏善可陈。有关这几年的史料相对简单，我们手中也没有足够的信息使我们对政府内部运作有深入了解。不过，在这之后的史料就丰富得多了。此时，之后将干预政府的各种令人深感不安的力量还没有开始行动。尼古拉二世统治初期对我们之所以重要，主要是因为我们从中学到了生动的一课，并且完全有可能全面阐述学到的教训。虽然1905年国家政体的根基被撼动，但君权还是在风雨飘摇中存活了下来，在主要方面又开始取得进步，纡缓又行不止。我们要研究的是这一时期国家各方面的主要进展和发生的事件的重要性。

---

① 文中采用的是朱生豪的译本。——译者注

新登基的君主开始着手继续父亲亚历山大三世未竟的工作，即恢复俄罗斯帝国的元气。尼古拉二世对父亲亚历山大三世树立的榜样永远毕恭毕敬。母亲玛丽亚·费奥多罗芙娜是这一时期对尼古拉二世影响最大的人。这时，有人开始自作主张起来。先是尼古拉二世父亲的兄弟，然后是他的堂兄弟。在妻子亚历山德拉皇后的坚定支持下，尼古拉二世开始学会采取手段来约束他们。各种不合乎道德的行为让尼古拉二世秉持维多利亚价值观的妻子恼怒不已。于是，亚历山德拉皇后借此不断强调君主权威，而这一点显然无益于增添人们对她的好感。

由于一国之君做出的任何决定——无论通过何种方式——都能决定俄罗斯帝国事件的走向，因此，君主性格的变化必须成为我们研究的首要课题。然而，尼古拉二世"半明半暗"的性格使研究变得十分困难。根据手上已有的详细资料我们不难看出，登上皇位对这样一个温和、敏感的人来说，有着深远的影响。在前文我们已经讲过，尼古拉二世本来的样子和人们想象中的样子完全不同——这种强烈的对比在尼古拉二世的心中一直挥之不去。尼古拉二世一定对自己的迟疑不决和软弱无力感到恐惧。成为君主后，他在各个阶段的性格变化似乎都是恐惧导致的。尼古拉二世总是生活在这种恐惧之中，只有当脱离君主身份和回归自我时才得以解脱。这完全不是一种有形的恐惧——他从来没有给过别人这种感觉。事实上，我们很可能找不出几个像尼古拉二世一样表现得对个人命运如此漠不关心的人。一个随从写道："我从未见过像他这样的宿命主义者。"这个随从不仅见证了主人如何经受住了一次巨大考验，还向我们证实，尼古拉二世的睡眠、胃口和行为举止完全没有受到影响。莫索洛夫写道："表面上看，他永远是一副波澜不惊的样子。"尼古拉二世曾向一位大臣吐露心声：自己也有想要发火的时候，但每次都会极力压抑这种本能。种种迹象表明，尼古拉二世做到了用强大的意志力控制内心最深处的情感。然而，他还是不得不屈从巨大的责任，这迫使他违背自己的本心。很多人，特别是有些随从，甚至觉得尼古拉二世是个冷酷无情之人。不过，这只是他们的妄断而已。只有在尼古拉二世真情流露的时刻，我们才能看出他是一个情感多么细腻的人。对自我的不信任和自我压抑，是尼古拉二世被普遍误解的真正原因。对尼古拉二世这样一个秉性温文尔雅的人来说，面露不悦是非常不礼貌的。他不喜欢与别人因任何不愉快的事情而争论。尼古拉二世喜欢用沉默作为回应，这常常招来人们对他的误解。其实，与尼古拉二世最亲近的人无一例外地对其强大的自控力感到惊讶。只有对其一无所知的革命党人才会误以为尼古拉二世是个愚笨之人。认为尼古拉二世软弱无能的看法也是毫无根据。有一次，母亲玛丽亚·费奥多罗芙娜提出了一个有欠考虑的要求，要尼古拉二世从国库里慷慨地拿出一大笔钱送给一个出身优越的求婚者。尼古拉二世居然拒绝听从母亲的话，因为他认为，在这种情况下，"善举成了最不公正的事"。当母亲批评他的政策时，尼古拉二世不失恭敬、有礼有节地为自己坚决辩护。人人都能看出尼古拉二世是一个夙夜在公的人。在整个统治期间，他都在日复一日地工作，审阅无数报告，包括每两周一次的俄罗斯帝国治安状况总结。尼古拉二世写在报告空白处的评论显示出其聪明才智和行事果决。尼古拉二世的一个堂兄曾写信给他："你最开始的决定一般总是正确的。"科科夫佐夫和波利瓦诺夫两位大臣全面记录了与尼古拉二世会面时的场景。让两人印象深刻的是，当有人不拐弯抹角地提问时，尼古拉二世也会直截了当地给出回答。所有接近过尼古拉二世的人都深深感到其对子民，特别是最卑微子民的真切体恤。在将一种新的步兵装备引入军队前，尼古拉二世会将它穿在身上，在自己位于克里米亚的行宫里走上八九个小时——弗雷德里克斯伯爵称其走路像马一样飞快。在所有随从中，显然只有德伦特将军才跟得上他的步伐。

尼古拉二世最亲近的是自己的姨妈英国王后亚历山德拉一家，特别是英国国王乔治五世和玛丽王后。他饱含深情地写道：

> 1888年11月18日，再一次见到他们真是让我太高兴了。1893
> 年7月6日，我好像回到了自己温暖的家，这种感觉真好。

尼古拉二世有很多钦佩英国的理由：责任感、户外生活方式——他
不明白为什么俄罗斯帝国不能有英国那样专门的骑马道。然而，对英国政
治，尼古拉二世的看法就不一样了。最让他不满的是自己登基不久时英国
的外交政策。在1899年11月21日的日记中，尼古拉二世这样评论第二次布
尔战争：

> 我非常关注英布战争。我希望这场不公平、不公正的战争的
> 胜利属于穷人。

尼古拉二世是一个心思细腻的人，总是由衷地欣赏法国人和他们的
生活方式。表兄威廉二世常常在他面前用粗俗的语言长篇大论地攻击法国
人。在1901年9月26日的日记中，尼古拉二世记录了巴黎和贡比涅之行。以
下的文字是尼古拉二世做出的生动注解：

> 善良的法国人让我十分感动……他们处事从容得体，从不大
> 惊小怪；士兵们脸上挂着笑容；当我走近他们时，许多人向我微
> 笑，当阿利克斯坐着马车经过检阅部队时，对她的行礼，他们点
> 头致意，就像我们国家的人做的那样……我们在当地用膳……在
> 向谦恭的法国人告别后，我们坐火车离开……
> 法国的当权者们同样显示出极大的友好——特别是富尔和普

在巴黎隆重接待尼古拉二世。

乔治·贝克（George Becker，1845—1909）绘

安卡雷这两位总统。

而德意志人则让尼古拉二世厌烦透顶。1896年10月2日至14日，从法国途经德意志时，他曾这样写道：

> 经过法国后，从车窗看到的变成了一个又一个德意志的小村庄，真是索然无味。无论在法国的哪个车站，总能听到人们高呼"万岁"，看见他们亲切友好的脸庞，而在这儿，什么都是又黑又暗的，令人厌倦。还好就寝的时候到了。等到天一亮，更沮丧的一天又要开始了。

尼古拉二世常常讽刺德意志人热衷于对女士的穿衣品位品头论足。特别让他不能忍受的是威廉二世的喜形于色。不过，同为一国之君，在对方面前，尼古拉二世还是会尽量表现得不失身份。

1897年8月5日，在写给妻子的信中，尼古拉二世说：

> 我想，我们得让他穿上我们自己的海军服，尽管这样做实在是情非得已。这有什么办法呢？去年，他让我当了德意志海军上校。更糟糕的是，我要以这样的方式在喀琅施塔得迎接他。这真叫人恶心。

1897年8月13日，在写给妻子的信中，尼古拉二世说：

> 谢天谢地，德意志之行结束了。毫不谦虚地说，访问十分顺

利……他特别喜欢"标准"号[①]，说希望我能把它作为礼物送给他。

尼古拉二世把自己在维多利亚女王葬礼上的见闻写进了1901年1月29日的信中：

> 你不觉得德皇想要摆出一副英国"头号哀悼者"的样子吗？
> 我可不想表现得这么夸张。

对尼古拉二世生活的主题，莫索洛夫有一个最好的概括："他的确是其人生伴侣之所爱。"如果说我们很容易误判尼古拉二世，那么我们对亚历山德拉皇后的误解恐怕更深。初访圣彼得堡时，她还是个既羞怯又孤僻的孩子。在她背后，上流社会的人们开始不怀好意地指指点点。对这一点，亚历山德拉皇后心知肚明。我们知道尼古拉二世的父母一直极力反对这桩婚事，也知道她是如何以未来皇后的身份出现在人们的视野中。正如科科夫佐夫所言："她的心地十分单纯。"亚历山德拉皇后全心全意、毫无保留地将一生奉献给了尼古拉二世，远胜于尼古拉二世对她的奉献。亚历山德拉皇后说："没有人能像我这样爱着他。"她像一个真正的俄罗斯人一样，对丈夫的祖国倾注了无限的热爱和奉献，"远胜于同时代的人之上"。亚历山德拉皇后爱的是俄罗斯帝国的普通老百姓，虔诚地皈依了尼古拉二世信仰的宗教。对君主专制的权力，尼古拉二世始终无法感到游刃有余，亚历山德拉皇后却对它充满敬意，并且将它牢牢地握在了自己手中。然而，俄罗斯帝国君主注定要生活在无尽的恐惧中。无论是在火车上还是在游轮上，最不起眼的不幸——这些在俄罗斯帝国都是司空见惯

---

① "标准"号是尼古拉二世的私人游轮。——译者注

的——背后都可能隐藏着邪恶的目的。对所有社交仪式，亚历山德拉皇后都深恶痛绝。在场的人都能看出来，在整个过程中，她局促不安地坐着，一直到仪式结束。莫索洛夫写道："她觉得，自己见到的人越少越好。"当尼古拉二世夫妇的车在旅途中停在某个车站，就会有热情的人围过来迎接他们。然而，这时车厢的帘子总是紧闭着。亚历山德拉皇后一步步地失去了在宫廷中的地位。同名的两个玛丽亚·帕夫洛夫娜大公妃中，年纪较大的那个开始取代亚历山德拉皇后的部分位置。亚历山德拉皇后十分妒忌尼古拉二世的这个姊姊。这位了不起的贵妇完全具备掌管上流社会的能力。莫索洛夫曾赞赏年纪较大的玛丽亚·帕夫洛夫娜大公妃的练达圆通。玛丽亚·帕夫洛夫娜大公妃是这样回应的："一个人应该清楚自己的分内之事。你可以将此事交给大法庭处理。"相比之下，尼古拉二世夫妇的避世思想就显得更与众不同了。尼古拉二世夫妇不希望让人们，特别是受过教育的人意识到，两人手中最强大的君权武器，就是尼古拉二世令人无法抗拒的个人魅力。亚历山德拉皇后一连生了四个迷人的女儿，身体状况已经开始大不如前。此时，亚历山德拉皇后还未能为皇室诞下一个期待已久的子嗣。

对合理的争论，尼古拉二世持难得的开放态度——在这一点上，尼古拉二世比父亲做得更好。可问题是，尼古拉二世的态度过于开放，导致其会用新的观点否认上一个观点。在尼古拉二世统治期间，事情的定夺常常要靠运气，比如我们举的第一个例子。尼古拉二世的祖父亚历山大二世设立选举产生的合法地方自治局，也就是郡县议会，造成1891年至1893年的全国大饥荒，一时间民怨沸腾。对此，我们之前已做过说明。在尼古拉二世的加冕仪式上，四面八方各郡县议会的贺信纷至沓来。其中，有一封信向尼古拉二世陈情，希望出现明智舆论。这封信来自俄罗斯自由主义的堡垒特维尔地方自治局，由费奥多尔·罗季切夫起草。罗季切夫是俄罗斯帝国最顶尖的辩护律师之一，像极了格拉德斯通时期典型的英国自由党人士。在之前罗季切夫两次供职于特维尔省地方自治局时，特维尔地方自治局都表明了很重要的一点：要求解放者亚历山大二世给予其忠实子民自治权——就像之前给予保加利亚人自治权一样，并且用一部宪法确定下来。特维尔地方自治局高度评价自由党大臣洛里斯·梅利科夫的倡议，即开启了"我们所热爱的国家的光明未来"。在向尼古拉二世进言时，罗季切夫表达了自己的希望："高高在上的君主应当倾听民情"和"个人和公共机构的权利应当坚决维护"。一开始，年轻的尼古拉二世还认为这样的公开声明无关紧要。后来，在老师波别多诺斯采夫的提醒和教导下，尼古拉二世学会了这样回应："地方自治局代表想要参与政府内部事务，简直是痴人说梦。"1896年1月17日，他还宣布："君主专制的原则是我先父毕生的心血。我将以父亲为永远的榜样，毫不动摇地将之捍卫到底。"然而，他终究缺乏父亲亚历山大三世那样的个性和意志力。朋友拉姆斯道夫伯爵——后来成了尼古拉二世的外交大臣——有过这样的描述：

> 一个小官员带着一张纸条走了出来。他不时地看着纸条，嘴里不时咕哝着什么。突然，他大声嚷嚷道："痴人说梦。"这时，我们明白了，我们因什么事情而受到了责骂。为什么要这么厉声质问呢？

尼古拉二世能说出这样的话，显然是受到了波别多诺斯采夫的影响。

革命党人建立了一个叫S.R.的新党派，也就是社会革命党，以此挑战尼古拉二世的权威。社会革命党带有深刻的俄罗斯帝国烙印，很快就成了俄罗斯帝国最大的政党。社会革命党人不是马克思主义者，其理论来自19世纪70年代的民粹党。他们出身农民阶级，通常是地方自治局在公共卫生和教育领域的雇员，所以有着更大的影响力。他们热爱自己的国家，不少人还信奉宗教。他们是社会革命党人，但议会制度把他们变成了普通的激进分子。他们不是空谈理论的人，可其政治理念模棱两可。他们的纲领中有一项实质性内容，即土地应只归耕种的人所有。社会革命党人中有一些恐怖主义分子，但那只是少数。社会革命党认可将恐怖主义作为武器使用的做法。社会革命党的某个特殊部门开始实施恐怖主义后，社会上出现了多起政治暗杀活动，引起了公众关注。维特本人甚至暗示，总的来看，恐怖主义分子选择了合适的受害者。不过，如果能通过非暴力手段达到目的，社会革命党还是不赞同这些极端做法。

从一开始，尼古拉二世就是一个宿命论者，并且这种想法渐渐变得愈发强烈。似乎在冥冥中，宿命论就成了尼古拉二世根深蒂固、自然而然的想法。在加冕仪式上，象征俄罗斯帝国最高荣誉的圣安德烈勋章的银链突然从尼古拉二世的肩膀上滑落，掉在了他的脚边。不过，与那天之后发生的事相比，这根本算不了什么。来观看加冕仪式的人很多，其中，绝大多数是农民。他们所站的地面到处是之前为军事演习挖的沟渠。在给农民分发礼品时，人群开始失去控制。数以千计的农民被推搡着挤到了沟渠里，造成踩踏事故。实际的死亡人数估计有两千人。考虑到正在举行加冕仪式，愚蠢的官员便向年轻的君主尼古拉二世暂时隐瞒了这场可怕的灾难。因此，尼古拉二世一开始根本不清楚事态的严重性，还在当晚与年轻的亚历山德拉皇后参加了法国驻俄大使举办的舞会。在得知灾难造成的死伤人数后，尼古拉二世提出回到修道院为人们祈祷，但有人出面劝阻。这实在是不明智的举动。

当这场可怕灾难的真相大白于天下后，两个对此负责的部门开始各执一词。一方抱怨，一方指责，争论不休。一边是和蔼可亲的沃龙佐夫-达什科夫伯爵领导的宫廷部，自然得到了玛丽亚·费奥多罗芙娜皇太后的同情；而另一边，亚历山德拉皇后的姐夫、莫斯科总督谢尔盖大公领导的警察局显然负有更直接的责任。孰是孰非已经没有定论，但内讧导致宫廷大臣沃龙佐夫-达什科夫辞职。对此，亚历山德拉皇后要负责任。阴谋行为一旦抬头，便一发不可收拾。尼古拉二世统治期间，大臣之间的钩心斗角不断上演。

在遴选和对待大臣的问题上，尼古拉二世的做法和父亲亚历山大三世完全相反。他的选择通常毫无计划可言，有时甚至令人费解。在面对觐见的大臣时，尼古拉二世总是露出一副十分满意的神情。尼古拉二世的性格实在是太柔和了，不忍心说出一句使他们感到不悦的话。这让人们对他的个人魅力深信不疑。然而，大臣没准哪天就会突然收到一封解雇信。这样的君主无法带给他们在前任君主那里得到的安稳感。那个时候，只要大臣还在职位上，就是可以信任的人。维特认为，这是君主专制原则运转的首要条件。但现在的情况大不一样，说不定哪天有哪个偷偷摸摸入宫的人随口说几句谗言，就会有人遭到贬损。

有一点不得不提，因为这对我们了解后面的故事至关重要。在维特这样一个十分聪明的人看来，君主专制有其自身的一套规则。这是由亚历山大一世时期的大臣、官僚主义政客斯佩兰斯基制定的。对一切事务，专制君主享有决定权，但决定需要基于有资格的官员提供的官方信息和谏言。负责此项工作的官员也必须由专制君主任命。斯佩兰斯基的主要政绩是1811年创立的帝国议会，类似于英国上议院。如果不是君主令斯佩兰斯基失望，他还会有更大的政绩。帝国议会纯粹是服务国家政体的官僚机构。它有自己的传统，任命制度也有据可依。帝国议会还有一套严格的监管流程。君主需要审阅的问题首先经过整个机构，然后根据其行政、经济、财政或司法等类别再经过若干相关部门，之后再回到整个机构。问题最后提交给君主时，帝国议会成员提出的各种解决方案细节已经形成文字。某个成员甚至可以坚持提交自己的陈词。之后，君主可以自由选择最佳方案，而不需考虑这是多数还是少数人的意见。

然而，君主也有权力绕过机构直接做出决定。在宠臣为政的时期，出现这种局面不足为奇。比如，针对犹太人和媒体这两个棘手问题出台的监管条例只是临时性的，根本未经过帝国议会，结果当然十分糟糕。如果根据帝国议会历来的做事风格，即使在保守年代，这种条例也无法通过。只要君主在其职责范围内不进行背后干预，即使出现了这样的情况，大臣的地位也不会受到影响。这正是尼古拉二世统治期间的常态。有关部门的大臣永远不知道什么时候自己的进谏会因与尼古拉二世的看法背道而驰而无法通过。

遗憾的是，这种做法完全合法。任何人要是想对尼古拉二世阿谀奉承——比如亚历山德拉皇后或其他什么人，可能会劝谏意志薄弱的君主，要其拿出果敢的态度。关键在于，这种解决问题的方式在当时合法。君主也许优柔寡断，随时会改变想法，但君主最后说的话被当成了命令执行。尼古拉二世变幻莫测的想法也反映在了俄罗斯帝国政府的运作上。

从尼古拉二世与V.P.梅谢尔斯基老亲王的关系中，我们也能看出尼古拉二世的这一统治特点。他们之间有不少内容有趣的书信往来，这些信由维克托·弗兰克博士编辑后对外发表。梅谢尔斯基是与亚历山大三世的哥哥尼古拉皇储同时代的人，也是其亲密的朋友。尼古拉皇储本来已经与未来的皇后玛丽亚·费奥多罗芙娜订婚，却不幸英年早逝。临终前，他将未婚妻托付给了弟弟亚历山大。在与梅谢尔斯基的私人通信中，直爽的亚历山大对友谊的忠诚跃然纸上。在1867年1月26日的信中，亚历山大这样写道：

> 我惹恼了你，让你不快。你是一个如此好的朋友，我要向你奉上我诚挚的友谊。

信的署名为"你的朋友，亚历山大"。在亚历山大即位后（称亚历山大三世），1887年的某一天，梅谢尔斯基找到他，建议他创办《公民》报纸，刊登自己寄给他的部分个人日记。亚历山大三世完全同意这一提议，甚至准许了梅谢尔斯基提出的将驻外主要俄罗斯帝国使馆专员作为报社通讯记者的建议。然而，这似乎是亚历山大三世在位期间与梅谢尔斯基的唯一一次通信。我们有理由相信，后来在与梅谢尔斯基交往时，亚历山大三

V.P. 梅谢尔斯基。

卡尔·布拉（Karl Bulla，1855—1929）摄

世的言辞开始变得保守起来。亚历山大三世的妻子玛丽亚皇后敏锐地辨别出他并非公正无私之人，所以非常憎恶他。

1902年，在尼古拉二世登基将近八年时，梅谢尔斯基开始接近这位君主。尼古拉二世接受了梅谢尔斯基的友谊，并声称：

> 这是敬爱的家父言传身教的结果。他的临终遗言我一直谨记于心，这是我人生的宝贵财富。你的出现使我再一次想起了那些话，它们在记忆中历久弥坚。我认为自己成熟了不少。

在人们的印象中，梅谢尔斯基是一个执着的老议员。他肯定是在劝说尼古拉二世要对君主专制有信心。在两人刚开始通信时，尼古拉二世也确实在一封信的上面写道："我对自己更有信心了。"因此，他们还有了更多交流机会。尼古拉二世不止一次地提到两人之间"提防外人的秘密同盟"。梅谢尔斯基将使尼古拉二世成为一个合格的专制君主当作己任。在信中，尼古拉二世好几次要梅谢尔斯基放心。其实，这正说明尼古拉二世认为君主专制已失去了旺盛的生命力。在绕过相关部门的大臣后，尼古拉二世不断地要求梅谢尔斯基起草法令，来宣布大臣的任命，或宣布对皇位而言最关键的法令。然而，从通信的内容看，尼古拉二世通常会推迟法令的发布，并且发布的法令也与梅谢尔斯基递交的版本相去甚远。有时，尼古拉二世会给出明智审慎的回答。1903年5月13日，尼古拉二世曾对朋友说，不要忘记"我有自己的观点和意愿"。在6月4日的信中，尼古拉二世说，梅谢尔斯基暗示自己听信奉承，这让自己受到了很大的伤害，并补充道："我恳请你记住这一点。"7月3日，尼古拉二世又写道："你书信的内容使我大吃一惊，但我没有被你说服。"尼古拉二世不止一次地警告梅谢尔斯基注意其在《公民》上以个人名义发表的不当文章："我跟你说过多少次不要这样做了——他是指指名道姓——连农民都不会做出这种事。"法国政治家M.保罗·德·卡萨尼亚克曾写过一篇吹捧君主的文章。梅谢尔斯基提议给卡萨尼亚克颁发表彰勋章，而尼古拉二世的回复是："这种服务不会得到勋章表彰。"在1905年到1913年，两人的通信中断了。这段时间，尼古拉二世重拾对君主专制的信任。但在第一次世界大战爆发前不久，尼古拉二世又写了一封信，劝梅谢尔斯基去见拉斯普京，说"他对你很生气"。在第一次世界大战即将爆发时，梅谢尔斯基去世了。此时，尼古拉二世仍然定期收到《公民》。这是他唯一坚持阅读的报纸。

梅谢尔斯基绝不是一个大公无私的人。从他的通信中，我们得知其曾再三为一位朋友索要补助金。很多委托人也声称他搞暗箱操作。执着的梅谢尔斯基以"令尊的朋友"形象示人，却在俄罗斯帝国政界臭名昭著。不仅在政坛，在道德方面，梅谢尔斯基也并非正派之人。

君主专制给了亚历山大三世自己担任首相的理由。新任君主尼古拉二世只保留了君主专制的原则。首相一职空缺，造成了政府的决策混乱。这样一来，各路大臣开始彼此交讧，挖空心思地利用当时大行其道的暗箱操作。在回忆录中，维特曾讲述了1896年年底发生的一件事，这是对当时官场运作最生动的注解。根据维特的说法，俄罗斯帝国驻君士坦丁堡大使涅利多夫来到圣彼得堡，敦促尼古拉二世在和平年代完成夺取博斯普鲁斯海峡的计划。涅利多夫的计划是，先在君士坦丁堡"制造事端"，然后发送一封有关玉米采购的神秘电报。电报既不发给圣彼得堡，也不发给政府，而只发给驻伦敦的财政代表。驻伦敦的财政代表收到电报后，立即通知圣彼得堡。之后，小型舰队即刻从敖德萨和塞瓦斯托波尔动身，继而夺取博斯普鲁斯。在回忆录中，维特写道，尼古拉二世认为这个主意不错，批准实施。于是，亚历山大·涅利多夫回到君士坦丁堡"制造事端"去了。当整个事件还在酝酿阶段时，维特就表示出极力反对，坚持呈交"个人观点"。波别多诺斯采夫从维特那里得知此事后，惊呼道："骰子已经掷出。上帝保佑俄罗斯帝国！"毫无疑问，这么做的结果会是一场欧洲战争。好在尼古拉二世被劝阻了，整个计划才得以取消。如果尼古拉二世能受到宪法制约——这显然是最符合他的性格和特质的，这样的危险局面几乎不可能出现。

尼古拉二世即位后前几年的政策传承了先前的传统。不同之处在于，专制君主的意愿已经不再是政策的主要推手。尼古拉二世的股肱之臣正是之前提到的两位——波别多诺斯采夫和维特。事实上，维特的主要政绩都是在尼古拉二世在位期间完成的。

波别多诺斯采夫一味抗拒和仇视一切知识分子的倡议。俄文"nachalstvo"的意思是"倡议"，现特指当权者，特别是政府内部当权者，而其他任何倡议都被认为是危险的。媒体和学生是波别多诺斯采夫不信任并怀有敌意的主要对象。媒体要受各类条例的约束，如不得零售出版物，甚至对哪些人可以做编辑也有严格的规定。制定名义上的"临时"条例并非内阁事务，实际由几个大臣管理。地方省长有权无限制地征缴罚款。只要省内媒体发表了任何引发民众兴趣的东西，都不得不缴纳大笔税款，使这些媒体连生计都成了问题。这一时期还出现了一浪接一浪的学生集会和压制学生的运动，特别以1898年至1899年为甚。拿不到学位的学生根本找不到有报酬的工作，过着忍饥挨饿的生活。对地方自治局和城镇议会，以内务大臣为核心的政府内阁同样采取了敌对态度。

司法是政府蚕食权力的又一领域。1864年的改革规定，君主任命的法官和检察官不得撤职。于是，政府采取了任命司法代表的做法，司法代表的在任时间并不固定。1889年，之前选出的治安法官被废除，取而代之的是从农民中选出的土地长官。在不具备专业法律知识的背景下，土地长官同时行使司法和行政权力，并且两者界定模糊不清。无怪乎农民把它看作是回归旧农奴制的一次尝试。

宗教是波别多诺斯采夫擅长治理的领域。他想要让俄罗斯帝国所有居民全部信奉最狭隘意义上的官方东正教。对所有宗教，波别多诺斯采夫都施以暴政，东正教也不例外。波兰的天主教有鲜明的国家特色，波别多诺斯采夫在当地的压制遭到了人们的誓死抵抗。乌克兰和白俄罗斯大量东仪天主教会的信徒接受了罗马教皇的领袖地位，却被规定必须用东正教的方式做礼拜。在波兰人的统治下，这些人一直保持着俄罗斯人的身份，但只要出现宗教迫害者，他们就会从俄罗斯人的圈子中脱离出来。波罗的海诸省的德意志路德教教徒也遭到了残酷的迫害，直到最后一任君主尼古拉二世统治期间，情况才有所纾解。大约两千万穆斯林，甚至连异教的游牧部落也遭到了波别多诺斯采夫的镇压。官方口中的"传教士"以政府机构代表的名义迫使当地人皈依东正教。如果皈依人数达到一定数量，"传教士"还会被授予国家勋章。人们对此深恶痛绝。

除宗教之外，民族性也必须保持纯正。非俄罗斯人被官方冠以"异族人"①这样侮辱性的称呼，处处受到歧视。哪怕是华沙大学，教师也在用俄语教授波兰人波兰本国文学。在火车站工作的行李员如果说了别国语言还会受到惩罚。俄语甚至成了当地政府村社办事处的官方语言。波兰人不得占领靠近俄罗斯帝国边境的不动产。最能体现出歧视性政策高压特点的地区是在立陶宛和白俄罗斯这样俄罗斯人与波兰人的混居地区。虽然尼古拉二世没有对波兰人采取不友好的态度，但原有的规章制度还是一直沿袭下来。

尼古拉二世本人多少还是同情波兰人的，在其统治期间，芬兰人处境最糟糕。在拿破仑时代，芬兰被纳入俄罗斯帝国版图。俄罗斯帝国政府

---

① 俄语原文为"inorodtsy"。——译者注

承诺保留芬兰人所有的国家机构，一直以来都未出过差错。然而，尼古拉二世即位以来推行的改革将保留芬兰人所有国家机构的做法推到了风口浪尖。芬兰人不需要服俄罗斯帝国兵役，这让尼古拉二世十分不满。另外，由于芬兰人聚居的地方与俄罗斯帝国首都圣彼得堡挨得很近，自然也让尼古拉二世认为芬兰人是国防的心头大患。尼古拉二世步步紧逼，不仅引起外国人的不安情绪，连当时住在英国的母亲也对他严辞警告。然而，尼古拉二世为自己据理力争。在长期重压之下，芬兰开始出现革命行动，甚至有了恐怖主义的苗头。

在为俄罗斯帝国运转做出巨大贡献的同时，波罗的海诸省的德意志人也保留了自己本土的上流文化。由于亚历山大三世采取的愚昧的俄罗斯化政策，虽然他们的处境比芬兰人的处境好一点儿，但日子也并不好过。

在亚历山大三世与尼古拉二世统治期间，受迫害最深的从来都是俄罗斯帝国的犹太人。1914年，俄罗斯帝国的犹太人占了全世界犹太人口的一半。在对待犹太人的问题上，尼古拉二世和亚历山大三世一样心狠手辣。犹太人不仅享受不到任何权利，连生存权都得不到保障。除了得到特殊豁免的犹太人，其他犹太人只能住在俄罗斯帝国政府圈定的"犹太人栅栏区"。在波兰被瓜分前，这些犹太人处于波兰的统治之下。豁免措施使俄罗斯帝国警察的道德更加败坏。只需有计划地贿赂俄罗斯帝国警察，犹太人就可以规避所有限制。正如一个俄罗斯帝国警察所言："谁也无法阻止水的流动。"犹太人不得雇用基督教仆人。接受东正教的犹太人有离婚的自由。犹太人栅栏区学校的运作主要靠犹太人的税收支持，但只招收一部分犹太人的孩子。

在整个俄罗斯帝国，最大的民怨来自"执政的随意性"。在俄语里，"proizvol"这个词是"高压"或"专横"的意思。由于对执法实际上不设限制，警察可以为所欲为。未经上级警官允许，审判警员甚至是违法的。

与此同时，俄罗斯人口也在不断增长，并且向全国各地迁徙。在解放法令颁布后，许多农民开始井然有序地来到一些主要城镇。他们有义务将工资中的一部分拿出来偿还村社应缴款项，也可以选择回到原来的集体，把儿子或侄子送到城镇去接手自己的事业。也就是从这时候起，受俄罗斯帝国南部丰富的未开发资源吸引，大量人口往南迁徙。在那里，他们从事欣欣向荣的矿业和其他产业的工作。政治家维特成了监管发展的不二人选。他不断在俄罗斯帝国各地大兴铁路、吸引外资、拓展本国贸易。跨西伯利亚铁路为人们迁往西伯利亚提供了交通上的便利。而在过去，在法律上，迁往西伯利亚是不被允许的。新任内务大臣戈列梅金提醒尼古拉二世注意大量人口向西伯利亚迁徙的问题，建议采取限制手段。尼古拉二世的回应十分明智。在看了相关统计数字后，尼古拉二世评论道："对这种自然的发展只能支持，不能限制。"

　　俄罗斯帝国的产业发展带来了近代社会主义形成的首要因素。亚历山大二世被暗杀之后，格奥尔基·普列汉诺夫组织了"劳动解放社"。这一组织成为马克思主义在俄罗斯诞生的温床。普列汉诺夫曾领导过一部分相对温和的革命党人，认为恐怖主义完全行不通。1889年，一小部分受过高等教育、学术造诣很深的俄罗斯马克思主义者与犹太人革命党等其他群体共同组成俄罗斯帝国社会民主党，史称"Bund"[①]。普列汉诺夫和主要合作者被迫流亡。不过，由他们介绍到俄罗斯国内的社会主义文学对俄罗斯民众思想产生了广泛影响。客观地看，马克思主义为生产力的发展带来了福音。

　　然而，在整个俄罗斯帝国，国家利益另辟蹊径，走了英国自由主义的路，这得到了地方自治局和城镇议会成员的热烈响应。地主、农民、城

---

① 在俄语中，这个词的原意为联盟。——译者注

镇商人、大学老师和学生等不同群体因为民服务的信念而走到了一起。他们为没有特权的阶级发声，走的是与阶级战争完全相反的路。相比地方自治局，城镇议会的改革步伐稍缓，但一旦开始，便会在各个领域铺开。在此过程中，旧都莫斯科发挥着引领作用。地方政府议会工作带动面广，辐射到更多民生领域。知识分子阶级开始学着地方自治局的样子组织团体。在知识分子中间，逐渐发展出的自由舆论，进一步推动了他们有组织地发展。不同群体形成了一个由自由思想者和工人组成的团体，即"解放联盟"。之后，他们在国外发行了一个叫《解放》的机关报刊。正如革命文学一样，《解放》经历了重重困难才得以引进国内。之后，它拥有了大批求知若渴的读者。

维特记述的博斯普鲁斯事件是这些年来尼古拉二世在南部的最后一次行动。1900年，尼古拉二世向其他列强建议在海牙召集会议，中止欧洲境内的行动，以维护和巩固欧洲和平。维特算得上是我们了解这段内部史的唯一权威来源。他暗示：之所以提出这样的提议，是因为俄罗斯帝国致力于重组步兵，从而无力对抗奥匈帝国不断增加的炮兵。不过，或许他的解释并不可取。当时，尼古拉二世采取的举动很有可能是出于本意。不管怎么说，这种符合最后一任君主总体政策路线的做法标志着俄罗斯帝国再一次背离了欧洲。尼古拉二世毕竟不同于父亲亚历山大三世：通过与法国交好，亚历山大三世保住了国内的和平，但其宣称的友谊并不是全天候的。尼古拉二世则公开宣布法国为盟友。亚历山大三世一直支持俄罗斯帝国亚洲部分的发展，还将当时的皇储尼古拉送到远东接受教育。当地的教育对尼古拉产生了深远影响。尤其值得一提的是，在访问日本期间，他曾遭到一个狂热分子的刺杀，好在同行的希腊王国的乔治王子[①]及时出手相救。即

---

① 乔治王子是希腊国王乔治一世的次子。——译者注

使是这样，尼古拉二世还是任由政策朝着冒险的方向发展。表兄德皇威廉二世全力鼓动尼古拉二世这样做。

尼古拉二世即位时正值甲午战争。1868年以来，日本效仿西方模式革新政府部门和民众生活。日本计划将疆域扩张至当时宗主国是中国的朝鲜。在1882年、1884年和1894年的三场危机中，中日之间的争斗变得愈加激烈。第三场危机导致了甲午战争。日本轻而易举取得了胜利，并且将提出的条款强加于中国。对俄罗斯帝国外交政策——虽然外交完全不在其职权范围内，维特的理解是德意志帝国、法国和俄罗斯帝国这三个主要欧洲大陆强国展开经济合作，以遏制英国在经济上的主导地位。在这样的理念支配下，这三个国家撕毁和平条约，插手中日争端，使日本没有获得一寸主要陆地上的土地。1896年，维特盛情邀请李鸿章来到莫斯科出席尼古拉二世的加冕仪式。维特向中国做出保证其领土完整的承诺，提出用从法国获得的贷款帮助中国支付甲午战争赔款。作为交换条件，中国需做出让步，允许通往海参崴①的跨西伯利亚铁路在建造时经过中国满洲里的领土，同时做出声明，为了建造铁路，铁路两侧的狭长地带由俄罗斯人管理。老谋深算的李鸿章当下警告维特，如果俄罗斯帝国想继续南下染指中国领海，势必引起局势动荡。维特自己也反对任何南下扩张政策。

对此，尼古拉二世持不同观点。在出访俄罗斯帝国时，德皇威廉二世曾问尼古拉二世，是否同意德意志帝国夺取胶州湾。根据维特的说法，尼古拉二世以拒绝客人是不礼貌的为由表示同意。德意志帝国以两个德意志传教士被杀为理由，获得了胶州湾九十九年的租借期。不顾维特的反对和其保证中国领土完整的承诺，尼古拉二世执意占领旅顺港，获得了二十五年的租借期。在回忆录中，维特称自己是个意志薄弱的人，因为最后他还

---

① 即今符拉迪沃斯托克。——译者注

是通过贿赂李鸿章实施了自己反对过的政策。英国、法国和意大利都想瓜分中国领土。国际列强对中国的大肆掠夺遭到了义和团的殊死抵抗。义和团的抵抗行动甚至威胁到了驻北京的各个大使馆和公使馆人员的安全。德、法、英、俄、日组成的国际联军被派往中国。俄罗斯帝国对旅顺港的租借期延长至九十九年，并且在此开通支线以连接跨西伯利亚铁路。

尼古拉二世在位期间，财政大臣维特是内务大臣普勒韦的主要对手。维特的政治能力远高于同僚和对手。以他的能力和见识，效率低下和愚笨无知是绝不能容忍的。然而，维特命中注定要眼睁睁地看着俄罗斯帝国的伟大体系慢慢瓦解。他的道德水准远逊于其聪明才智，是个狗苟蝇营、精于算计的人。萨佐诺夫曾写道，维特是一个"思想上的两面派"。后来，尼古拉二世看穿了维特的为人，不再信任他，并且有十分敏锐的描述。

     维特刚一回国，围绕他的各种流言蜚语和含沙射影便开始出现了。

人们指责维特不仅把财政部变成了一个"国中之国"，还干涉同僚的职权，这种说法不无道理。维特不断插手外交事务，有一次居然鼓动德皇威廉二世赞成其观点。维特的主要对手仍然是控制了警察和地方自治局的内务大臣。内务部是当时最有权力的政府部门。任何大臣都有自己所在部门的候选人名单。在下达任命前，尼古拉二世通常会询问大臣的意见，所以候选人的遴选也因此变得简单多了。维特暗示内务部官员戈列梅金迎合自由主义，通过一个非常温和的计划，将地方自治局的选举方式推广到了整个俄罗斯帝国。赶走戈列梅金后，维特将自己选中的观念保守的西皮亚金安置进来。然而，1902年，此人被一个社会革命党恐怖分子暗杀。此时，维特虽然就空缺职位广纳良言，但仍没能除掉自己的死对头。检察官普勒韦是从官僚机构中成长起来的官员。在大改革期间，他曾尝试在官场实行自由主义，因迅速扫除了暗杀亚历山大二世的组织余孽而平步青云。

为战胜普勒韦，犹豫再三后，维特决定打出地方自治局这张牌。救济饥荒成了地方自治局工作的最大动力。他们最重要的工作是推动公共卫生和小学教育的发展。中央政府往往不够重视这些领域。地方自治局给许多未来参与国家事务的俄罗斯人提供了宝贵经验。和负责国家事务的机构一样，地方自治局由选举产生，对公众负责。数据统计工作被当成任务执行，在诸多方面都发挥着作用，其中之一便是为地方自治局提供政策依据。只要能做好自己的本职工作，地方自治局便能取得令人满意的效果。在重要省份莫斯科的农村地区，每个村庄方圆两英里内便有一所学校，三英里内便有一所村社医院。特维尔省地方自治局的家庭手工业获得了长足发展，并考虑雇用农业专家，就土壤质量和种植可能性等方面，给农民提出建议。它还建立了首个省立医院，将不同病种的患者进行隔离治疗。萨拉托夫省地方自治局成功利用本地细菌学基地，几乎完全根除了从亚洲邻国入侵的流行病。赢得了人们一致口碑的是维亚特卡省地方自治局，由于其成员几乎全是农民，因此，它实际上是由农民管理的。

公共卫生不分省界。自从针对1891年至1893年的饥荒展开了联手救济行动，地方自治局越来越多地参与组建共同纲领的工作。一开始，地方自治局是出于纯粹的经济考虑。由于莫斯科是国家生活中心，领头军自然是莫斯科省地方自治局。1895年至1902年，德米特里·希波夫担任地方自治局主席，对将持不同政见的人团结起来共事很有一套。政府多次召开特别会议讨论重大经济问题，参会者自然是当地显赫人物。希波夫抓住机会，组织由自治机构主席参加的非公开会议，以达成一致行动。内务大臣普勒韦坚决反对地方自治局采取一致行动。然而，1903年，维特以自己所在的财政部的名义建立了"农业"地方委员会，由地方自治局成员担任领导职位。经济问题总是会引发政治问题。莫斯科省地方自治局传发的共同纲领激起了人们对国家进行全面经济改革的呼声，以及对自由和宣传自由的呼声。仅仅是这些问题就足以引发一场改革。此时，维特的对手技胜一筹。"农业"地方委员会被叫停，身居高位的组织者遭到了来自皇室的斥责。俄罗斯自由主义堡垒特维尔更是受到了特殊惩罚。一个来自特维尔省的诺沃-托尔若克地方自治局的议员曾冒失地提议建造医院——包括第一家对外开放的精神病院——和理性发展家庭手工业，他还提议引进农业专家给农民献计献策。在规定期限内，地方省长可以删除当地自治机构新的预算项目。等期限一过，提议便不得通过。对此，地方自治局发出抗议。一个叫施蒂默尔的保守派官员被派往当地平息事态。他在当地有一处不动产。在施蒂默尔的重压之下，民选的地方自治局成员被撤了下来，取而代之的是钦定的人选。

除此之外，还发生了一件引发不满的事，导致维特被革职。从始至终，维特都在反对俄罗斯帝国对日开战的轻率政策。在这一问题上，尼古拉二世理应听取与维特持相同政见的外交大臣拉姆斯道夫伯爵的谏言。然而，尼古拉二世的想法被一群不负责任的人左右。这些人中间只有一个是内阁大臣，他就是内务大臣普勒韦。维特向尼古拉二世发出了明智的警告，这成了其被解职的最重要原因。普勒韦占据上风，采取了全面的压制政策，比如在基希讷乌煽动集体迫害犹太人和在叶卡捷琳诺斯拉夫集体鞭笞农民。普勒韦最令人咋舌的手段是协助心腹祖巴托夫发起了一场虚伪的警察社会主义运动。他们欺骗工人，使工人相信政府会帮助工人和雇主做斗争。祖巴托夫在莫斯科实施计划。一个叫加蓬的神父是此计划在圣彼得堡的主要代理人。在记录里，维特写道，自己曾警告说，普勒韦的全面政策一定会招来杀身之祸。普勒韦则告诉库罗帕特金，国家正处在革命边缘，唯有"一场小规模的胜仗"方能阻止。

在争取朝鲜的问题上，俄罗斯帝国取代了中国的位置。在尼古拉二世身边，有一群冒险主义者替他出谋划策。其中，最有名的是一个不切实际的官员，叫别佐布拉佐夫。别佐布拉佐夫的谏言并没有真正出于军事考虑。多年以来，俄罗斯帝国军事政策的制定都是为了防御德意志帝国可能从西边展开的进攻。尼古拉二世的战争大臣库罗帕特金虽然不同意这一军事政策，却缺乏足够的决断力。

摆在日本和俄罗斯帝国之间的问题十分清楚。双方签定了一系列与朝鲜相关的条约，有的是为了共同管辖朝鲜，有的是为了划分势力范围。而现在，双方要将两者全部放弃。此时，俄罗斯帝国已经控制了满洲里。只要能在朝鲜事务上不受干扰，日本对此倒是乐见其成。以尼古拉二世为首的俄罗斯帝国决策者认为日本蛮横无理，声称俄罗斯帝国在满洲里事务和朝鲜事务中均拥有主导权。推动了明治维新的日本杰出的政治家伊藤博文亲自来到圣彼得堡，谋求缔结日俄协定，但遭到了蛮横粗鲁的对待。另一个来自伦敦的政治家则成功缔结了英俄协定。英俄协定规定，如果法国和德意志帝国再次插手帮助俄罗斯帝国对付日本，英国将支持日本。这一协定使冲突局部化，的确在当时阻止了世界大战的爆发。

在日俄战争一触即发之际，日本同时使用了外交手段和军事手段。当外交大臣伊藤博文离开圣彼得堡时，海上的冰开始融化，日军终于可以乘船挺进朝鲜北部。朝鲜问题很快得以解决。与此同时，在没有宣战的情况下，日本海军大将东乡平八郎迅速封锁了旅顺港，取得了旅顺港的控制权。这样一来，日本从一开始就掌握了控海权。现在只剩下满洲里问题没有解决。日军兵分三路从海岸线向北进发准备会师。此时，俄罗斯帝国政策的执行仍然混乱不堪。受到宠幸却能力平平的海军上将阿列克谢耶夫被任命为俄罗斯远东总督，一开始还兼任最高统帅。这一举措激起俄罗斯民众强烈不满。迫于舆论压力，战争大臣库罗帕特金接过阿列克谢耶夫最高统帅一职。后者的俄罗斯远东总督的职位仍旧保留。库罗帕特金接手前，维特郑重其事地向其建议：一到满洲里就逮捕阿列克谢耶夫，将他押解回圣彼得堡。库罗帕特金的确是一个很有能力的战争大臣，但可惜的是，他缺乏作为统帅应有的决断力。前任上级斯科别列夫曾警告他，永远不要寻求独立指挥权。阿列克谢耶夫的战术是将日本人逼到海上。然而，在数量上和质量上，库罗帕特金率领的部队都处于劣势，因此，他认为应该敌进我退，等养精蓄锐后再发起进攻。阿列克谢耶夫和库罗帕特金的不同意见需要由尼古拉二世本人定夺。而对军事事务，尼古拉二世知之甚少。日军排成三大纵列浩浩荡荡地穿过乡村的山区，终于在辽阳会师。在那里，库罗帕特金先后指挥了一次防御行动和一次撤退行动。两次行动虽然彰显了俄军的作战能力，却都是机械、被动的。

尼古拉二世一心想要参战，当然前提条件是必须亲自担任最高统帅。人们好不容易才劝服他放弃加入战争，但这又带来了一系列重大后果。对尼古拉二世的动机，人们产生了很大误解。不管是现在还是后来，尼古拉二世的想法都谈不上多么深谋远虑，只是受了骑士精神的驱使罢了。在1904年10月6日写给母亲的信中，尼古拉二世这样写道：

> 我待在这里，没有与我的部队共担危险困苦，这让我的良心备受煎熬。我向叔叔阿列克谢询问他的想法，他认为我没有必要加入这场战争。然而，在这个关键的时候畏首畏尾，实在让我内心不安。

1905年1月1日，在一次背信弃义的行动后，旅顺港结束了长期被封锁的状态。俄军的防守英勇果敢，甚至充满了英雄气概。在那次防守行动中，二等兵一如既往地尽忠职守，俄军的许多优秀军官指挥得力，杰出的战略家孔德拉坚科带领部队殊死战斗。但在他阵亡后，指挥官施托塞尔不等征求其他军官的意见便举白旗投降。

1905年2月23日至3月14日，俄军的投降使大批日军解放出来，去增援在奉天①发生的会战。此时，库罗帕特金麾下有一支精良的队伍。库罗帕特金本可以利用这一间隙有所行动，却并没有发出进攻的指令，也未给有权展开军事行动的副手提供任何实质性的支援。在奉天集结的日军与俄军对峙。历史再一次重演。俄军发动了一次防御行动和一次撤退行动。和此前一样，两次行动虽然彰显了俄军的作战能力，却都是机械、被动的。

1905年5月27日，孤注一掷的俄军开动波罗的海舰队跨过大西洋，海上战事重新开启。指挥官们清楚，成功的概率非常低。这是一场奥德赛②式的

奉天会战。

出自20世纪初的日本画报，绘者信息不详。

① 现名沈阳。——译者注
② 希腊神话中著名的英雄之一。——译者注

不幸旅程。在向多格滩的英国渔船开火后，不敢哗变的舰队抵达日本海，这里成为其最后的归宿。即使日本海军大将东乡平八郎没有加入海战，日本的胜利也已成定局。在短短的四十五分钟内，东乡平八郎率领的舰队开足马力，冲散了七千码长的俄罗斯帝国舰队，几乎全歼对方。

在对马海战中，俄罗斯帝国舰队几乎全军覆没。此时，俄罗斯帝国国内也掀起了一场如火如荼的、了不起的全民抗议运动。俄罗斯帝国从未往东派遣过主力军队，现在就更不可能了。然而，日军步步为营，一路向前挺进。美国总统插手调停。他反对美国进一步向日本提供贷款。心力交瘁的尼古拉二世派出坚决反战的维特，希望尽一切努力达成和平条约。俄罗斯帝国政府给了维特一个限制条件——绝不能同意赔款要求，因为在亚洲看来，这是交纳贡金的表示。维特是一个谈判高手，成功地博得了美国舆论的同情。当然，维特不得不放弃俄罗斯帝国对朝鲜的所有主权，还不得不割让旅顺港、满洲里南部和库页岛的一半土地。正如伊兹沃尔斯基所言："没有一个职业外交家能取得他这样的成绩。"因为功勋卓越，维特被授予伯爵头衔。

战争的教训是什么？有两点值得铭记。第一，F.莫里斯将军精彩的英文战争记录告诉我们，日本军民上下一心，而俄罗斯帝国恰恰相反；第二，俄罗斯帝国政府想要通过插手亚洲事务规避国内改革问题，以实现帝国扩张的梦想，但这一想法最终化为了泡影。俄罗斯帝国刚想在太平洋地区有所动作，就遭到了来自日本的迎头重击。这个亚洲国家积极学习欧洲的有益经验，为己所用。俄罗斯帝国远东事业的失败及日本的节节胜利使欧洲遭受了不小的打击，这威胁到了欧洲专制制度最后的强大壁垒，即由普鲁士统一的德意志帝国。

第 3 章

革命运动

像一个人同时要做两件事情，

我因不知道应该先从什么地方下手而徘徊歧途，

结果反弄得一事无成。[①]

《哈姆雷特》，第三幕，第三场

普勒韦和朋友打了一场既非小型也非胜利的战争。战争还未结束，他就被炸身亡。1904年7月28日，在普勒韦给尼古拉二世送信的路上——文件中控告维特是革命者，一个叫萨佐诺夫的社会革命党恐怖分子投掷了一颗炸弹。此事发酵加上战争失利，导致了一场新的全国运动——更准确地说，是两场并行的运动。一为改革，一为革命，两者很难有清楚的界定。

尼古拉二世的迟疑不决显示了其对极端保守政策缺乏真正的信任。尼古拉二世的第一反应是找到一个保守派接替普勒韦。在与梅谢尔斯基的通信中——通信很快就中断了，尼古拉二世曾提到过施蒂默尔这个邪恶的名字，但他最终决定的人选是斯维亚托波尔克-米尔斯基亲王。此人诚实正

---

① 文中采用的是朱生豪的译本。——译者注

直，具有自由主义思想，赢得了身边所有人的尊敬。公众开始乐观地期待未来的发展，出现了被称为"俄罗斯之春"的乐观情绪。

希波夫尝试协调地方自治局的工作，并结束了1903年建立的几乎所有的"农业"地方委员会，改革运动应运而生。迫于压力，1904年11月，希波夫召开了另一个由地方自治局代表参加的会议。米尔斯基竭尽全力为其工作铺路。会议仅在一个重要的细节问题上未能达成一致意见。对全体公民自由，包括良心自由、言论自由、出版自由、集会自由、人身自由，会议纲领发出呼吁。会议还一致同意召开全国代表大会，但对大会性质到底是立法还是协商，则意见不一。合法选举产生的地方政府代表能够达成一致，这本身就是了不起的。就代表们提出的问题，尼古拉二世与大臣展开辩论，维特便是其中之一。此时，他还是大臣委员会荣誉主席——换句话说，是君主不在场时的主席。有人劝尼古拉二世不要批准成立全国大会。尼古拉二世发布了两条声明：一、地方自治局管好自己的事情，不要干预政治；二、自己决意实施改革纲领。显然，这只能通过官僚机构完成，而官僚机构恰恰是全国人民希望改革的对象。

地方自治局提出的要求——此时还不能叫作命令——由知识分子代表一致通过。在为庆祝陪审制推行四十周年而举办的宴会上，律师公开支持地方自治局纲领，并自发组成"联合会"来帮助达成纲领。在那个时候，专业机构有权召开会议，当然前提是必须讨论专业问题。参会者畅所欲言，更难得的是，专业意见最终会形成广泛共识。很快，作家、大学教师、记者、医生和工程师纷纷效仿律师的做法。专业人士创办的各个联合会成为俄罗斯帝国工会的雏形。因此，即使是在共产主义统治下的工会仍然会被叫作专业联合会。

现在到了老百姓有所行动的时候了。比起分散落后的农民阶级，显然城镇工人采取行动的可能性更大。此时，城镇的工人阶级还没有完全定型，人口尚不足五百万。在原来与农业相关的各产业解体后，很多人来到城镇，还没有完全脱离农民身份。但比起农民而言，他们的知识水平和智力普遍更高。最主要的是，城镇人口相对集中。普列汉诺夫和在国外领导社会民主党的同僚把主要精力放在城镇工人身上，希望通过城镇工人，更轻松地将民主原则引入俄罗斯帝国政府，并有与中产阶级合作的意愿。普列汉诺夫支持给予地方团体行事自由，主张将整个运动的范围扩展到工人阶级的各行各业中。一个叫弗拉基米尔·伊里奇·乌里扬诺夫的年轻人对普列汉诺夫的观点发出了挑战。他十分聪明、精力充沛，笔名便是人们熟知的列宁。列宁的哥哥曾因参加暗杀亚历山大三世的行动而被处以极刑。

列宁。

彼得·奥苏普（Pyotr Otsup，1883—1963）摄

巧合的是，列宁以前的学校校长正是克伦斯基的父亲。他是这样评价列宁的：这是一个严肃、孤僻的孩子，做事很有目标。即使是在早期谋划革命时，列宁身上就开始透露出领袖锋芒。他是一个一丝不苟的学者，也是一个思维敏捷、明察秋毫的思想家。无论面临什么问题，需要采取什么策略去解决问题，他总是清楚下一步该如何走。列宁希望有一个团结的领导群体和严明的党风，以此主导所有行动计划。1903年，在布鲁塞尔召开、伦敦闭幕的俄罗斯社会民主工党会议上，孟什维克和布尔什维克的理论无法相容，由此开始争夺控制权。当自由事业开始取得进步，公众就转而支持欲与其他党派合作的温和派。列宁认为不识字的俄罗斯人不会因此买马克思主义的账。他预见未来会发生一场因资本主义争抢市场而引发的大战争。旧体制将因大战争而被扫除殆尽。但目前，无论是普列汉诺夫领导的孟什维克也好，还是列宁领导的布尔什维克也罢，追随者仍很少。他们提出的生产方式社会化的口号也模糊不清、晦涩难懂。尽管如此，这一口号还是吸引了人口相对较少、却在不断壮大的城镇工人阶级。

老百姓并没有通过马克思主义的官方拥护者为自己发声，而是选择了神父加蓬在圣彼得堡建立的组织。这个组织未被官方认可，前身是已故的普勒韦领导的荒谬的"警察社会主义"。工人们很高兴有更多能把自己召集起来的组织。加蓬的组织原则是：从每一千名工人中选出一位代表。虽然一开始是与警察打交道，但加蓬还是决定动员工人代表支持重点关注工人需求的全国纲领。在1904年11月19日召开的地方自治局会议上，这一点也被特别强调。加蓬计划了一场和平示威活动，让游行队伍行进到冬宫，打出教堂横幅，一路高唱宗教歌曲和国歌。然而，愚蠢的军事部门居然在圣彼得堡郊外和冬宫广场用机枪扫射人群。据反对派律师组成的公共委员会确认，实际死亡人数约为一百五十人，另有两百人受伤。所有组织游行的人都被逐出了圣彼得堡。很快，消息传遍了整个俄罗斯帝国。罢工声浪不断蔓延，在其所到之处的非俄罗斯人中，出现了实行分裂主义的倾向。各地爆发的骚乱暂且不论，单单这一场非暴力运动就已经让有些政府部门几乎停止运转。在此期间，各地出现了越来越多的普通警官被杀事件。凶手几乎总能趁着暮色得以逃脱。

　　政府无法平息骚乱。1905年1月22日的血腥事件发生后不久，时任莫斯科市长的德米特里·特列波夫将军临危受命，先后担任圣彼得堡总督和内务大臣助理，对全国警察部门都有控制权。特列波夫把游行中的组织者全部带到冬宫，目的只有一个，就是组织一个由工人组成的代表团觐见尼古拉二世，为游行求情。尼古拉二世设茶招待工人代表，同时要他们转告所有工人，这么做很危险。特列波夫是个勇敢的人，在从莫斯科出发的路上，一个学生对准他并开枪射击，但他毫不躲闪。事态的发展越来越严重，以谢尔盖大公被暗杀而告一段落。那时谢尔盖大公刚刚成为莫斯科总督，负责当地的军队。他没有什么朋友，也没什么人看得起他。商人也好，学生也罢，莫斯科几乎所有的阶级都不拥戴他。连亲戚也对他不留情面。谢尔盖大公是尼古拉二世的叔叔，妻子是亚历山德拉皇后的姐姐。堂弟亚历山大大公曾这样评价谢尔盖大公："我无论如何也找不出他性格的可取之处。"光天化日之下，社会革命党中的一小撮恐怖主义分子在克里姆林宫制造了暗杀。行刺者卡列亚耶夫非但没有一跑了之，反倒在接受调查和审讯时表现出了很大的勇气。被害人谢尔盖大公的遗孀、美丽善良的伊丽莎白大公妃曾去探监，提出只要卡列亚耶夫表达悔意，就会保他周全。卡列亚耶夫拒绝了这一要求，说自己甘愿为事业牺牲。最后，他勇敢赴死。后来披露的细节使人们更加痛恨警察。人们发现，阿泽夫拥有恐怖主义分子和特务警察的双重身份，是社会革命党内恐怖主义活动的组织者，还亲手把卡列亚耶夫送上刑场。杰出的革命主义学者布尔采夫执意调查此人，于是，令人震惊的丑闻开始一一浮出水面。

尼古拉二世对此次挑战的回应对事件后续发展至关重要。他优柔寡断的性格也再次表露无遗。在其珍贵记录中，时任财政大臣的科科夫佐夫伯爵披露了更多细节。当时，科科夫佐夫正在会见法国银行家集团负责人M.内兹林，这对争取到法国对俄贷款十分重要。对于俄罗斯帝国的动荡局势，内兹林深感不安，希望得到政府和人民团结一心的保证。在维特的帮助下，以内兹林请愿为由，科科夫佐夫让内兹林得到了觐见尼古拉二世的机会。内兹林对尼古拉二世直言不讳地说出了自己的想法。在回国的欢送仪式上，内兹林神采奕奕。然而，双方并未达成期待中的调解。相反，尼古拉二世发布皇室宣言，重申了君主专制地位，号召全体忠实子民拥戴其统治。尼古拉二世要求梅谢尔斯基起草一份宣言，但始终没有用过那份"宣言"里的一个字。如果尼古拉二世是因自己叔叔谢尔盖大公被杀而大为盛怒，这本是人之常情。但维特和科科夫佐夫对他的表现大惑不解，便再次进谏。宣言发布后，尼古拉二世很快就做出了最大让步，召开全国大会，建立国民议会，即帝国杜马。帝国杜马由"人民信任的精英"组成。在同一时间，全国大会第三份文件发表，指定新的内务大臣布雷金广纳贤言，这正是全国大会的应有之义。以全国大会的形式听取意见的初衷是好的，毕竟傅纳以言一直是过去的传统。尼古拉二世从俄罗斯帝国父权社会的角度考虑问题，但知识分子希望效仿英国和法国的宪法。这份文件的发表直接催生了不同政党的产生和各种纲领的制定。

尼古拉二世造成了其批评者和对手之间的不和，虽然这也许并非其本意。在闹哄哄的党派会议上，阶级裂痕愈加明显。就在这时，战事传来，在对马战役中，波罗的海舰队惨遭歼灭。很快，不同阶级走到了一起。希波夫邀请各党派领袖参加同盟会，请求尼古拉二世即刻接见从全体成员中选出的代表团。尼古拉二世同意了请求，并于1905年6月19日主持了接待仪式。最终选出的发言人代表谢尔盖·特鲁别茨科伊亲王来自一个正派、高

对马战役。

摘自 1905 年的法国画报《小日报》

尚的家庭，不隶属于任何党派，在人民中拥有很高的声望。他想方设法劝说尼古拉二世，必须与人民结成联盟。他还发出历史性预言，称如果这一使命迟迟不能完成，将会发生一场针对"所有主宰者"的运动。最后，特鲁别茨科伊说："不要迟疑，先生。这是您需要对上帝和俄罗斯帝国担负的伟大责任。"

后来，尼古拉二世与公众代表接触日益频繁，不止一次地对他们的陈情做出回应。在听特鲁别茨科伊说话时，他的脸色渐渐变了。尼古拉二世的回答不仅让听者，也让自己大吃一惊：

> 丢掉你的疑虑吧。召集人民代表的立场不会改变。这是我的意愿，沙皇的意愿。我关注并支持这项工作。你告诉身边所有人，不管他们是住在农村还是城镇。我希望你们能和我勠力同心完成这项使命。

实际上，尼古拉二世的回应是在为开展进一步全民讨论提供合法性。迄今为止，一直是由地方自治局领导改革运动。现在，城镇议会也加入了进来。1905年7月19日，双方均派出代表参加了在莫斯科召开的联合会议。民意出现了相对一致的局面，其核心思想值得我们关注。这一核心思想有着典型的英国特色，至于多久能在俄罗斯帝国实现则是个未知数。联合会议通过了《大谏法》，敦促人们关注政府的违法行为。制宪方案的起草主要借鉴了英国的模板。在1904年11月的会议上呼吁的公民自由权，由穆罗姆采夫教授提出。在本次会议上，原则上通过了"第一轮审读"。俄罗斯资深自由主义者伊万·彼得伦克维奇起草的用于政治会议的人民请愿书也得以通过，其中一些内容一语成谶。

我们指明的道路是和平的道路，旨在领导国家在没有动乱、没有流血、没有成千上万无辜受害者的前提下建立新的秩序。

民选代表的话反映的是当时民众的普遍愿望。回顾历史，这些话已然成为俄罗斯自由运动高尚的墓志铭。

1905年8月19日，政府发表了内部的帝国杜马计划草案。尼古拉二世将身边的部分大臣召集起来，由他本人主持讨论。当然，只有他自己知道哪些人属于这个狭小的官僚机构圈。没有人投票。根据君主专制的原则，尼古拉二世掌握定夺大权。他看上去是一个很机敏明智的主持人，通常偏向于更自由和开明的观点。然而，从整体上看，计划草案的内容不可能满足人民的意愿。帝国杜马只具备协商性质。总的来说，它只在政府内部运作，同时需要与不同部门合作。选举权的规定十分荒谬：整个知识分子阶级和其他拥有大量人口的群体实际上全被排除在外。因此，夏天过后，混乱状态还在持续升级。政府的确恢复了大学的自治权，允许大学召开会议。但由于其他地方禁止召开类似会议，会议只能在大学教室召开。所有人都可以参加会议，大学生是国家最具革命思想的群体。在黑海，"波将金"号军舰上发生哗变。士兵击毙军官，在敖德萨开火，最终把军舰开到了罗马尼亚港口康斯坦察避难。

组建专业联盟的运动发轫于1904年年底，现在的范围已扩展到了包括工厂工人联盟和铁路工人联盟在内的由群众组成的组织。1905年年初，米柳科夫把所有的联盟集中到一起，形成一个联盟中的联盟，并且自己担任首届主席。米柳科夫组织能力很强，成功劝服知识分子阶级支持地方自治局。他的理想是在俄罗斯帝国建立一个由地方自治局中的进步人士和专业阶级中的温和派组成的自由党。米柳科夫是个一流的历史学家，在多舛的一生中，一直把那个时代的英国自由主义奉为真理，其政治观念也深受影响。在当时国内环境的驱使下，另一个叫托马斯·马萨里克的学者也开始投身政治。具有强大组织天赋的他参与了一份缜密的纲领文件的制定。不过，身为一名教授，马萨里克充满了教条主义式的自信。他对自由主义的理解稍显狭隘，认为自由主义是一个可以套用的公式。即使有些具体策略目光短浅，马萨里克也不打算做出改变。虽然也许有不足之处，但米柳科夫是俄罗斯自由主义的中流砥柱，为一个比大多数国家都更迫切需要自由主义的国家指明了方向。他是欧洲自由时代——信奉自由、个人权利神圣不可侵犯、理性等原则的时代——最杰出代表，这些原则是对俄罗斯人民内心愿望的回应。即使在为人民服务时遭到很大冲击，米柳科夫也没有脱离过人民或改变道德良知，立场也从未动摇，仍然像往常一样保持着旺盛的精力，并积极参加各种社会活动。在大学进修班赞助的活动上发表讲话后，米柳科夫遭到了软禁。手握大权的普勒韦去探望米柳科夫，被他的能力折服，问其是否有意担任教育大臣一职。米柳科夫的回答是：他想要担任内务大臣，也就是普勒韦本人的职位。于是，米柳科夫的政治生涯从此开启。在不算短暂的政治生涯中，米柳科夫显示出了一个英国政治家般的风范。

那个年代的自由主义是一种信仰——不像在有些民主国家，人们认为自由主义是理所当然的。彼得·斯特鲁韦致力于在别的理论指导下实现自由主义。他不仅是一个造诣很深、颇具洞见的学者，也是那个时代最深刻的思想家之一。斯特鲁韦认为，思想必须在完全理性的前提下才能产生。他是早期马克思主义者之一，却从来不是一个墨守成规的教条主义者。斯特鲁韦曾与列宁共事。当列宁被关在监狱时，斯特鲁韦还给他送过书。这些为斯特鲁韦的个人发展夯基筑台，让其逐渐成为知识分子阶级自由主义的主要领袖。斯特鲁韦虽然没有获得之前建立的地方自治局自由党人的完全信任，但还是被选为了《解放》的编辑。《解放》这一内部刊物曾先后在斯图加特和巴黎出版。

此时，社会革命党打着"农民联盟"的旗号，通过一个简单的纲领规定全部土地归还农民，使几乎所有农民成为其坚定的追随者。政府形式的问题被暂且抛在了一边。

特列波夫认为武力是解决问题的唯一出路，这一想法得到了尼古拉二世的高度赞赏。特列波夫曾喊出一句著名口号："别吝惜子弹！"政府逮捕了铁路代表大会成员，进而导致铁路全线停工。由于圣彼得堡的食物供应依赖铁路运输，国家经济运转不可避免地陷入停滞。每个人都自发加入了大罢工的行列。全国上下处于瘫痪状态，以圣彼得堡为甚。一开始，还没有一个负责罢工的组织。但在罢工大潮中，一个基于加蓬原则——也就是从每一千个工厂工人中选出一个代表——的机构建立起来。不同的是，新建机构由马克思主义社会民主党和社会革命党领导。主席是一个既能干又有魅力的律师，叫诺萨尔，笔名为赫鲁斯塔廖夫。副主席则是当时的孟什维克社会民主党人列夫·托洛茨基。

1905年8月29日，《朴次茅斯条约》在美国签订。日俄战争宣告结束。维特是公认的功臣，被认为是俄罗斯帝国的后起之秀。在全国大罢工期间，他到达朴次茅斯。大臣们要前往彼得霍夫宫，除水路外几乎无路可走。在面呈尼古拉二世的备忘录里，维特说，现在摆在他面前的只有两个方案：第一，建立军事独裁；第二，使帝国杜马成为立法机构而非协商机构，宣布法律必须经过帝国杜马同意才具备效力。第二个方案相当于实行立宪。尼古拉二世询问大臣的看法，其中包括军事独裁者的不二人选尼古拉大公。尼古拉大公是个性情中人，扬言如果把这个任务交给自己，自己会立马开枪自尽。以下是莫索洛夫的相关记录：

尼古拉大公对弗雷德里克斯伯爵说：如果皇帝不授受维特的

第二个方案，逼我当一个独裁者，我会用这把手枪在皇帝面前自尽。我这就去找尼古拉二世挑明。我找你来只是为了向你表明心迹。你无论如何要支持维特。这是为了俄罗斯帝国和所有人的大局考虑。

后来，亚历山德拉皇后甚至把尼古拉大公看作是俄罗斯立宪的推动者。尼古拉二世别无选择，只得接受维特的第二个方案，于1905年10月30日发表了著名的《十月诏书》。维特是《十月诏书》的主要起草人，同时全权担起了与政府部门沟通的职责。宣言中包括赋予公民自由权的一整套纲领——宣言直接采用了希波夫的地方自治局会议的最高纲领，以及赋予帝国杜马立法权。尼古拉二世是一个笃信宗教的人，十分不情愿地做出了让步。最令他耿耿于怀的是，这意味着他将背叛自己的加冕誓言，背叛已故的父亲，背叛对自己刚出生不久的儿子的义务。为此，尼古拉二世和妻子亚历山德拉皇后日夜默默祈祷，最终还是坦然接受了这样做可能带来的影响。在1905年11月14日给母亲的信中，尼古拉二世这样写道："宪法终会到来。"尼古拉二世一直把母亲当作父亲传统的最好代表。在1905年11月14日的回信中，母亲写道："我相信这是你唯一的选择。"

波别多诺斯采夫终于离职。他的直接影响也就此终结。然而，对维特来说，事情没有这么简单。在回忆录中，维特声称，当时不仅保守的《新闻时报》，连反对变革的杜尔诺沃甚至是梅谢尔斯基也赞成让步。他还说，正如河水不能倒流，这是大势所趋。立宪是对抗革命的合法手段。他甚至表示，俄罗斯帝国会像西欧国家一样，最终成为立宪制国家。不过，当后来我问维特对此事的看法时，他回答道："理智告诉我要走立宪的路，但我的内心……"说到这里，他朝地上啐了一口唾沫。

俄罗斯帝国开始推行内阁制。首相控制内阁成员并对其负责，只有满足这个条件，维特才肯点头出任首相。维特之前已是大臣委员会名誉主席，现在只需把职位稍做改动，变成大臣会议主席，便成了实际意义上的首相。在此，我们必须指出，这是当时最重要的原则性改变之一，而尼古拉二世对此深恶痛绝。

作为新任首相的维特，日子并不好过。宣言的确起到了立竿见影的效果，把希波夫和其朋友这样的温和派团结起来为君主效命。后来在古奇科夫的领导下，希波夫和朋友还成立了"十月十七日联盟"[①]，由此诞生了之后的十月党人，也就是保守派改革者。此时的米柳科夫已经完成了创建俄罗斯自由主义党派，即立宪民主党的准备工作。人们通常把立宪民主党简称为"Cadets"。但无论是十月党人还是立宪民主党人都不信任维特。维特之所以把他们的纲领占为己有，并不是因为相信其中的内容，而是认为只有这样才能阻止革命。维特还一个一个地找十月党人和立宪民主党人谈话，想获取支持，但十月党人拒绝了。维特任命杜尔诺沃为内务大臣和警察局长。杜尔诺沃手段十分高明，是个著名的保守派。对为什么要任命杜尔诺沃，维特的解释是，只有有过从警经历的人才能保障君主的生命安全。维特威胁立宪民主党人说，自己不会采纳他们的纲领，而是使用强制性土地征用的法案。不过，法案最终没有发布。保守派对他群起而攻之，还在一份言辞幽默的期刊上发表了一篇叫"圣徒维特之舞"的文章来讥讽他。在警察的积极配合下，保守派组织了一系列针对犹太人的大屠杀或武装袭击。尼古拉二世认为这是民情的真实写照。维特和新苏维埃相处得也不愉快。对维特而言，代表了圣彼得堡工人的新苏维埃可能是最危险的敌人。

与此同时，声势浩大的运动还蔓延到了农民那里。社会革命党人成立的农民联盟成果斐然。秋末冬初收割完庄稼后，大批农民在各处聚集。在

---

① 简称"十月党"，是俄罗斯帝国的一个非革命中间派政党。——译者注

一个社会革命党煽动者的带领下，农民常常不动声色地带着乡绅离开其所在区域，还烧掉乡绅的房屋。这样一来，乡绅即使回来了也没法继续过日子。所谓的农民共和政体在各区域不断涌现。这些"共和政体"其实只是由农民组成的当地自治组织，并没有对尼古拉二世的统治造成太大威胁。这些当地自治组织的管理方式虽然不免粗糙，但原则明晰，有的还是得到了有效的管理。

圣彼得堡的人们在讨论到底是维特先逮捕赫鲁斯塔廖夫，还是赫鲁斯塔廖夫先逮捕维特。人们要求特赦在喀琅施塔得被镇压的哗变士兵，以及取消波兰的军事管制。圣彼得堡苏维埃除了宣布针对上述及其他吁请举行新的大罢工，也拿不出实际办法。苏维埃与民之所愿总是有所偏离，因此，数次尝试效仿最开始的大罢工的企图都以失败告终。苏维埃一度命令撤销所有的个人银行存款账户。维特则威胁道，任何编辑如果印发此令，即刻逮捕。在苏维埃宣布举行邮电罢工后，政府终于不再畏缩，于1905年12月16日下令逮捕了多达一百九十名苏维埃主要成员。未被逮捕的成员号召举行新的大罢工，但很快就被政府取缔。消息传到莫斯科后，引发了一场武装运动。1905年12月22日至1906年1月1日，学生和工人在街上放置路障，一度占领了大半个莫斯科城。然而，武装运动缺乏真正的组织，革命党也没能控制主要的铁路车站。谢苗诺夫斯基团和其他部队被派往莫斯科，轻而易举地就平息了叛乱。至此，圣彼得堡和莫斯科的革命运动真正走到了终点。在1905年的革命大爆发之前，不得民心的日俄战争战果已经得到清算。此时国内的革命不仅一事无成，还造成一片混乱，让革命彻底失去了人心，这对政府来说算是不幸中的万幸。革命的失败造成了一系列连锁反应：在远东打了败仗、解甲归田的军人开始暴动，暴力事件频发。在一系列的运动中，最残酷的——对反对者和被反对者来说都是如此——要属波罗的海诸省的拉脱维亚和爱沙尼亚农民反抗日耳曼地主的起义。军队和日耳曼地主沆瀣一气，展开了疯狂的报复行动。大批军队进驻农民动乱的中心，并用机枪扫射。农民被迫屈服，秩序终于得以恢复。

从这一时期尼古拉二世写给母亲的信中，我们能窥见其想法。如果说尼古拉二世对母亲还有所保留，那是因为他没有忘记母亲是对自己影响深远的父亲的妻子。我们还能从信中了解尼古拉二世与维特的关系。

1905年10月12日，尼古拉二世写道：

> 维特来比约科看我。他是个幽默风趣的人。在长谈后——内容当然是有关他老练的和约谈判，我告诉他，他有一个新的荣誉了——我要封他为伯爵。维特一下子愣住了，然后试图对我行了三次吻手礼！

1905年10月16日，母亲写道：

> 我敢保证，现在唯一能辅佐你的人就是维特，因为现在他又对你怀有好感了。

1905年11月1日，尼古拉二世详细地谈到了著名的《十月诏书》：

> 您一定没有忘记1905年1月我们一起待在沙皇村的日子吧——多么痛苦，不是吗？但比起现在发生的事情，那根本不算什么……莫斯科成天召开各种各样的会议，而这都是杜尔诺沃批准的，我不明白他为什么这样做。天知道在大学里发生了什么。随便什么乌合之众走上街头就能引发骚乱——似乎没人在意——读到这样的消息真让我厌烦透了！而大臣们不仅不迅速出击，反倒

像惊弓之鸟一样召集议会，讨论采取跨部门联合行动。特列波夫向民众宣布：将无情镇压一切动乱。人们似乎都听到了夏季暴雨来临前的隆隆雷声！在人心惶惶的日子里，我常常和维特见面。我们通常在清晨见面，直到夜幕降临时才分开。眼前可走的路只有两条：一条路是征募精力充沛的士兵，纯粹用武力镇压叛乱——那就意味着血流成河，到头来我们的一切努力将付诸东流；另一条路是给人民公民权、言论和出版自由，由帝国杜马确定所有法律——也就是说，走立宪的路。维特激烈地为立宪辩护。我询问过的每一个人都几乎持相同看法。维特直截了当地告诉我，只有在他的纲领被认可、行动不受干预的前提下，他才会接受大臣会议主席一职。在讨论了两天后，我终于签字同意了。愿上帝保佑！我无法在电报里解释自己为什么做出了这个可怕的决定，尽管我很清楚自己做了什么。除了诚实的特列波夫，我没有可信赖的人。我现在能做的只有答应他们的要求，并祈求上帝保佑。大臣们一个个地辞职，我们不得不找到接替的人。维特必须负责此事。由于行政机构失序，我们处在了革命的风口浪尖。此时正是最危险的时刻。

1905年11月9日：

一个如此聪明的人居然错误地预测事态能很快平息，这真让人觉得奇怪。我不喜欢维特与各类极端主义分子沟通的方式。更让我不能忍受的是，他们所有的谈话内容第二天就会见诸报端。

1905年11月23日：

每个人都害怕采取果敢的行动。我不停地逼他们——甚至包括维特在内——行事更主动一些。没人愿意承担责任：大家都等着别人发号施令。但即使这样，他们也照样常常不服从命令。

1905年12月14日：

维特准备下令逮捕暴乱的所有主要头目。我一直敦促他赶紧行动，但他总寄希望于用非极端的措施处理事端。

1905年12月21日：

请不要过于担心我们。对我来说，虽然这段时期充满艰难险阻，但上帝就是我的力量，使我内心平静。现在有太多的俄罗斯人失去了那种精神……即使在最风平浪静时，人民的勇气也只属于少数人，而现在，人民的勇气几乎已不复存在。

在1905年12月28日的信中，尼古拉二世这样描述莫斯科起义：

脓肿在不断发展，让人无比痛苦，现在它终于破了。目前最大的困难是调集足够的军队。

1906年1月1日，在提到波罗的海诸省的野蛮起义时，尼古拉二世使用了"以恐制恐"这样的说法。在一份报告的空白处，他也做出了类似的批注。革命者常常利用这一点证明尼古拉二世是一个嗜血的暴君，但其实这种结论完全有悖于他的性格。

1906年1月25日：

　　自从莫斯科事件以来，维特彻底改变了自己的观点。现在他想要绞死和枪毙所有的人。我从未见过一个像他这样如此善变的人。难怪没有人再相信他了……内务大臣杜尔诺沃的工作干得十分出色。

　　这就是俄罗斯帝国第一届全国大会选举前的国内局势。在还不清楚莫斯科起义将如何发展的情况下，维特做出了最大的让步。《十月诏书》给出了全国普选的承诺。在维特的努力下，1905年12月24日出台的选举法实际上赋予了全民选举权。在俄罗斯帝国这样的落后国家，显然没有直接选举权——A.D.奥伯伦斯基亲王曾提议进行直接选举，尼古拉二世以"不切实际"为由断然拒绝。大部分不识字的农民将有可能选出农民中受过教育的精英参加下一阶段的选举，这引发了选民间持久的讨论。立宪民主党中的很多人都是研究西欧宪法的专家，所以对政府法律的内涵理解得最透彻。每个省的大多数选民成为本省全体民意的代表。政府不断的压制和革命的徒劳无功让极端主义分子名声扫地，因此，立宪民主党成为第一届俄罗斯帝国杜马的主要党派也就不足为奇了。社会革命党选出了大量农民代表，但这些农民代表并没有出现在帝国杜马的农民席位上。社会革命党领导人的名字对警察来说耳熟能详，所以这些人很少暴露在公众视野。社会民主党也有类似困境。社会民主党中的孟什维克党人在工厂工人中取得了巨大成功。布尔什维克人起初还抵制选举活动。当认识到自己不明智的举动后，他们终于决定积极参加活动，但一切已为时过晚。

　　在维特的种种行为中，最让尼古拉二世怒不可遏的是他在1905年12月24日做出的让步。尼古拉二世认为维特扮演了现代首相的角色，使自己的君权简直形同虚设。利用在内务部的影响力，杜尔诺沃逐步削弱维特的权力。全国大罢工发生后，仍然受到君主信任的特列波夫被任命为皇家宫廷指挥官。不仅如此，在被解除了俄罗斯帝国警察局长一职后，特列波夫成了尼古拉二世的亲信。特列波夫与维特根本无法共事。然而，维特的所有提议在得到确认之前必须先提交给特列波夫看。1906年2月8日，尼古拉二世写信给母亲：

> 特列波夫以秘书的身份工作。对我来说，他不可或缺。他经验老道，进谏时小心谨慎。我把维特厚厚的备忘录给他看过后，他能很快地给出言简意赅的报告。当然，这是我们两个人之间的秘密。
>
> 好一个立宪制首相生涯的开始！这是权力被削弱之人的心声。他感到自己的权力正在被一个不诚实的、手段比他高明的大臣蚕食。

维特试图通过种种重振尼古拉二世意愿的努力摆正自己的地位。《十月诏书》制定了某些原则，但还有待具体化。这是摆在帝国杜马面前的一项任务，因为根据宣言的内容，未经帝国杜马的同意不得通过法律。然而，维特又起草了有关基本法的一系列武断的补充内容，规定了帝国杜马权限范围外的内容。比如，帝国杜马不得触及属于君主特权的陆军和海军。更重要的是，帝国杜马不需要负责外国贷款工作。在回忆录中，维特解释，自己从外国银行家那里拿到了巨额贷款，这样政府就不用依赖于帝国杜马的拨款了。在这一点上，维特认为自己功不可没。德意志帝国拒绝帮助他，但法国同意了贷款要求，这让俄罗斯自由主义者和革命党人愤慨不已。

还有一条重要的补充内容是有关对奥匈帝国宪法第十四号条文的借用——维特把它标记为第八十七号条文。按照规定，在帝国杜马休会期间，如果遇到紧急情况，政府可以就紧急情况的处理颁布法律，只需在帝国杜马复会后的两个月内提交给它进行确认。后来，第八十七号条文成为无数抗议活动和许多冲突的导火索。维特曾巧妙地将战败的部队从远东带回了俄罗斯帝国。为完成这项任务，他的确扮演了不可或缺的角色。然而现在，维特的声誉已经一去不复返了。他不止一次提出辞职。在帝国杜马召开会议的前夕，他终于被解除了职务。1906年11月，尼古拉二世曾这样描述维特：

> 我在有生之年绝对不会再相信此人了。去年的经历像梦魇一般挥之不去，我已经受够了。

戈列梅金成了新的首相。现在的史料揭开了这个公职人物的神秘面纱，使我们了解他的影响。尤其值得一提的是科科夫佐夫的珍贵记录。一言以蔽之，戈列梅金是一个影响力微乎其微的政治家。维特对其评价是："一个无足轻重的人。"戈列梅金年纪太大，已经不能胜任首相一职。不过，他老谋深算，深谙官僚机构运转之道，反对一切变革，并永远对变革抱一副悲观怀疑、事不关己的态度。戈列梅金之所以脱颖而出被选为首相——这对故事的后续发展至关重要——是因为其坚定地认为并公开表示：大臣只是沙皇的仆人。如果尼古拉二世发出谕旨，命令大臣执行有悖自身理智的措施，大臣可先提出反对的理由。如果劝阻无效，大臣就要照尼古拉二世的意思做。戈列梅金对科科夫佐夫解释道："任何改变皇帝观点的尝试都是徒劳无功的，只会给你带来危险。"由此我们不难理解，为什么这样的态度会深得亚历山德拉皇后的喜爱。她常常动情地把戈列梅金称作"一位老者"。这样的称呼还用于包括宫廷大臣弗雷德里克斯伯爵在内的股肱之臣。

科科夫佐夫再次当上财政大臣,为国家尽忠职守、廉洁奉公。伊兹沃尔斯基曾提到过其"公认的诚实"的品质。布坎南称其为"旧官僚体制中最好的那一类人"。不过,新内阁最让人印象深刻的官员非彼得·斯托雷平莫属。斯托雷平并非来自官僚机构,而是出身于另一个政府专属的要职,即地方省长。在1905年年终,即动乱频仍的那几个月,斯托雷平扮演

彼得·斯托雷平。

艾亚·雷平(Ilya Repin,1844—1930)绘

了重要角色，负责平息俄罗斯帝国最动荡的省份萨拉托夫的事态。他带领着一小批精干人员走访多地，只要他一出现，他的个性就成了恢复当地秩序的利器。他仅用一句"你们就是这样体现对君主的忠诚的吗？"便成功平息了一处反动骚乱。他还曾只身在枪林弹雨中前进，恳请对方不要逼迫他使用权力，最终使一个革命的村庄免遭摧毁。有一次，一个煽动者突然抓住了斯托雷平的胳膊，而他转过身对煽动者说"拿着我的外套"，那人便乖乖照做了。

在短暂的第一届帝国杜马上，我们没有必要花太多笔墨。的确，帝国杜马的成员由知识阶层精英组成。包括不少农民在内，人民严格遵守君主的命令，选出人民信任的人。这些人能保持头脑精明，不被党派纷争左右。然而，改革者赖以成功的革命基础瓦解了。人民已经厌倦革命。俄罗斯帝国真正有能力的公职人员寥寥无几，帝国杜马的选举抽空了地方自治局中的大部分精英。立宪民主党从来没有过组织基础，不可能经常召开公众集会，党内资金更是少得可怜。立宪民主党中几乎没有人有过行政经历，大多数是各行各业的专业人士，他们希望通过开宗明义的方式巩固君主专制的堡垒。

帝国杜马最先要做的就是将国家之所需高高置于君权之上。帝国杜马援用了英国的先例——不仅是现在，历来如此——尼古拉二世在冬宫接见帝国杜马成员时，发表了一篇"国王的演讲"，内容无外乎是一些君民友好的泛泛之词。帝国杜马成员居然以一篇标题为"向君主进言"的草案作为回应。因为内容经过了反复修改，所以得到了帝国杜马内不同群体的支持。年轻的自由党人弗拉基米尔·纳博科夫游刃有余地辩论。满足了民众主要诉求的草案几乎被全票通过，后来还被印在了小小的明信片上，方便在全国发行。有关帝国杜马到底有没有权利上奏的问题在政府内部引起了不小的波澜，但宫廷大臣最终接受了这一做法。戈列梅金带着同僚来到帝国杜马，以一个老校长的口吻宣读了一篇演讲。在演讲中，针对给予农民土地这一最重要的要求，戈列梅金带着轻蔑的口吻说，政府对此"不予受理"。纳博科夫当下提议投出谴责票，这引发了一场辩论。在辩论中，政府间的相互谩骂暴露无遗。除了斯托雷平，所有在场大臣都是第一次遇到这种局面，苍白无力地为自己辩护。

到目前为止，一切都在遵照英国的模式进行。在投出谴责票后，政府本应下台。然而，事情的发展并非如此。政府和帝国杜马相互观望，琢磨着对方下一步的打算，以及自己能从人民那里得到怎样的支持。为拉拢民心，基于立宪民主党和工党的两个法案，帝国杜马最终提出了土地问题。两个法案均基于强制性土地征收的原则：一个法案有补偿，而另一个法案没有。然后，政府提出了由农民管理土地，以争取农民的支持，而不是将土地交给帝国杜马管理。现在，帝国杜马决定单独向人民提出吁请，但这一点是基本法禁止的。

政府内部也出现了危机，观念开始摇摆不定。尼古拉二世的耳目特列波夫竟然进谏说，尼古拉二世应该与自由党人谈判，给他们一官半职。我们几乎可以肯定特列波夫的言下之意是：希望这些人会觉得自己无法胜任治理任务，这样一来，就能为军事独裁铺路。斯托雷平则认为自己现在是一个《十月诏书》中提到的"立宪主义者，而不是议会主义者"。他还说，在几个月之内，立宪民主党就会让政府的威信毁于一旦，造成无法弥补的损失。斯托雷平支持在现行法律框架下解散本届帝国杜马，并在同样的条件下召开第二届帝国杜马。值得注意的是，最强烈的反对解散帝国杜马的声音来自外交大臣伊兹沃尔斯基。此时的他刚刚被委派制定亲法和亲英的外交政策。尼古拉二世一直都希望解散帝国杜马，并得到了戈列梅金的全力支持。尼古拉二世无法预想"一夜之间陷入未知的状况"，认为如果有人挑战君权，与其投降，不如不惜一切代价进行反抗。然而，尼古拉二世还是放不下顾忌，咨询了大臣的看法。科科夫佐夫给出的建议是，坚决反对照搬英国议会制模式。斯托雷平与后来在"信任部"工作的主要"公职人员"进行谈判。"信任部"由观点理性的在位官员和温和派民意代表组成。特列波夫和伊兹沃尔斯基支持一个完全由温和派民意代表组成的内阁，由帝国杜马主席穆罗姆采夫任最高领导。于是，他们找到穆罗姆采夫——穆罗姆采夫的理解是，这是让自己代表君主。不过他认为，米柳科夫才是帝国杜马主要党派领袖，理应由他来担任。两人还找到在帝国杜马鲜有支持者的希波夫，但其同样谢绝了。迫于道德压力，米柳科夫揽下所有工作，但要求建立在自己带领下的立宪民主部门。然而，他犯了一个其职业生涯中的致命错误。在与特列波夫的谈话中，米柳科夫亲口承认自己设下了"十分困难的条件"。在这个当口，帝国杜马决定向公众呼吁反对政府。对此，米柳科夫极力阻止。正是这一呼吁使尼古拉二世最终下定决心。1906年7月20日早上8点，尼古拉二世传令召集立宪民主党人。戈列梅金和斯托雷平分别接到命令来到沙皇村。尼古拉二世首先接见的是戈列梅金。戈列梅金向尼古拉二世建议，任命斯托雷平为首相，解散帝国杜马。回到内阁时，戈列梅金的心情——用他自己的话说——像一个"放假的学童"。这一决定很快便对外公布。

帝国杜马仍然占领着道德高地，并得到人民的支持。在俄罗斯与芬兰交界处的维堡，立宪民主党和工党召开临时会议，这种壮着胆子的做法不利于芬兰的自由。会议通过了撤销解散帝国杜马的请愿书——显然这么做不符合宪法，因为只有君主才有权力决定是否解散帝国杜马——还号召人民不出壮丁、不纳税，除非恢复帝国杜马。另外，他们不承认在帝国杜马缺席的情况下签署的任何国外贷款。然而，会议纲领的执行并没有交给一个真正的组织，任何一个村社都可以自行其是。这不过是一场政治上的虚张声势。全国上下处于懈怠状态，未采取任何执行纲领的行动。

斯托雷平的建议造成了自己权力的真空。他的地位变得愈加岌岌可危。正如他当时对我所言，他有两条阵线：一是反对革命，二是支持改革。他还说，自己的任务绝非常人能及。斯托雷平宣称没有帝国杜马的支持，自己反对革命和支持改革的任务不可能完成。他呼吁在相同的选举制度下成立新的帝国杜马。然而，我们从科科夫佐夫那里得到的信息是，帝国杜马已经决定废除全民选举。在同样条件下选举出的下一届帝国杜马成立前，能干的官僚主义者克雷扎诺夫斯基受命起草一份限制更严格的新选举法。科科夫佐夫告诉我们，斯托雷平在同意走这一步前曾犹豫再三。科科夫佐夫，甚至是保守的司法大臣谢格洛维托夫也清醒地认识到，这与新宪法相违背。宪法特别规定，没有宪法同意不得通过与帝国杜马相关的法律。另外，帝国杜马的绝大多数成员之前都签署过《维堡宣言》。之后，这些人被带上法庭受审，同时被依法取消了下次选举的权利。被排除在外的还不止这些人。根据相当于最高法院的参议院对现行法律所谓的解释，那些全年在城镇和农村之间流动工作的农民也被集体剥夺了选举权。实际上，斯托雷平已经无法控制地方省长。地方省长不惜一切努力，想要保住权力被极大削弱的帝国杜马。

斯托雷平采取了激进的手段对待革命党人，并在当时取得了成功。他动用第八十七号条文建立战时军事法庭，在两三天的时间内惩戒了各种恐怖主义行径。大部分恐怖分子被判了死刑。值得注意的是，被执行死刑的恐怖分子数量比被谋杀的警察和官员的数量要少得多。我们须知道，在俄罗斯帝国，只有军事法庭才可以宣判死刑。在和平时期，死刑只针对政治犯罪。民事谋杀的判决结果是被流放西伯利亚。在圣彼得堡郊外的自家别墅里，斯托雷平遭人用炸弹暗杀，他所幸逃过一劫，但他的女儿因此落下终身残疾。即使脸上被溅上"墨水"，斯托雷平仍然处变不惊、毫无惧色，并立即处理受害者的情况。

面对改革，斯托雷平的态度同样坚决。他认为，政府最大的错误就是规避这一问题。他再一次动用了通常不适用于国家大计的第八十七号条文。通过法令，斯托雷平推行自解放农奴法令以来俄罗斯帝国历史上最伟大的改革法令之一。改革法令规定，农民拥有与其他阶级同等的公民权，特别是选举权。农民还可以自愿脱离被他们中的很多人称作"第二个农奴制"的农民公社。下一步，斯托雷平抨击的是土地的根本问题。1906年11月22日，斯托雷平颁布法令，宣布每个农民可以将在公社中属于自己的那份土地作为私产，并允许继承。法令给整个俄罗斯帝国经济带来了翻天覆地的变化。斯托雷平的目的很清楚，就是要建立一个自耕农阶级。然而，土地改革最初的规定十分模糊片面，所以并没有取得立竿见影的效果。

斯托雷平在一片动荡不安的气氛中工作。包括特列波夫在内的保守派没有要求解散帝国杜马，这一任务自然落到立宪主义者斯托雷平的肩上。而现在，解散帝国杜马无疾而终，保守派又开始质疑帝国杜马存在的必要性，并向尼古拉二世不断强调。为博取尼古拉二世欢心，保守派还祷告有朝一日会恢复完全意义上的君主专制，并且制订了一个又一个荒谬的计划，规定任何形式的全国大会必须将知识分子远远地拒之门外。为了体现全国大会代表的广泛性，农民成员通过抓阄选出。不过，1905年的农民动乱想必击碎了保守派寄希望于父权制农民阶级的美梦。值得称赞的是，尼古拉二世并没有理会他们的建议。

农民阶级仍处于事件发展的中心。在农民阶级的发展历程中，最值得一提的莫过于农民如何适应新的政治地位，以及如何处理新的大选提交给农民的问题。从自己人当中，农民阶级遴选出"精英"参加第一届帝国杜马。几个月后，帝国杜马就开始朝不保夕，但农民坚决反对解散帝国杜马。农民并不准备听从任何党派意见，也不打算制造更多骚乱。在这样的情况下，几乎所有农民都同意选出代表参加第二届帝国杜马。这些代表会继续主张改革，并且也不会给人们第二次解散帝国杜马的理由。为此，农民精心挑选了以革命者为主体的代表。革命者将要做好谈判和吃苦头的准备，还要尽可能长久地保全第二届帝国杜马。这次选举有很多值得关注的地方。就像在威尔克斯①时代的米德尔塞克斯郡选民一样，来自某个选区的农民坚持重新选举第一届帝国杜马的一个成员作为代表，他就是因参与了维堡事件而被排除在选举之外的工党领袖阿拉金。除了法庭正式宣判，帝国杜马成员不得入狱。然而，在不少情况下，农民阶级选出的很多代表是没有经过法庭审判而被关押的杰出工党领袖。政府迫于压力，不得不释放这些人。这样一来，他们就可以成为合法的帝国杜马成员。从此次选举的更多细节中，我们可以看出，这场选举是判断农民阶级在政治上是否成熟的试金石。

终于，1907年3月5日，第二届帝国杜马冲破重重阻力得以召开。将参与维堡事件的人排除在代表名单外的做法带来的后果日益彰显。俄罗斯帝国缺乏有经验的政治家，只有第一届帝国杜马成员才有议会经验，而他们几乎全体被排除在第二届帝国杜马成员名单外。在第二届帝国杜马中，代替了第一届帝国杜马立宪民主党领袖的是地位更低的人。当然也有例外，如著名的罗季切夫，以及安德烈·申加廖夫和瓦西里·马克拉科夫两位新成员。《维堡宣言》签署时，罗季切夫正在英国，而这两位新成员将在日后扮演十分重要的角色。安德烈·申加廖夫曾是省卫生干事模范，有在郡县议会工作的经验，为人正直、头脑理智，但在帝国杜马工作后变得判若两人。瓦西里·马克拉科夫是俄罗斯帝国律师行业的杰出代表，天生辩口利辞，并且在遵循自己原则的基础上将这一天赋转化成了真正的政治能力。这一次，进入帝国杜马的革命党终于有了自己的名号：社会民主党

---

① 威尔克斯是英国的一位激进政治家。——译者注

或社会革命党。迫于来自警察的压力，帝国杜马成员中还有一小部分保守派，包括著名的顽固派弗拉基米尔·普里什克维奇和年轻聪颖的保守党人瓦西里·舒勒金。

保守派认为自己已经大获全胜，甚至开始得意扬扬起来，准备全力以赴彻底摧毁帝国杜马。他们的战术简单粗暴：在国内外舆论面前不断地讨论恐怖主义问题，使帝国杜马声誉受损。帝国杜马讨论的话题包括审核建造铁路和桥梁的银行贷款，以及在其权限之外的所有假设话题，但不讨论推论出来的话题。然而，帝国杜马许多革命党人忍不住讨论了麻烦的话题——1907年5月30日，有关是否应该解散帝国杜马的话题被全面讨论。帝国杜马包括至少九个不同的党派，而每个党派都提出了自己假设的观点，结果当然是一个观点也没有被采纳。对是否该解散帝国杜马，仍然没有任何回答。

与此同时，警察也在忙着打击恐怖主义，并先后宣布发现两起分别牵涉社会革命党和社会民主党两大主要革命党派的阴谋。针对指控，人们开展了大范围的讨论，然而，一直到1917年"二月革命"爆发后，警察的办案细节才被完全披露，证实了两起阴谋具有煽动性。后来，这一伎俩也被赤裸裸地摆在内阁面前，遭到了严厉谴责。在前一起事件中，一个叫拉季莫夫的警察找到社会革命党，声称自己有帮助社会革命党人暗杀尼古拉二世的情报。由于两大革命党派一致认为在帝国杜马召开期间不得出现恐怖主义行为，因此，社会革命党并未采取行动。在后一起社会民主党被卷入的事件中，一个叫申尼科娃的女警察想方设法成了警局秘书，根据警局指令制定了两份呼吁军队哗变的文件，一份放在警局，另一份由她交给帝国杜马的一个社会民主党成员，并串通好警察在此时赶来逮捕所有社会民主党人。彼得格勒的公共安全与秩序保卫部领导人格拉西莫夫告诉斯托雷平，放在警局的那份文件已经被人拿走。斯托雷平做了各种准备来为第二届帝国杜马的工作奠定基础。当时，他还不无讽刺地说，要阻止第二届帝国杜马解散比解散第一届帝国杜马困难得多。瓦西里·马克拉科夫等人与斯托雷平见面时如实地告诉他：帝国杜马已经开始明白自己的职责。尼古拉二世急不可耐地等待着解散帝国杜马的机会。对一篇充满了侮辱俄军字眼的演讲稿，尼古拉二世怒不可遏。斯托雷平不得不要求召开特别会议讨论申尼科娃阴谋案，以使社会民主党成员屈服。在没有进一步调查对申尼科娃的指控的情况下，帝国杜马允许逮捕社会民主党嫌疑犯。帝国杜马设立了一个专门委员会匆忙调查取证。工作还没有做完，第二届帝国杜马就宣布解散了。帝国杜马主席F.A.戈洛温本人居然是从一个记者那里才得知帝国杜马被解散的消息。

军队进驻圣彼得堡。政府控制了第二次解散后的局面，在各地仅有零星的动乱发生。一份皇室声明指责帝国杜马计划暗算君主。紧接着，政府颁布新的选举法，废除一切普选可能，将多数选举权置于行将就木的乡绅手中。当时没有人意识到，一个规则被保留了下来，也就是帝国杜马职能不变，仍为立法机构。不过，从那以后，尼古拉二世就不止一次考虑过缩减帝国杜马的权力，使之只具备协商职能。

1904年至1907年革命期间的最后一次行动开启了一个新纪元，其发展将超出当时所有人的预测。但很快，一系列针对个人或整个阶级的压制就接踵而来，并一直延宕到新的时期。人们感到，社会有如已经开始化脓的机体，但使它存活的关键得不到正常发展。

莫里斯·巴林算得上是这段时期俄罗斯帝国最敏锐的观察者。他认为，不久之后，这个国家将不可避免地遭到重挫。他还给出了一个眼光独到的预言："十年后，一切将见分晓。"如果当年俄罗斯帝国拥有普选的帝国杜马，那么十年后，也就是1917年"二月革命"后的历史应该会沿着一条不同的轨道发展。

第 4 章

斯托雷平与第三届帝国杜马

他是一个堂堂男子。

整个儿说起来，我再也见不到像他那样的人了。[①]

《哈姆雷特》，第一幕，第二场

选举法带来的变化不亚于一场政变带来的变化。新的选举法荒诞不经。可以直接投票的城镇被归入村社选区，几乎失掉了原来城镇所有可以投票的成员。在城镇的代表权予以保留的基础上，所有选民被划分成两类。两类虽然拥有相同数量的席位，但在地位上有着天壤之别：一类是大地主，另一类是除此之外的所有人，当然也包括知识分子。当我请一个在圣彼得堡的地主阶级代表解释对自己所在选区的选民采取的举措时，他回答说："一个房间就能装得下这个选区的选民。"村社的权力重心已经完全偏移到地主阶级。之所以如此，是因为虽然地主阶级的人口很少，但其"选民"数量占到了大多数。因此，即使是第三届帝国杜马和第四届帝国杜马中的农民成员，实际也是由地主阶级选出的。只要看一看几乎没有地主阶级的维亚特卡省的数据，我们就能知道新选举法中体现的代表性有多

---

① 文中采用的是朱生豪的译本。——译者注

不公正。在俄罗斯帝国的非俄罗斯人口地区，新选举法更有效力。第二届帝国杜马中，有一部分代表是来自波兰的精英，但他们的代表席位被任意地从三十六个减少到了十四个。在华沙，除了军人和官员，几乎没有俄罗斯人。在这样的情况下，仍然会从俄罗斯人当中选出一名成员，另一名则来自波兰居民。边疆地区人口占少数的俄罗斯人在各项事务中均占有主导权。根据参议院的武断解释，包括迁徙的农民在内的很多人不得参加第二届帝国杜马选举。在新法律出台后，他们被正式排除在外。所有对选举合法性的质疑将由内务大臣出面解决，而非帝国杜马。这与宪法精神背道而驰。地方省长也获得了相应的控制权。

对选举原则的全盘篡改并没有使俄罗斯帝国朝着乐观的方向发展。但只要了解俄罗斯帝国当时的局势就能清楚地认识到，实际上，任何全国大会都会站在政府的反面，哪怕全国大会成员全部由前大臣组成。为了拓宽内阁基础，斯托雷平与古奇科夫、尼古拉·利沃夫和保罗·维诺格拉多夫等公职人员进行谈判。有时斯托雷平还会劝说他们去觐见尼古拉二世。可以肯定的是，他们根本无法保证自己代表的原则能受到任何尊重。这些公职人员不过是受制于反动势力的牺牲品。出于良知，他们拒绝了斯托雷平的请求。

对第二届帝国杜马的解散，全国上下十分惊愕。不过，人们并没有采取过激行动。警察严密关注着被解散的帝国杜马成员的一举一动。高尔基的话剧《底层》是当时最受欢迎的作品。人们的美好期待落空。集体和个人的道德开始沦丧。在第二届帝国杜马刚被解散时，我开始了游历生涯，足迹踏遍俄罗斯帝国欧洲部分的三分之一。在一些偏远地区，人们用粗暴动乱的方式公开挑衅政府权威。邮轮上的政府资金被洗劫一空。维亚特卡省劫公济贫的"绿林好汉"团队活动频繁。

不过，这一阶段并没有持续很长时间。理想幻灭的人们终于看清了局势。当时，还出现了不少杰出的自由主义政治思想家，他们开始冷静地剖析第二届帝国杜马失败的真正原因。彼得·斯特鲁韦写道："权力猝不及防地从我们手中旁落他人。"自由主义政治思想家现在能做的，就是加强自我修养，更深刻地了解发生的事及反对他们的势力。与此同时，识时务者拓宽了活动范围，开始参与管理自己的事务。政治家也审时度势，研究亡羊补牢的方法。可做的事情还是不少的。全国大会仍然以某种形式存在，也确实在某些方面反映了国家舆论和利益。虽然帝国杜马的选举权改弦易辙，但帝国杜马的职能保持不变，在针对年度预算的审查中，常常要对重要问题进行长时间的公开讨论。前两届帝国杜马来去匆匆，还没有来得及用上年度预算调查这一最有力的武器，就被仓促解散。议会报告仍旧不受审查约束。从帝国杜马开展的辩论中，很多农民掌握了阅读能力。社会民主党是最积极参与帝国杜马讨论的党派。

新成员古奇科夫敏锐地洞悉了时势。立宪民主党一度取得过胜利，但还是无奈以失败告终。他们的领袖米柳科夫只会纸上谈兵，无法处理各种各样的实际问题。古奇科夫的爷爷是农奴，父亲是莫斯科的商人和地方执法官。古奇科夫是个闲不下来的人物，在各大事件中都有他的身影。他跑到正在经历大屠杀的马其顿和亚美尼亚；又在中国义和团运动期间骑马漫步长城；还帮助南非人民抗击英国；又留在中国奉天，照顾因对抗日军进攻而受伤的士兵。回国后，面对1905年的革命旋涡，古奇科夫为开明爱国的保守主义勇敢发声，并受到尼古拉二世夫妇的款待。他大胆进谏，提议召集某种形式的全国大会来建立君民联系，不过，他的想法并没有跳出16世纪和17世纪旧式缙绅会议的范畴。

古奇科夫最大的优点是英勇无畏。只要是决意挑战的事情，他一定会从容面对、处乱不惊，哪怕是遭到猛烈抨击，也会一往无前。他的缺点是耐不住性子，想要事事亲为，这很容易成为众人瞩目的焦点。他具备一个一流的英国政治家娴熟的组织能力。对自己的平民出身，古奇科夫十分自豪，但从不声张。他做的一切都是基于对祖国和人民的无限热爱。俄罗斯人的保守主义、是非观念和忠诚都是他感同身受的。他反对阶级特权，呼吁采取类似于在德意志帝国议会确立的某种协商性质的举措。他领导着十月党人，即爱国改革党派。他们和立宪民主党人一样，遵循的是英国的政治模式。与鼓吹英国政治原则的立宪民主党人不同，十月党人的观点更贴近英国人民的普通生活。

1907年秋，第三届帝国杜马会议召开，其成员构成充分采纳了古奇科夫的建议。第三届帝国杜马成员主要从知识分子阶级中选出，包括身居高位的政府公职人员，其中还有自由主义大臣叶尔莫洛夫栽培的几个农业部官员，如第三届帝国杜马后来的主席尼古拉·霍米亚科夫。霍米亚科夫是一个具有自由主义思想的保守派，父亲是著名的亲斯拉夫者，也是俄罗斯帝国最有智慧的公职人员之一。帝国杜马预算委员会新任主席阿列克谢延科被认为是俄罗斯帝国最早的财政权威之一。冯·安列普是一个在教育体系供职的高官。只要君主决定将教育部门交给一个自由党人士，那此人随时都有可能成为教育大臣。米柳科夫以非帝国杜马成员的身份领导着前两届帝国杜马。由于不是帝国杜马成员，米柳科夫没有成为《维堡宣言》的签署人。不过，作为《维堡宣言》的起草人，米柳科夫才是应该对这个错误策略负责的人。现在，他成了第三届帝国杜马成员和反对党领袖。在处理日常任务时，米柳科夫体现出非凡的勇气和自制力。同他并肩作战的还有在帝国杜马培养的众多演说家中最能言善辩的瓦西里·马克拉科夫，以及国家预算最尖锐的批评者并一直为农民利益发声的安德烈·申加廖夫。第三届帝国杜马中保守主义右派比例大大增加。这些人分成两个大相径庭的群体：一个是由极端情绪化又机智诙谐的普里什克维奇领导的纯粹保守派；另一个是由独立的保守派贵族组成，瓦西里·舒勒金便是其中一个。

他是一个有洞见、有宽容心和幽默感的年轻人，政治前途不可限量。

在上任的前几个月里，古奇科夫忙着筹备组织十月党。与其说十月党是党派，不如说它是某种组织。因为得到了一百五十三名成员的支持——相当于三分之一的议会席位，所以古奇科夫牢牢占据了中心地位。由于管理得力，他有资格对大部分决定做出裁决。他的右边是八十九名民族主义者和五十名保守党，左边是仍然代表了知识分子阶级精英的五十四名立宪民主党人、十八名波兰人、初具雏形的工党中的十三名成员和二十名社会民主党人。社会民主党中还有一个来自格鲁吉亚的代表，叫奇赫伊泽。他英勇无畏、敢于直言、风趣幽默，内心从未忘记过自己民族的屈辱历史。渐渐地，几乎所有帝国杜马成员都开始认为奇赫伊泽是不可或缺的人物。

从一开始，古奇科夫就选择了明确的策略。对帝国杜马，尼古拉二世最初的设想是，在不必召集全体大会的前提下设立几个针对各主题的委员会。实际上，帝国杜马内部条例是由第一届帝国杜马的立宪民主党主席穆罗姆采夫制定的。穆罗姆采夫认可了委员会的工作，但同时认为有必要在此基础上开展对所有主题的进一步讨论。他在莫斯科大学教授罗马法律，是一个十分杰出的俄罗斯帝国学者。他把平等意识融入委员会的选举中：在任何一个委员会中，每个党派或群体的代表比例应与在议会中的比例一致。这一做法已在地方自治局和城镇议会中被采纳。穆罗姆采夫还推崇元老会议。也就是说，党派领导定期开会，提前讨论公共事务。每个委员会都要指派一个主席和一个记者。帝国杜马有权从大臣那里获取有关行政的所有问题，毕竟这种做法对帝国杜马了解行政工作至关重要。大臣或大臣代表负责向相关委员会做出解释。在各委员会主席主持下，委员会的结论须由委员会指派的记者交与全国大会审议。由于委员会的决定是由各政党中最优秀的专家做出的，一旦专家达成共识，议会几乎不可能更改决定。在所有党派中，十月党占主导地位，因此，大部分委员会主席和记者均为十月党人。委员会的重要性显而易见，特别体现在预算讨论上。对此，古奇科夫进行了充分利用。如果希望自己的预算估计被帝国杜马通过，大臣至少需要经过委员会主席的同意，并且取得官方记者的支持。这些不可能通过个人操作实现。有几次，斯托雷平给大臣提供高就的机会，但最终被大臣拒绝了。因此，大臣必须亲自参加帝国杜马会议而不仅仅派一个代表，这一点非常重要。斯托雷平常常鼓励同僚这样做。帝国杜马开始尊重大臣，对大臣提出的意见会慎重考虑。如果某个大臣的预算估计没能被帝国杜马通过，这个大臣最好不要把这种消息告诉君主。

委员会中最重要的讨论莫过于在阿列克谢延科主持下的预算讨论。阿列克谢延科无意成为财政大臣，更喜欢继续当官方批评人士。在这样的氛围下，原本没打算对预算认真解释的大臣不得不改变说话的语气。在帝国国防委员会会议上，古奇科夫的策略表现得淋漓尽致。第一届帝国杜马和第二届帝国杜马来去匆匆，错过了全面审视灾难性的日俄战争中各方责任的最佳时机。在日俄战争中，古奇科夫经常和俄军打交道①，与不少陆军和海军的最优秀的军官都有密切来往，比如未来的战争大臣波利瓦诺夫和未来的海军上将高尔察克。两人均有超群的指挥作战能力。同古奇科夫一样，他们急切地想通过重振俄罗斯帝国武装部队来一雪国耻。海军部是藏污纳垢之所。高尔察克领导着一群年轻有为的军官，意欲设立常规海军参谋部。于是，他找到帝国杜马寻求帮助，并取得成功。设立常规海军参谋部的计划得到了尼古拉二世的认可。而在基本法中，军事作战事务作为君主特权予以特别保留，这使古奇科夫的任务变得十分微妙。不过，在讨论预算的过程中，任何问题都有可能被提出来。在预算问题上，一旦帝国杜马采取了和政府一样坚定的爱国立场，政府就几乎不可能表示抗议。只要

---

① 在战争期间，古奇科夫曾为俄罗斯帝国红十字会工作，照顾伤员。——译者注

确信预算能够用到实处，帝国杜马不仅会同意预算数额，还会增加预算数额。第二届帝国杜马讨论的预算问题成了成员之间互相谩骂的导火索。第三届帝国杜马对预算则有了截然不同的态度。正因如此，热爱军队的尼古拉二世对第三届帝国杜马寄予厚望。尼古拉二世对斯托雷平说："这届帝国杜马想要攫取权力是无可厚非的，我们完全没有必要为此事争吵。"

1908年6月，第三届帝国杜马第一次会议即将结束时，古奇科夫遭遇了其官场生涯最辉煌时期中的第一次危机。古奇科夫的发言稿是自己精心准备的，内容是有关海军和陆军的预算。在演讲中，他竟然以爱国为由，要几位大公辞去国防部门分部督察长的职位。古奇科夫声称，这是因为他们身为皇室成员，不能接受批评，这样一来，所有的改革提议就无法顺利通过。古奇科夫语气平静地念道：

> 如果我们认为自己有权利甚至有义务要求人民和国家为国防事业做出巨大牺牲，那么我们也有权利对极少数不负责任的人提出要求。我们的要求十分简单，就是请他们放弃某些世俗的优越感和他们所处职位带来的虚荣心。

政府没有为那些被攻击的人辩解。在所有大公中，最会打仗的是勇猛的尼古拉大公。他还是为尼古拉二世服务的帝国国防委员会主席。在给尼古拉二世的信里，尼古拉大公说，帝国杜马没有给出答复，所以自己辞去了职务。对古奇科夫来说，将皇室家族作为目标是一件危险的事情，因为这样做极大地削弱了自己在君主面前的影响力。虽然大公们在各武装部队的总督察长职位予以保留，但大公们的主动权，特别是在缔结条约方面的主动权受到了限制。

继古奇科夫的演讲之后，冯·安列普代表帝国杜马教育委员会发表了一篇同样生动的演讲。安列普的演讲没有大肆渲染，而是讲求事实、注重权威，为教育部的工作正名。这证实了人们普遍的观点，那就是教育委员会并非教育大众的部门，相反，它在阻止大众接受教育。值得注意的是，当这样的辩论如火如荼地开展时，英国国王爱德华七世正在应侄子尼古拉二世之邀访问雷瓦尔。帝国杜马选择在此时展开讨论，应该是考虑到了这一时间上的巧合。

英国国王爱德华七世。

卢克·菲尔德斯（Luke Fildes，1843—1927）绘

这是第三届帝国杜马最好的一年。代表的演讲收获了民心，使帝国杜马占领了道德高地，这与前两届帝国杜马形成了鲜明对比。这一届帝国杜马不会被轻易解散了。它虽然没有充分代表各个阶级，但成功地表达了民之所愿。一直到1912年法定任期结束，在最重要的立法领域，帝国杜马同样延续了早期的成就。

只要内阁有任何变动，接替斯托雷平的人就一定会是保守派。维特一直在寻找保守派接替斯托雷平。1905年12月，维特曾做出一个严重错误的判断。而现在，他急切地想与尼古拉二世和极右派和解。维特的回忆录的后半部分充斥着他因自己的位置被取代而产生的怨气，可以说让这本回忆录的名声尽毁。不仅是帝国杜马和人民，似乎连保守派也不信任他，尼古拉二世自然更不必说了。古奇科夫虽然没有和斯托雷平达成过任何共识，但他仍然认为，比起其他首相人选和大部分同僚，斯托雷平才是最适合的那个。因此，政府和帝国杜马之间达成了谅解，换句话说，双方大体上形成了合作关系。只有这样，方方面面细致的改革工作才得以开展。

斯托雷平不算是一个多么了不起的人。这并非因为他缺乏足够的理解能力，不过，就才智而言，他显然资质平平。凭着一股子干劲和冲劲儿，斯托雷平在一步步实现自己设下的政治目标，但他并非没有道德原则。总的来说，斯托雷平是一个心胸宽广的人，对君主效忠，对同僚慷慨，与对手交锋时永远坦率无畏，这些无一不显示出其仁厚高尚的品格。演讲时，斯托雷平声音低沉浑厚，不绕弯子，十分有说服力。他身材魁梧、胡须浓密，像一只憨厚友好的大熊。人们都喜欢与这样一个有勇气和是非观念的人共事。伊兹沃尔斯基称斯托雷平"天生思维清晰，能正确理解呈交给他做决定的问题的意义所在，有着惊人的工作能力和令人敬佩的忍耐力"。布坎南称斯托雷平是"能与之共事的理想大臣"，还说"他从不食言"。

通常，人们很难说清楚得到晋升的官员有哪些特点，但斯托雷平是例外。因为他的缘故，内阁第一次有了一个真正的领袖，而不是戈列梅金这样的主席，或者维特这样的独裁者。科科夫佐夫详细地记录了两人之间的龃龉。对一些小的误解，虽然偶尔也会产生些许不满的情绪，但科科夫佐夫仍然用生动的语言描述了"斯托雷平无可置疑的高贵品格"，称斯托雷平诚实守信、头脑清晰、勇气非凡。从波利瓦诺夫将军简短的军事日记中，我们也看到了一个同样的领导者形象。1906年至1912年，波利瓦诺夫将军在内阁和帝国杜马任代理战争大臣，当时的首相正是斯托雷平。在所有大臣中，斯托雷平是最热情友好和充满活力的那个，就像一个对国家尽忠职守的队长，总能给人奋进的力量。在1906年10月24日写给母亲的信里，尼古拉二世说："我别提有多么喜爱敬重他了！戈列梅金很看好他，说他是唯一能胜任这一职位的人，这是一个十分中肯的建议。"对1917年"二月革命"后的连续几任首相，内阁秘书洛德任斯基有过生动的描述。洛德任斯基提到了斯托雷平带来的团结气氛，以及其在内阁辩论中真诚和富有感染力的演讲。"斯托雷平时代，"他说，"是一个伟大的创造性作品。"斯托雷平在帝国杜马中的演讲同样出众。在第一届帝国杜马中，没有人能将他的声音压倒。在第二届帝国杜马中，斯托雷平发表演讲说："我们不害怕"。"你们希望有大动乱发生，但我们想要的是一个伟大的俄罗斯帝国。"在第三届帝国杜马中，斯托雷平更是游刃有余，甚至在帝国杜马即将期满时拥有了自己的政党。他是一个很有魅力的人——身材高大、大权在握，对每个问题都单刀直入，毫不惺惺作态。不仅对手被他深深吸引，甚至连革命党人也不例外。

在这样的背景下，人们开始把矛头指向了悬而未决的重要问题。其中，最重要的是斯托雷平发起的以农民拥有个人财产为原则的土地改革。直到1906年，还没有哪一个公职人员勇敢地站出来支持这一原则。一开始，维特是旧公社制度的追随者，不过，聪明的他很快看到了这一制度的重大缺陷，他开始转向支持个体农场经营，并且在自己的部门加以推崇。不过，他并没有真正质疑过其他人对个体农场经营的偏见。支持公社的保守派甚至还未丢掉对父权制农业的幻想。显然，革命党是想把公社当成通往现代社会主义的必经之路。认为土地属于个人财产的自由党人为寻求支持，迎合了革命党人的想法。农民是最大的利益攸关者。他们不顾触犯法律的风险，好几次依照西欧模式把公社制土地分割为个体农场。斯托雷平的据点在西部的考纳斯和东南部的萨拉托夫。当地人民普遍欢迎土地改革。刚一当上首相，斯托雷平就决定处理最棘手的土地改革问题。当时他对我说，所有的改革提议竟然都来自反对派，这是不正常的。斯托雷平无视任何政党意见，利用很有争议的第八十七号条文，于1906年11月授权所有农民在同一地段内获得整片划拨的土地。这一做法纠正了现行公社土地制度的致命缺陷。在几平方英里①内，农民平均能拥有一百五十块分散在各处的土地，但大部分人家里只有一匹马，有的甚至连马都没有，这种现象不合情理。

斯托雷平1906年颁布的第一条法令太过笼统，导致无法实施。聪明一点儿的农民发现了其中的价值。然而，如果他们去公社索要属于自己的土地财产，就意味着少了一个遵纪守法的纳税人。出于怨恨，公社会打发给农民一些偏远的或没用的村社土地。农民只能到不得人心的土地长官那里上诉，结果肯定石沉大海。村里的其他人甚至会烧掉农民的新农场。在村里的人中，聪明一点儿的农民可能地位很高，说不定还是1905年闹事的实际指挥者。在经过认真思考后，他们得出结论，想要得到土地，最好的办法是劝说村里的人好好利用这个难得的机会。用当时的话说，也就是劝说村里的人"均分"土地，而不是只将土地"分配"给自己。

---

① 1平方英里约等于2.5899881平方千米。——译者注

众所周知，斯托雷平推行的法律在短暂的第二届帝国杜马受到了挑战。在第三届帝国杜马，斯托雷平又继续推行自己的法律。委员会做了不少完善法律的工作。舍特洛夫斯基是土地改革委员会主席。他出生于解放农奴法令颁布那一年，一生致力于农民改革事业。安德烈亚斯·科弗德以优异的成绩从丹麦农业学院毕业，是受雇于土地改革委员会的首席专家，在俄罗斯帝国政府土地部门有多年的工作经验，漠视一切政治理论。他发现，在得不到任何帮助的情况下，农民社区仍在为改变自身现状做努力，哪怕这意味着要做违法的事。维特曾委派科弗德对大部分西欧国家的档案展开历史研究。从那以后，土地改革开始迅猛推进。原有的公社制法律规定的土地分配部分得以保留，但必须得到村社内三分之二以上户主签字方能重新分配土地。虽然不得在村社强制执行，但在改革中，这一规定不可人为改变。在斯托雷平的同僚中，最聪明的要属农业大臣克里沃舍因。他和得力助手里蒂希一道，协助政府对实施了改革的各个村社开展勘测、沉井等工作。农业内阁欢迎一切土地测量志愿者的帮助，无论他们持何种政治观点。不少杰出的志愿者是革命党人。他们怀着极大的热情推行政府的土地改革运动。这是自解放农奴法令颁布以来没有出现过的。

　　改革取得了惊人的效果。截至1914年，全国已有八百七十万户自耕农。自耕农有强烈的财产意识，从而开始自发维护公共秩序。农场面貌焕然一新，运作井然有序，牲畜膘肥体壮。在原有的分配制度下，村社外的土地只是换了个所有者而已。现在这些土地终于得到了精心培育，开始栽上果树。不喜农事的农民有了另谋出路的自由：他们带着卖掉地产的钱来到城镇发家致富。一些革命党人想在原有的公社制基础上建立现代农业合作，但没有成功。原来的模范村社也在积极响应改革措施。一旦农民有了用来合作的资产，就会与同伴一起用这笔钱购买机器或推销商品。蔚然成风的合作局面已然形成。俄罗斯农民具有天生的合作能力，毕竟他们原来过的就是公有制下的集体生活。这种合作是自由的，在全国蓬勃发展。

财政大臣科科夫佐夫的工作也很重要。财政部有与帝国杜马合作的意愿。财政部不少成员受过正规的高等教育，财政经验丰富，最有资格对预算提出建设性意见。科科夫佐夫笃信财政公开大有裨益，憎恶投机者"如狼似虎般的胃口"。他清楚地认识到，帝国杜马控制了人民的钱袋子，以最大的诚意与帝国杜马合作。科科夫佐夫说出席帝国杜马和预算委员会会议的经历是愉快的回忆，这是实话。他熟谙自己的工作，诚实、明智、能干、务实，欢迎合理批评。科科夫佐夫虽然算不上是演说家，但讲话时思路清晰、很有感召力。在回忆录中，讲坛上的成功给他带来的喜悦常常跃然纸上。有一次，因为十分恼火某个不专业的批评，科科夫佐夫脱口而出："谢天谢地我们没有议会。"和斯托雷平一样，科科夫佐夫的立场是"立宪主义者而非议会制度者"。可事实上，与对手争论时涉及的议会方面的内容说不定才是他最喜欢的部分。他和阿列克谢延科互相敬重对方。有一次，科科夫佐夫在做预算报告时，老对手、立宪民主党人申加廖夫不在现场。没有申加廖夫给自己提意见，向自己指出农民工作方面还存在哪些不足，科科夫佐夫感到怅然若失。从这件小事中，第三届帝国杜马的整体氛围，以及大臣和帝国杜马之间相互学习的态度可见一斑。

国家预算和粮食收成息息相关。第三届帝国杜马期间，由于种植技术的改进、西伯利亚的快速发展及那里的土地产量显著提高，粮食接连丰收。多年来，第一次出现了粮食供大于求的现象。斯托雷平和克里沃舍因的改革极大地促进了农业稳中有进的发展。另外，工业发展迅速，并且越来越稳定。1907年至1914年，是俄罗斯帝国历史上经济最繁荣的时期。税收负担开始逐渐向工业倾斜，农业的税收负担得以减轻。

此时，商人开始强烈要求摆脱政府控制，发展私有产业。定期召开的全体大会吸引了各行各业参与。因此，它比以往的专业联盟有更稳固的基础，设立的目的也不尽相同。全体大会还设立了一个永久办事处，配备工作人员和统计组织，这与之前相比是一个巨大的进步。全体大会通常在帝国杜马会议期间召开。很多参会者均为帝国杜马成员，他们有时会开展很有吸引力的重要辩论。显然，这与原有的金融内部实行自律管理的保护体系背道而驰，也就是维特主持国家财政十一年来打算遵循的方向。在经济等方面，俄罗斯帝国越来越欧化，这也日益明显地反映了俄罗斯帝国在世界市场的地位。因为俄罗斯帝国丰富的自然资源很多仍处于未开采的状态，所以俄罗斯帝国受到经济萧条的影响比其他国家受到的影响要小。俄罗斯帝国出现了难得的盈余，不需要申请外国贷款。科科夫佐夫得以腾出精力研究如何有效地利用开支。铁路开始公有化。得到很大改善的铁路系统终于实现了盈利。在帝国杜马的帮助下，俄罗斯帝国的外资也得到了有效监管。

在另外两个领域里，政府与帝国杜马的合作卓有成效。俄罗斯帝国教育政策的黄金年代可追溯到1801年至1825年亚历山大一世统治时期。亚历山大一世建立的近代教育等级制度是其教育改革的基础。学生可以从学校的一个等级轻松过渡到另一个等级。1825年至1855年尼古拉一世统治时期，这一制度被取消了，取而代之的是相互独立的学校等级制度，并且不得违背。1855年至1881年亚历山大二世统治时期，原有的等级制度在某些方面得以恢复。在教育领域，亚历山大三世则十分保守。同样保守的还有尼古拉二世统治时期几乎所有的教育大臣。在卫生领域，帝国杜马支持回归免费医疗体系。帝国杜马的工作主要是靠推动负责小学教育的地方自治局来开展的。地方自治局和帝国杜马都支持免费医疗原则。帝国杜马极大地提高了小学教师工资，并且通过一项政府法案，设立了免费小学教育制度。随着更多学校的建立，到了1922年，小学教育终于成为义务教育。

对宗教，帝国杜马采取了完全容忍的自由态度。波别多诺斯采夫的继任者中虽然有两个态度温和的自由主义者，但他们仍需克服重重困难。要知道，东正教的顽固派可不会轻易就范。教会内部普遍刮起了一股自由的改革之风。教会人员提出两个主要诉求：一是召集教会委员会净化教会，使教会脱离世俗政权控制；二是重塑牧首地位，使之成为教会独立的象征和手段。尼古拉二世差点儿同意了他们的诉求，但这些最终都没有付诸实践。拉斯普京向尼古拉二世保证，国家只需有"受膏的沙皇"便已足够。我们知道的是，俄罗斯教会左翼正与英国国教[①]右翼走得越来越近。教会的变化还不止这些。有了1905年至1914年的铺垫，政府和教会终于在1917年达成一致，采取完全自由的政策以重塑俄罗斯教会。在这之前，"二月革命"刚刚爆发。

对一个在格拉德斯通自由之风熏陶下的英国人来说，他将如何追昔抚今？对他来说，帝国杜马如家般亲切，有许多来自各个党派的朋友。他的内心会是笃定的，然后渐渐生出更多的勇气、积极性、善意和对对方的理解。帝国杜马就像一所充满清新之气的学校，无论有多少看上去无法弥合的分歧，出现的各种问题都能迎刃而解，这着实让人惊讶。成员们个个干劲十足，都希望为国家做一些实实在在的贡献。第一届帝国杜马使农民意识到，俄罗斯帝国是一个大家庭，家庭成员都是志同道合的人。有一个农民曾这样跟我说："它就像一场倏忽而过的梦。"第二届帝国杜马有了更大的凝聚力，但被早早解散了。第三届帝国杜马虽然眼光不够长远，但毕竟存活了下来，帝国杜马成员在工作中得到了历练。其中，至少有七十人成为重要委员会的核心力量，开始了解政府部门方方面面的问题和困难，从而对彼此和政府有了更深的理解。他们的政治能力与日俱增。如果我们仔细观察便不难发现一个公开的秘密，那就是党派之间的区别已无关紧

---

① 即英格兰教会，或译为英格兰国教会、英国国教会、英格兰圣公会，是新教圣公宗的教会之一。——译者注

要。在一片其乐融融的气氛中，他们成了为国效力的朋友。

第三届帝国杜马制造了一种亲诚的氛围，要成为公众生活中不可或缺的组织。尼古拉二世认为这是自己的功劳，为此感到自豪。尼古拉二世周围的人一直试图让他对帝国杜马心生不满。尼古拉二世曾放弃利用1907年的政变废除帝国杜马，现在这样做的可能性就更小了。1912年，尼古拉二世曾对我说："本届帝国杜马开始得太仓促。现在虽然放慢了脚步，却是朝着更好的方向发展。"有人曾斗胆问过他一个有关帝国杜马的问题，他则给出了仁厚的回答："它还会更长久。"这也是其他人的普遍看法。因此，人们不仅在具体事务上投入了更大的热情，在思想上和表达上也是百花齐放。审查制度要接受帝国杜马的批评。公众的意见也被前所未有地尊重。然而，各省还存在省长随意罚款的不合理现象。虽然取消了初步审查，但亚历山大二世实施的所谓媒体改革的不公正条款仍然延续下来，意味着报道了行政官员随意罚款的报纸可能面临停办的风险。不过，在首都圣彼得堡，媒体的命运就截然不同了。一些严肃的月刊享有出版自由，哪怕是像革命党人布尔采夫为编辑之一的《往事》①也不例外。批评的风气深入人心。俄罗斯人心智敏捷、幽默辛辣，特别以批评见长，还发表了不少重要的学术著作。瓦西里·克柳切夫斯基撰写的《俄罗斯历史》无人可比。然而，在当时，《俄罗斯历史》的内容虽然包含了对爱国主义和宗教的敏锐观察，却只流传在学生的笔记中。针对大量重要科学和数据研究的禁令得以解除，全国上下对知识的追求蔚然成风。

改革带来了焕然一新的氛围。这段历史最可信的记录者科科夫佐夫向我们生动地展示了尼古拉二世最辉煌的时期。科科夫佐夫赢得了尼古拉二世充分的信任甚至是喜爱。到目前为止，亚历山德拉皇后也无比信任科

---

① 《往事》是第一家有关俄罗斯解放运动历史的合法月刊。——译者注

科夫佐夫。在科科夫佐夫第一个任期里，亚历山德拉皇后曾对他说："我希望亲口告诉你，皇帝和我恳请你与我们坦诚相待，只管说出实情，不要担心是否会让我们不悦。即使当时我们的确不悦，事后也会对你心存感激。"她还说，如果听到任何针对科科夫佐夫的抱怨，自己一定会召见他，并亲口告诉他。尼古拉二世与科科夫佐夫的关系始终质朴真诚。在困难时刻，尼古拉二世不止一次地接受了他的提议。1905年11月，维特担任首相期间，两人暂别。临别时，尼古拉二世向科科夫佐夫表示，"记住，科科夫佐夫"，"这间书房的大门随时为你敞开"。1906年5月，科科夫佐夫连任后，尼古拉二世再次欢迎了他："你看，我说过我们会很快再见。"科科夫佐夫向尼古拉二世呈交了准备在第三届帝国杜马上发表的有关预算的演讲稿。两周后，演讲稿回到了科科夫佐夫手中，上面写满了批复意见，还有这么一句话："愿上帝保佑，帝国杜马能平静地审视这份优秀的演讲稿。这样他们就会明白，我们虽然经历了诸多考验，但仍在如此短的时间内取得了了不起的进步。"新任战争大臣苏霍姆利诺夫总在抱怨科科夫佐夫太过吝惜军事贷款。科科夫佐夫则回答，现有贷款中还有很大一部分处于闲置状态。尼古拉二世试图在这两位教名[①]相同的大臣之间做调解。他说："我现在是两个意见不合的弗拉基米尔的中间人。"有一次，尼古拉二世甚至笃定地认为，战争大臣苏霍姆利诺夫应该感谢科科夫佐夫。还有一次，尼古拉二世向科科夫佐夫转达了维特提出的非同寻常的要求，那就是从国库拿出一大笔补助拨款，还说："别晕倒了。"科科夫佐夫同意了拨款要求。他深知维特对自己这个财政部的继任者怀有敌意，便又说了一句："我会告诉他你已经说服了我。"让人有些吃惊的是，科科

---

① 教名，有时被称为洗礼名、洗名或圣名，是基督教使用的有宗教意涵的姓名，相当于伊斯兰教的经名。一个人的教名通常是他们的名字。苏霍姆利诺夫和弗拉基米尔·科科夫佐夫的教名均为弗拉基米尔。——译者注

夫佐夫认为，尼古拉二世有一个对政治毫无兴趣的妻子，他本可以成为一个优秀的立宪制君主。

从下面要讲的轶事中，我们可以了解尼古拉二世、斯托雷平和古奇科夫的性格。有一次，一个帝国杜马成员告诉古奇科夫，斯托雷平说过有关他的坏话。古奇科夫去质问斯托雷平，而斯托雷平则让他转告告密的人，说这简直一派胡言。古奇科夫想，如果自己真这么做了，那个告密者说不定会向斯托雷平发起决斗。由于决斗是法律禁止的行为，这么做势必会损害彼得·斯托雷平的首相地位。而他自己正好是个喜好决斗的人，于是决定引火上身。在帝国杜马接下来的会议上，古奇科夫狠狠地将告密者羞辱了一番，最后还用平常不紧不慢的语气问："伯爵，你准备让我侮辱你多长时间？"他想要的决斗如期而至。在决斗中，对手受了轻伤。古奇科夫虽然身为当时的帝国杜马主席，但仍然坚持接受处罚。在向尼古拉二世面呈报告时，古奇科夫看出知道了当时处境的尼古拉二世准备赦免自己的罪行，于是恳求对方不要做凌驾于法律之上的事情。尼古拉二世明白他的想法，默许了对他的惩罚。就这样，古奇科夫开始了狱中服刑生涯。两个星期后，尼古拉二世派科科夫佐夫亲自探监，传达其被释放的圣旨。

古奇科夫参与的另一场决斗则带来了严重的后果。上校米亚索耶多夫生活放荡，有不少可疑的投机行为，并且与苏霍姆利诺夫家族交往甚密。在调查此人时，时任帝国杜马帝国国防委员会主席的古奇科夫认定此人是为德意志人服务的间谍，于是在著名的官方报纸《新闻时报》上发表公开谴责，并且欢迎米亚索耶多夫向他发起决斗挑战。决斗在郊区的一座小岛上进行。古奇科夫冷静地等待对手开枪，接着拿起手枪朝空中射击，然后异常平静地走开了。之所以这么做，是因为古奇科夫认为对手根本不配加入一场荣誉之战。之后我们会看到，古奇科夫当时对对手人品的猜疑是正确的。

平静的合作气氛很快被搅乱了。从第三届帝国杜马开始，亚历山德拉皇后对古奇科夫的态度就不再友善。在一次帝国杜马会议的发言中，古奇科夫执意要省去"专制"这个词。斯托雷平对他说道："如果你写信时不用'先生'称呼我，我不会介意。但如果你一直这样做，我肯定不会乐意。"

　　重振陆军和海军是帝国杜马改革计划的重中之重。古奇科夫本人就是国防委员会的主席。如果能保证国防预算的有效利用，那委员会不仅会乐于接受预算，甚至还会提高预算数额。比如，1914年俄罗斯军队的枪支配备虽然仍不够充足，但聊胜于无，这和帝国杜马的工作是分不开的。临近1910年年初，维特和保守派都提醒尼古拉二世，其独揽军队大权的日子即将结束。一想到这里，尼古拉二世就感到害怕。有人警告斯托雷平，不要和十月党人走得太近。斯托雷平与古奇科夫的合作也不如从前。古奇科夫天性热爱冒险，常常聪明耍过了头，事事都想尝试，这是其政治缺陷。正因如此，古奇科夫才放弃了帝国杜马原来形同虚设的领导职位，当上了帝国杜马主席。显然，他希望利用主席的职权之便接近尼古拉二世，好成为皇宫中受人拥戴的领袖。尼古拉二世可不会轻易受他影响。与此同时，内务大臣斯托雷平积极参与帝国杜马讨论。斯托雷平更依赖新成立的民族主义者团体及像舒勒金这样的独立保守党人。在议会生活的影响下，他们与像普里什克维奇和马尔科夫这样主要受政府资助的纯粹保守派渐行渐远。

　　斯托雷平越来越强烈地意识到首都官场盛行的钩心斗角。他把自己在农村简单直率、不拐弯抹角的办事风格带了过来。在担任省长期间，斯托雷平凭借自己的判断力处理紧急事件。他厌恶繁文缛节，甚至无视法律规定的各种限制。斯托雷平利用第八十七号条文，通过农民立法和土地管理政策，给农村社会结构带来重大变化。斯托雷平坚信来自内心的判断力和正义感。他呼吁所有的官员和老百姓一道缴纳税款和履行其他义务，从而在官场树敌无数。对这一点，斯托雷平了然于心。

斯托雷平的"一个伟大的俄罗斯帝国"政策常常被片面地理解。1910年，他推行的一个民族主义法案威胁到了芬兰的议会机构。在1809年芬兰被并入俄罗斯帝国版图前，其议会机构就早已存在。亚历山大一世曾许下特别承诺，保证芬兰议会机构的存续。然而，民族主义法案将帝国杜马的权限扩展到了与整个俄罗斯帝国相关的"日常事务"。按人口比例计算，芬兰议员只占一小部分，他们微弱的声音势必被多数人淹没。这是朝向芬兰自治的重重一击。拥有自己议会的芬兰日子会好过得多。基于国防考虑，斯托雷平坚持自己的提议，毕竟芬兰边境距离俄罗斯帝国首都圣彼得堡仅有约二十英里。1906年，第一届帝国杜马的多数成员公开反对政府的做法，提出修订议案。斯托雷平想要借鉴英国对待离首都咫尺之遥的格雷夫森德自治区的经验。

虽然芬兰人的法定权利受到诸多限制，但芬兰人对俄罗斯帝国仍十分忠诚，所以民族主义法案并不存在实施条件。尼古拉二世的母亲深知，此举影响了外国人对俄罗斯帝国的积极看法，极力劝说尼古拉二世不要采信。俄罗斯自由主义舆论自然站在了芬兰人一边，积极帮他们发声。人们支持俄罗斯帝国内所有力量的自由发展。芬兰人的自由几乎成了俄罗斯自由主义命运的晴雨表。出乎意料的是，在宫廷里位高权重的拉斯普京也常常进谏，希望尼古拉二世为少数族裔的民族利益考虑。然而，俄罗斯帝国沙文主义的民族主义者加入反对芬兰自由的队伍中。在平生最精彩的一次演讲中，在帝国杜马成员面前，米柳科夫为芬兰自由进行了有力辩护。不过，他将自己所在的党派撤出了投票表决，这是一个严重的策略性错误。仅凭十月党人的力量无法实质性地修改法案。

1911年春，斯托雷平向立法机关递交了一份很有争议的法案。一开始，地方自治局只在完全由俄罗斯人居住的省份中推行，而斯托雷平现在提议将范围扩展至所谓的西部诸省，那里有来自俄罗斯和波兰的地主、中产阶级犹太人和俄罗斯农民。斯托雷平的提议正是导致戈列梅金刚刚任职便辞去首相职务的主要原因。斯托雷平一心想找到一个雷厉风行的搭档，于是便操纵选举过程，损害了波兰人和犹太人的利益。同时，他还不惜牺牲地主的利益来提升农民地位，这与帝国杜马选举的原则背道而驰。整个选举程序乱成一团，说明斯托雷平已失去人心。本来土地法案已顶住了重重压力通过了帝国杜马，接下来通过帝国议会是水到渠成的事，但斯托雷平的对手策划了一场猝不及防的行动，并且声称这是尼古拉二世的旨意。土地法案最终被否决了。这一次，斯托雷平终于没能控制住自己的脾气，提出辞呈。此时，国内危机四伏，人们恳请他继续留任。在与尼古拉二世激烈讨论后，斯托雷平同意了，但必须满足他提出的一个条件。在斯托雷平的要求下，带头作乱、反对斯托雷平的人暂时被免去了议会职责。斯托雷平的对手说自己是按圣旨行事，而尼古拉二世常常要听取梅谢尔斯基或其他非公职人员的意见，因此，他们到底有没有夸大其词已不得而知。斯托雷平让帝国杜马及帝国议会休会了三天。利用这三天的"假期"，他动用最喜欢的八十七号条文，使土地法案终于被帝国杜马接受。古奇科夫对斯托雷平说，这种做法是对帝国杜马及帝国议会的愚弄，并辞去了帝国杜马主席的职位。从此，两人分道扬镳。科科夫佐夫敦促斯托雷平再次启用他向立法机关递交的那份法案，并警告说，尼古拉二世永远不会原谅其逼宫的做法。斯托雷平犯了一个致命错误，这是尼古拉二世和周围的人都不会忘记的。出于压力，斯托雷平甚至逼迫尼古拉二世行使君权。对圣彼得堡的尔虞我诈，斯托雷平已心生厌倦，一心想着辞职回乡。

斯托雷平大胆挑战官员的物质利益，所以在官场树敌无数。他曾告诉古奇科夫，自己确信会被特务警察暗杀。斯托雷平的健康状况已大不如前。1911年9月，尼古拉二世去基辅参加一个庆典，斯托雷平和科科夫佐夫都在陪同人员之列。相关部门为保护尼古拉二世的安全做了细致的安排。不过，两位大臣的安全显然不在安排范围内。斯托雷平对科科夫佐夫说："我们是多余的人。"

同阿泽夫一样，博格罗夫既是一个革命党人，又在为警察效力。他提供错误的情报，说有人正密谋刺杀尼古拉二世。警察不知有诈，闻风而动，还给了博格罗夫一张当天的歌剧票。警察的这一疏忽不可饶恕。1911年9月14日，一出歌剧正在剧院上演。斯托雷平向先行离开的科科夫佐夫道别，还对他说："要是你带着我一起走就好了。"进入剧院后，博格罗夫近距离朝斯托雷平开枪射击。在与母亲的通信中，尼古拉二世描述了这一场景：

> 奥尔加和塔季扬娜当时和我在一起。包厢里很热。第二次中场休息时，我们起身离开出去透气。这时我们听到了"砰砰"两声，好像有什么东西掉了下来。我以为有人的头被一块剧院玻璃砸中了，于是返回包厢想看个究竟。在我的右边聚集了很多人，其中还有一群警官。他们似乎在拖着一个人。女人们高声尖叫着。在前排座位边，斯托雷平就站在我对面。他缓缓地将脸转向我，用他的左手在空中划了一个十字。直到这时，我才发现他脸色苍白，右手和制服上满是血迹。他瘫软在座位上，解开上衣的纽扣……有人想动用私刑处死暗杀者。警察将斯托雷平带离人群，在一个单独的房间里对他进行初步检查。此情此景让我非常难过。之后，人们又回到剧院，唱起了国歌。晚上11点，我带女儿们离开了。您可以想象我当时的心情。

尼古拉二世去医院看望奄奄一息的斯托雷平，但被告知不要见面。科科夫佐夫一直守在朋友的床榻前。1911年9月18日，在极度的痛苦中，斯托雷平去世了。除了尼古拉二世，宫廷中无一人参加祈祷他早日康复的祈福仪式。

在波利瓦诺夫简短的日记里，通常只有公事，但其中有一段文字表达了他对上级斯托雷平的敬重，感人至深。

> 1911年9月19日，星期二。最新一期的《新闻时报》打出了黑色的边框。多么令人悲恸！从此，俄罗斯帝国失去了一个伟大的人，而我失去了一位至亲。我深深地被他的魅力折服。和他一起让我感到十分愉悦。每当想到他满意我的工作时，我的内心便充满骄傲。1911年9月6日的内阁会议结束后，我向他告别，想和往常一样引起他的注意。身材高大的他笔直地站在椅边，英俊的脸呈现出健康的黝黑色。1911年9月9日，我最后一次在电话的那头听到了他低沉的声音。

接替斯托雷平首相职位的是科科夫佐夫。他受到了亚历山德拉皇后的亲切接见。但当提及斯托雷平时，她请求他"不要再提起那个人"。科科夫佐夫力劝亚历山德拉皇后，说斯托雷平是为尼古拉二世献身的。而亚历山德拉皇后开始抱怨斯托雷平"掩盖了君主的光芒"，并请求忠心的科科夫佐夫不要犯同样的错误。这个伟大的人做的何止是为君主效命——斯托雷平保全了君主的皇位。

斯托雷平的死激起了人们义愤填膺的抗议，古奇科夫便是其中之一。人们要求审判需要为斯托雷平的死负责的人——包括负责警力调度的内务大臣助理库尔洛夫。官方调查由此展开。当科科夫佐夫将委员会的报告呈交给尼古拉二世时，尼古拉二世疼爱的小儿子刚刚从死亡线上被拉回来，一场可怕的家庭悲剧得以避免。此时的尼古拉二世根本听不进科科夫佐夫的轻言责备，宣称这个时候自己不能惩罚任何人。就这样，留在人们记忆中的一场肮脏可疑谋杀的真相永远不见天日。

第 5 章

拉斯普京

我不知道究竟应该怎样想，可是大概推测起来，
这恐怕预兆着我们国内将有一番非常的变故。①

《哈姆雷特》，第一幕，第一场

拉斯普京的发迹

君主政体保住了，国家欣欣向荣。俄罗斯帝国可以说有了半部宪法。
我们必须更近距离地观察之后发生的事。

直到1907年，尼古拉二世一家的家庭生活还一直保持着过去的传统。
在我们后面要讲述的悲惨故事中，这种生活美好又独特。即使后来面对浓
云密布的局势，亚历山德拉皇后仍然在信中这样对丈夫尼古拉二世说：
"虽然处处经受磨难，但我们的小窝洒满明媚的阳光。"在另一封信中，
她表达了自己谦卑的感谢之情，因为"这二十一年来，你给了我爱与幸
福"。她还写道："虔诚地感谢你的爱、深情、友谊和耐心。""皇帝和
皇后陛下的生活，"安娜·维鲁波娃写道，"是没有被乌云笼罩的幸福，

---

① 文中采用的是朱生豪的译本。——译者注

年幼的皇储阿列克谢。

摄者信息不详

充满对彼此无尽的爱。"

    年幼的皇储阿列克谢的家庭教师吉利亚尔写了一本令人着迷的书，向读者展示了尼古拉二世一家的幸福生活。在担任家庭教师后不久，尼古拉二世一家很快便认识到吉利亚尔是一个品性高尚的人，于是便把其当作忠诚的仆人和朋友看待。后来，亚历山德拉皇后写道："此人是一块珍宝。"吉利亚尔以实际行动证明自己不负雇主所托。尼古拉二世退位后，吉利亚尔忠心耿耿地跟随尼古拉二世一家经历了软禁和流放生活。如果可以，他也会和他们一道赴死。正是有了吉利亚尔质朴深情的文字，我们才得以了解这个故事中最艰难和不为人知的部分。最让人惊讶的是，对尼古拉二世一家无比忠诚和热爱的吉利亚尔虽然一直生活在受到各种限制的氛围中，但仍然保持着十分清醒的头脑。即使他无法得知外面发生了什么，也能和同时期的其他作家一样给出公正的评价。

吉利亚尔是瑞士人，曾受雇于洛伊希滕贝格家族，是孩子们的法语老师，一直到1905年9月，才被传令给尼古拉二世的女儿们教法语。1912年，他开始给八岁的皇储阿列克谢上课。当时，尼古拉二世一家正在波兰的什保洛，皇储阿列克谢凶险的疾病还没发作。尼古拉二世夫妇十分喜欢吉利亚尔。不久后，两人便任命他为皇储阿列克谢的家庭教师。之所以选择吉利亚尔，是因为他们了解其秉性，也深知交付的是什么样的任务。这是爱子心切的父母授予吉利亚尔的最高荣誉。毕竟，这一职位通常由俄罗斯帝国将军或达官贵人担任。

安娜·维鲁波娃同样记录了尼古拉二世一家的生活，但此书价值乏善可陈。安娜·维鲁波娃是皇帝私人顾问塔涅耶夫的女儿。五任君主统治期间，这一职务均由塔涅耶夫家族的人担任。安娜·塔涅耶夫[①]的父亲在莫斯科附近的住宅与亚历山德拉皇后的姐姐、尼古拉二世的姊婶伊丽莎白大公妃——家人在信中用"埃拉"称呼她——的家离得很近，正是在那里，安娜·塔涅耶夫第一次遇见了亚历山德拉皇后。1901年，十七岁的安娜·塔涅耶夫差点死于伤寒。病重时，迷迷糊糊之中，她看见了当时最受欢迎的东正教神父、喀琅施塔得的圣约翰。亚历山大三世临终前，正是喀琅施塔

---

① 婚前，叫安娜·塔涅耶夫，婚后叫安娜·维鲁波娃，离婚后仍然叫安娜·维鲁波娃。——译者注

得的圣约翰在床榻前为其祈祷告解。很快，喀琅施塔得的圣约翰便来看望她。之后，年轻的亚历山德拉皇后也来了。两年后，亚历山德拉皇后赐给她一颗钻石。从此安娜·塔涅耶夫便有了正式的宫廷名分，开始入宫服侍亚历山德拉皇后。1905年2月，她被赐予"小姐"^①的封号，成为亚历山德拉皇后的闺中密友。两年后，1907年5月13日，安娜·塔涅耶夫嫁给了一个叫维鲁博夫的海军军官。由于在对马战役中受到刺激，维鲁博夫的精神遭到严重打击。之前，安娜·塔涅耶夫一直犹豫要不要迈入婚姻殿堂，并且很可能将自己的困惑告诉了米莉察大公妃。米莉察大公妃在自己家中将

米莉察大公妃。
摄者信息不详

---

① 原文为德文，意思为"未婚女性"。——译者注

安娜·塔涅耶夫引见给了拉斯普京。对安娜·塔涅耶夫不幸的婚姻，拉斯普京做出了惊人的预测。然而，尼古拉二世夫妇提醒安娜·塔涅耶夫，她已经答应了对方的求婚。于是，在众人的鼓励和见证下，婚礼举行了。但两人居然从未同过房。这段婚姻很快便无药可救。一年后，安娜·维鲁波娃离婚了。之后她就一直住在沙皇村的一个简陋的小房子里，距离亚历山大宫只有几百码。亚历山大宫虽然面积不大，却是尼古拉二世夫妇住了大半辈子的地方。从书信中不难看出，亚历山德拉皇后对受伤的安娜·维鲁波娃心怀愧疚。安娜·维鲁波娃成了需要尼古拉二世一家帮助的人，每天都会去皇宫和他们待在一起。渐渐地，尼古拉二世一家与外界断了所有联系，安娜·维鲁波娃便成了他们家庭生活的长期见证人。白天大部分时间里，安娜·维鲁波娃都会待在皇宫，与亚历山德拉皇后唱二重奏，和全家人一起整理邮票，或挑选明信片，然后把它们一个个地粘在册子里。她还与他们一起聆听尼古拉二世的动情朗诵。大部分时候，尼古拉二世会用英文朗诵《每日写真报》里的文章或巴克利的平庸小说。安娜·维鲁波娃似乎能听懂一些英文单词，而拉斯普京偶尔也能听懂只言片语。1907年8月，安娜·维鲁波娃第一次加入了全家每年的游艇旅行，那一年他们去的是斯凯里斯岛[①]。富有魅力的尼古拉二世对安娜·维鲁波娃说：“你终于同意跟着我们了。”1909年，安娜·维鲁波娃第一次和尼古拉二世一家一起去了在里瓦几亚的夏宫。尼古拉二世的女儿们曾有过这样的形容：“里瓦几亚让人身心愉悦，圣彼得堡则是处理公事的地方。”

安娜·维鲁波娃写了一本描述皇室家庭生活的书，里面尽是些不着边际的蠢话。吉利亚尔说她是一个“情绪化、心智还不健全的孩子”。像大多数女人一样，安娜·维鲁波娃动不动就崇拜别人，把所有的事物都分

---

① 斯凯里斯岛是爱尔兰的一座岛屿，也叫岩岛。——译者注

为"他们的"和"我们的"两种，对某些人总是带有冥顽不化的成见，一点儿判断力也没有，给出的说法总是信口雌黄、错误百出。调查委员会对她进行审讯时，她的回答一如既往地含糊不清。在审讯记录中有这样的文字：安娜·维鲁波娃"对拉斯普京没有多大兴趣"。对尼古拉二世夫妇来说，拉斯普京仅仅是一个为他们祈祷的神父罢了。拉斯普京与政治毫无瓜葛，安娜·维鲁波娃也从未和他讨论过政治。她也"几乎不认识"普罗托波波夫。于是，这位态度柔和的调查委员会主席不得不问她，是否认为讲故事是一个糟糕的错误。然而，作为与世隔绝的尼古拉二世一家唯一的知己，安娜·维鲁波娃渐渐成为一个对整个俄罗斯帝国甚至全世界都十分重要的人物。她似乎对自己接触的政治人脉不感兴趣，完全不了解他们在讨论什么问题。西马诺维奇曾要安娜·维鲁波娃把一份文件转交给尼古拉二世。后来，西马诺维奇说"她一个字也不懂就把它给交上去了"，还形容她是一个"理想的留声机唱片"。普罗托波波夫也称安娜·维鲁波娃是一个"留声机"。亚历山德拉皇后曾派她去帕莱奥洛格那里，问其对1915年危机的看法。帕莱奥洛格感觉自己"在和一个留声机说话"。帕莱奥洛格向我们描述了安娜·维鲁波娃是如何在还没有理解意思的情况下就开始一字一句地重复自己的话，生怕忘记。因此，认为安娜·维鲁波娃影响了亚历山德拉皇后的想法是荒谬的。她充其量只是一个交流的手段和工具，并且还是最糟糕的那种。尽管如此，在向我们呈现尼古拉二世家庭生活的内部细节方面，安娜·维鲁波娃的记载还是很有价值的。

有关尼古拉二世的家庭生活，我们还能得到一些有趣的轶事，如莉莉·德恩就是尼古拉二世一家的座上宾。莉莉·德恩把所见所闻写进一本书里，但这本书意义不大。相比之下，大臣和其他人的记录则有价值得多。随着尼古拉二世一家日益与外界失去联系，大臣和其他一些人便成了这种清静的家庭生活的观察者。这些记录的重要性在于，我们能从中找到接下来发生之事的线索。

科科夫佐夫向我们证实，尼古拉二世是一个头脑异常清晰的人，能迅速理解呈交给他的任何问题。尼古拉二世过着大隐于市的生活，但一直在为人民工作。他工作勤奋，享受工作过程带来的乐趣。他处理的文件必须要按顺序整理好。办完公事，尼古拉二世会去户外活动——比如在自家公园里长时间散步，到漂亮的室内游泳池里享受惬意时光，或在里瓦几亚飙车。无论是在沙皇村自家的公园里，还是在别的地方，他最喜欢和孩子们待在一起。对孩子们来说，尼古拉二世既是皇帝，又是父亲，还是朋友。他是一个纪律严明的人，但不失和善、智慧和幽默。活泼的奥尔加是家中长女，在几个孩子中长得最像父亲。吉利亚尔回忆道，当自己在教奥尔加功课时，不知怎么让她接触到了merde^①这个不文雅的法语单词。据说，在滑铁卢战役中，对劝降的英军，法兰西将军康布罗纳大声回敬了这个词。于是，奥尔加去问父亲这个词的意思。后来，尼古拉二世在公园里遇到吉利亚尔时说："你怎么尽教我的孩子们这么稀奇古怪的词！"不过，他还是告诉吉利亚尔，自己已经跟女儿把问题说清楚了。尼古拉二世是这么向女儿解释的：最好不要用这个词。但在某些情况下，它象征着法国军队的荣誉。

我们要讲述的这个悲剧故事可能有古希腊悲剧作家索福克勒斯会热衷的主题：故事里有一个能呼风唤雨的女主角^②。这个女主角便是伴君左右的亚历山德拉皇后。吉利亚尔和安娜·维鲁波娃在书中均对她着墨不少。她不无伤感地对糊涂的安娜·维鲁波娃详细地讲述了自己如何在悲恸的气氛中入宫："我就是这样来到俄罗斯帝国的。"安娜·维鲁波娃认为，亚历山德拉皇后的婚姻是葬礼的延续。她厌恶繁文缛节，特别是当时俄罗斯

---

① 在法语中，"merde"是带有冒犯性质的脏话，相当于英语中的"shit"。——译者注
② 这里作者以希腊神话中既能驱散乌云，也能堆积黑云的宙斯做比喻。——译者注

帝国宫廷中不少人矫揉造作的新奇仪轨，与这样的人在一起让她感到十分不自在。相反，亚历山德拉皇后喜欢和穷人及年轻军官待在一起，像慈爱的母亲一样照顾他们——这正是维多利亚时期的完美女性形象。最让亚历山德拉皇后无法忍受的是大大小小的仪式。所有在场的人都能觉察到这一点。有一次，在设宴接待普安卡雷时，外交使节感觉她一直在想一个问题："你究竟什么时候从我的房子里滚出去？"当时，法国驻俄大使帕莱奥洛格也在现场。亚历山德拉皇后的情绪稳定与否取决于接下来的对话是不是合其心意。但如果我们认为她心智平庸或出了问题，那就大错特错了。平时没少故意轻慢尼古拉二世的拉斯普京说："皇后可不是傻瓜。"安娜·维鲁波娃说亚历山德拉皇后有一个"男人的头脑"。从亚历山德拉皇后的书信和态度严谨的政治家的说辞中，我们也能得出同样的结论。至少，对触及最核心利益的事——特别是关乎丈夫尼古拉二世利益的正统"君主专制"，亚历山德拉皇后有着十分准确的洞察力和辨识力。亚历山德拉皇后会全心全意地投入一件事，这是其天性和心智使然。科科夫佐夫提到了"她绝不妥协"的个性。吉利亚尔也提到了她"耿直的天性"。亚历山德拉皇后是维多利亚时期完美女性的典型代表。然而，圣彼得堡的上流社会轻浮、病态、没有道德准则，这成了她在圣彼得堡不受欢迎的主要原因。

亚历山德拉皇后最大的愿望是给俄罗斯帝国诞下一个继承人。在很短的时间内，四个女儿接连出生了，每一个都十分健康、天真、迷人。1900年，尼古拉二世一家访问法国城市贡比涅，拜访了以黑山公主的身份嫁给彼得·尼古拉耶维奇的米莉察大公妃。米莉察大公妃把他们带到了尼济耶的神秘主义者菲利普·瓦绍那里。这个和善的小个子男人是一个职业灵魂医生，举止轻柔，有一双特别能打动人的眼睛。驻法的俄罗斯帝国警察官方代表拉奇科夫斯基让菲利普难堪，说他装神弄鬼。由于没有行医执照，菲利普在法国还曾两次被起诉。尼古拉二世一家后来把他带回了俄罗斯。在圣彼得堡很有名望的医学军事学院接收了他，这件事算是解决了。拉奇科夫斯基因此被革职。有传言说，在菲利普主持的降神会中，尼古拉二世怀念的先父亚历山大三世的鬼魂复活了。菲利普还声称自己能决定胎儿性别。1902年，也就是尼古拉二世第四个女儿阿纳斯塔西娅出生后的第二年，亚历山德拉皇后相信自己又怀孕了，但其实什么动静也没有。日俄战争期间，据说沦为政治工具的菲利普插手了军队指挥事务。亚历山德拉皇后虽然万般不愿，但经不住众人的极力劝说，还是让菲利普回了法国。之后，菲利普籍籍无名地死去了。在动身离开俄罗斯前，他送给亚历山德拉皇后一个具有象征意味的铃铛，用来提醒她，远离那些和她意见相左的大臣。菲利普还对亚历山德拉皇后说出了一个预言："有一天，你会有一个像我这样向你传达上帝旨意的朋友。"后来，在写给丈夫尼古拉二世的信中，亚历山德拉皇后曾不止一次地提到过菲利普的预言。

此时的圣彼得堡到处充斥着病态的神秘主义，沙皇村也未能幸免，这成了人们茶余饭后津津乐道的话题。当被问及对神秘主义的看法时，亚历山德拉皇后的回答是：招魂术"罪大恶极"。她和丈夫尼古拉二世都是笃信宗教的人。在皈依东正教之前，她就在心里完全认定了东正教。在这之后，她对宗教的狂热超乎了所有人的想象，使不少神秘主义者有了可乘之机。其中，有个叫帕皮斯的人，我们对他知之甚少，只知道他的所作所为和菲利普有相似之处。还有一个叫米佳·科利亚巴的人，生性古怪，是个口齿不清的瘸子，被人从卡卢加带到了圣彼得堡的神学院。

在民不聊生的日俄战争期间，发生了一件改写了整个俄罗斯帝国历史进程的大事。1904年8月12日，亚历山德拉皇后终于诞下一个皇位继承人，多年虔诚的祈祷和盼望总算得到了回应。她认为圣撒拉弗是自己的贵人。这个虔诚的老者来自下诺夫哥罗德的萨罗夫。在尼古拉二世的坚持下，1903年，通过非正规途径，圣撒拉弗被封为圣徒。据说，时任宗教大臣的波别多诺斯采夫曾极力反对此事。阿列克谢顺利地降生了。然而，人们很快发现，他遗传了由母亲亚历山德拉皇后带入俄罗斯皇室的一种可怕疾病：血友病。亚历山德拉皇后的几个近亲都患有这种病，包括她的一个舅舅、一个哥哥，以及姐姐伊蕾妮与普鲁士亲王阿尔贝特所生的三个男孩。虽然可以采用保守疗法，但时至今日，这种病仍然无法治愈。血液中的含氧量减少导致血液无法凝固，因此，身体的某个部分一旦出血，就会血流不止。病人的静脉血管也很容易破裂。哪怕只是轻微的碰撞，都会引起身体肿胀，不管再勇敢的病人都会发出十分痛苦的呻吟。阿列克谢一旦发病，医生就会用一种当时叫"三角铁"的机器把他的腿掰直，一用就是好几天。因此，他受尽了折磨。尼古拉二世和亚历山德拉皇后尝试了所有可能的办法来治疗这种可怕的疾病。但所有医学权威——最权威的也是最坦诚的——不得不承认自己束手无策。为了自己的孩子，尼古拉二世和亚历山德拉皇后倾尽了所有的爱。亚历山德拉皇后认为这都是自己的错，无微不至地照顾着他，每天给他洗澡，还会一手摇着摇篮，另一手在慈善机构的官方报告上签字。阿列克谢的病一直是她心底最挂念的事。根据安娜·维鲁波娃的记录，自从阿列克谢生病后，亚历山德拉皇后常常犯心脏病。她倾尽所有的努力，想要从上帝那里赢得已经被科学拒绝的奇迹。她曾说："上帝是公正的。"这是一场心灵的斗争。亚历山德拉皇后常常独自做礼拜以寻求慰藉。东正教的礼拜方式让她产生了强烈共鸣。她会在皇宫旁边的费奥多罗夫斯基大教堂的密室里独自祈祷，一连就是好几个小时，这饱含了一个母亲最深沉的爱。

1903年年底，圣彼得堡有传言称一个叫格里戈里·拉斯普京的伟大预言家即将出现。拉斯普京是个农民，来自托博尔斯克省的波克罗夫斯科耶村，不远处即是乌拉尔山脉。拉斯普京宣称将来会发生三个月的干旱。这个预言得到了应验。

西伯利亚发生了很多不可思议的事情。自从彼得大帝将失宠的大臣放逐至此后，这里就成了一个流放之地。之后，又有忤逆的农民和革命党人中的知识分子精英陆续被流放于此。最先到来的是拿着镐头的拓荒者，他们被称为"hodoki"，也就是"步行者"的意思。在仔细勘察土地后，他们发现了这里的价值。这些人身上有着某种类似清教徒开拓者[①]的精神。最近，又有一大批农民冲破了将他们束缚在村社的法律，自发来此。事实上，俄罗斯帝国境内的西伯利亚不是俄罗斯帝国政府的产物，更不是俄罗斯帝国贵族的产物——贵族在这里没有立足点，西伯利亚的缔造者是广大俄罗斯人民。俄罗斯人民迫切地想从中央集权的严密控制中逃脱出来，于是义无反顾地来到了一个无人之地。俄罗斯人的性格由此锻造。在这里，一切反对权威的力量都得以体现，其中包括因反抗权威而产生的几乎所有的俄罗斯个人主义者。西伯利亚远非一片荒蛮之地。恰恰相反，这是一处富饶之邦。俄罗斯帝国境内的西伯利亚很可能是世界上金属矿产最丰富的地方。在这片土地上生活的人都精力旺盛、干劲十足。恶劣的气候条件使他们勤劳、坚忍。在这里，精力用之不竭、潜力无穷无尽。教会也常常把西伯利亚当作异教徒的流放地。饱受歧视的下等人同样聚集于此。西伯利亚各式各样的异教徒中，最让人头疼的是基督信士，他们被称为鞭笞派。他们会在定期举行的秘密仪式中用鞭子抽打自己。之后，秘密仪式变成了一场纵情的肉体狂欢。当局宣布鞭笞派为非法教派，其成员可能会遭到法院起诉。

在西伯利亚这片充满精力和渴望的土地上，有一个波克罗夫斯科

---

① 最初的英国清教徒也被称为"朝圣者"。1607年，一批英国清教徒离开英国前往荷兰。1620年，一批英国清教徒来到北美洲，建立普利茅斯殖民地。后来，人们常把开拓者的拓荒精神与清教徒联系起来。——译者注

耶村。叶菲姆的儿子格里戈里在此出生。和很多农民一样，格里戈里没有姓氏。据说，村民们给他取了个绰号，叫拉斯普京，意思是"淫逸放荡"。还有人说，之所以叫他拉斯普京，是因为村里有个老名字——帕尔基诺·拉斯普特。"拉斯普特"的字面意思是"分开"。叶菲姆养了很多马，人们认为这些马都是父子俩偷来的。不过，有一个坊间流传的故事说，他在很小的时候不可思议地发现了另一个偷马贼。不管怎么说，有一点是肯定的，那就是他对性的傲慢态度让村民大为咋舌。有一天，他的生活突然发生了变化。有人雇他开车载一个旅行者去附近的维尔霍图里耶修道院，那里正囚禁着一群基督信士。后来，常常有人指控他是鞭笞派成员。指控虽然没有被证实过，但从他的做法和精神状态来看，这一说法并非空穴来风。总之，拉斯普京后来成了一个色情狂和虔诚的教徒。由于他在村子里做的事臭名远扬，托博尔斯克的安东尼主教便委任村里的神父展开调查。结果，这个案子被移交给了民事部门。此时，拉斯普京像从前一样，消失在俄罗斯帝国的茫茫大地。拉斯普京成了历史的一个缩影。俄罗斯历史上不乏stranniki，也就是流浪者。他们过着犬儒般的禁欲生活，不贪恋任何物质享受。有的人甚至在整个冬天赤着双脚，在腿上绑锁链。这种克己的生活使他们能随心所欲地以农民的身份与贵为沙皇的尼古拉二世平等对话。他们指摘权威的大胆行为也被载入史册。

拉斯普京游历整个俄罗斯帝国，甚至还去过更远的地方。他继承了俄罗斯农民的传统，至少去耶路撒冷朝圣过两次。他还曾在巴尔干地区和美索不达米亚游历。拉斯普京了解俄罗斯帝国国内主要的修道院，甚至对基督教教会法规也略知一二。从1902年开始，人们纷纷议论他的神秘力量。1903年12月29日，拉斯普京出现在圣彼得堡的一个神学院。当时有一个聪明的年轻人正在上修士课，这个年轻人就是后人口中的伊利奥尔多修士。伊利奥尔多是这样向我们描述拉斯普京的：拉斯普京是一个中等身高、身材结实的农民，头发又乱又脏地搭在肩膀上。浓密的眉毛下有一双深陷的铁灰色眼睛，胡子拉碴，还有浓重的体味。拉斯普京表现出罪孽深重的样子，还说自己从流浪的经历中获得了非凡的力量，希望借此为自己赎罪。神学院的督导圣西奥潘十分感动，将他收入门下。圣西奥潘过着虔诚简朴的生活，有段时间还是亚历山德拉皇后的告解神父。拉斯普京的另一个早期支持者是身体强壮、精力旺盛的萨拉托夫主教赫尔摩根。

很快，拉斯普京就得到了更有力的支持。流浪基辅期间，有一天，他正在一个院子里锯木头，被同在基辅的米莉察大公妃发现了。米莉察大公妃熟谙圣彼得堡流行的神秘主义，之前曾协助菲利普来到俄罗斯帝国。在她的帮助下，拉斯普京很快就成了社交界的宠儿。据说，他曾为尼古拉大公治好了一只狗！精力充沛的尼古拉大公是个性情中人，从此成了拉斯普京最早的庇护者之一。正是在米莉察大公妃的家中，安娜·维鲁波娃第一次见到了拉斯普京，并请他预测自己的婚姻。

现在，让我们回到尼古拉二世一家在沙皇村的生活。这里的一切都围绕着年幼皇储阿列克谢的健康打转——他是家里的中心。大女儿奥尔加已出落为一个活泼淘气、惹人喜爱的女孩子，很有主见，有着典型的俄罗斯人性格，很多方面都非常像父亲尼古拉二世。二女儿塔季扬娜的个子比大女儿稍高一些，举止更端庄。塔季扬娜很有母亲的样子，长相更是母亲的翻版，还会充当起母亲的角色。姐妹们有时叫她"小母亲"或"老师"。三女儿玛丽亚是个美人胚子，体态丰盈，亲切友好地对待所有人。姐妹们有时候用法语叫她"大狗狗"。最小的女儿阿纳斯塔西娅是个活泼、狡黠、顽皮的孩子。她有时会钻到桌子底下掐老臣的腿，直到父亲尼古拉二世揪着她的头发把她拽出来才作罢。有人形容她是一座"永不熄灭的小火山，有一个属于自己的世界"。四个女孩子之间非常要好，会一起给朋友写信，落款是她们四个人名字的首字母缩写：OTMA。她们是长不大的孩

尼古拉二世几个孩子的合影。
摄者信息不详

子。在莫索洛夫的描述中，她们之间在对话时给人感觉像是只有十一二岁的孩子。在父母面前，她们十分乖巧孝顺。父母对她们既慈爱又严厉，用英式纪律管教她们，让她们睡行军床和洗冷水澡。每个人都是军队的荣誉上校，有一套属于自己军队的不同颜色的晨衣，这带给她们无穷的乐趣。她们的生活规划十分简单，几乎可以用"悭吝"二字形容，哪怕是生日礼物也很简单。除了塔季扬娜，其他三姐妹对自己的级别并不太在意。亚历山德拉皇后害怕圣彼得堡放荡的风气会带坏她们，不愿让她们结交女性朋友。不过，她们偶尔也会和表亲见面。即便如此，她们还是感到十分幸福。她们之间有说不完的话，还会和遇到的穷人聊天。"天真质朴正是她们迷人的地方"。拉斯普京的女儿玛丽亚经常和她们见面，说她们"尽心尽力地恪守着义务"。

　　然而，这样一个温馨的家庭总被恐惧的阴云笼罩。阿列克谢长成了一个迷人的孩子，有天使般漂亮的卷发和蓝色的眼睛，身材匀称。他生性活泼开朗，像父亲尼古拉二世一样喜好健康的户外运动，总想着能像其他孩子一样玩耍。但即使是最小的意外——出现了很多次意外——随时都可能意味着死亡。亚历山德拉皇后的眼睛成天到晚都没有离开过阿列克谢。只要他跑开一点，亚历山德拉皇后就会马上叫他回来。阿列克谢是一个很有主见和想法的孩子。由于小小年纪就要遭受疾病的痛苦，让他对别人的困难有了切身的感受。有一次，阿列克谢恳求大人不要处罚一个犯了错的厨师。在一次短途旅行中，一些农民突然在他面前跪了下来，这让不知所以的他十分难为情。不过，被呵护包围的阿列克谢开始学会掩藏自己的情感，有时甚至还会耍些花招。此时，吉利亚尔拿出了魄力，斗胆对尼古拉二世夫妇说，哪怕要冒风险，为了培养阿列克谢的性格，不应处处管束。尼古拉二世夫妇实在太疼爱这个孩子，终于点头同意了吉利亚尔的请求。阿列克谢比以前有了更多自由，这让他内心充满无尽感激。可一个月后，阿列克谢不慎从桌子上摔了下来，磕伤了膝盖，受伤的地方很快就从里面鼓出一个大包。这样一个小小的意外就可能会要了他的命。即便如此，尼古拉二世夫妇也完全没有责怪过家庭教师吉利亚尔，也没有反悔过自己的决定。

　　为了医治阿列克谢的病，在当时与亚历山德拉皇后关系亲密的米莉察大公妃及其妹妹阿纳斯塔西娅①的极力推荐下，拉斯普京正式入宫。很快，头脑简单的安娜·维鲁波娃就对他敬若神明。在日记中，尼古拉二世清楚地记录了拉斯普京进宫的日期：1905年11月1日②。此时《十月诏书》刚刚签署。在日记中，尼古拉二世写道："我们认识了一位先知——格里戈里，他来自托博尔斯克省。"

在尼古拉二世家里，拉斯普京到底有何种影响力呢？他能让阿列克谢减轻痛苦，所有人对此都深信不疑。阿列克谢的最后一个保姆特格洛娃对索科洛夫说："你相信吗？拉斯普京居然能向她③保证，只要他在，她的孩子就会没事。"莫索洛夫提到过拉斯普京"无与伦比的治愈能力"。阿列克谢喜欢他吗？吉利亚尔给出的答案是否定的。有一次，在家中用餐时，尼古拉二世问瓦西里耶夫神父："拉斯普京是个圣徒吗？"亚历山德拉皇后一动不动地望着瓦西里耶夫神父，等着听回答。然而，瓦西里耶夫神父小心翼翼地避开了这个话题，开始讨论起如何才能成为圣徒。尼古拉二世打断了他的话。十几年后，退位后的尼古拉二世一家住在西伯利亚。有一天，女仆比特纳突然发现挂在墙上的拉斯普京的照片不见了，便开始满屋子找起来。阿列克谢问她在做什么。比特纳解释说自己在找"那幅小的圣像"。阿列克谢大笑着说："别找了，那根本不是什么圣像！"不管怎么说，拉斯普京的确数次帮他止住了血，这确实让人感到不可思议。警察局局长别列茨基回忆道，1913年，拉斯普京居然在上有关催眠术的课。当时，对拉斯普京怀有敌意的别列茨基将教授催眠术的老师赶出了圣彼得堡，课便上不成了。别列茨基被革职和复职都拜拉斯普京所赐。有关催眠术一事，拉斯普京是这样对朋友西马诺维奇解释的：有时自己用的是从一

---

① 1907年，她嫁给了尼古拉大公。——译者注
② 在日记中，尼古拉二世使用的是儒略历，相当于公历中的1905年11月14日。——译者注
③ 这里是指亚历山德拉皇后。——译者注

个叫巴德马耶夫的江湖医生那里弄来的藏药，甚至是一些更简单的药材；有时自己只是装作在给人治疗罢了；有时则完全用自己的意志力给人看病。随着拉斯普京日益权重望崇，每天早上，宫中的人打电话给他已成了司空见惯的事。有一次，阿列克谢的头疼病犯了，宫中的人又打电话给拉斯普京。拉斯普京拿起电话，轻柔地给阿列克谢讲了一个有关西伯利亚的故事，然后叫他上床睡觉，说第二天病就会完全好了。别列茨基的代理人科米萨罗夫见证了全部过程。科米萨罗夫还是拉斯普京的监督人。

根据罗江科的记述，有一次，尼古拉二世的医生费奥多罗夫正在准备一个小手术——病人病情不重，不可能动大手术，把手术器材一一铺开，仔细消毒。然而，拉斯普京居然把一件脏兮兮的披风盖在上面，开始为手术祈福，这着实让人很不舒服。尼古拉二世家里的女儿们从来没有在吉利亚尔面前提到过拉斯普京，连阿列克谢的病也绝口不提。这件事被当成了国家机密。虽然吉利亚尔觉得她们谈不上多么尊重拉斯普京，但她们写信给拉斯普京时是恭恭敬敬的语气。这些信无疑是在她们敬重的母亲亚历山德拉皇后的指导下完成的。尼古拉二世本人则完全处于拉斯普京的影响下。曾任宫廷指挥官的杰久林向尼古拉二世表达了对拉斯普京极度的憎恶之情。尼古拉二世回答说："他只是一个虔诚的、简单的好人。当我遇到困难或产生了疑问时，我就会找他聊一聊。谈过之后，我的内心总是充满平静。"亚历山德拉皇后受到的影响就更大了，并且越发不可收拾，最后简直像着魔了一样无法自拔。不过，拉斯普京影响力的局限性也显而易见。亚历山德拉皇后曾经说过，拉斯普京对自己而言，是一个几乎能与基督比肩的圣洁之人。他实现了医生宣称不可能的奇迹，这意味着自己的祈祷终于得到了回应。如果自己对他有任何存疑，那无异于一种背叛。正因如此，任何对拉斯普京不利的说法，亚历山德拉皇后一个字也不愿意相信。如果说亚历山德拉皇后承认自己有任何疑虑，也仅仅是在写给丈夫尼古拉二世的私密书信中说了一句"他不止喝了一点酒"。而这是拉斯普京准备入宫前常有的状态。

我们必须认识到，尼古拉二世一家都非常不喜欢警察。在一次短途旅行中，吉利亚尔曾与尼古拉二世一家结伴而行。一路上，阿列克谢会捉弄随行的警察来取乐。还有一次在克里米亚，一个警察摔倒了，尼古拉二世差点踢了这个警察一脚。尼古拉二世一家认为警察是拉斯普京的敌人，还认为那些传到老百姓耳中的故事只是人们的捕风捉影。亚历山德拉皇后直到最后都拒绝相信这些故事，这是悲剧产生的根本原因。我曾经问亚历山大大公：你相信对拉斯普京的指控吗？亚历山大大公回答说：当然啦，拉斯普京是个令人厌恶的人。如果亚历山德拉皇后相信人们说的话会怎么做？她会立刻把拉斯普京赶出宫。拉斯普京十分清楚人们对自己的要求。在皇宫，他只能以圣人的形象出现。即使有人在他纵酒宣淫时打电话给他，拉斯普京也能以惊人的速度让自己醒酒并穿戴整齐，以维持自己在宫中的形象。

在与尼古拉二世夫妇初次见面时，拉斯普京说话的语气像是把他们当成了和自己一样的农民，还对他们行了吻礼。拉斯普京从头到尾的一举一动像是在传达上帝的旨意。然而，尼古拉二世夫妇认为，他代表了农民的声音。西马诺维奇说，拉斯普京跟尼古拉二世夫妇讲述了"俄罗斯人民苦难的生活"。拉斯普京曾经和故事中的人们一样四处流浪，还把各种奇闻异事带到皇宫，用这些故事哄阿列克谢睡觉。莫索洛夫一语中地说，从这一点来看，尼古拉二世需要农民。拉斯普京毫不掩饰自己对贵族阶层的憎恶，甚至宣称贵族属于另一个种族——非俄罗斯帝国的种族。感到自己能力不足的尼古拉二世对肩上的重任无所适从，所以总是喜欢隐藏自己的情感，不愿意相信别人。亚历山德拉皇后一直以一个纯粹的英国人自居。作为维多利亚女王教导出来的学生，她对圣彼得堡上流社会的道德败坏自然十分反感，不相信这个满是政治和政治家的新奇世界。她支持挚爱的丈夫尼古拉二世也就意味着支持俄罗斯帝国君主专制。对尼古拉二世的弱点，亚历山德拉皇后并无责怪之心，维护丈夫和年幼的儿子是自己的义务。亚历山德拉皇后一心一意地深爱着俄罗斯帝国。对她而言，俄罗斯人民等同俄罗斯帝国，拉斯普京就是代表俄罗斯人民向君主尼古拉二世说话的声音。

有一段时间，日益得宠的拉斯普京生怕自己再闹出什么丑闻。他毕竟是个农民，在几场大型沙龙中征服了纸醉金迷的世界后，就开始扬扬自得。他喜欢羞辱达官显贵，男人女人都不例外。西马诺维奇提到过拉斯普京"不可一世的傲慢"、"粗俗的语言"和令人厌恶的用餐方式，比如他会把两只脏手一下子伸进自己最爱喝的鱼汤里。但如果我们像很多人一样，简单地把这一切解释为拉斯普京沦为了别人的工具，那就大错特错了。他是个绝顶聪明的人，绝不会委身于人，从不开口索要礼物，也不需要这样做，别人自然会送上门来。拉斯普京不仅不推脱别人赠予的大量礼物，还多次把财物直接送给了穷人。他以这种方式劫富济贫，并且以此为乐，其地位之高可见一斑。

在研究圣彼得堡社交圈的过程中，拉斯普京很快发现了一个得力助手。在之前访问南部圣城基辅时，拉斯普京结识了小个子犹太珠宝商西马诺维奇。此人后来写了有关拉斯普京的传记，并且声称传记是根据回忆写的，里面不乏各种没有依据、令人作呕的细节。不过，从其他材料那里，我们可以证实的是，两人建立了合作关系——西马诺维奇每天要和拉斯普京见上好几次。拉斯普京亲昵地称西马诺维奇为"西莫奇卡"或"西莫尼奇"，并且送给他一枚刻有"致最好的犹太人"的戒指。1902年，西马诺维奇从基辅搬到圣彼得堡，在亚历山德拉皇后最喜爱的侍女奥尔别利阿尼的帮助下成了皇室珠宝商，从此在宫中有了立命之所。在书中，西马诺维奇说，由于亚历山德拉皇后的吝啬——拉斯普京也对伊利奥尔多修士抱怨过这一点——以长期贷款的形式卖给她的珠宝价格比成本价还要低得多。他还说，宫廷的人"完全不懂做生意的规矩"，"这些宫廷的人什么也不会"。西马诺维奇充分利用了宫廷的人的无知，在声色犬马的社交圈组织、经营夜总会和赌场。不过，我们不能简单地把西马诺维奇当成一个恶棍。他有自己的信仰，最重要的是——之后我们会从其他史料那里发现——他有勇气为自己被人鄙视的种族谋利，而不是为自己谋利。在拉斯普京进入西马诺维奇的生活后，西马诺维奇的个人与民族的利益便统一起来。在亚历山德拉皇后的人际圈内，两人的合作关系是得到认可的，所以西马诺维奇能接触到安娜·维鲁波娃也就不足为奇了。他非常聪明，并且消息灵通。在书里，西马诺维奇向我们描述了自己在圣彼得堡是如何教导拉斯普京各种政治观和价值观的，有时甚至把其当成孩子一样训斥。

拉斯普京无法忍受自己受到的各种限制。我们不要忘了，他对羞辱上流社会感到沾沾自喜，深谙上流社会的哗众取宠和道德堕落，鼓吹出一个所谓的与他进行身体接触就是净化自我的理论，用性轻而易举地征服了众多女性。西马诺维奇写道："太多人对他投怀送抱。"出身高贵的女性出于猎奇心理，把这种羞辱当成是一种放肆的感官享受。拉斯普京的女儿玛丽亚承认父亲有"许多情妇"，并向大家道歉，说父亲"受到了诱惑"。这也成了拉斯普京为自己辩护的唯一说辞。丑闻很快传到了皇室。尼古拉二世女儿们的家庭女教师丘特切娃夫人拒绝拉斯普京进入她们的闺房。很少与外界接触的亚历山德拉皇后从来没有见过拉斯普京邪恶的一面，所以完全听不进丘特切娃的话。虽然尼古拉二世意识到妻子不该这么充满怨气，但丘特切娃还是被解雇了。之后，丘特切娃在莫斯科到处散播有关拉斯普京的丑闻。其实，拉斯普京的所作所为比丑闻中的更过分。他竟然诱奸了阿列克谢的保姆。后来，保姆告解了自己的行为。亚历山德拉皇后以保姆患有歇斯底里的癔症为借口将保姆打发走了。现在，没有人能限制拉斯普京的行为。他比以前更乱性妄为了。

拉斯普京与保守势力

拉斯普京早已成为重臣脑海里挥之不去的名字。1906年，曾有人企图暗杀斯托雷平。斯托雷平的孩子们在那次暗杀的行动中受伤后，尼古拉二世就曾让拉斯普京给他们疗伤。在与斯托雷平交谈的过程中，拉斯普京试图催眠这个意志坚定的聪明人。斯托雷平曾向罗江科描述自己是多么反感

拉斯普京。
摄者信息不详

拉斯普京的做法。他向尼古拉二世呈交了一份直陈拉斯普京的报告。1911年年初，尼古拉二世下令拉斯普京离开圣彼得堡。命令得以执行。斯托雷平内阁的宗教大臣卢基扬诺夫根据警局报告，下令调查拉斯普京，大量材料开始浮出水面。从那时起，亚历山德拉皇后对斯托雷平渐生恨意。她让安娜·维鲁波娃和莉莉·德恩去波克罗夫斯科耶证明自己的朋友无罪。两人对此行均有记录。在斯托雷平被暗杀前，安娜·维鲁波娃把拉斯普京带回了基辅。在《岁月》这本精彩的书中，年轻聪明的保守党人舒勒金记述了自己是如何招待拉斯普京的。熙熙攘攘的人群中，斯托雷平跟在尼古拉二世一家身后。拉斯普京突然指着斯托雷平大喊："死亡在他身后！死亡在跟随着他！"有人还听到拉斯普京整晚都在念念有词。第二天，斯托雷平就遭人暗算。拉斯普京从基辅一直流浪到了克里米亚和里瓦几亚的皇宫附近，但遭到警察长官敦巴泽粗暴地驱逐。之后，他又回到了圣彼得堡。

首相职位现在由科科夫佐夫接替。然而，他缺乏斯托雷平的领袖魄力。拉斯普京手下的萨布勒接替了卢基扬诺夫宗教大臣的职位。因为对拉斯普京毕恭毕敬，萨布勒常常被后人诟病。别列茨基用顺应民意的方式处理了此事。科科夫佐夫也是这么做的。斯托雷平被暗杀前还兼任内务大臣，现在这一要职也不得不有人填补。尼古拉二世心中有两个人选。一个是十分保守的尼古拉·马克拉科夫，他是帝国杜马自由党杰出的演说家瓦西里·马克拉科夫的弟弟。尼古拉二世访问切尔尼戈夫时，尼古拉·马克拉科夫当时是省长。两人在那里第一次见面。另一个则是下诺夫哥罗德省省长阿列克谢·赫沃斯托夫。他热爱冒险，日后将会扮演重要角色。在斯托雷平被暗杀前不久，尼古拉二世派拉斯普京去赫沃斯托夫那里，判断此人的为人。但和很多人一样，当时的赫沃斯托夫并没有意识到拉斯普京巨大的影响力，所以对他不屑一顾。科科夫佐夫向尼古拉二世言之凿凿地说："没有人会尊敬赫沃斯托夫。"这样一来，科科夫佐夫自己的人选马

拉斯普京与上流社会贵妇的合影。

卡尔·布拉（Karl Bulla, 1855—1929）摄

卡罗夫得到了任命。此人诚实勇敢，是一个优秀的法律专家和受人爱戴的官员，可惜的是观念不够开明。

征逐女色的拉斯普京闹出的丑闻正在成为人们最津津乐道的谈资。一开始，圣西奥潘对拉斯普京的品性并没有起疑心，甚至去了其家乡波克罗夫斯科耶村准备当面拜访。然而，在波克罗夫斯科耶村的所见所闻让圣西奥潘大开眼界。一个受害女性还去圣西奥潘那儿做了告解。圣西奥潘向亚历山德拉皇后大胆直言，但哪里是拉斯普京的对手？很快，圣西奥潘就被派去克里米亚当主教，后来又去了阿斯特拉罕和波尔塔瓦。深受宠爱的拉斯普京不无得意地宣称："我已经堵上了这个漏洞。"根据罗江科的说法，1910年年末，智慧开明的俄罗斯帝国大主教安东尼也向尼古拉二世提出抗议。当尼古拉二世回答皇室的私事与他无关时，他勇敢地回应道："先生所言差矣。这不仅是家事，也是国事。皇储不仅是您的儿子，也是未来一国之君，他属于整个俄罗斯帝国。"大主教安东尼甚至提议，尼古拉二世应当住在一个水晶宫里，这样一来，所有子民都能看见他。在那次见面后不久，大主教安东尼就染疾而终。

　　年轻的修士伊利奥尔多对拉斯普京的印象也被彻底颠覆了。伊利奥尔多个性鲜明，是君权和宗教狂热的拥趸，咒骂起革命党人和犹太人来滔滔不绝。他积极鼓吹神秘的催眠术，从者云集，在宫中也是无人不晓、受人器重。在察里津附近的塔沃尔山上，伊利奥尔多建立了一个精神堡垒。从一开始，他就被拉斯普京散发出的强大的宗教力量深深吸引。后来，两人密切合作过一段时间。伊利奥尔多的邻居、萨拉托夫主教赫尔摩根之后也加入合作。赫尔摩根虽然年纪稍长，但精力充沛、思想独立，有着准确的判断力。1909年12月，伊利奥尔多邀请拉斯普京来到察里津，两人一起去了伊利奥尔多的教徒家做客。胡子拉碴的拉斯普京老是亲吻别人，特别是年轻漂亮的教徒，这让伊利奥尔多感到很不舒服。在拉斯普京的要求下，伊利奥尔多陪他来到波克罗夫斯科耶。对拉斯普京在旅程中特别是在村子里表现出来的玩世不恭，伊利奥尔多感到十分震惊。拉斯普京的所作所为可以说是荒淫无度、放荡形骸。对自己的过去，他毫不遮掩，还拿自己的风流韵事向伊利奥尔多打趣，说自己三十岁之前都是个酒鬼。拉斯普京向伊利奥尔多描述了自己的流浪生活和与喀琅施塔得的圣约翰初次见面时的经历。拉斯普京说喀琅施塔得的圣约翰十分器重他，居然忘了身份，反倒请他为自己祈福。对拉斯普京谈及皇室时的语气，伊利奥尔多同样震惊不已。拉斯普京告诉伊利奥尔多，尼古拉二世一家凡事都要问他的意见，比如战争啊，帝国杜马啊，大臣啊，概莫能外。他们很喜欢听他讲"农民的不满"。他说，"没了我就活不下去"的尼古拉二世会跪在自己面前说：

"你是基督。"拉斯普京还向伊利奥尔多描述了自己在公主们的闺房里如何亲吻亚历山德拉皇后。说到这里，意得志满的拉斯普京特意指了指自己的房子以示强调。那是村子里唯一一栋两层楼的房子，里面的不少物件都是米莉察大公妃帮忙添置的，还有尼古拉二世一家的照片，以及亚历山德拉皇后和孩子们与他的一些书信往来。在信中，亚历山德拉皇后很不明智地用了一些容易让人浮想联翩的表达。愤世嫉俗的阅读者可能会认为亚历山德拉皇后承认了自己被拉斯普京吸引，如"低头时，我能感觉到你的手"。拉斯普京向伊利奥尔多展示了亚历山德拉皇后和公主们亲手制作给自己的三件衬衣。伊利奥尔多趁其不备，偷走了几封信。拉斯普京和妻子生了两个女儿和一个脑子不太灵光的儿子。他的妻子每年拜访一次圣彼得堡。宫廷里所有人都认识他们。在写给丈夫尼古拉二世的信中，亚历山德拉皇后对此常常提及。伊利奥尔多说，拉斯普京的妻子"对丈夫的伎俩一清二楚"。有关与其他女人的那些事，她意味深长地说了一句："他可以满足所有人。"拉斯普京对自己极尽鼓吹之能事，居然羞辱起万人之上的那个人来。"沙皇给我免了责，"他说，"而你……"

在回程的路上，拉斯普京的行为一如既往地离谱。伊利奥尔多不禁问自己："他是天使还是魔鬼？"他把自己的见闻写进了书里，取名《神圣的魔鬼》。后来，富洛普-米勒据此完成了另一本同样叫《神圣的魔鬼》的书。在与赫尔摩根的通信中，伊利奥尔多提到了人们对拉斯普京的攻击，这只是事件的开始。伊利奥尔多曾一度为拉斯普京据理力争。拉斯普京想要平息伊利奥尔多的怒火。但就在这时，一个叫克塞尼娅的修女坦承拉斯普京轻侮了她。从此，拉斯普京成了公敌。1911年12月29日，赫尔摩根和伊利奥尔多传令拉斯普京来见他们。刚一进房间，拉斯普京就明白自己落入了陷阱。老对手米佳·科利亚巴就在现场。他第一个控诉拉斯普京，并且一把抓住了他。接下来，伊利奥尔多和其他人也开始了控诉他。根据伊利奥尔多的描述，赫尔摩根主教质问他："此话当真？"拉斯普京犹豫了一会，然后嗫嚅着说："当真，当真，千真万确。"魁梧的赫尔摩根主教将沉甸甸的十字架往拉斯普京头上砸去，命他永世不得再碰女人，并远离皇宫。"你打碎了圣杯和圣盘！"赫尔摩根主教的控诉掷地有声，又把拉斯普京拖到教堂的祈祷室里，让他对着圣像发誓。第二天，拉斯普京找到伊利奥尔多大呼："救我，救我！"两人遂回去找赫尔摩根主教。赫尔摩根主教背过身去，说："绝无可能。"

　　拉斯普京不肯善罢甘休，向宫中的人讲述了发生的事。尼古拉二世听信了他的说辞，命令赫尔摩根和伊利奥尔多离开现在的修道院。作为主教，赫尔摩根有权接受其他十二名主教的审判，但审判被一纸敕令驳回。赫尔摩根服从了敕令，被幽禁在另一家修道院中。伊利奥尔多则拒绝服从命令，并辗转各地，继续公开谴责拉斯普京。亚历山德拉皇后和孩子们与拉斯普京的交流信函被伊利奥尔多转手他人，还出现了复印版本。古奇科夫在莫斯科创办的报纸《莫斯科之声》刊登了诺沃肖洛夫的一篇文章。诺沃肖洛夫在谢尔盖圣三一修道院授课，也是一名非法教派的教徒。他呼吁教会会议把拉斯普京当成一个基督信士。这篇名为"给编辑的信"的文章是这样开头的：

　　　　"到底要到什么时候！"每一个东正教徒不禁对拉斯普京发
　　出愤怒的呐喊——他是个奸诈的阴谋家，披着教会的神圣外衣，
　　强奸人类灵魂和肉体，玷污了神圣教会。教会最高层对拉斯普京
　　的容忍简直闻所未闻。悲愤交加的东正教教徒不得不向教会会议
　　发出诘问："要到什么时候？"面对年复一年在眼皮底下上演的
　　可耻的闹剧，教会会议到底还要无动于衷到什么时候？

媒体对拉斯普京群起而攻之，有关母亲的抱怨和受害者告解的新闻满天飞。现行法律废除了原有的初级审查制度，但当局仍有针对出版内容向报社随意征缴罚款的自由。即使是这样，几乎所有的报社都铤而走险。然而此时，政府出台法令，规定任何报纸不得写和拉斯普京有关的内容。在这一点上，尼古拉二世也触犯了自己的法律。教会会议的报告出炉后不久，帝国杜马召开会议。只要指定数量的成员签署传票，帝国杜马就有权传唤大臣。古奇科夫仍然是主要党派十月党即保守改革派的领导人。他传唤了相关大臣，开启了针对拉斯普京事件的公开讨论。

　　来自地主家庭的保守派罗江科接替古奇科夫，成为新的帝国杜马主席。他身材魁梧，体重约二十英石①，演讲时声如洪钟，在座的人皆被打动。罗江科为人刚正不阿，胆识过人。之后，随着形势的日益险峻，他时刻不忘为尼古拉二世敲响警钟，面对可能针对拉斯普京的大规模讨论，尽全力调整古奇科夫的意图。罗江科要求马卡罗夫提供诺沃肖洛夫的文章，但收到的回复是，手里没有，也不认为有让别人看到的必要。于是，罗江科径直去找这位内务大臣——马卡罗夫，并在其办公桌上发现了一本小册子。"这证明，"罗江科说，"当有人要保护拉斯普京时，即使是这样一个诚实的人也不得不言听计从。"

　　年轻的费利克斯·尤苏波夫亲王的母亲与玛丽亚·费奥多罗芙娜皇太后和亚历山德拉皇后交往甚密。在费利克斯·尤苏波夫亲王的干预下，罗江科得以觐见正忧心忡忡的玛丽亚·费奥多罗芙娜皇太后。她祝罗江科好运，但同时认为尼古拉二世听不进提醒。"他的心灵太纯洁了，"她说，"所以他不相信世上会有邪恶存在。"罗江科执意要求觐见尼古拉二世，并于1912年3月10日得到了这个机会。在见面之前，罗江科与妻子去了喀山

---

① 一种重量单位。二十英石相当于二百八十磅，约一百二十七公斤。——译者注

拉斯普京与俄罗斯贵族的合影。

卡尔·布拉（Karl Bulla，1855—1929）摄

大教堂祈祷。这里埋葬着一百年前打败了拿破仑的库图佐夫。

　　罗江科勇敢地把想说的话告诉了尼古拉二世。他说："长老拉斯普京出现在陛下的皇宫，这是不可接受的。""皇帝陛下，我恳求您，您愿意听我这个最忠诚的子民把话说完吗？如果不愿意，您只需说一个字，我便不再吭声。"尼古拉二世的眼睛望着别处，低语道："说吧。"在尼古拉二世面前，罗江科提起了敢于说出有关拉斯普京真相的那些人——伊利奥尔多、圣西奥潘和托博尔斯克的安东尼主教，他们要么被幽禁在修道院，要么被调往特维尔省。"东正教的清誉在被这个无赖的邪恶行径玷污，"罗江科说，"教会的人如何还能坐视不管？"尼古拉二世听得很仔细，偶尔会打断问几个问题。在罗江科细致的回忆中，我们了解了他是如何指控拉斯普京的。

> "你读了斯托雷平的报告吗？"皇帝①问。"没有，我听人提起过，但还没有读过。""我拒绝了他的建议。"皇帝说。"太遗憾了，"我回答，"因为这一切本可以避免。"

显然，罗江科打动了尼古拉二世。两天后，尼古拉二世授权他去亲自调查对拉斯普京的指控。教会会议里一个叫达曼斯基的官员十分不情愿地把从卢基扬诺夫那里收集来的文件交给了罗江科。达曼斯基也是拉斯普京忠实的追随者之一。罗江科马上把这些文件交给了自己在帝国杜马的属下。然而，就在第二天，达曼斯基就要求同他见面，拿回文件。

罗江科写道：

> 达曼斯基向我解释说，这是一个位高权重的人下的命令。"谁，萨布勒吗？"达曼斯基不以为然地说："不，比他的地位要高得多……""谁？"我追问道。"亚历山德拉皇后。""如果是这样，烦请你转告皇后陛下，她和我一样，必须维护她丈夫的威严，我们都应俯听纶音，恕我不能遵从她的意愿。"

写完报告后，罗江科再次要求觐见尼古拉二世。这一次，他被拒绝

---

① 这里的"皇帝"是指"尼古拉二世"。——译者注

了，于是扬言要辞去职务。在科科夫佐夫的调解下，他递交了一份书面报告。我们知道的是，这份报告后来交给了在里瓦几亚的尼古拉二世和亚历山德拉皇后的哥哥巴登大公恩斯特进行审议。萨佐诺夫是随巴登大公恩斯特访问的大臣，曾告诉我巴登大公恩斯特问他为何大臣没有及时就此事提醒尼古拉二世。萨佐诺夫以为巴登大公恩斯特是指拉斯普京给俄罗斯帝国带来的危险，并且回答说自己已经尽力了。但巴登大公恩斯特直截了当地告诉萨佐诺夫，他是指亚历山德拉皇后。他还说："皇帝是位圣人和天使，但皇帝不知道如何处理和皇后的关系。"

罗江科希望看到俄罗斯帝国高层能联合起来提醒尼古拉二世，并指责科科夫佐夫将自己置身事外。和其他人一样，罗江科正确地指出了"保持中立"是软弱的表现。其实，科科夫佐夫和罗江科一样，也曾勇敢地提出过抗议。尼古拉二世要求科科夫佐夫去见拉斯普京一面。1912年2月28日，两人见面了。拉斯普京做出了与斯托雷平谈话时相同的奇怪举动。他低着头站在那儿，还闭着眼傻笑，听完科科夫佐夫的要求后，突然说："好吧，我走就是了。"拉斯普京还对食物供应发表了一些有趣的言论。在向尼古拉二世报告时，掌管监狱部门的科科夫佐夫把拉斯普京描述成一个典型的西伯利亚犯人。在接下来科科夫佐夫带官员访问里瓦几亚时，亚历山德拉皇后与站在他身边的每一个人简短交谈，尽管他们只是级别不高的官员。然而，当经过科科夫佐夫时，亚历山德拉皇后把脸扭到一边，只伸出一只手让他行礼。

警察现在忙着追踪亚历山德拉皇后和孩子们写给拉斯普京的信，玛丽亚·费奥多罗芙娜皇太后对此事特别上心。警察通过精心布局，终于拿到了书信。不过，首相科科夫佐夫警告过当时还是内务大臣的马卡罗夫，不要把信交给尼古拉二世，而是交给亚历山德拉皇后本人，否则内务大臣的职位不保。马卡罗夫还是一意孤行。果然，科科夫佐夫一语成谶。尼古拉二世还给马卡罗夫发了一份措辞严厉的备忘录，要求他加强对媒体的控制。此事让科科夫佐夫一直忧心忡忡。

伊利奥尔多从来没有放弃过斗争。最终，他被幽禁在弗罗瑞士切科夫的修道院，并大胆揭露了那里的修士的生活。在接受教会会议的审讯时，他针砭时弊，抛出了几近预言式的话语：

> 你们已向魔鬼低头。我要穷尽一生以神圣的名义报复你们。你们已经出卖上帝的荣光，忘记基督的友情。啊，骗子、毒蛇、基督的谋杀犯……我要用超自然的能力报复——这可能是在1918年写的。我要撕掉你们的伪装。你们会为了蝇头小利付出亿万倍的代价。你们这些叛徒和叛教者，将地狱里魔鬼的蹄子舔舐干净吧！你们都是些利欲熏心的家伙；你们憎恨穷人；你们趾高气扬地坐着马车。你们对教会不忠，对人民不敬，将现在的先知置于危险境地。你们认为的上帝并非真正的上帝。代表神圣基督的教会会议如今已不复存在。你们没有信仰、反对基督，我是不会和你们待在同一个教会的。你们是吸人血的禽兽。

1912年11月21日，伊利奥尔多被免去圣职。他说："我永远不会乞求宽恕自己。"最终，他背弃了东正教，男扮女装，1914年8月经道芬兰逃出边境。之后，伊利奥尔多又将自己在俄罗斯帝国的经历写成一本书，后在美国出版。

警察局局长别列茨基是内幕知情人之一。他认为从1913年起，拉斯普京的地位就已牢牢确立。西马诺维奇知道的细节更多，认为拉斯普京花了五年时间——1906年至1911年——获得权力，又行使了五年——1911年至1916年——的权力。科科夫佐夫称，1908年前，拉斯普京还没有政治影响力，但现在他已然成为"眼下最重要的问题"。拉斯普京总对尼古拉二世说："你为什么不拿出一个沙皇应该有的样子？"君主专制是拉斯普京唯一的挡箭牌。他还说："君主是我唯一能与之共事的人。"伴随1904年到1907年自由主义运动而来的是推动宗教改革的浩大运动和召集教会委员会的强烈呼声，但拉斯普京对此大加贬损，说"这才是受膏的沙皇呢"。这一说法也常常出现在亚历山德拉皇后的信中。正如科科夫佐夫所言，拉斯普京之所以重要，是因为其将一种观念深植尼古拉二世的心中，那就是君主尼古拉二世的意愿是唯一的真理，人们对此要全心全意地拥护。拉斯普京说，只有同意君主观点的人才是真正忠诚的人。在这种说法的驱使下，从小就以父亲亚历山大三世为楷模、宣誓效忠加冕誓言的尼古拉二世很难从善如流，哪怕对方是忠诚温和的帝国杜马成员或大臣——因为这些人在无形中提醒了尼古拉二世一个不争的事实：宪法的地位已大有改观。早在1909年10月10日，尼古拉二世就曾写信给母亲："有件棘手的事——说服科科夫佐夫在不经过帝国杜马的情况下拿到钱。不过，钱无论如何都会拿到，不用担心。"1911年春的那次事件留下的耻辱还未被忘却，保守的浪潮就开始日益汹涌。尼古拉二世越来越不加掩饰地向科科夫佐夫表达自己的不满。此时，亚历山德拉皇后除了向挚爱的丈夫尼古拉二世表达观点，还没有真正插手政治。不过，在有关要不要给菲利普颁发医生执照这一问题上，她说丈夫怎么做都可以。从一开始，亚历山德拉皇后就坚定地维护拉斯普京，所以她成了科科夫佐夫的仇人。尼古拉二世仍然像以前一样喜欢科科夫佐夫。妻子亚历山德拉皇后的信让尼古拉二世受到深深的伤害。尼古拉二世比任何人都清楚，人们会口口相传，还会添油加醋地加上各种想象让自己颜面扫地。伊利奥尔多的书逃过了莫斯科警察的视线。尼古拉二世对科科夫佐夫说："这些先生啊！""好似污泥一般！""人们的流言蜚语让我感到窒息。"就在这一年，即1913年，尼古拉二世重拾与梅谢尔斯基的友情，希望从他那里得到道义上的支持，以重新确立君主专制的地位。"我开始对这一切感到厌倦。"尼古拉二世意味深长地对科科夫佐夫说。

根据保守派司法大臣谢格洛维托夫的说法，1911年10月，尼古拉二世曾就削弱帝国杜马权力一事咨询过自己的意见，并且一直要求马卡罗夫和科科夫佐夫进一步钳制媒体。两人深知，媒体不会就此服输。不过，至少拉斯普京被切断了与皇宫的关系。1912年4月，拉斯普京回到圣彼得堡，但尼古拉二世并没有在沙皇村接见他。罗江科说，拉斯普京现在行踪不定，弄得警察大伤脑筋，生怕在公共浴池等场所发生丑闻。现在，尼古拉二世对科科夫佐夫的态度开始冷淡下来。

与此同时，在斯托雷平的铁腕退出政治舞台后，政府一度失去重心。即便如此，国家还是走上了一条新路，不仅国力更昌盛，还加强了与欧洲的联系。帝国杜马的基础得以夯实，成为抒发民论不可或缺的机构。虽然其选举制度仍漏洞百出，但国外舆论认为，它正日益代表了人民真实的声音。议会制度的优良传统将绝大多数人的声音——除了极右分子——转化为推动国家进步和改革的力量。

和前两届不同，1912年6月，第三届帝国杜马顺利完成了第一个五年的任期。这是一个历史性成就。时任财政大臣的科科夫佐夫得以定期平衡预算，甚至以促进生产为目的，鼓励消费。无论议会制度还有哪些被世人诟病的地方，财政公开与接受批评的价值都毋庸置疑，这本身就给议会注入了新鲜和健康的活力。基金储备以国防为主要目的。最大的进步体现在最关键的两个领域：农业和教育。在克里沃舍因和里蒂希的得力管理下，斯托雷平的土地安置计划依靠农民的积极性和大力支持，催生了新的自耕农，人口壮大到几百万之多。农民银行也在很大程度上刺激了个体农业经营的发展。移居到西伯利亚的人口增长迅猛。随着个人财产的增加，农业合作也在全国各地不断涌现。帝国杜马正迅速填补政府与人民之间仍存在的巨大差距。像前任同僚和朋友斯托雷平一样，科科夫佐夫也是帝国杜马成员。他向尼古拉二世夫妇坚称：帝国杜马必不可少。深受尼古拉二世赏识的科科夫佐夫好不容易才成功劝说他在1912年6月27日接见其他帝国杜马成员并感谢他们付出的努力。

因帝国杜马对拉斯普京的讨论，亚历山德拉皇后对其心生嫌隙。在让拉斯普京差点名声不保的事情发生后，古奇科夫便成了亚历山德拉皇后的眼中钉。她说："处以绞刑太便宜他了。"古奇科夫还没有开始游说，就已经在帝国杜马的两个选区获胜。不过，不知道是警方在背后操纵还是有其他原因，总之，古奇科夫没能再次赢得选举。在帝国杜马之外，他继续领导十月党。

此时，拉斯普京正远在西伯利亚的老家。1912年10月，尼古拉二世一家坐船来到俄罗斯帝国的另外一端，即靠近波兰边境的什保洛。上船时，阿列克谢摔倒了，磕在了舷缘上，这立即引发了一场严峻的危机。本来已经出现好转的迹象，但不知道是因为谁的疏忽——皇室不愿意透露姓名，阿列克谢的情况急转直下。医生束手无策。亚历山德拉皇后的姐姐伊蕾妮公主也越过边境来看望、宽慰她。阿列克谢不时发出痛苦的惨叫。绝望的父母只有没日没夜地为他祈祷。此时，常和安娜·维鲁波娃联系的拉斯普京发来电报，称"此病并无想象中凶险，无须担心医生的话"。从那以后，阿列克谢居然神奇地恢复了，尽管危机并没有真正解除。有人暗示这场危机是安娜·维鲁波娃一手造成的，之后又导演了治疗过程。这种说法站不住脚，原因很简单：即使现在，这个病也没有治愈方法。

有关危机是如何化解的，还有另一个同样神秘的解释。莫索洛夫回忆，在最绝望的时候，忠心耿耿的医生费奥多罗夫对尼古拉二世说："我不同意其他医生的意见。现在已经到了万不得已的情况，必须采取非常措施，但这么做有风险。您意下如何？我要不要向皇后禀告？还是瞒着她医治会更好？"对此，莫索洛夫不置可否，只是把拉斯普京电报的内容报告给尼古拉二世。第二天，阿列克谢的出血止住了。莫索洛夫拦住费奥多罗夫问："你用了你说的那种疗法吗？"费奥多罗夫举起双手，一边往外走一边说："就算我这样做了，我也不会承认。你看看现在的变化吧。"总而言之，费奥多罗夫把这个秘密带入了坟墓。事情的真相到底是什么，后人已无从知晓。

第四届帝国杜马的期限将持续到1917年"二月革命"结束，其组成与第三届帝国杜马十分相似，新成员中有年轻的工党领袖克伦斯基。在整个职业生涯中，他一直致力于推动自由事业。克伦斯基是一名律师，在很多政治事件中为革命党辩护。这是一份既光荣又危险的工作。克伦斯基是一个天生的雄辩家，口才非凡，演讲铿锵有力，很有感染力。然而，没有古奇科夫强力控制的帝国杜马正在分裂成几个团体。主要党派十月党就分成了三个部分。罗江科甚至有过辞去第四届帝国杜马主席职务，只领导其中一个部分的念头。

一切都在为保守力量的积蓄做准备。勒拿河金矿发生了一件很不光彩的事。在进行全面调查后，官方承认有个警官喝醉后失去理智，下令向秩序井然的罢工者开枪。帝国杜马反对党派出克伦斯基前往当地展开调查。克伦斯基甚至得到了总督克尼亚泽夫和大主教因诺森特的支持。政府疲于为自己辩护。马卡罗夫的解释则显得苍白无力，反倒激起更大的民愤。

1912年12月29日，尼古拉·马克拉科夫接替了马卡罗夫内务大臣的职位。他与哥哥瓦西里·马克拉科夫等自由主义党人的观点完全相左。1917年，"二月革命"后，一心一意维护俄罗斯帝国君主专制的尼古拉·马克拉科夫不徇私情，亲手把自由主义党人交给了调查委员会。1905年尼古拉二世做出的妥协使改变的"一条腿已经迈出去了"。从那以后，俄罗斯帝国的生活就像"一个喝醉了酒的人一样，跌跌撞撞，四处碰壁"。知道民怨四起的尼古拉·马克拉科夫宣布自己将凭一己之力支持采取果断的举措——甚至包括解散帝国杜马。他看不起卑躬屈膝的右翼政治家，瞧不上政府里那些无能的书吏，甚至削减了他们的待遇。尼古拉·马克拉科夫对特务警察的看法也好不到哪去，赞成让他们离开军队。尼古拉·马克拉科夫也不是拉斯普京的朋友，声称自己曾在报告中反对过他。然而，尼古拉·马克拉科夫是专制政体不折不扣的拥趸者，他与尼古拉二世的关系很不一般。当他还是切尔尼戈夫省省长时，尼古拉二世曾接见过他。尼古拉·马克拉科夫对尼古拉二世声称自己在圣彼得堡并无特殊的政治人脉。两人的友谊始于一幅圣像。这是一个令人动容的故事。他还曾和尼古拉二世的孩子们一道玩耍，其中一个游戏叫"恋爱中的豹子"。他会扮成豹子扑向他们——这有时是新闻界诙谐的话题。

　　诚实的科科夫佐夫并非强势的领导。对支持他这件事，内阁表里不一。自从维特被解职以来，内阁成员主要由尼古拉二世任命。在提议中，尼古拉·马克拉科夫大胆地反对科科夫佐夫；谢格洛维托夫总是对他含沙射影；梅谢尔斯基亲王在《公民》报纸上也总不忘贬低他在宫廷的地位。自1913年3月以来，政府与帝国杜马之间就摩擦不断。

　　1913年，庆祝罗曼诺夫王朝建立三百周年的活动将保守主义浪潮推到顶点。1912年9月，皇室就已经举行过庆祝打败拿破仑一百周年的活动。相比之下，罗曼诺夫王朝建立三百周年对君主制而言更具宣传价值。在这一节骨眼上，政府不希望民众注意到罗曼诺夫王朝第一位统治者米哈伊尔一世是在动乱之后由全国缙绅会议①选举产生的。尼古拉二世夫妇祭奠先

---

① 1613年，俄罗斯贵族组织召开全俄罗斯缙绅会议，推选米哈伊尔为新任沙皇，称米哈伊尔一世，从此开启罗曼诺夫王朝。在社会各阶层发展形成的基础上，缙绅会议成为沙皇领导下的贵族代表会议。到了17世纪后期，随着社会的发展，工商市民阶层和农奴阶层形成，贵族地主阶层内部分裂得到消除，缙绅会议逐渐走向衰亡。——译者注

祖，拜访了罗曼诺夫家族在伏尔加的发轫地。拉斯普京出现在最显眼的位置。在圣彼得堡喀山大教堂的神圣仪式上，他坐在帝国杜马成员座位的正前方，而这些座位是罗江科好不容易才争取到的。据罗江科回忆，拉斯普京当时还试图催眠他。这个身材魁梧的人是这样描述的："不知怎的，我突然像野兽般狂怒起来，血一下子冲到心脏，我意识到自己不由自主地进入了一个癫狂的状态。拉斯普京直直地盯着我的眼睛，而我也用同样的方式回敬他，并脱口而出'你这个臭名昭著的骗子'。"罗江科抓住拉斯普京的衣领，粗野地将其推出了教堂。在尼古拉二世坐着马车前往莫斯科的途中，随从跟在他身后二十码开外，他的家人则坐着敞篷马车紧跟其后。一路上，尼古拉二世显示出了极大的勇气。所有人内心都焦虑不安，却不敢表露出来。直到铃声响起，宣告他已到达克里姆林宫，大家才松了一口气。在1912年和1913年的两次庆祝活动中，宫中的官员想尽办法减少帝国杜马带来的影响。显然，他们在奉命行事。

　　1913年秋，帝国杜马保守党成员马尔科夫公然对政府喊话："你们不要偷偷摸摸！"于是，大臣纷纷投了弃权票，这很可能是帝国杜马和政府串通好的。1913年10月，尼古拉·马克拉科夫写信给尼古拉二世，提到了发动政变的想法。他提议在帝国杜马发表演讲，给政府施压，这样一来，说不定接下来帝国杜马就会被解散并被剥夺立法权。尼古拉二世本人"又惊又喜"，但几乎整个内阁都反对尼古拉·马克拉科夫，因此，这一想法也就不了了之。推选了几个地方市长的名单和一个提案在最后一刻被取消。最终，来自特维尔的盛气凌人的保守派施蒂默尔被任命为莫斯科市市长。这些都与尼古拉二世的干预有关。局势的发展朝着保守主义的方向又进了一步。科科夫佐夫勇敢地与同在内阁的对手对峙，称施蒂默尔"不是盲目的执行者"，但没能取得进一步的成功。

　　两次向尼古拉二世报告内阁龃龉时，罗江科都用到了"陛下，您是没有政府的"这样的表达。科科夫佐夫也向尼古拉二世呼吁将政府内部团结起来，但同样徒劳无功。让科科夫佐夫始料未及的是，1914年2月12日，自己被同时解除了首相和财政大臣的职务。在此之前，尼古拉二世听取了其他"大臣"的意见。在与科科夫佐夫辞别时，尼古拉二世听完对方对自己批评的回应后，像往常一样回答说："你是对的，我是错的。"之后，尼古拉二世拥抱了科科夫佐夫，嘴里不停地说："朋友之间就是这样告别的。"然而，将科科夫佐夫革职的命令仍旧维持不变。自由党人申加廖夫是科科夫佐夫的老对手，两人曾多次在预算的辩论中交锋。这一次，他拜访了科科夫佐夫，表示了由衷的同情。

被亚历山德拉皇后称为"颖悟绝人"的克里沃舍因与这次阴谋脱不了干系，不过，他本人并不想当首相。克里沃舍因推荐的是年长、无能的戈列梅金。戈列梅金认为自己应该像管家一样，把君主尼古拉二世的指令传达给下面的仆人执行，所以深得尼古拉二世的喜爱。就在1914年，一场历史性危机发生了。人们不禁想问，如果科科夫佐夫还是首相，一切会有何不同？

1914年7月1日，尼古拉二世再次提到了发动政变。大臣被急召到彼得霍夫宫。尼古拉二世亲自主持会议，再一次提议只保留帝国杜马的协商职能。最后一个发言的是保守派司法大臣、律师谢格洛维托夫。他说，自己要是给尼古拉二世提这样的谏言，那就和叛徒没什么两样。"够了，"尼古拉二世说，"我们不要再谈论这个问题了。"

1912年，拉斯普京在圣彼得堡的戈罗霍娃街六十四号住了下来。这期间，他常常回家乡波克罗夫斯科耶。这一年的6月29日，他被一个叫古谢娃的人刺中腹部。拉斯普京被捅伤的位置很深，连肠子都露了出来，但竟然神奇般地康复了。古谢娃是拉斯普京淫欲大发的受害者之一，曾发誓要复仇。不久前，她去拜访了幽禁中的伊利奥尔多，但伊利奥尔多声称自己对她的意图毫不知情。官方的说法是，古谢娃的精神出了问题。

与此同时，保守力量再一次为革命的到来积蓄力量。全国掀起了一场义愤填膺的运动。在1914年秋对十月党的讲话中，古奇科夫公然站在了反对政府的一边。他预测，对这股新出现的暴力动荡如果不严加管控，将会导致完全的无政府状态。古奇科夫还宣布会采取一切合法手段反对政府。整个冬天，圣彼得堡的人们都在谈论拉斯普京的丑闻。克伦斯基在全国各地游说，为民怨发声，并召集了工党各部分的力量。克伦斯基将1912年至1914年这三年时间都花在了"大量的政治组织和革命工作"上。他还说，现在有了帝国杜马这一"政治组织和宣传的强大武器"，小心翼翼地从事秘密工作的日子终于结束了。"整个俄罗斯遍布劳工和自由组织的网络——合作社、工会、劳工俱乐部、夜校等等"。克伦斯基甚至已经开始着手培养骨干人员，想利用这一大好时机做大文章。

为了对抗这场运动，警察局采取了非常手段。警察局局长别列茨基笃信"分而治之"的原则，具体体现在主张以工人阶级为基础，将马克思主义政党即社会民主党划分成不同部分。这也是此时正在国外的列宁的目标，不过，他的出发点正好相反。别列茨基将布尔什维克领袖马利诺夫斯基作为特务警察吸收进来，确保其当选1912年第四届帝国杜马成员。在警察局的鼓动下，马利诺夫斯基发表了很多言辞激烈的演讲，甚至呼吁武装起义。同在帝国杜马的奇赫伊泽等孟什维克党人都不明白，马利诺夫斯基为什么能如此大胆妄为还能逃避惩罚。

内务大臣尼古拉·马克拉科夫算不上是一个管理者，只是个不拘小节的保守派政治家，不喜欢处理工作中的细枝末节。内务大臣通常有两个助手，其中一个由自己任命，在警察局局长的领导下对警察局负责。这一职务先后由德米特里·特列波夫和库尔洛夫担任，因斯托雷平被杀一事，后者被指失职。后来，尼古拉·马克拉科夫又任命准科夫斯基将军当助手。

他曾与尼古拉二世同在普列奥布拉任斯基团，后任莫斯科省省长，善政亲民，是一个正人君子。在尼古拉二世的批准下，准科夫斯基撤除了军队和学校的警察间谍，提议将重组后的宪兵纳入军队，使他们不必再执行以前令人憎恶的任务。他劝服上级尼古拉·马克拉科夫，剥夺了警察局包庇反动的雇佣文人的特权。正是准科夫斯基发现了一起煽动性的阴谋骗局。以此为借口，当事人要求解散第二届帝国杜马。同样，在尼古拉二世的批准下，准科夫斯基坚持审判申尼科娃。但保守党内务大臣谢格洛维托夫从中作梗，审判后来不了了之。发现马利诺夫斯基的邪恶行为后，准科夫斯基直接找到帝国杜马主席罗江科，说帝国杜马成员中出现了一个间谍。听到风声后，马利诺夫斯基秘密潜逃，并在十月革命后返回俄罗斯帝国，但很快被列宁处决。别列茨基和窝藏了恐怖主义间谍阿泽夫的宪兵队队长格拉西莫夫也被准科夫斯基革职。后来，准科夫斯基站在了政府的对立面。

勒拿河金矿事件后，劳工动乱时有发生，参与罢工的人数已由原来的七十万人增加到1914年的一百五十万人。在我们手头掌握的资料中，有一份德意志使馆的报告曾预测一个不同于以往的革命时期即将到来。圣彼得堡爆发了声势浩大的罢工。丹尼洛夫将军记录了工人与部队的正面冲突。当德意志帝国向俄罗斯帝国宣战时，俄罗斯帝国的街头已经铺好了路障。

第 6 章

俄罗斯帝国与世界大战

骄矜好胜。①

《哈姆雷特》，第一幕，第一场

在欧洲版图重新划定后，英国和法国成为近邻，但两国极力强调彼此之间的"外国"关系，就像当年它们还是德意志帝国和俄罗斯帝国邻居时一样。俄罗斯民族和德意志民族之间几乎没有任何共同点。自从腓特烈大帝在位期间俄罗斯帝国对普鲁士发起突然袭击，一度占领柏林后，俄罗斯帝国乌合之众的残暴行径就成了德意志人挥之不去的梦魇。当俄罗斯人谈到"德意志人的严谨"时，则会带着一种嗤之以鼻的态度。思想豪放不羁的俄罗斯人早就看透了德意志的勤奋、自我满足和资产阶级道德观的局限性，这让俄罗斯人感到某种宽慰。

一直以来，德意志人都把俄罗斯帝国当成有油水可捞的国家。德意志人在俄罗斯帝国总被当作"外国人"看待，而俄罗斯人对英国人则不然。即使一时看不到眼前的利益，无比勤奋的德意志人也会孜孜不倦地工作。

---

① 文中采用的是朱生豪的译本。——译者注

这样一来，他们就能通过近距离观察来深入透彻地了解俄罗斯帝国，甚至比俄罗斯人了解得还要详尽。在对俄罗斯帝国的认知上，德意志人虽然总体来说是客观公正的，但不免带着一丝鄙夷。当德意志还不是一个政治意义上的国家时，德意志人利用汉萨同盟有组织地剥削俄罗斯，但很少遭到俄罗斯的反击。比如，17世纪，开明的俄罗斯大臣奥尔登-纳晓金就看到了利用俄罗斯行业组织为俄罗斯利益服务的可能性。

自从彼得大帝第一次访问西欧时了解了"大选帝侯"弗里德里希·威廉①后，在彼得大帝的推动下，罗曼诺夫王朝和霍亨索伦王朝开始结下了特殊友谊。彼得大帝全盘接受了来自德意志各方面的影响。在这之后，德语词汇，特别是德意志头衔在俄罗斯大行其道。渐渐地，越来越多的德意志人开始身居俄罗斯政府要职。在征服了觊觎已久的波罗的海沿岸地区后，彼得大帝将大量德意志贵族和商人纳入俄罗斯人口。据说，俾斯麦曾称这些德意志贵族和商人是世界上最会打官腔的官员。彼得大帝还把女儿安娜·彼得罗芙娜和侄女安娜·伊凡诺芙娜嫁给了德意志小公国的荷尔斯泰因-戈托普公爵卡尔·弗里德里希和库尔兰公爵弗雷德里克·威廉。在彼得大帝处死自己唯一幸存的儿子后，这些联姻不但没有延续俄罗斯帝国在德意志的影响，恰恰相反，它们将德意志或已经德意志化的君主一个接一个地送上了俄罗斯帝国的皇位。1730年至1740年，在彼得大帝的侄女安娜统治期间，当道的全是德意志政客、军人或宠臣。可以说，这是俄罗斯帝国历史上最黑暗的时期。

在安娜统治期间，对土耳其积怨已久的俄罗斯由原来的防守态度转为进攻态度。因此，俄罗斯帝国以十字军东征的名号加入了范围广大的欧洲联合体。这一时期，奥地利的君主把普鲁士当成觊觎者，与普鲁士的关系

---

① 一译腓特烈·威廉。——译者注

有名无实。但奥地利要遏制俄罗斯帝国进攻巴尔干地区。几乎所有好牌都掌握在俄罗斯帝国手上——俄罗斯人不仅与斯拉夫人有亲缘关系，与保加利亚人、塞尔维亚人，甚至与希腊人和罗马尼亚人也能建立宗教认同感。而奥地利帝国仅仅是一个以君主身份、共同的官僚主义和军队为基础的庞杂帝国。在俄罗斯帝国与奥地利帝国长期敌对的背景下，巴尔干地区的和平局面能否维系，取决于两国之间的对立利益能否达成某种暂时的谅解。这已经成为一条不言自明的真理。

叶卡捷琳娜大帝到尼古拉一世统治期间，俄罗斯帝国利用奥地利帝国皇帝和普鲁士国王之间的宿怨不断增加对德意志事务的影响力。在拿破仑时期，出现了一个又一个变化，圣彼得堡最终成为一支主导力量。然而，在克里米亚战争后，俄罗斯帝国的统治地位戛然而止。从那以后开启的俾斯麦时代彻底扭转了原来的力量对比。

1859年至1862年，俾斯麦担任普鲁士驻圣彼得堡外交大臣。在与俄罗斯帝国一团和气的表象下，他对这个国家的看法虽然总体来说是客观的，但含有某种鄙夷的成分。俾斯麦看到了俄罗斯帝国君主制根深蒂固的弱点。这个庞大的体制实际上由黏土做成：整个国家的社会结构就建立在像黏土一样不堪一击的农奴制的基础上。在推行自己的伟大计划时，俾斯麦首先要做的是得到俄罗斯帝国的默许，这样才能使普鲁士的后方无虞。这个计划包括1864年对丹麦、1866年对奥地利帝国和1870年对法国的三场战争。三个君主制国家的共谋导致了波兰在政治意义上的灭亡，这为俾斯麦计划的实施找到了借口。1863年，俾斯麦与俄罗斯帝国合作共同压制了当年的波兰起义。借普法战争之名，俄罗斯帝国违反1856年《巴黎条约》中的中立化条款，俄罗斯帝国设立黑海舰队的限制被取消。对俄罗斯帝国的这一做法，俾斯麦感到沾沾自喜。俾斯麦刚打完胜仗，建立德意志帝国，其君主威廉一世就专程去拜访侄子亚历山大二世，以表感激之情。德皇威

1856 年《巴黎条约》签订。

爱德华·杜伯（Édouard Dubufe，1819—1883）绘

廉一世确实应该表达谢意，因为俾斯麦完全改变了整个欧洲局势，但俄罗斯帝国因此损失很大。不同于奥地利帝国和普鲁士，在此过程中，俄罗斯帝国持袖手旁观的态度，结果却发现自己边境以东的花岗岩地区出现了一个新的德意志军事帝国。从那以后，俾斯麦的任务就是通过与奥匈帝国和俄罗斯帝国交好的政策掩盖自己的新霸权主义，并尽可能拖延时间。一旦真实意图被发现，俾斯麦就不得不在两国之间做出选择。其实，他并不愿意走到这一步。1866年，赢得普奥战争的胜利后，俾斯麦做出了一个精明的决定：放弃"奥地利帝国一石之垒和一寸土地"。他成功使奥地利帝国退出了德意志邦联，利用霍亨索伦家族加上普鲁士边境外的由德意志官僚控制的联合国家，把奥地利帝国变成一个国家政策的附属物，并尽可能地吸收更多的斯拉夫人和其他民族。这一做法最终给奥地利帝国带来了毁灭性的打击。奥地利帝国战事屡屡失利，也没有成为任何民族实现自己野心的工具。因此，欧洲给了它一个安慰奖，总体来说容忍了它的存在。俾斯麦是何等聪明之人，知道不可过分地推行自己的策略。有意思的是，他的策略其实是一个反共产主义协定，这一想法要追溯到普法战争结束后在巴黎爆发的共产主义思潮。在这样的背景下，俾斯麦提出了在东欧的三个专制君主之间结成友好联盟的口号。这种类似于新神圣同盟[①]的关系将一直维系到他不得不在奥地利帝国和俄罗斯帝国之间做出选择。然而，1878年，随着《柏林条约》的签订，俾斯麦究竟会做出何种选择已尽人皆知。俄罗斯帝国发起的一场战争解放了保加利亚。因此，奥地利帝国得到了领土补偿。奥地利帝国得到的领土甚至比俄罗斯帝国在战争中赢得的还要多。

欧洲授权对波斯尼亚和黑塞哥维那实行军事占领，最终导致了1914年的世界大战。必须指出的是，俄罗斯帝国采取的政策是一个愚蠢的错误，

---

① 在法兰西第一帝国瓦解后，1815年9月26日，俄罗斯沙皇亚历山大一世、奥地利皇帝弗朗茨二世和普鲁士国王腓特烈·威廉三世在巴黎会晤时建立了一个同盟，即神圣同盟。——译者注

极大地帮助了奥匈帝国。1876年7月8日，也就是1877年俄土战争之前，俄罗斯沙皇亚历山大二世与奥匈帝国君主弗朗茨·约瑟夫一世在赖希施泰特[①]会晤。亚历山大二世同意以牺牲俄罗斯帝国在土耳其的利益为代价，最终由奥匈帝国兼并两个斯拉夫省，前提是奥匈帝国与俄罗斯帝国联手解放巴尔干地区。奥匈帝国并没有与俄罗斯帝国合作。《柏林条约》签订后，在这两个斯拉夫省，奥匈帝国建立了军事占领区。俄罗斯帝国政府至少有两次曾考虑过让奥匈帝国兼并波斯尼亚。俄罗斯帝国政府的态度与塞尔维亚的主张及传统的俄罗斯帝国政策愿景完全背道而驰。

俾斯麦清楚地表明立场后，德意志帝国与奥匈帝国直接结盟。在俾斯麦的巧妙斡旋下，同盟还将意大利新的君主政体包括进来。这就是著名的"三国同盟"，其目的是巩固普法战争后德意志的现状。中欧的雏形开始出现，德意志帝国两边分别紧挨着被其打败或计划落空的对手——法国和俄罗斯帝国。不过，俾斯麦还是尽力保持着与俄罗斯帝国的友好关系，还与俄罗斯帝国缔结了所谓的再保险条约。整个俾斯麦时期，这种友好关系一直延续，直到德皇威廉二世统治时期才结束。

与此同时，俄罗斯帝国国内发生了不少具有重大意义的事件，比如解放农奴和一系列重要改革，特别是引进陪审员制度和建立基于选举制度的地方自治政府，以及建立在全体公民平等履行兵役义务的基础上的军队改革。解放农奴本身就是一场经济革命。德意志人勤劳肯干，对俄罗斯帝国又有着深入了解，因此，在利用新变化方面要远胜于其他国家。德意志总领事馆的工作人员能力远远超过其他国家总领事馆的同僚。除此之外，他们中还不乏游历丰富的专家。他们熟谙俄罗斯帝国国情，而这些是俄罗斯帝国自己的官员不愿意花工夫去了解的。德意志政府向来鼓励个人的努

---

① 今捷克扎库皮。——译者注

力。在价值观发生巨变的经济革命时期，德意志人很快便抓住了新的战略要义。自从16世纪以来，在一代又一代的传承中，英国人逐渐在俄罗斯帝国站稳脚跟，如今却一个个地被迅速挤出历史舞台。第一次世界大战爆发前，德意志人几乎在俄罗斯帝国的所有领域都确立了主导地位。不过，他们有一个很大的不足之处，今后还会为此付出沉重的代价。他们不喜欢与俄罗斯人讨价还价，而这正是英国顶尖公司擅长的，其中就包括曼彻斯特的马瑟与普拉特公司。德意志人毫不掩饰自己对俄罗斯人和俄罗斯帝国行事方式的鄙视。不仅在贸易领域，德意志人还在俄罗斯帝国各种职位上当权。俄罗斯帝国各地有不少小官员都是在俄罗斯生活的德意志人。德意志人还替在外地主管理土地，通过宗教手段欺压农民。这也是第一次世界大战伊始，俄罗斯帝国民情高涨的首要原因。

波罗的海诸省的政府管理人员往往是德意志贵族，属于级别更高的官员。与在俄罗斯帝国的德意志人完全不同的是，这里的德意志政府一直在影响俄罗斯帝国，有时甚至对俄罗斯帝国施加压力，以针对所有的改革计划。在遇刺当天，亚历山大二世刚刚批准了选举地方代表参与立法工作的敕令。年老的德皇威廉一世很可能是听了俾斯麦的谏言，才力阻亚历山大三世完成父亲亚历山大二世的这一政治遗愿。

亚历山大三世虽然是个彻底的保守派，但并不亲德。他的妻子是英国亚历山德拉王后的妹妹，从未忘记德意志人1864年对丹麦发动的战争。亚历山大三世也对德意志产生了不满，因为在《柏林条约》中，俾斯麦了窃取了俄罗斯帝国战胜奥斯曼帝国后的胜利果实。亚历山大三世按捺住自己的火爆脾气与德意志帝国讲和，并开始夯实俄罗斯帝国的资源。但从那以后，俄罗斯帝国便认为，自己下一个国际威胁将会来自奥匈帝国支持下的德意志帝国发动的袭击。这成了俄罗斯帝国政策制定的出发点。想为俄罗斯帝国寻求再保险的亚历山大三世先是鼓励法国贸易在俄罗斯帝国发展，之后又准许俄法将军展开军事对话。在统治末期，亚历山大三世还与法国结为同盟。这是基于国防和是非判断的举措，已经超越了两个政府之间巨大的政治和思想差异。

亚历山大三世最得力的助手维特完全赞同君主的和平与贸易政策。在一场关税战中，维特漂亮地打击了德意志帝国对俄罗斯帝国的剥削，使自己在1894年缔结的关税协定中为俄罗斯帝国争取到很多有利条款。然而，他支持与德意志帝国发展友好关系，设想建立一个由欧洲大陆强国组成的和平的经济集团，以遏制英国在经济上的霸主地位。威廉一世驾崩几个月后，孙子威廉二世继承了皇位。不久，威廉二世便出访俄罗斯帝国，一心想讨维特的欢心。威廉二世接受了维特的观点，还极力奉承对方，让对方十分高兴，甚至提出只要维特愿意，任何时候都可以通过德意志使馆与自己直接通信。后来，维特越俎代庖，在外交政策中利用了威廉二世的提议，目的是让这位德意志皇帝给自己的君主尼古拉二世施压。这个伎俩很快便被识破，维特得到了应有的处置。

人们大概再也找不出两个像威廉二世和尼古拉二世一样性格如此迥异的人了。从已发表的、威廉二世用有些蹩脚的英文写给尼古拉二世的书信来看，他们之间的关系明显在发生变化。威廉二世坚持自己的立场，对其他人的想法几乎置若罔闻，不懂规矩、逢迎、粗俗，有时还盛气凌人。尼古拉二世对自己的弱点心知肚明，但能迅速判断出谁在试图向自己施压。据说，尼古拉二世"讨厌任何让他害怕的人，而他最害怕的人非威廉二世莫属"。

通常情况下，两个君主在会晤时，会让自己的某个私人专员为对方服务。这一传统被摒弃后，威廉二世又将它捡了起来。"按照原来的做法，"他写道，"更私密的事务可以直接交由君主，这样的话办起事情来就简单多了。"后来，威廉二世还说，尼古拉二世"在这种情况下"就能

"直接与我沟通，不需要通过包括大臣官署和使馆在内的效率低下又行事鲁莽的机构"。

就像梅谢尔斯基一样，一开始，威廉二世便在通信中极尽吹捧尼古拉二世的智慧及自己对君主专制的信心，比如"他[①]居然没有绝对服从您的命令，目光之短浅让我大为惊愕"。威廉二世自发地向人们不断灌输专制政体的概念："万主之主降以我们重任。""这种方式一劳永逸地确保了'专制的尼古拉二世'以一纸诏令天下，而不是某个带头的大臣加上委员会中一群束手无策、盲目跟从的同僚。贵国大部分年轻人信奉的仍然是他们父亲般备受尊崇的沙皇。"当1905年的不利局势让尼古拉二世焦头烂额时，威廉二世自作主张，十分得意地向尼古拉二世献计献策，理由是自己广纳了"欧洲人的看法"，而"住在与世隔绝的沙皇村"的尼古拉二世可能没法知道欧洲人的看法。他向尼古拉二世给出了如何对待俄罗斯人民的建议，并总结道："人民会深受触动，振臂欢呼，顶礼膜拜，为您祈祷。"后来，威廉二世还谈到了"那些还没有生活在令人可憎的议会绝对统治之下的幸福国家"。

有关俄罗斯帝国外交政策方面，威廉二世也言无不尽，认为俄罗斯帝国必须把视线投向东方。这一建议和俾斯麦的政策不无关系。"俄罗斯帝国在西方没有用武之地，只会沾染上虚无主义等顽疾，亚洲才是它的方向。俄罗斯帝国在那里代表了文明。"显然，俄罗斯帝国的做法使德意志帝国能趁机渗透巴尔干地区，这对德意志帝国和奥匈帝国大有裨益。因此，从一开始，威廉二世就笃定地认为要将俄罗斯帝国君主专制与东方帝国君主专制结合起来。

威廉二世写道：

---

① 这里是指库罗帕特金。——译者注

因为开发亚洲大陆，防止欧洲免遭黄种人入侵显然是俄罗斯帝国未来的重任。我坚定地站在您这边，并全力帮助。您深知这是上帝的旨意，并抓住了这一时机，其政治价值和历史价值不可限量，必将惠及未来……您看到了未来的俄罗斯帝国必当开发亚洲、维护基督教，使古老的欧洲基督教文化免受蒙古人和佛教入侵。欧洲定会感谢您的高瞻远瞩……我决不容忍此时欧洲有任何人企图从背面攻击，干涉天降于您的大任。这一点就像宗教用语"阿门"一样不容怀疑。

后来，威廉二世送给尼古拉二世一幅自己的画作。据说，这幅画作是有关俄罗斯帝国使命的著名寓言式作品。

请笑纳我为您画的拙作。此画将俄罗斯帝国和德意志帝国比喻为驻守黄海的哨兵，向东方传递真理与光明的福音。我在圣诞树光芒①的照耀下完成此作！

在日俄战争前夕：

每一个公道之人都不难看出，朝鲜必将属于俄罗斯帝国。

从始至终，威廉二世都在用毫不客气的语言甚至是粗俗的比喻暗示法国背弃了俄法同盟。同样，他经常说自己有"只提供给您"的秘密证据来证明英国的计谋。有关向尼古拉二世解释如何弄到秘密证据方面，有这么

---

① 以前，为庆祝圣诞节，人们通常会在圣诞树上点上蜡烛，象征耶稣是世界的光。——译者注

一段精彩的描写：

> 我下令我军舰队一路跟踪，并停泊在英国舰队旁边，设宴招待英国士兵，让他们喝得酩酊大醉，然后套出他们的意图。完成任务后，我们又启程出发！

不过，尼古拉二世没有理由感激威廉二世鼓动自己进攻日本人。事实上，当威廉二世以朋友的身份劝自己早日向日本求和时，尼古拉二世一定心生厌恶。俄罗斯知识分子对此感同身受。威廉二世不断夸耀自己在日俄战争期间"守卫"了俄罗斯帝国的后方。换句话说，他阻止了德意志帝国和奥匈帝国可能发起的进攻，这是多么了不起的成就。毕竟《柏林条约》签订后，俄罗斯帝国的所有国防军事措施都在针对德意志帝国和奥匈帝国。威廉二世的言下之意是，尼古拉二世可以不受限制地将部队从西部边界全部撤除。为这慷慨的友谊，尼古拉二世付出了高昂的代价。1904年，战争打到一半，维特1894年成功签订的《关税条约》到了该修订的时候。这位忧心忡忡的条约缔结者维特被派往柏林，做出了相当于投降的表示。此时，俄罗斯帝国刚刚战败、财库亏空，已无法从德意志帝国获得财政援助，不得不再次满足法国的要求。

事态在迅速朝另一个方向发展。想要挽回传统友谊的威廉二世再次孤注一掷，迫切要求达成同盟条约。在一段时间的通信往来后，1905年7月，威廉二世和尼古拉二世分别坐着自己的游艇来到芬兰的比约科。游艇靠岸后，尼古拉二世登上威廉二世的游艇，两人正式会晤。随同威廉二世前往的一个叫奇尔施基的外事官员，带来了一份条约草案。毫无戒备的尼古拉二世没有大臣随从，只带着一支海军部队。威廉二世成功迫使尼古拉二世接受了俄德之间的攻防同盟条约。在一切尘埃落定后，双方才通知法国，称欢迎法国随时加入。俄罗斯帝国海军大臣比瑞列夫曾说，尼古拉二世将自己的手按在文件上，命令自己在条约上联署签名。尼古拉二世是最高统帅，上级要自己签什么，自己就得签什么，这是义不容辞的义务。签字完成后，俄罗斯帝国外交大臣才被告知条约已经签订。

相比这一次条约的签订，维特与日本方面签署的《朴次茅斯条约》中的条款则对俄罗斯帝国有利得多，完全超出了事先的预期。俄罗斯帝国正处于危机重重中，1905年10月30日，尼古拉二世被迫做出让步，发表立宪宣言。显然，在尼古拉二世认识的官员中，只有维特有能力处理国内局势。其他国家也这么认为。在回国的路上，维特接到了两份访问邀请，一份来自英国国王爱德华七世，一份则来自德皇威廉二世。在收到尼古拉二世的请假批准后，他接受了第二份邀请，和威廉二世在俄罗斯与波兰交界处的罗明滕森林的猎舍里待了几天。威廉二世瞅准这个机会奉承维特，授予其一枚勋章，还小心翼翼地解释，这勋章只授予统治家族。不过，威廉二世并没有向维特明说在比约科发生的事情。在两个星期之后，外交大臣拉姆斯道夫伯爵才被告知尼古拉二世与威廉二世会晤的事。拉姆斯道夫伯爵常常就外交事务咨询维特的意见。两人看法基本一致。维特刚回到国内，便和拉姆斯道夫伯爵向尼古拉二世力谏。前者直来直去，后者温文尔雅。他们说，陛下绝不能在没有取得法国首肯的情况下参与条约的签订。虽然口口声声说着"上帝交给我们未竟的事业"的威廉二世还继续在尼古拉二世面前自称"您的朋友和盟友"，但尼古拉二世最终让俄罗斯帝国退出了与德意志帝国的同盟。在这次签字的时候，尼古拉二世是不得已而为之。因此，尼古拉二世的心中充满怨气。两人的友谊就此结束。

比起英日同盟条约，更让俄罗斯帝国民众心生怨恨的是威廉二世煽动俄罗斯帝国与日本之间的灾难性战争。至少，英日同盟条约使日俄战争没有演变成一场全面战争。在俄罗斯自由主义的汹涌浪潮中，人们对英国治国理政的原则产生了强烈认同感。英国已与俄罗斯帝国的盟友法国结成协约国关系。人们认为，英国的帮助很可能成为法国对俄罗斯帝国经济援助的宝贵补充，而德意志帝国曾拒绝给俄罗斯帝国提供经济援助。由于在日俄战争中战败，俄罗斯帝国不得不退回欧洲。俄罗斯帝国民众一直关注的巴尔干地区问题再次变得重要起来。驻哥本哈根的俄罗斯帝国大臣伊兹沃尔斯基和俄罗斯帝国驻伦敦大使彼得·本肯多夫都在为推动英俄友好努力奔走。

1906年5月，即将迎来第一届帝国杜马之际，公开表示自己自由党身份的伊兹沃尔斯基被任命为以戈列梅金为首相的内阁的外交大臣。从此，英俄交好的趋势更明显。斯托雷平很快接替了戈列梅金首相的职位。我们可以肯定地说，斯托雷平把自己的纲领当成了抵抗革命和推动改革的工具，并始终坚定地与英国站在一起。一年后，1907年，新的人事任命带来的影响在缔结有关对波斯关系的英俄公约中得以体现：在波斯领土完整原则的共识基础上，长期存在的障碍终于被扫除。1907年，第一个在俄罗斯帝国的商会——英俄商会成立。在尼古拉二世授意下，俄罗斯帝国商务大臣季米里亚泽夫成为英俄商会首任主席。两年后，帝国杜马所有主要党派领袖在主席霍米亚科夫的带领下，组成代表团访问英国，受到了英国国王爱德华七世、议会和民间组织的热烈欢迎。

在俄罗斯帝国的知识阶层中，与英国的友好事业有着更深厚的民意基础。当时，俄罗斯帝国最杰出的政治思想家彼得·斯特鲁韦便是一个开路先锋。斯托雷平曾在帝国杜马发出为"伟大的俄罗斯帝国"而努力的呼吁，斯特鲁韦则写了一篇以"伟大的俄罗斯帝国"命名的精彩、深刻的文章作为回应。在文章中，斯特鲁韦呼吁俄罗斯帝国众多民族实现自由发展，大胆自由地使用国家经济资源，更明智地对待巴尔干地区的斯拉夫人，以及与英法两国发展友好关系。塞尔维亚、保加利亚、奥匈帝国、德意志帝国和俄罗斯帝国的各议会中的斯拉夫民族代表纷纷召开斯拉夫会议，开启所谓的新斯拉夫运动[1]。新斯拉夫运动遵循的正是斯特鲁韦在《伟大的俄罗斯帝国》中提出的主要路线。

　　然而，奥匈帝国兼并波斯尼亚就像是在齐声高唱友谊颂歌的人们中猝然扔进一颗炸弹。伊兹沃尔斯基重蹈前任外交大臣的覆辙，为得到奥匈帝国的支持——奥匈帝国向俄罗斯帝国军舰开放黑海海峡，出卖了波斯尼亚的斯拉夫人的权益。我们已经知道，尼古拉二世从未被告知俄罗斯帝国之前参与了奥匈帝国的事务。1908年10月21日，尼古拉二世写信给母亲：

　　　　最近有件使我烦心不已、不知所措的事情。有一天恰雷科夫[2]交给我1878年柏林会议上的秘密文件。我才得知，虽然争议不断，俄罗斯帝国仍默许了奥匈帝国未来兼并波斯尼亚和黑塞哥维那的可能。此事正是爷爷[3]点头答应的。我收到了一封老皇帝[4]的信，要我多加留意。这真让人难堪！那封信是两个星期前收到的，而我至今仍未回复。突然收到老皇帝的信，让人实在高兴不起来，您一定能理解其中的原因。我们处于何等尴尬的局面。正如我之前所言，我从未知晓这个秘密文件，格尔思[5]或洛巴诺夫[6]也从未告诉过我，而这一切是在他们任期内发生的。

　　奥匈帝国外交大臣埃伦塔尔比伊兹沃尔斯基技高一筹，因为在之前

---

① 新斯拉夫运动，又称新斯拉夫主义，是一个短暂的运动。——译者注
② 恰雷科夫是指当时的俄罗斯帝国驻维也纳大使N.V.恰雷科夫。——译者注
③ 这里是指尼古拉二世的爷爷亚历山大二世。——译者注
④ 这里是指奥匈帝国君主弗朗茨·约瑟夫一世。——译者注
⑤ 指尼古拉·格尔思，1882年至1895年任俄罗斯帝国外交大臣。——译者注
⑥ 指阿列克谢·洛巴诺夫–罗斯托夫斯基，1895年至1896年任俄罗斯帝国外交大臣。——译者注

对俄条约的其他签署国那里，伊兹沃尔斯基从未得到过有利的交换条件。奥匈帝国宣布兼并波斯尼亚。更让人难以接受的是，在奥匈帝国宣布兼并消息的掩护下，保加利亚宣布从奥斯曼帝国独立，保加利亚君主斐迪南一世也被赋予了沙皇称号。保加利亚的解放要得益于俄罗斯帝国的军事干预。作为塞尔维亚人近亲的波斯尼亚人不愿以这样的方式轻易就范。斯托雷平一直为斯拉夫人发声，严厉问责伊兹沃尔斯基，并产生了让其辞职的打算。身为自由党人的伊兹沃尔斯基据理力争，称外交事务只能由君主尼古拉二世和外交大臣管理，别人无权过问。尼古拉二世欣然接受了这个说法，无疑帮助了伊兹沃尔斯基继续留任。然而，内阁全部倒向了斯托雷平。塞尔维亚急切寻求俄罗斯帝国支持，俄罗斯帝国与英法刚刚达成的共识遭到了严峻考验。但英法经受住了考验，一如既往地支持俄罗斯帝国，但这种支持似乎对俄罗斯帝国用处不大。一方面，此时的德意志帝国像一个"穿着闪亮盔甲"的骑士在力挺奥匈帝国；另一方面，在经历了1905年日俄战争的失败和国内动乱的外忧内患后，俄罗斯帝国已无力应对更多的挑战。没有人比尼古拉二世更憎恶这种挫败感。在1909年3月31日写给母亲的信中，尼古拉二世说："一旦事情尘埃落定、无力挽回，我能做的只有咽下骄傲、承认失败。"他提到在对德意志帝国的态度上"大臣的意见是一致的"。在1909年4月1日的信中，尼古拉二世还写道："显然，德意志帝国采取行动的形式和方法——我是指对我们——简直野蛮粗暴，我们绝不能忘记。我认为德意志帝国想要再次离间我们与英法的关系，但未能得逞。这样的手段只会适得其反。"俄罗斯帝国的斯拉夫人社群持有各种相悖的政治观点，但在对德意志帝国的态度上达成了惊人的一致。

从那以后，人们普遍感到，奥匈帝国和德意志帝国随时可能再次发起挑战。这一次，人们将会勇敢应战。人们已经做好了打一场防御战的心理准备。与此同时，奥匈帝国代表访问波兰各地，与当地革命分子或表达不满情绪的人接触，提出给予波兰军事支持以反对俄罗斯帝国。奥匈帝国代表并没有打算向俄罗斯帝国当局隐瞒访问意图。

人们普遍认为，在奥匈帝国的支持下，德意志帝国已下定决心朝着某个方向发动战争。摆在德意志帝国面前的有三条道路。第一条路是延续之前的战果，在俄罗斯帝国国内继续推行和平渗透。当然，这样一来，战争的想法就被排除在外了。德意志帝国已经在俄罗斯帝国宫廷、官僚机构和上层社会得到了有力支持，使其胆敢声称自己是俄罗斯帝国唯一的朋友。而长期以来，在对俄贸易关系中，德意志帝国也逐渐占据了优势地位。第二条路是往东南方向走。德意志帝国将利用奥匈帝国，把斯拉夫人纳入奥匈帝国人口结构，以此与奥斯曼帝国联手。要知道，在奥斯曼帝国，德意志帝国的影响力越来越大。德意志帝国还计划通过巴格达铁路将势力范围进一步伸向埃及和印度。这意味着巴尔干事务会出现全新的主导权，也就是说，原来的巴尔干事务一直由奥匈帝国和俄罗斯帝国负责，现在则完全交由奥匈帝国和德意志帝国之手。有着全国代表性的俄罗斯帝国的任何一个君主都不可能承认巴尔干事务的主导权落入他国之手。这一条路势必遭到由部分中产阶级选举产生的帝国杜马的公开反对。第三条道路是德意志人说的"十字军政策"，即从英吉利海峡一路南下，直捣开阔的海洋和殖民地。这意味着会与法国和英国发生冲突。德意志帝国已拥有发展成熟的经济理论，急需为自己充满活力的经济找一个出口。不幸的是，德意志帝国处于欧洲中心，这使其不能、也没有做出坚定的选择。最后，德意志帝国同时选择了第二条道路和第三条道路。当然，典型的德意志商人也会一如既往地在俄罗斯帝国进行和平渗透。东普鲁士崇尚武力的容克[①]倾向于用军事手段解决问题。英国则对使用军事手段持反对态度。

---

① 通常指以普鲁士为代表的德意志东部地区的贵族地主，后泛指普鲁士贵族和大地主。在第二次世界大战结束后基本消亡。俾斯麦就是典型的容克。——译者注

第一次世界大战发生后，对战略走向看法不一的德意志人再次面临选择。他们中的主要观点是，应该尽早行动击垮俄罗斯帝国。然而，拿破仑被俄罗斯帝国打败的教训使德意志人迟迟拿不出行动。法国调集兵力的速度要比俄罗斯帝国快得多，加上协约国有义务帮助其同盟，法国一旦发兵，将很快威胁到德意志西部。于是，人们后来有了这样的说法，"在巴黎吃午餐，在圣彼得堡吃晚餐"。

尼古拉二世并没有解雇不幸中了埃伦塔尔圈套的伊兹沃尔斯基。他和母亲都认为解雇伊兹沃尔斯基会被看成是奥匈帝国和德意志帝国的胜利。然而，伊兹沃尔斯基是个既自我又敏感的人，现在四面受敌，感到自己大势已去，准备用俄罗斯帝国驻巴黎大使的新身份躲避批评的声音。在两个候选的继任者恰雷科夫和萨佐诺夫中，伊兹沃尔斯基已经认定了萨佐诺夫作为自己的助手。萨佐诺夫个子不高，看上去有些羞怯，虽然算不上绝顶聪明，却是一个十分诚实的人。作为一个外交官，无论是看到乐观的报告还是恶毒的报告，总能站稳中心立场，这十分难得。所谓的中心立场，便是与英国建立友好关系。正是由于秉持这种观点，在英俄两国关系前景暗淡时，萨佐诺夫还是在怀特岛的文特诺逗留时做出了献身外交事业的决定。萨佐诺夫是一个虔诚的信教之人，骨子里亲斯拉夫人，希望看到东正教和英国国教之间有朝一日能真正相互理解。英国研究东正教的首席权威W.J.伯克贝克是他的朋友。萨佐诺夫对斯拉夫人实施共同的政策有着远大的构想，这些质朴的信念给其原本软弱的性格平添了一份勇气。尼古拉二世十分信任萨佐诺夫，认为其诚实和奉献苍天可鉴，不可能怀有异心。此时，俄罗斯帝国国内与英国交好的呼声高涨，萨佐诺夫的机会到了。加之其结交了不少英国朋友，萨佐诺夫成为推动两国友好最合适的人选和最理想的合作者。随着事件发展的起承转合，友好关系升级为同盟关系。

萨佐诺夫和连襟^①斯托雷平及科科夫佐夫等其他大臣一样，对第三届帝国杜马抱有厚望并有着强烈的认同感。帝国杜马机构中有三大"牢不可破"的君主专属特权，分别是军事作战、外国贷款和外交政策。工于心计的伊兹沃尔斯基对外声称自己是自由人士，不隶属于帝国杜马和内阁，以此来掩盖自己的失败。萨佐诺夫则把帝国杜马当成可以信任的对象，此时，尼古拉二世并未因此给他难堪。1909年，尼古拉二世全力支持一个非官方计划，在帝国杜马主席的率领下，帝国杜马的六大主要党派领袖得以访问英国。此时，波斯尼亚危机刚刚过去，纪念彼得大帝在波尔塔瓦获胜两百周年的庆典即将到来。1912年，在多方协调下，由上议院、下议院、教会、陆军、海军、大学和商界的英国公职人员组成的代表团回访俄罗斯帝国。在俄罗斯帝国，他们受到了尼古拉二世、帝国杜马和民众热烈的欢迎。从此，来自两国的代表成立了非官方组织，从而加深了双方在经济领域和教育领域的合作，在贸易关系方面的往来也更频繁。可以肯定的是，英国使俄罗斯帝国的政治气氛更开明。每一次新的交流无疑都在改变尼古拉二世和人民之间的关系，在通往立宪制的道路上，俄罗斯帝国又迈进了一步。德意志政府对俄罗斯帝国的变化公开表示不满。《汉堡晚报》声称，德意志帝国本应采取所有必要手段对此加以阻止。英国人爱德华·格雷爵士和萨佐诺夫一样，也在努力推动两国合作，但还是听取了顾问的意见，使英俄关系没有超出民间往来的范畴。

在自己撰写的《二十五年》一书中，爱德华·格雷清楚地记述了接连发生的五次可能引发第一次世界大战的危机。在全书中，他遵循了第一次世界大战这条主线。格雷的运气特别好——抑或精诚所至，在几次危机期间，在伦敦参会的来自强国的代表的发言权始终没有被削弱。格雷不仅得

---

① 斯托雷平的妻子是萨佐诺夫的妻子的姐姐。——译者注

到了这些人的信任，甚至可以说是得到了这些人的友谊。每次危机当口，格雷都提出应该在伦敦寻求解决方案。前四次危机就这样得以成功化解。

第五次危机又是来自巴尔干地区。研究俄罗斯历史的专家朗博用清楚的法语解释道，巴尔干地区存在着某种万有引力，最靠近奥匈帝国的小国家却依赖俄罗斯帝国的保护，而最靠近俄罗斯帝国的小国家寻求奥匈帝国的支持，当然，也意味着德意志帝国的支持。然而，两股势力越来越强大，都想成为掌握自己命运的主人。从表面上看，要让这些国家为了共同目标联手几乎不可能。不过，在天才的希腊首相韦尼泽洛斯的努力下，这一目标居然在1912年实现了。1912年，巴尔干地区的国家联手与奥斯曼帝国作战，最终实现了解放。战争刚开始时，欧洲所有大臣都认为巴尔干同盟一定会被打败。而事实恰恰相反。奥斯曼帝国全面溃败，被迫接受和平条款。

之前，在协议中，如果没有规定在国家自治的基础上划分战果，那么所谓的同盟只是形同虚设。大国在惴惴不安地观望局势，万一被奥斯曼帝国打败，至少要尽可能维护现有局面，切不可轻举妄动。但奥匈帝国明目张胆地扩大主权主张，加上有了德意志帝国的支持，便开始插手战利品的重新分配。我们必须看到，奥匈帝国在宣布兼并波斯尼亚和保加利亚之前——这显然早就有安排，波斯尼亚和保加利亚已经宣布完全从奥斯曼帝国中独立出来。保加利亚人受到的战争打击最大。对第一次巴尔干战争中，塞尔维亚占领了马其顿的大部分地区，奥匈帝国提出质疑，力图阻止塞尔维亚拥有亚得里亚海的出海口。塞尔维亚一旦拥有出海口，就意味着其不需要向奥匈帝国缴纳关税。奥匈帝国的目标是把塞尔维亚锁定在某个经济圈之内。

紧接着是一场欧洲危机。俄罗斯帝国的政策现在成了一盘散沙。萨佐诺夫劝说尼古拉二世在圣彼得堡设立有关巴尔干地区前盟友塞尔维亚和保加利亚的办事处，以讨论两国之间的分歧。当初在缔结盟约时，两国就已经预见了日后可能产生的分歧。不过，双方虽然正式接受了设立办事处的提议，但在解决分歧方面似乎没有任何进展。拥有俄罗斯帝国民众同情的塞尔维亚想要仰仗俄罗斯帝国，保加利亚则偏向奥匈帝国一方。如果俄罗斯帝国声称在没有奥匈帝国参与的情况下解决巴尔干地区的争端，那奥匈帝国就有了表达不满的理由。三国协约中的其他两个国家——法国和英国——在尽力帮助俄罗斯帝国，但又急于避免世界大战发生，所以在不参战的基础上，很难拿出使英国人民和法国人民信服的理由。英国和法国最终接受了一个折中方案，创造性地组建了一个独立的阿尔巴尼亚政府。为了维护世界和平，列强甚至一度不得不在亚得里亚海展开联合海军演习，以威慑另一个强大的战胜国黑山王国的主权主张。

巴尔干同盟之间令人不安的协议，让塞尔维亚人开始转向爱琴海来寻求补偿，马其顿棘手的问题再一次浮出水面，因为要真正划分保加利亚和塞尔维亚两大对手的利益几乎不可能。保加利亚人临危不惧，对前盟友发起了猛烈攻击。然而，他们的猛攻被塞尔维亚人击退。保加利亚现在四面楚歌，甚至连之前没有参加战争的罗马尼亚此时也加入了反保加利亚之战。土耳其人抓住这一机会重新得到了阿德里安堡。保加利亚收获部分战果后已元气大伤，处于孤立无援的境地。欧洲外交使节在伦敦强制推行和平妥协，给出的说法是：任何领土的重新划分不可能对每个种族都是完全公平的。

在圣彼得堡，民怨沸腾。由主席罗江科领导的帝国杜马成员扮演了十分不明智和不合时宜的角色。之前，萨佐诺夫的希望就已多次落空。在避免国家卷入战争方面，萨佐诺夫虽然得到了尼古拉二世的坚定支持，但仍然感到举步维艰。我们注意到，来自拉斯普京的直接影响才是避免俄罗斯帝国卷入战争主要的促成因素。他不无道理地说："恐惧，恐惧战争。"

后来，亚历山德拉皇后提醒丈夫尼古拉二世："拉斯普京总是说巴尔干地区不值得俄罗斯帝国大动干戈。"一家保守的报纸甚至公开表扬了拉斯普京在维护和平方面的努力，尽管并没有点名道姓。

保加利亚犯了一个严重的错误，并为此付出了十分沉重的代价。保加利亚的路线使其与其他斯拉夫人口小国分道扬镳。1909年，保加利亚把扭转国运的希望放在了奥匈帝国和德意志帝国身上。与此同时，俄罗斯帝国想与中欧列强联盟中的小国罗马尼亚结交。萨佐诺夫鼓励罗马尼亚未来的国王卡罗尔王子[①]与尼古拉二世的长女奥尔加联姻。尼古拉二世一家越过黑海去拜访在康斯坦察的罗马尼亚皇室一家。然而，尼古拉二世曾答应有主见的奥尔加，给其选择对象的自由。亚历山德拉皇后则对萨佐诺夫解释说，自己非常反对女儿与外国人结婚。尼古拉二世一家把自己完完全全献给了俄罗斯帝国。

在1913年上半年巴尔干局势错综复杂之际，奥匈帝国在俄罗斯帝国边境增兵，在加利西亚[②]派驻三支达到战斗标准的部队。作为回应，俄罗斯帝国政府暂缓解散预备役军人。战争大臣苏霍姆利诺夫几乎成功完成了局部动员，但科科夫佐夫出手阻止。

很快，一个争论的导火索出现了。德意志帝国终于认识到，在最近的这场战争中，奥斯曼帝国的失利暴露出了德意志军事的指挥不力——指挥官为戈尔茨将军——德皇威廉二世甚至将之称为一次"惨败"。德意志军队方面做出新的调整，由桑德斯将军接手，担任驻扎在君士坦丁堡的奥斯曼帝国第二军的指挥官。奥斯曼帝国也任命了英国指挥官指挥自己的舰队，但海军上将林普斯的权力不及桑德斯。1896年，俾斯麦宣布："奥匈帝国巴尔干计划的继续推进与其说是德意志帝国的事务，不如说是其他国

---

① 1930年，卡罗尔王子成为罗马尼亚国王，称卡罗尔二世。——译者注
② 文中的加利西亚指位于中东欧的旧地区名，不是指西班牙自治区加利西亚。——译者注

家的事务。"对俾斯麦的出尔反尔，俄罗斯帝国政府感到气愤不已。德意志帝国对海峡的控制同样不利于法国和英国。对俄罗斯帝国的抗议，德意志帝国的回应是：这是在德意志首相不知情的情况下发起的纯粹的军事行动，现在事已至此，撤军是不现实的。在萨佐诺夫的安排下，在回国途经柏林时，俄罗斯首相科科夫佐夫与德意志当局进行了面对面的交流。科科夫佐夫发现，德意志首相特贝特曼-霍尔韦格虽然十分友好，但声称自己没有权力采取军事措施。经证实，法国驻柏林大使也对德意志帝国的意图毫不知情。然而，在第二天，1913年11月19日，德皇威廉二世接见科科夫佐夫时，对其此行的目的十分不满，问其是不是在下最后通牒。俄罗斯帝国贷款办公室负责人达维多夫与科科夫佐夫共进午餐时，言辞更犀利："我必须坦白地说，恐怕斯拉夫人和德意志人之间会起冲突，我有义务向您告知此事。"由此，科科夫佐夫得出结论，认为不久的将来战争不可避免。于是，他刚一回国便立即向尼古拉二世直陈此事，而可怜的尼古拉二世站在窗边，眺望着远处的黑海，神情恍惚地说："一切都是上帝的旨意。"桑德斯被晋升为奥斯曼帝国军队的总督察长，但失去了奥斯曼帝国第二军的指挥权。由此，危机得以化解。

在坚信德意志帝国不久将发动袭击的情况下，1914年2月，萨佐诺夫召集了一次帝国国防会议。参会代表心里十分清楚，要避开德意志帝国的打击十分困难。不出所料，德意志政府得知了帝国国防会议的消息。从此，这次帝国国防会议便被当成了俄罗斯帝国意图袭击德意志帝国的证据。

现在，萨佐诺夫在积极寻求与英国结盟。对英国驻俄大使乔治·布坎南爵士，尼古拉二世发出了同样的呼请。在1914年6月15日的记录中，他写道："这样我们就能安枕无忧了"。和尼古拉二世一样，萨佐诺夫也认为，寻求结盟是战争中强大的威慑因素。曾任英国驻圣彼得堡大使、现任英国外交大臣的阿瑟·尼科尔森爵士支持这一请求，但爱德华·格雷拒绝了。虽然仁者见仁，智者见智，但不得不说，在这一问题上，格雷的看法才是正确的。俄罗斯帝国与英国之间，特别是在波斯局势及俄罗斯帝国驻波斯领事的行动方面有很多盘根错节的关系。格雷所在的那一届议会出现了一个少见的局面。格雷代表的多数党成员来自彼此差异很大的群体：一方面是像他一样的自由党，另一方面是不断壮大的工党和爱尔兰成员。在国内政治方面，格雷带领这些力量反对保守党。在外交政策方面，自由党和保守党实际达成了共识，但政府多数党中其他群体的观点常常互相对立。如果在第一次世界大战之前，格雷已促成英国与尼古拉二世政府之间的结盟，那么英国在参战时不可能是一个团结的国家。

波兰人希望通过一场世界战争使自己的国家重新回到欧洲版图，所以十分警觉地观望事件的进展。来自奥属波兰的领导人毕苏斯基与奥匈帝国总参谋长康拉德·冯·赫岑多夫签署了一份协议，规定波兰军为奥匈帝国的事业作战。而俄属波兰的主要领导人德莫夫斯基在奥匈帝国召集了一次会议，参会者是来自三个分治区的波兰人，并且决定与俄罗斯帝国共同反对奥匈帝国。理由只有一个：法国是俄罗斯帝国的盟国，英国很可能成为俄罗斯帝国的盟国。

1914年6月28日，奥匈帝国皇储弗朗茨·斐迪南大公与门不当户不对的妻子霍恩贝格女公爵索菲亚在去波斯尼亚首府萨拉热窝视察途中被刺身亡。弗朗茨·斐迪南大公倾向于以奥匈帝国二元君主制的方式给予占总人口近五分之三的大量斯拉夫人口一定的政治权利。他向波斯尼亚的塞尔维亚人宣传奥匈帝国的爱国主义。弗朗茨·斐迪南大公选择的日期正是塞尔维亚在1389年科索沃战役中被土耳其人击败的那一天。标志着塞尔维亚历史上最大失败的这一天成了全国瞻礼日，这寄托着塞尔维亚人对未来国运昌盛的期盼。

法兰西共和国新总统普安卡雷深得尼古拉二世的赏识。1914年7月20

日，普安卡雷访问喀琅施塔得时，受到了尼古拉二世的热情款待。紧张局势逐渐缓和。然而，在讨论军事的具体事宜方面出现了不必要的波折。正在休假的奥匈帝国驻圣彼得堡大使突然回来了，要求俄罗斯帝国外交部告知普安卡雷离开的具体时间。普安卡雷离开圣彼得堡时，1914年7月23日，奥匈帝国政府以十分强硬的措辞对塞尔维亚下达了最后通牒。此时，消息还没有传到圣彼得堡。奥匈帝国方面认为塞尔维亚政府是暗杀行动的同谋，要求塞尔维亚允许奥匈帝国官员参与对此事的调查，其学校也必须接受奥匈帝国的宣传控制。如果塞尔维亚同意了这些条件，那就不会是一个独立的国家了。从奥匈帝国外交大臣贝希托尔德伯爵的首席大臣霍约斯伯爵的话中，可以看出奥匈帝国对塞尔维亚赤裸裸的敌对态度："奥匈帝国的无理要求是任何一个有民族自豪感和尊严之心的国家都不能接受的。"走投无路的塞尔维亚找到了俄罗斯帝国寻求建议和帮助。一贯主张和平的尼古拉二世的回答是："俄罗斯帝国绝不会对塞尔维亚的命运坐视不管。"萨佐诺夫建议塞尔维亚首相帕希奇在不违背国家独立的原则下，接受所有奥匈帝国提出的条件。奥匈帝国限令塞尔维亚在最后通牒下达后的四十八小时内答复。萨佐诺夫的建议没来得及传到，帕希奇就已经给出了最温和的答复，仅对奥匈帝国提出的奥匈帝国官员应参与对塞尔维亚当局涉嫌共谋的司法调查一事提出了质疑。在收到答复后，奥匈帝国公使馆全体人员离开了贝尔格莱德。

在得知最后通牒后，萨佐诺夫的第一反应是想办法延长期限，但被奥匈帝国拒绝了。他试图让德意志帝国从中调解，但同样以失败告终。在奥匈帝国下达最后通牒后，德意志帝国紧接着发表声明，称这是奥匈帝国与塞尔维亚之间的争端，与别国无关。我们必须清楚地看到，这一争论成了世界大战的导火索。在近两百年的时间里，人们逐渐认识到，各国在巴尔干地区的关系一旦发生巨变，保证欧洲和平的唯一方式就是使奥匈帝国与俄罗斯帝国达成共识。就像后来萨佐诺夫对尼古拉二世直言的那样，任何随意破坏这一公理的意志薄弱的君主都不会被俄罗斯帝国原谅。

1914年7月6日，在最后通牒下达以前，弗朗茨·约瑟夫一世就曾写信给威廉二世："此后，我国政府的行动须以孤立塞尔维亚和削弱其势力为目的……只有当处于泛斯拉夫政策轴心的塞尔维亚不再成为巴尔干地区的政治因素时，我国政府的目的才能实现。"在1914年7月7日举行的奥匈帝国内阁会议上，代表们就减少塞尔维亚的国土面积达成共识。奥匈帝国首相施图尔伯爵建议废除卡拉乔治维奇王朝，采取措施使塞尔维亚在军事上依赖奥匈帝国。这等于直接对俄罗斯帝国发起了挑战，不过，当时人们还没有完全意识到这一点。不仅如此，德意志帝国和奥匈帝国都很清楚，此时的俄罗斯帝国还完全没有做好战争的准备。在第一次世界大战爆发一年多前，帝国杜马帝国国防委员会的一位发言人就向我准确预测了战争爆发的时间并给出了理由。他的说法是，1914年7月，俄罗斯帝国将会经历重大部队调整的最困难时期。在战争报告的空白处，威廉二世使用了这样的表达："机不可失，失不再来。"在1914年7月24日的一份急件中，他写道："奥匈帝国必须将俄罗斯帝国排除在外，在巴尔干地区小国中获得压倒性影响力，否则我们将永无和平之日。"然而，"三国同盟"中的第三个国家意大利明确表示，对俄罗斯帝国发动战争不在自己的义务范围内。

1914年7月28日，奥匈帝国对塞尔维亚宣战。第二天，奥匈帝国轰炸了塞尔维亚首都贝尔格莱德。显然，这表明奥匈帝国之前就已经做好了部队调集。不过，直到7月31日，奥匈帝国才调集了对俄部队。1914年7月28日，一次特别会议在红村举行。会议决定，在奥匈帝国边境的四个俄罗斯帝国军事区做好动员准备。7月29日早晨，局部动员的命令正式下达。当日，又传来了奥匈帝国全面动员部队的消息——后被证实为不实消息。俄罗斯帝国下令全面动员。而7月28日，之前还在挪威的峡湾地区巡游度假的威廉二世回国。在收到塞尔维亚对奥匈帝国最后通牒的卑微答复后，威廉二世写信给德意志外交大臣雅戈，"既然塞尔维亚已经屈服，所有战争的理由都不复存在了"。然而，他仍建议奥匈帝国应当向塞尔维亚提出部分领土要求。他完全反对俄罗斯帝国的全面动员，并且发电报给尼古拉二世，称俄罗斯帝国采取的军事措施将会使灾难升级，而"这是双方都极力避免的"。在7月29日的回信中，尼古拉二世提议，将争端移交至荷兰海牙常设仲裁法院。尼古拉二世的回信从彼得霍夫宫直接送到了波茨坦。情势所迫，尼古拉二世没有将此事告知萨佐诺夫。当电报在1915年1月发表在俄罗斯帝国刊物《政府信使》上时，人们才得知这一消息。俄罗斯帝国方面提出要求：德意志帝国应敦促奥匈帝国与俄罗斯帝国重新展开谈判。德意志政府认为自己不应加以干涉，所以没有回应。尼古拉二世撤销了俄罗斯帝国全面动员的命令。然而，乔治·布坎南的说法是："军方允许动员，在尼古拉二世不知情的情况下继续推进。"

1914年7月27日，爱德华·格雷爵士回应了两天前萨佐诺夫提出的调解请求，并向德意志帝国提议，这一问题应提交给在伦敦召开的大使会议讨论。萨佐诺夫欣然接受了建议。此时，德意志帝国驻伦敦大使利赫诺夫斯基显然还被德意志政府蒙在鼓里。利赫诺夫斯基的任务应该只是避免让英国加入战争。德意志帝国没有接受格雷的提议。

1914年7月28日，德意志帝国驻圣彼得堡大使波尔塔勒斯与乔治·布坎南爵士共进午餐。他坚信俄罗斯帝国不会卷入战争，正如其安然度过了1908年至1909年的那场危机一样。之前我们曾提到，俄罗斯帝国政府与帝国杜马之间不断升级的摩擦和全国的怨声载道导致了圣彼得堡各地的罢工，街道上甚至已经铺好了路障。波尔塔勒斯认为，正处于一场革命边缘的俄罗斯帝国将不得不再次屈服。乔治·布坎南爵士完全不同意这一说法，末了拍着波尔塔勒斯的肩膀说："波尔塔勒斯伯爵，俄罗斯帝国这次是认真的。"

7月30日，传来了奥匈帝国炮击贝尔格莱德的消息。萨佐诺夫向奥匈帝国提出，能否共同考虑修改其最后通牒的条件，这样一来，俄罗斯帝国就会停止军事行动。然而，这一提议同样被拒绝了。消息传到圣彼得堡。下午1点，柏林的《本地万象》报刊登了德意志帝国全面动员的声明。不久，德意志帝国首都柏林在电话中对这份声明予以否认。俄罗斯帝国大使西尔贝耶夫立即用电报将否认的消息发给了俄罗斯帝国。然而，第二份从德意志发出的电报迟迟未能到达目的地。

7月30日下午2点，精力充沛的俄军总参谋长亚努什克维奇打电话给萨佐诺夫，说自己和战争大臣苏霍姆利诺夫要求他立即过来。萨佐诺夫刚到，他们便解释，因为俄罗斯帝国的铁路运输条件比德意志帝国或奥匈帝国的差得多，所以局部动员的命令已下达，如果以后再下达，局部动员的速度势必会拖累全面动员。他们请求萨佐诺夫马上把意见转告尼古拉二世。

萨佐诺夫打电话到沙皇村，电话是尼古拉二世本人接的。当日下午3点10分，两人就见面了。萨佐诺夫报告说，过去两天局势急转直下，已无维护和平的可能。随后，他转达了亚努什克维奇和苏霍姆利诺夫的请求，并向尼古拉二世解释，只要行动稍有延迟，就会使德意志帝国处于更有利的地位。尼古拉二世点头表示同意，还给萨佐诺夫看了来自威廉二世的电报。电报内容显然经过了深思熟虑，没有回复将冲突交由海牙军事法庭的建议。威廉二世只在电报中称，除非俄罗斯帝国停止动员，否则自己不会同意尼古拉二世要自己调解的请求。有关奥匈帝国已经采取的军事行动，威廉二世只字未提。

尼古拉二世说：

不可能答应威廉二世的要求。他要么已经忘记了，要么有意不提奥匈帝国的动员先于俄罗斯帝国。现在，他又要求我们停止动员，却对奥匈帝国的行动只字不提。你也知道，我已经暂缓了动员命令的执行，同意只进行局部动员。如果我现在同意了德意志帝国的要求，我们将会手无寸铁地面对已经做好动员的奥匈帝国军队。这将是愚蠢又疯狂的。

　　萨佐诺夫表示完全同意，并重申，战争现在无法避免。短暂的沉默后，尼古拉二世开口了：

　　这意味着几十万俄罗斯人将赴死战场。做出这样的决定，怎么可能不犹豫呢？

　　萨佐诺夫向尼古拉二世保证，自己已经做了避免战争的所有可能的努力，哪怕是要付出牺牲国家尊严的沉重代价。他还说，敌人"决意奴役我们在巴尔干地区的天然盟友，破坏我们在那里的影响力，使俄罗斯帝国屈从同盟国的专横意愿，并借此抬升其权力"。在书中，萨佐诺夫写道，尼古拉二世"沉默不语，看上去正在经历剧烈的思想斗争。终于，他缓缓地说：'你说的对。现在除了应对袭击，我们已别无他路。传令总参谋长，动员部队。'"亚努什克维奇在电话中接到动员命令时，说电话出了故障。萨佐诺夫十分清楚亚努什克维奇的用意。的确，亚努什克维奇希望尼古拉二世能再次撤销动员部队的决定。全面动员的命令终于在7月30日下午4点下达。
　　格雷向德意志帝国提出请求，延长奥匈帝国下达最后通牒的期限，但遭到拒绝。萨佐诺夫建议俄罗斯帝国与英国联手。尼古拉二世向威廉二世承诺，俄军不会在谈判没有结束时越过边境。萨佐诺夫甚至接受了格雷调整计划的要求，暂缓军事行动，暂时允许奥匈帝国在塞尔维亚继续驻军。

　　7月31日晚上11点35分，波尔塔勒斯伯爵来到俄罗斯帝国外交部提交了一份最后通牒：俄罗斯帝国必须在十二个小时内停止全面动员，并对已采取的军事措施做出解释。俄罗斯帝国没有回复。8月1日晚上7点10分，波尔塔勒斯伯爵交给俄罗斯帝国外交部一份德意志帝国对俄宣战声明。这份从柏林发来的加密电报来头有些奇怪。它有两个版本，一份是为俄罗斯帝国拒绝最后通牒准备的，另一份是为俄罗斯帝国要求进一步谈判准备的。无论是哪种情况，波尔塔勒斯伯爵带来的都是宣战的消息。电报的两个版本在德意志使馆进行了解密，其中，第二个版本特别用括号加以说明。波尔塔勒斯伯爵犯了一个十分愚蠢的错误，把解密的两个版本的原件留在了俄罗斯帝国外交部。对最后通牒，萨佐诺夫的回应是，坚决拒绝取消全面动员，但同时表达了进一步谈判的意愿。当萨佐诺夫向波尔塔勒斯伯爵宣布了俄罗斯帝国参战的消息，并明确表示已没有商量的余地时，波尔塔勒斯伯爵简直不敢相信自己的耳朵。他的身体不听使唤地靠在窗户边，泪水滚落下来，喃喃地说："谁曾想我竟会以这样的方式离开圣彼得堡。"在萨佐诺夫的搀扶下，波尔塔勒斯伯爵跌跌撞撞地走出了房间。

第 7 章

斯拉夫人与条顿人之争

留心避免和人家争吵；可是万一争端已起，就应该让对方知道你不是可以轻侮的。①

《哈姆雷特》，第一幕，第三场

毋庸置疑的是，德意志帝国发起的挑战——被认为是来自德意志人，而非奥地利人的挑战——在整个俄罗斯帝国掀起了爱国主义的狂潮。对此，所有亲历者都有深刻的体会。这是一种催人奋进的力量。人们自发地在街头铺设路障。工人把煽动革命的小册子发到了包括德意志使馆在内的各个政府机构。德意志使馆是一座矗立在中心广场上的显眼建筑，几座骏马雕像环绕在使馆周围。1914年8月4日，德意志使馆遭到破坏，马的雕像也被人拆了下来。

1914年8月2日下午3点——德意志帝国向俄罗斯帝国宣战的第二天，刚刚得到法国动员消息的尼古拉二世在冬宫接见人民。冬宫前方宽阔的弧形空地是欧洲最大的公共场所之一，挤满了来自各阶级的人。在冬宫里面的是法国大使、军队首长、政府官员和立法议员。尼古拉二世则出现在阳台

① 文中采用的是朱生豪的译本。——译者注

上，一字一句地重复着亚历山大一世在拿破仑入侵时立下的恪守终身的誓言：除非最后一个外国士兵离开俄罗斯帝国领土，否则他永远不会善罢甘休。无数人跪在地上，以前所未有的热情高唱"天佑吾皇"和动情的"主佑汝民，恩泽流长"，祈求上帝保护战争时期的俄罗斯帝国。1905年，正是在这里发生了"血腥星期日"[①]事件。如今，群情高涨的一幕故地重演。俄语中有一个词叫作"sobornost"，是指人们在一个宏伟的大教堂里感受到宗教带来的凝聚力，或感到集体就是一切，而个人只是其中的一部分的某个时刻。尼古拉二世和人民共同感受到了一股强大的集体力量。对此，每个人都感同身受。工党领袖克伦斯基说，此时此刻，所有人都与祖国一道，同呼吸、共命运。对此时的尼古拉二世来说，这是一个与人民建立认同感的千载难逢的机会。从来没有跟吉利亚尔谈论过政治的尼古拉二世在第二天向其敞开了心扉。吉利亚尔说尼古拉二世"像变了一个人"。在亚历山德拉皇后忧伤虔诚的神情下，是其对俄罗斯帝国强烈的爱。她向吉利亚尔毫不掩饰地表达了自己对虚伪的威廉二世的不满，并说："因为这场战争，我永远不会原谅他。"

拉斯普京常对外宣称自己在1909年和1912年让俄罗斯帝国分别避免两场战争。出于人道主义，他反对一切战争，称君主们不应互相挑起战争。这话现在听起来很有先见之明。拉斯普京还常说"巴尔干地区不值得大动干戈"。在记录中，安娜·维鲁波娃提到，当拉斯普京还在波克罗夫斯科耶养伤时就给尼古拉二世发过一份电报"请爸爸[②]不要策划战争，因

---

① 公历1905年1月22日，数万名（不同的资料数字有差异）工人聚集在圣彼得堡冬宫广场上，向尼古拉二世呈递请愿书，要求选举民意代表、推行农业改革以减轻农民沉重的负担，以及实行宗教自由等。官方展开血腥镇压，向人群开枪射击。工人死伤惨重。消息迅速传遍全国，其他城市的工人也掀起罢工浪潮，发动了1905年俄罗斯革命。——译者注
② 这是拉斯普京对尼古拉二世的称谓，英文为Papa。有时，拉斯普京还会称亚历山德拉皇后为"妈妈"，英文为Mama。——译者注

为战争一旦打响，对俄罗斯帝国和您来说都意味着结束，您也会失去所有人"——这不算是他最糟糕的预言。安娜·维鲁波娃还提到这封电报让尼古拉二世心烦意乱。

在皇宫，罗江科发表了激情四射的爱国演讲。尼古拉大公动情地对他说："罗江科，我现在是你至死不渝的朋友。我愿为帝国杜马做任何事情。告诉我你想要什么。"1914年8月8日，帝国杜马开了一整天的会议——帝国杜马成员没有提出更多的要求——基调与英国议会的会议基调完全一致。在英国议会的发言中，雷德蒙宣布，爱尔兰的国防现在可交由

雷德蒙。

亨瑞·琼斯·撒迪厄斯（Henry Jones Thaddeus，1859—1929）绘

北方和南方的联合部队，用法国议院主席的话来说，就是法国议院中使用的"Sursum corda"[①]。来自俄罗斯帝国不同阶层和民族的人都做好了直面战争威胁的准备。在克伦斯基的领导下，各个革命党派虽然在贷款问题上投了弃权票，但以最大的热情投入了国防建设。1914年8月9日，帝国杜马成员将其他问题的讨论暂时搁置，为战争中受伤的军人和受害者组织了一个专门委员会，其中，许多杰出人士开始在民间或隶属不同部队的自治机构红十字会中任职。红十字会主席格奥尔基·利沃夫亲王是一个了不起的自由党人，曾在日俄战争中组织照顾伤员的工作，在大约一个月的时间里就为伤员准备了一百万张床位。

全军士气高涨。动员的命令以惊人的速度和效率执行。百分之九十六的部队报告称已做好作战准备。虽然俄罗斯军队是在征兵制度的基础上建立起来的——这要得益于1874年的伟大改革：所有满足条件的人无论出身、阶层或收入，必须响应号召——但还是有一群特殊的志愿军不愿意被动地等待命运的降临。许多来自不同年龄阶层的人也纷纷涌上前线，加入了一场真正动员了全国力量的战争。我曾与他们中的一些年轻人一同走进无人区，其中许多人认为战争是一个危险、浩大的工程，希望国家能走向社会主义。这些年轻人主动请缨，请求完成各种高风险的工作——如侦察兵或装甲兵的工作。有的人完成了从陆地到空中，甚至是海上的整场战斗。有些军队中的士兵最小的才只有十二岁。不少人后来都成了骁勇作战的猛士。

德意志帝国向俄罗斯帝国和法国同时发出了最后通牒。在宣布发动对俄战争后，一系列事件纷至沓来：1914年8月2日，德意志帝国向比利时发出最后通牒；8月3日，德意志帝国对法国宣战；8月4日，德军进入比利

---

① 基督教会礼拜仪式中的圣体圣事或回指序言的开场对话，意为鼓起勇气。——译者注

时，英国对德意志帝国宣战；8月6日，奥匈帝国对俄罗斯帝国的宣战姗姗来迟；8月10日，德国"格本"号战列舰和"布雷斯劳"号轻型巡洋舰开往奥斯曼帝国的海域；8月22日，日本对德意志帝国宣战。英国驻俄大使作为盟国代表和法国站在了一边。英国很幸运有乔治·布坎南作为发言人。布坎南代表了英国人最高贵的品质——这些品质在他的上级爱德华·格雷爵士身上体现得淋漓尽致。萨佐诺夫、布坎南和帕莱奥洛格之间形成了亲密无间的友情和信任，这在外交领域是很少见的。他们几乎每天见面，事无巨细、开诚布公地商讨被后人称道的"共同事业"。思想单纯、易受影响的尼古拉二世对盟友显得格外彬彬有礼。这种与西方民主国家的亲密关系在当时的俄罗斯帝国有着深刻的道德意义。全军上下都认为，与日俄战争截然不同的是，这场战争是为了帮助"小弟"也就是弱小的斯拉夫民族，加上与西方从未有过的密切联系，势必会给俄罗斯帝国带来变革。这样的想法不无道理。最伟大的俄罗斯历史学家之一克柳切夫斯基曾写道，一个社群只有共同经历了严峻的考验后，才能成为真正的民族。每个人都清楚这是一场无比严峻的考验。每个人也深信战争的胜利最终会属于尼古拉二世和人民。

在这前所未有的氛围中，出现了一个值得我们重视的早期迹象。体恤军民的尼古拉二世想要以最高统帅的身份与军队在前线同生共死，但首相戈列梅金、战争大臣苏霍姆利诺夫和外交大臣萨佐诺夫联合起来劝说尼古拉二世为了国家利益放弃这个念头，并请他任命尼古拉大公担任最高统帅。1914年8月14日，一份以尼古拉大公为名义的宣言在主战场波兰发表，向俄罗斯人、奥地利人和德意志人统治下的不同分治区的波兰人发出有力号召，呼吁他们积极应战，并明确承诺，回报波兰人的将是成为统一的波兰的主人。当维罗波尔斯基伯爵向尼古拉二世问起此事时，尼古拉二世回答说，尼古拉大公代表了自己的声音。战争还未开始，俄属波兰的领导人德莫夫斯基就选择站在俄罗斯帝国这一边。在从伦敦经由德意志帝国回国时，德莫夫斯基在波兰做了秘密、短暂的停留。他到达华沙的时间可谓恰逢其时。波兰人民向他做出了同样直率的回应。正所谓行胜于言。几乎总在说自己不了解俄罗斯人的波兰人现在会毫不犹豫地向受困车辆施以援手，在广阔的无人区开展侦察活动。

1914年8月17日，尼古拉二世和盟国大使访问了莫斯科。在此之前，俄罗斯帝国的君主们也会在一些重大战争爆发伊始访问莫斯科。吉利亚尔和布坎南向我们生动地描述了全国人民高涨的热情。帕莱奥洛格写到了"人民狂热的热情"。人们对接受德意志人的挑战意味着什么有着十分清醒的认识。人们内心充满敬畏之情，同时夹杂着某种敢于冒险的兴奋。德意志帝国的经济渗透在俄罗斯帝国国内大获成功。长久以来，俄罗斯人都会在必要时为德意志人大开方便之门。现在，德意志帝国成了俄罗斯帝国走向欧洲文明之路的拦路虎，国与国之间的交流都成了问题。1914年11月12日，"格本"号和"布雷斯劳"号出动后，奥斯曼帝国加入了战争。此举有着十分重要的政治意义。从那以后，即使是发往英国和法国的电报都不得不寻求新的通讯路线。德意志帝国对他国利益的剥削已经成为摆在人们面前的现实问题，并通过各种官方宣传开始发酵。所有带有德意志名字的人都会遭到不公正的怀疑，即使他们是最忠实的俄罗斯帝国子民，也会遭到羞辱，甚至被驱逐出境。

然而，最让人们感到不安的是俄罗斯帝国和德意志帝国军事实力和备战状态的差距悬殊。人们现在普遍认为，俄罗斯帝国在日俄战争中的惨败是因祸得福，因为那次惨败推动了国家在众多领域的重大改进。新的部队官兵制度建立起来，军官培训更加高效。根据诺克斯的记录，军饷提高了百分之二十五至百分之三十五。政府还承诺未来会给士兵发放养老金。他还补充道，俄罗斯帝国的官兵关系要比德意志帝国的好得多。但预备军官的训练标准只相当于二等兵或军士。在配备了二十二名军官的预备军中，基础士兵数量只有四百人。当代最有名的俄罗斯军事历史学家戈洛温提出，俄罗斯帝国符合征兵义务的男性人口中，有百分之四十八的人被免除了兵役（而德意志帝国和法国分别是百分之三和零），而识字人口仅占百分之二十，只有百分之一点一的人接受过高等教育。从这个方面来看，俄罗斯帝国的普通军官根本无法与德意志帝国甚至奥匈帝国匹敌。俄罗斯帝国没有机动车道，所有运输任务必须靠铁路完成。而俄罗斯帝国边境另一边的运输条件要发达得多。在那里，侧前方的铁路负责及时运送德意志增援部队，对战斗结果起到了决定性的作用。俄罗斯帝国完全缺乏这种铁路，亟须建造的是像摩尔曼斯克铁路这样的铁路线，可工程被无限延期，直到最后，已经无用武之地。当进入敌军领土时，俄军并不会花时间将铁路轨道调整成俄罗斯帝国火车使用的宽轨，因此，俄军只能使用从外国火车上获得的物资。

比起陆军，海军更需要从日俄战争中汲取教训，并且得到的教训要深刻得多。早在1908年，格里戈罗维奇就被任命为海军大臣。海军上校[①]高尔察克带领麾下年轻有为的军官整肃了海军部，并在帝国杜马的帮助和尼古拉二世的批准下建立了首个海军总参谋部。在海军上校高尔察克的积极配合下，在波罗的海指挥作战的海军上将埃森及时完成了海岸线的地雷防御工作，为战争做好了准备。五艘英国潜水艇执行了通过丹麦海峡进入波罗的海的危险任务。马克斯·霍顿和N.F.劳伦斯完成了英雄般的壮举，在他们的俄罗斯战友中传为佳话。

然而，军队高层缺乏决断力，人事变动频繁。1905年至1914年，至少出现了六个总参谋长。1905年至1909年，帝国国防委员会由尼古拉大公带

---

① 1917年，高尔察克晋升为海军上将。——译者注

领。战争大臣勒迪格负责军队补给，与总参谋长各司其职。1908年，古奇科夫公开谴责日俄战争中的俄军效率低下。之后，尼古拉大公便撤掉了战争大臣勒迪格的职务。新任战争大臣苏霍姆利诺夫取得了对总参谋长的控制权。战争爆发时，担任总参谋长的是亚努什克维奇将军，是军中最年轻的将领之一，既没有野外作战的经验，也没有参与过战略的制定，之前仅做过军队补给方面的工作。除了尼古拉二世的偏袒，他似乎没有多少使人信服的履历。无论是诺克斯、丹尼洛夫，还是戈洛温，都拿不出多少力荐亚努什克维奇的理由。丹尼洛夫担任的是地位仅次于战争大臣的军需长，在俄罗斯帝国，这一职位的职能是给所有军事行动提供指导意见。诺克斯称丹尼洛夫是"所有参谋中最勤奋、头脑最强大的那一个"。波利瓦诺夫说他是"总部战略决策的主心骨"。苏霍姆利诺夫似乎想得到最高统帅的职务，但仅在宣战的第二天，这一职务就交给了尼古拉大公。尼古拉大公提议让军中最好的战略家阿列克谢耶夫将军当总参谋长，可是尼古拉二世对他说："我要求你保留原来的总参谋长[①]和军需长[②]，你必须服从。"总参谋长亚努什克维奇和军需长丹尼洛夫是与尼古拉大公不和的战争大臣苏霍姆利诺夫的人选。虽然如此，尼古拉大公仍然以一贯的大度接受了两人的留任，并与他们真诚合作，之后还让亚努什克维奇跟随自己来到了高加索前线。

同样荒谬的是，作为整个俄军系统的立足之本，兵役条例的改革却迟迟不见动静。旧的条例还是在亚历山大二世统治时期制定的。帝国杜马曾对其进行过修订，增加了军队的预算。1912年，新的兵役条例被提出。丹尼洛夫写道，新的兵役条例"几乎不会给军队的状态和动员带来任何实际的影响"。

---

① 这里是指完全不能胜任的亚努什克维奇。——译者注
② 这里指的丹尼洛夫。——译者注

战争大臣苏霍姆利诺夫没有被任何相关部门当成过叛徒，哪怕是与其格格不入的部门。但毫无疑问，苏霍姆利诺夫是一个十分轻浮、肤浅和随意的人，后因被指控犯有叛变罪而接受了审讯。财政大臣科科夫佐夫的工作令人羡慕，但管理财政必须以服从国家利益为前提。苏霍姆利诺夫常常与他争执不下，说他不愿意提供贷款。每每听到这样的抱怨，科科夫佐夫就会给苏霍姆利诺夫看大量还未使用的经费数额。1912年，苏霍姆利诺夫差一点促使国家发动了一场仓促的动员。听到法国政府提出的有关改善俄罗斯帝国铁路的陈述后，他提出了十分不合逻辑的提议。苏霍姆利诺夫十分讨厌帝国杜马，对其避而远之，但很会用打趣的故事和俏皮话取悦君主尼古拉二世。因为能很快猜出尼古拉二世的意图，苏霍姆利诺夫在宫廷里还得到一个"飞将军"的外号。他不是一个做事认真的大臣，与最高统帅尼古拉大公之间常有龃龉。由于奥匈帝国和德意志帝国提高了军队作战能力，苏霍姆利诺夫受命制订一份纲领，在四年内将俄军力量提高三分之一。1913年秋，指令下达，可直到召开特别会议审议时，纲领仍然没有准备好，甚至当1914年2月科科夫佐夫被革职时，纲领都还没有准备好。同年5月，纲领在帝国杜马被草草通过。

同样，内阁也没有为战争的到来做出任何人事调整，首相仍然是"管家"理论拥趸者、七十四岁的戈列梅金。他精通权术，却愤世嫉俗，认为战争不在自己的负责范围内。内务大臣尼古拉·马克拉科夫常常提醒尼古拉二世，鼓励包括自治机构红十字会在内的机构实施任何国内活动都是危险的，这些国内活动有可能会带来革命。司法大臣是保守派谢格洛维托夫。和尼古拉·马克拉科夫一样，他只关注后方，把维护俄罗斯帝国君主专制看得高于一切。

当时人们认为，专制政体的胜利者是德意志人，因为德意志人是欧洲最强大的君主政体的天然伙伴。早在圣彼得堡风靡一时的游艇俱乐部中，就有人预言，战争一定会给全世界的君主政体带来灭顶之灾。之后，这一说法也基本得到了证实。一心与英法结好的外交大臣萨佐诺夫得到了不少大臣的鼎力支持，然而，关键的战争大臣一职仍然落在无能之辈苏霍姆利诺夫手中。

俄军处于显而易见的不利地位。戈洛温曾强调，军队数量之巨，不仅不能成为装备不足的有益补充，反倒会成为一大劣势。调整装备数量后，德军作战效率提高到最佳水平。俄军重型火炮匮乏，甚至连一个野外作战部队的装备都达不到要求：俄军一个师的两个野外炮组用一个榴弹炮对抗德军两个重型炮组的十四个榴弹炮。弹药方面也存在严重不足。除了和平时期每支枪配备一千枚子弹，几乎没有任何储备。俄军的飞机数量少得可怜，电话、电报和无线电服务同样匮乏。运输条件十分落后，自治机构红十字会不得不动员全民参与。在医疗服务方面，名义上，一个四千人的团配有五名外科医生，然而，实际上人数通常不超过三人。后来，德意志帝国的机枪扫射造成了大规模人员伤亡，这些人没办法再上前线。此时，民间的自治机构红十字会将非军方人员组织起来，再次弥补了人员空白。平均下来，每个俄罗斯新兵都要经历长途跋涉。然而，在这样的条件下，动员最终成功开展，不能不让人啧啧惊叹。

在战争开始前，德意志帝国和奥匈帝国的作战计划就已经被俄罗斯帝国总参谋部掌握。俄属波兰往西部延伸出去，像一个人鼓起的腹部。德意志帝国和奥匈帝国的计划是从北部和南部发起进攻，将这一块从整个俄罗斯帝国的主体部分中分离——也就是说，德意志帝国决定在法国进攻之前先发制人，对俄罗斯帝国发起进攻。俄罗斯帝国天然的疆界并不存在，已有的疆界是人为划定的，穿过了波兰，将三大帝国分隔开来。当威廉二世决定"在巴黎吃午餐，在圣彼得堡吃晚餐"，德意志军队向西扫荡时，奥匈帝国的军队将从南部单独入侵。俄罗斯人认为，德军将从最靠近俄罗斯帝国东部的位置发起进攻。

那些对战争起源感兴趣的人们要记住的是，俄罗斯帝国的军事计划以防御为主。俄属波兰与俄罗斯帝国主体部分连接处，有一个很重要的地方，其战略意义不容忽视。广袤的平斯克沼地有大片沼泽和森林，卡尔十二世和拿破仑都曾想将它收入囊中。在尼古拉一世下达命令后，亚历山大二世精干的战争大臣德米特里·米柳金和杰出的继任者、总参谋长奥布鲁切夫开始觊觎平斯克沼地东部地区。渐渐地，这里建起很多要塞，把平斯克沼地东部地区变成了所谓的"鸟翼战场"。这样一来，俄属波兰就处在突出、显要的位置，使俄军既可以往南，也可以往北突破。1910年，这一想法遭到了头脑轻浮的战争大臣苏霍姆利诺夫的质疑。当时，虽然包括尼古拉大公在内的统帅都十分反对苏霍姆利诺夫的看法，但原计划还是被改得面目全非，其价值也荡然无存。人们不确定是否应将注意力放在这些要塞上。这些要塞是去是留，一时间没了定论。一些要塞年久失修，已经破落。

因此，在战争刚开始时，俄罗斯帝国的计划混乱无序。如果出现德意志帝国和奥匈帝国同时展开进攻的情况，或者出现德意志帝国对抗法国时奥匈帝国展开进攻的情况，俄军将分别采取两种不同的计划应对。敌军选择了第二种情况，而俄军的对应的第二种计划在动员的第六天才实施。根据这个计划，八支俄罗斯帝国部队中的两支将对抗德军，四支对抗奥匈帝国军队，剩下的两支则分别在北部和南部观望芬兰和罗马尼亚的行动。剩下的两支部队预想中的危险并没有到来，于是，这两支部队又加入了对抗奥匈帝国军队的主力部队。一开始，高加索地区就几乎被抽空了所有部队力量。

1892年，奥布鲁切夫与法国签署了军事公约。在公约签署后的常规参谋会议上，法国军方提出了各种要求，俄方则做出了各种让步。在不了解事实的情况下，法国坚持己见，因此，俄罗斯帝国方面迅速做出反应，仅在与德意志帝国作战的过程中就投入七十万野战兵力，以平衡法军的一百二十万兵力。法国军方认为奥匈帝国"可以忽略"——对不可能被奥匈帝国攻击的法国来说当然如此，可对俄罗斯帝国来说就完全不是那回事了。更糟糕的是，在动员的第二十天，俄军就开始入侵。然而，俄军对自己要跋涉的距离和十分落后的交通运输估计不足，仅有三分之一的精锐部队在十五天之内赶到了前线。戈洛温计算过，只有在动员开始后的第二十二天，俄军才能勉强匹敌最少的敌军数量，但这个时候双方已开始交战。要匹敌最多的敌军数量，还需要八天时间。情势刻不容缓。

德意志帝国在巴黎的行进速度之快让人印象深刻。早在1914年8月5日，驻圣彼得堡的法国大使帕莱奥洛格就向萨佐诺夫和尼古拉大公提出了立即向德意志帝国发起进攻的请求。8月21日，帕莱奥洛格接到了要求其态度更坚决的指令。直到战争结束，他的态度也未曾动摇。在日记中，帕莱奥洛格生动地记录了自己曾好几次在外交部、陆军部或总部敦请俄罗斯帝国加快行动。让我们感到欣慰的是，英国驻俄大使表现出来的态度要善解人意得多。"我希望，"他对我说，"我们没有对俄罗斯人提出过分的要求。"法国对俄罗斯帝国伸出援助之手的速度之快大加称赞。但此时，协约国之间已经播下了日后不和的种子。

德军主力部队向西挺进比利时和法国，只留下一支实力薄弱的部队防守东普鲁士。1914年8月17日，来不及防守自己边界的俄罗斯第一集团军匆忙调集兵力，在伦嫩坎普夫麾下集结，并在涅斯捷罗夫击退了擅自前进的弗朗索瓦领导的德意志第一军。在德军节节败退的情况下，8月19日，伦嫩坎普夫与德军在贡宾嫩再次交火。在持续了两天的战斗中，德军被进一步击退。伦嫩坎普夫是一位斗牛犬式的将军，不太会运筹帷幄，也不拘泥小节。丹尼洛夫曾经抱怨他发给总部的报告措辞含糊不清，很不严谨。

伦嫩坎普夫派骑兵去收缴枪支，造成俄罗斯许多名门望族的年轻子弟大量伤亡。俄军出现在东普鲁士引发了各地一片恐慌。腓特烈大帝时期，俄罗斯帝国的"乌合之众"突袭柏林，对那段人心惶惶的日子，人们还记忆犹新。哥萨克是个让人闻风丧胆的名字。哥萨克人吃苦耐劳，什么杂活累活都肯干，但袭击、打劫、不惧抗法，是俄罗斯个人主义大规模反叛农奴制的产物。我记得有一个哥萨克人曾向上校报告，说自己已经"逮捕"了十一个德意志人——他指的应该是德意志士兵。还有一个哥萨克人把一台沉甸甸的缝纫机扛在肩上，行进了好几英里，为的是带回去送给自己的妻子。东普鲁士是许多容克安身立命的地方，他们中有不少人跑到柏林要求增派援军。8月22日，伦嫩坎普夫率军抵达因斯特堡。此时，德军指挥官普里特维茨得到消息，称萨姆索诺夫领导的第二集团军已从华沙出发。德意志帝国后方受到严重威胁。普里特维茨紧急命令部队退到维斯瓦河，并放弃东普鲁士。高级参谋霍夫曼劝他改变决定，撤出与伦嫩坎普夫交战的部队，集中火力猛扑萨姆索诺夫的军队左翼。德军总部只收到了第一条决定的消息，当即撤销了普里特维茨的指挥权，并派出兴登堡接替。身经百战的老兵兴登堡曾作为普鲁士近卫团的一员在克尼格雷茨①战役中作战，在格拉沃洛特的枪林弹雨中冲上了杨树大道，参加过博蒙战役和色当战役，还曾在凡尔赛宫见证了德意志帝国的成立仪式。而现在，他已经准备退伍。鲁登道夫是兴登堡总参谋长的人选，曾带领德军入侵比利时，攻占了比利时城市列日，并从科布伦茨发来电报，阻止德军撤退。

俄军并没有局限于伦嫩坎普夫的进攻，而是从西部更远的地方计划另一场进攻。萨姆索诺夫领导下的第二集团军把没有防备的波兰当作基地，在后方与德意志第八集团军相遇。伦嫩坎普夫和萨姆索诺夫的部队人数均

---

① 也就是萨多瓦。——译者注

超过了防守的德意志部队人数。在两支部队中间的还有俄罗斯第十集团军，一旦做好准备，就能很好地进行两头接应。萨姆索诺夫的部队要比伦嫩坎普夫的部队挺进得更深入。马祖尔湖区是两支部队之间的天然屏障。萨姆索诺夫率领部队向西进发，经过的地方大多被森林覆盖，十分不利于行进。这支部队主要在一个大堤道上行进。伦嫩坎普夫犯下了不可原谅的错误，在前方与德军失去了联系，部队暂停前进。8月23日，伦嫩坎普夫的部队重新出发。8月25日，由于想要攻取柯尼斯堡要塞，伦嫩坎普夫部队的行进方向转向北部，与萨姆索诺夫的部队进一步偏离。朝着柯尼斯堡的方向，伦嫩坎普夫率领部队继续往北前进，同时密切关注着总参谋长日林斯基指挥的北方前线。与此同时，很可能是为了让围剿更彻底，萨姆索诺夫正率领部队向西前进。两支部队中间的第十集团军已经远远落后，没有参加后来的战斗。事实上，马祖尔湖区成功地阻挡了德军的正面进攻，将野外军事行动一分为二，消除了共同作战的可能。从一开始，俄罗斯帝国的运输劣势就显现了出来：第十五军忍饥挨饿地行进了整整四天。

在之后的军事行动中，人们开始习惯德意志帝国"按计划"的声明。预先的组织工作使战果已成定局，但人们不能因此贬低坦能堡战役中德军的作战计划。在兴登堡和鲁登道夫到达坦能堡前，德意志第八集团军已经从与伦嫩坎普夫的交战中撤军。当时，包括德意志的指挥官在内，人们都认为伦嫩坎普夫会再次与萨姆索诺夫合作。"只要当时伦嫩坎普夫结束与我们的战斗，"鲁登道夫写道，"我们就会被打败。""只要伦嫩坎普夫出手援助萨姆索诺夫，"霍夫曼写道，"坦能堡战役的灾难就可以避免。"让德军受到鼓舞的是在大局已定之前的小小成果——收缴了一个俄罗斯军官的口袋书和一个粗心大意的人用普通文字传送的无线电报。除了两个骑兵旅和柯尼斯堡的驻军，德军几乎撤走了与伦嫩坎普夫正面对抗的全部部队，以加入对抗萨姆索诺夫军队的队伍。多亏有为转移部队特别建造的横向铁路，这一计划才得以顺利完成。

有关这次军事行动的具体细节，俄军可以说是毫无头绪。在行进途中，德意志第十七军猛扑并节节逼退萨姆索诺夫的第六军的右翼。左翼是由阿尔塔莫诺夫指挥的第一军。第一军接到了错误的指令，离主力部队越来越远。由第十三军、第十五军和第二十三军组成的俄军大部队进入两翼和中间队伍之间留下的两个巨大缺口。兴登堡朝缺口猛扑，将俄军部队团团包围，完成了看起来不可能的任务。兴登堡有些指令下达的位置就在一块纪念碑不远处。1410年，正是在这个纪念碑所在地，斯拉夫联军大败条顿骑士团。

德军的两翼部队凭着一股蛮勇之力一路成功挺进。从理论上来说，俄军此时要做的应该是调集主要力量前进，打乱德军的中心，所以萨姆索诺夫才会集中主力部队直捣德军中心，而不是在包围圈外指挥两翼步步逼近。然而，俄军主力部队行进缓慢，无法开路，原因很简单——德意志炮兵部队的力量是俄罗斯炮兵部队的四倍。

在茂密的森林里，俄军机枪发射受到阻碍。德军形成钳形攻势夹击，俄军中心败局已定。两支中心部队被打得落花流水，只得投降。大量兵力——大部分是包括指挥官在内的伤员——沦为战俘。两支中心部队后面的第二十三军不得不加入战斗，并损失了一个师。萨姆索诺夫和七八个参谋官想徒步逃出被死死围困的包围圈。在《俄罗斯军中见闻》一书中，英国上校诺克斯真实地记录了东线的战争。1911年秋，诺克斯曾骑自行车到达东普鲁士。现如今，他又重返故地，在这里见到了萨姆索诺夫。据诺克斯回忆，这位俄罗斯帝国统帅喃喃自语地说，发生这样的惨败，自己无颜见到君主。只听一声枪响，萨姆索诺夫应声向后倒地，就这样结束了自己的生命。之后，人们才发现了他随身带着的战斗勋章。

所有消息还没有传到更名后的首都彼得格勒[①]，帕莱奥洛格就再次呼吁萨佐诺夫敦促俄军继续前进。对这样一个爱国、虔诚的人来说，此次惨败给他带来的打击可想而知。在听闻消息后，萨佐诺夫只是简单地说："萨姆索诺夫的军队被打垮了。我知道的就是这样。"

　　尽管如此，在所有军事作家笔下，这次鲁莽又英勇的协约国行动已经完成了使命。虽然鲁登道夫认为德军撤离的战术是没有必要的，但为了拯救东普鲁士的局势，德军还是在第一次马恩河战役前夕从在法国的进攻部队中紧急撤离了两支部队，其中一支是克鲁克率领的关键侧翼部队。一直到坦能堡战役结束后，这两支部队才到达目的地。第一次马恩河战役成为战争的转折点。[②]在坦能堡战役中，俄军的损失大约为十七万人。

　　鲁登道夫这样描述俄军最高统帅："尼古拉大公是一个真正伟大的士兵和战略家。"但比这更难能可贵的是其道德和勇气。在新闻公告中，尼古拉大公开门见山地宣布了失利的消息："上帝给我们带来了一个极大的不幸。"之后，尼古拉大公又发电报给正与奥匈帝国军队顽强拼搏的俄罗斯南方军队，下达了命令，要南方军队严守阵线。

　　俄军局势已十分紧急。德军主力部队在西线作战，大部分奥匈帝国的作战部队——大约有一百万人——投入了入侵俄属波兰的大规模行动中。早在战争开始之前，俄军就料到了这一点，但对奥匈帝国军队的集结地点做出了错误的判断。向西突出的俄属波兰部分的北边就是俄罗斯帝国边境和波罗的海之间的狭长地带，与德意志帝国的领土接壤。突出部分的南边则是向东延伸的奥匈帝国的大块领土。因此，奥匈帝国军队完全有可能进入俄罗斯帝国东部的纵深地段。俄军料想奥匈帝国军队的目的是将俄属波

---

① 1914年，第一次世界大战爆发后，俄罗斯出现反德情绪，沙皇政府便将具有德语影响的城市名字"圣彼得堡"改为俄语名"彼得格勒"。——译者注

② 现在普遍认为第一次世界大战的转折点是凡尔登战役。——译者注

兰部分拦腰截断。然而，奥匈帝国军队的行动总指挥康拉德·冯·赫岑多夫反其道而行之，命令奥匈帝国军队往西部调集力量。对康拉德·冯·赫岑多夫的作战能力，俄罗斯帝国和德意志帝国的批评人士也赞誉有加。这样做似乎减少了胜算，但无论如何都会因波兰的突出部分而被迫与德军分开的奥匈帝国军队至少可以与德军保持更紧密的联系。奥匈帝国军队形成凸字队形向东北部前进，以扰乱俄军中心。俄罗斯帝国的第三集团军、第四集团军、第五集团军和第八集团军在前线作战——沿着奥匈帝国军队的前线由西至东——俄军的部署是为了对抗从更远的东边入侵的奥匈帝国军队。奥匈帝国军队改变方向后，东部的俄军左翼压力减小。此时，东部的俄军左翼前方没有了重大阻碍，可以向东加利西亚快速挺进。然而，1914年8月17日，俄军右翼第四集团军在克拉希尼克遭到了奥匈帝国精锐部队的猛扑，被迫仓促撤退。因此，第四集团军旁边的第五集团军处于十分不利的地位。第五集团军由俄罗斯帝国能干、坚定和有进取心的普勒韦将军率领。这位身经百战的优秀士兵冷静地应对面前的压力，运用了高超的战术，以牵制意欲直捣俄军中心的攻势强大的奥匈帝国军队。尽管如此，奥匈帝国军队还是穿过俄属波兰南部一路进军华沙东部，最后接近卢布林。有一次，普勒韦将军差点将手下的部队一分为二来支援旁边的部队，让骑兵部队堵住中心的巨大缺口。然而，尽管做出了诸多努力，普勒韦将军的部队还是遭到了数量更多的奥匈帝国军队的包抄。

当普勒韦将军率领的部队与奥匈帝国军队只有咫尺之遥时，总部向在他东部的鲁兹斯基发去急电，要求他率领的第三集团军改变方向，向北出发并展开救援。然而，在西北部前线的一个主要城市再次成了混淆奥匈帝国军队视线的诱饵。鲁兹斯基率领的第三集团军和布鲁西洛夫率领的第八集团军共同组成了俄军的最左翼，向东加利西亚首府利沃夫挺进，这是一个拥有乌克兰人口的波兰城市。俄军乐观地认为，这里防御工事坚固，因此，攻占利沃夫将会是一次大的胜利，但事实并非如此。在普热梅希尔西部，奥匈帝国有重兵把守。布鲁西洛夫率领的第八集团军已经渐渐接近利沃夫。他的作战方法是，通过主动进攻抢占先机，因为他认为这是伤亡最小的防御方式。在于格尼拉利帕河的两条支流发起的两次行动中，布鲁西洛夫都用同样的方法取得了胜利。利沃夫已成为其囊中之物。然而，鲁兹斯基带领着第三集团军改变了路线，朝同一方向行进。他很可能想和在北部作战的萨姆索诺夫一样，全面围剿奥匈帝国军队中心。但这一行动使俄军暴露在致命危险中，和萨姆索诺夫在坦能堡的遭遇并无二致。当时，德军直插俄军中心和两翼之间的缺口，并歼灭了俄军中心。事实上，康拉德·冯·赫岑多夫就抓住了这一时机，派遣约瑟夫·斐迪南大公的部队侧翼包抄普勒韦将军的左翼。1914年9月1日，德意志部队和奥匈帝国部队共同进发，逼退俄罗斯第四集团军。在眼看第四集团军就要被围剿的当口，尼古拉大公紧急访问军营，用骁勇善战的埃弗特替换了指挥不力的指挥官萨尔扎。现在，埃弗特的右翼组建了一支新的部队，即沉着冷静的列奇茨基将军麾下的俄罗斯第九集团军。

　　1914年8月30日，尼古拉大公命令俄军在西南战线全面抵抗。第二天，他传令下去，要士兵们"坚守到最后一刻"。9月2日，埃弗特率领得到增兵的右翼部队继续前进。次日，利沃夫被俄军占领。在一再接到上级命令的情况下，鲁兹斯基终于率领部队朝着俄军中心北上。另一边的普勒韦将军正努力避免与奥匈帝国军队中心发生正面交火，他率领的阵线在伐兹拉维卡几乎崩溃。为挽救局势，俄罗斯帝国禁卫军被紧急调集，在枪林弹雨中下了火车。9月6日，鲁兹斯基猛扑奥匈帝国军队主力部队侧翼，在拉瓦罗斯卡亚将其歼灭。在这场恶战中，匈牙利大部分最精良的骑兵被消灭。而从南部调来的奥匈帝国军队增援部队一度威胁到了布鲁西洛夫的部队在利沃夫前面的阵型，但布鲁西洛夫率军英勇地阻止了奥匈帝国军队的前进步伐。鲁兹斯基的部队和普勒韦将军的部队之间的缺口在慢慢缩小。俄军阵线以破竹之势挺进。在这些军事行动中，俄军十分匮乏的重型火炮几乎没有用武之地，而野战炮派上了大用场，加上刺刀的使用，俄军成了所向披靡的王者。奥匈帝国军队中心现在岌岌可危。奥匈帝国军队不得不仓皇后退，一路丢盔弃甲，还损失了大量的战俘。列奇茨基率领第九集团军在奥匈帝国军队右侧紧追不舍，跨过桑河，在西部的维斯沃卡河集结。丹克尔率领的奥匈帝国第一集团军遭到重击，几乎无法脱身。

在这场始于俄属波兰腹地的战斗中，东加利西亚被俄军攻取。俄罗斯骑兵越过喀尔巴阡山脉，布科维纳的首府切尔诺夫策落入俄军之手。在东加利西亚，俄军赢得的领土比德军在北部赢得的还要多。奥匈帝国主力野战部队遭到重创，一度溃不成军。在俄军取得胜利时，马恩河战役的消息传来。受情势所迫的德军采取了错误的部署，丢掉了那场关键的战役。盟友奥匈帝国自身难保，差点就撇开德意志帝国单独缔结和平条约。因指挥军队大获全胜，尼古拉大公和西南前线的总参谋长阿列克谢耶夫被授予圣乔治二等勋章——只有征服一个省才有资格得到这一荣誉。圣乔治一等勋章只颁发给率领先头部队攻入敌军首府的最高统帅。

陷入恐慌的奥匈帝国求助德意志帝国。虽然兴登堡非常不满把政治搅进军事行动，但德意志帝国毕竟不能坐视不管。不过，在答应帮助奥匈帝国之前，兴登堡还有一件事没有完成，那就是将伦嫩坎普夫的部队从东普鲁士清扫出去。奥俄战役的转折点拉瓦罗斯卡亚战斗结束的第二天，兴登堡逼退了伦嫩坎普夫的左翼，并跨过了南部的天然屏障马祖尔湖区。在跨过马祖尔湖区后的第二天，兴登堡的部队正面遭遇俄罗斯帝国大军。9月8日，德军右翼击破了俄军左翼，伦嫩坎普夫被迫撤退。德军右翼继续向前一路挺进，切断了俄军的通讯。到9月10日，伦嫩坎普夫全面撤退，其阵线留下大量缺口。德军到达了俄罗斯帝国领土苏瓦乌基。此时，兴登堡已对胜利胸有成竹，并派遣两个军到达西里西亚。9月11日，兴登堡率右翼部队挺进到戈乌达普，在将伦嫩坎普夫的部队逼至森林地带后，又一路跨过俄罗斯帝国边境东部的尼曼河。终于，伦嫩坎普夫突破重围。9月15日，双方战斗结束。

此前，9月13日，当俄罗斯第一集团军在撤退时，兴登堡承诺派出四个军和一个骑兵师支援在西里西亚的奥匈帝国部队——这比他之前承诺的援军数翻了一倍。在留下了部分队伍保证新的战果后，兴登堡率军向西南方向前进，横跨俄属波兰。和所有人的感受一样，波兰泥泞的土地让他烦心不已。拿破仑也曾把波兰泥泞的土地称为"第五元素"①。兴登堡的部队先是在托伦扎营，后来又来到了波兹南。现在，身为德意志东线最高统帅的兴登堡带着德意志第八集团军和第九集团军，着手补救奥匈帝国军队的溃败，重整军心。从这时开始，德军不断支持奥匈帝国军队，到战争结束前已经到了匪夷所思的程度。俄军征服了加利西亚后，德意志人考虑到自身利益，不得不保持自己对俄军的直接影响。

马恩河战役获得了胜利，但此时法国政府仍在波尔多。帕莱奥洛格满心想的都是法国的安危，又开始提出恳求。在狡猾阴沉的苏霍姆利诺夫那里，帕莱奥洛格没能得到任何实质上的回应，便在9月15日又开始向萨佐诺夫提出过分的要求。为此，帕莱奥洛格还给出了一套说辞："一旦东加利西亚的奥匈帝国部队失掉战斗力，俄军就可直接对德军展开猛烈的攻击。"仗义助人的尼古拉二世准许了帕莱奥洛格的要求并下达了命令，只等尼古拉大公实施。

现在，俄军和德军的主力部队在波兰中部相遇了，双方都准备随时进攻。最初提出作战计划的是俄军，但不出所料的是，德军才是最开始执行

---

① 古希腊人认为，世界的物质由四元素组成，分别是土、气、水、火。这里是说拿破仑认为上帝创造了第五种元素：泥。——译者注

计划的那一方。霍夫曼形容俄军计划是"一个勇敢的决定",还说"这是一个很好的主意"。尼古拉大公几乎将自己在加利西亚前线的部队抽空,派了四个集团军中的两个到俄属波兰与德军对峙,另外的两个集团军则撤到桑河严阵以待。尼古拉大公手下有众多士兵供他调遣,本来可以借此切断德军中的奥匈帝国军队势力,并包抄途经西里西亚向柏林进发的德军左翼。然而,俄罗斯帝国很多地方没有铁轨,取而代之的是崎岖难行的道路。落后的运输条件再次将行程拖累了数天之久。古尔科称,如果红十字会不能在各地建立流动的面包制作点,那么生病人数将会超过死伤人数。

在俄军计划实施之前,兴登堡已经遭遇了尼古拉大公。他授命马肯森率领德意志第九集团军在华沙作战。我们前文已经讲过,俄军作战计划缺乏严密的组织和执行力,因此,现在的华沙并没有做好防御准备。俄属波兰人把民族复兴的希望寄托于协约国的胜利,急切地恳求协约国保卫这座城市。然而,居然没有一个官员能将这一加密信息送到总部,这再次暴露出俄罗斯帝国组织的松散。斯卡奇科夫上校不得不自己发明一套密码,但没有人知道如何解码。别佐布拉佐夫麾下的禁卫军到达华沙时,当地人手持火炬和鲜花表示热烈欢迎。

然而,尼古拉大公的计划一直在应机而变,以防范眼前的危险。他从加利西亚调来了善战的埃弗特率领的第四集团军和忠诚的普勒韦将军率领的第五集团军,并一路北上。在运输条件匮乏的情况下,第五集团军只能深一脚浅一脚地在秋季多雨的泥泞的路上跋涉,有时甚至是十二匹马拉着一个马车炮——德军一度也是这个比例。不同的是,行进中的俄军已经连续五天都没有口粮了。普勒韦将军匆忙率兵北上,经过了长期艰苦的跋涉才完成动员的西伯利亚第三军终于收到援助。西伯利亚第三军及时赶到华沙,把马肯森的部队截在了西部郊区。与此同时,德军和奥匈帝国部队

已经行进至维斯瓦河的伊万哥罗德[①]要塞。流经科杰尼采的这一段河流河
面宽广，在伊尔曼诺夫的率领下，英勇的高加索第三军冒着枪林弹雨顽强
渡水，穿过了西面的沼泽和森林。著名的希尔凡团中，两天内就有五名指
挥官接连阵亡。普希金把希尔凡团的英勇事迹写进了一篇广为传颂的对韵
诗中。在自己的书中回忆这段野战经历时，鲁登道夫说："我永远不会忘
记，简直不堪回首。"然而，俄军仍然以必胜的决心一路猛进，让人胆
寒。兴登堡看出奥匈帝国已无法完成任务，1914年10月18日晚，命令马肯
森撤军。在撤退过程中，德军破坏了所有桥梁和道路，效率之高着实让人

马肯森。
摄者信息不详

---

① 这里是指波兰的登布林，最早是在1397年的历史文献中提到的一个村庄，一直属于几个波兰
贵族家族。1840年，这个村庄被交给了俄罗斯陆军元帅帕斯基耶维奇。从那时起直到1915年
俄罗斯帝国结束对波兰的统治，登布林名为伊万哥罗德。——译者注

惊叹。然而，意志坚强的俄军成功地越过了所有障碍，直达拉瓦和皮利察。在那里，俄军与新组建的马肯森率领下的德军再次激烈交火，并最终把西里西亚作为据点。据霍夫曼估算，在距离铁路一百英里的地方，大部队停止了前进，使铁路免遭炮火袭击。南下的俄军几乎行进到了西部突出部分的俄属波兰边境地段。在莱什奇卡遭遇战中，奥属波兰人与俄属波兰人自相残杀。之后，高加索第三军再次挺进到凯尔采，一路高唱着伊斯兰教歌曲："真主赋予我们胜利。"

德意志人骨子里对俄罗斯帝国乌合之众的恐惧像噩梦一般悄然袭来。出生在德意志帝国边境城市波兹南的兴登堡从小就在这样的氛围中耳濡目染。在1914年10月29日的日记中，霍夫曼写道："恐怕我们不得不放弃一小部分德意志领土。"附近的奥匈帝国军队则一直撤退到了克拉科夫。

德意志人的指挥风格和组织方式决定了新的冲突在所难免。尼古拉大公也在准备新一轮的进军。在两场同时发起的进攻中，德意志人再次率先行动。西弗斯率领的第十集团军在北方替换了伦嫩坎普夫手下减员后的第一集团军。西弗斯的第十集团军、谢德曼的新第二集团军和普勒韦将军的第五集团军共同向华沙靠近。由于伦嫩坎普夫的懈怠，部队出现了一个缺口。兴登堡领导的第二十五预备团和利兹曼领导的禁卫军的一个师乘虚而入，想要截断谢德曼和普勒韦将军的部队进入华沙。任务完成得十分干净利索。谢德曼打电话给观望中的普勒韦将军，要他保持警惕。普勒韦将军支持谢德曼的说法，开始着手拦截前进中的德军。双方都想截断对方的退路。要在这种情况下获胜，靠的是勇气和体力。从1914年9月19日起，鲁兹斯基开始接替指挥不力的日林斯基指挥西北前线。据说，谢德曼打电话给鲁兹斯基说："我已被包围。"鲁兹斯基回答："你已将德军包围，要求德军投降。"这种剑拔弩张的态势持续了好几天。普勒韦将军顽强守卫，拯救了局势。已被拦截的德军又开始反扑。由于伦嫩坎普夫未能从北边堵住缺口，10月21日晚，在布热齐纳的后方，德军冲破了形成包围的俄军阵线，击垮了西伯利亚第六师，成功突破重围。在罗兹战役中，俄军人员损失惨重。和德军一样，俄军也暂停了进攻。兴登堡写道："大部分的主力部队按兵不动。"双方在华沙西面对峙。

俄军从南部四个集团军中抽出两个，将其调遣至中部。此时，加利西亚被征服的领土由德米特里耶夫率领的第三集团军把守，担任全军指挥的布鲁西洛夫则率领第八集团军。俄军的局势不容乐观。俄军的西面面对的是德意志帝国和奥匈帝国的联军。新增的奥匈帝国军队能随时从俄军左侧沿着喀尔巴阡山脉的南面攻入俄军的大后方。布鲁西洛夫惯用的主动迎击手法非常奏效，他总受到威胁，但每次都能全力以赴地化解危险。他之前便敦促部队尽早攻击奥匈帝国军队重兵把守的普热梅希尔。现在，普热梅希尔已经被以民兵为主的俄罗斯新第十一集团军围困。布鲁西洛夫得到了发动攻击的许可，但其南面被越过喀尔巴阡山脉的奥匈帝国军队阻截。布鲁西洛夫杀出重围，一路把奥匈帝国军队赶到喀尔巴阡山脉的隘口。每当奥匈帝国军队想要反扑解困普热梅希尔时，布鲁西洛夫就会以牙还牙，迎面出击。

布鲁西洛夫和德米特里耶夫不仅守住了桑河，还渡过桑河来到了杜纳耶茨河。整个冬天，俄军的西线沿着杜纳耶茨河、南线沿着喀尔巴阡山脉驻守，奥匈帝国军队随时有可能进攻。加利西亚的大部分地区仍然在俄军掌控之内。杜纳耶茨河北面的队伍从华沙和向西突出的边境地带中间穿过。1915年1月2日，在波利莫夫战线，俄军与使用火炮机枪的德军展开了一场恶战，俄军损失惨重。在这场战役中，德军首次使用了毒气筒，但收效甚微。战斗没有给阵型带来真正的变化，这里的交火逐渐平息。在更往北的位置，行进中的俄军再次折返攻向东普鲁士。在维斯瓦河中段的弗沃茨瓦韦克和普扎斯内什，俄军和德军展开激烈交火。俄罗斯禁卫军也加入了战斗。这是一场难解难分的拉锯战。

和所有人一样，俄罗斯人认为这场在恶劣环境下的艰难战斗会以某种方式在圣诞节到来之前结束，所以他们才有所疏忽。负责战时物资的战争大臣苏霍姆利诺夫更是完全没有考虑到军需品的储备问题。加利西亚的俄军一旦可以继续前进，就会义无反顾。加利西亚的俄军没有大建壕沟，只匆匆做了一些保护头部的装置，因为奥匈帝国军队不大可能用刺刀相拼。用餐处供给不足。陆军部提供的道路交通效率很低，几乎荒废，取而代之的是民间红十字会的情报活动。民间红十字会提供的救护服务可以说是唯一工作到位之处。俄军来自不同的民族，军装也各式各样，战斗力惊人。诺克斯把自己细致的观察写进了书中，也从不吝啬批评。然而，对1914年面对指挥和物资方面严重失衡的俄罗斯常规军，诺克斯表现出了由衷的敬意。在他的笔下，我们看到的是组织无序和英雄主义的彼此交织。没有巡逻人员，有的只是"在沙石和泥淖中跋涉，举步维艰"。命令迟迟不能下达，没有电话，没有密报，没有战俘所在分队的记录，不盘问敌方军官，没有专门负责运输的道路，燃料不足。可即使在秩序混乱的情况下，军中仍充满胜利的乐观主义。

兴登堡的第二次攻势失利后，塞德利茨召开了总部会议。人们开始认识到，军需品供应基本已经中断。"军队的效率几乎不复存在，"军需长丹尼洛夫将军写道，"军官数量的匮乏让人不安。"在一些分队，常规军军官屈指可数，而有的地方甚至连一个军士也没有。德米特里耶夫领导的第三集团军作战能力只剩下从前的一半。列奇茨基领导的第九集团军中，某些四千人的团只剩下四百人。丹尼洛夫估算，每月的人员损耗高达三十万。率领常胜的第八集团军的布鲁西洛夫写道，自己现在指挥的是最后一支训练有素的队伍。布鲁西洛夫的军力已损失殆尽。征募的士兵"完全没有受过训练"，"我们的部队更像是疏于训练的民兵，这些人不能叫真正的士兵"。写回忆录时，诺克斯手上还没有最终的数据，但根据访问军营时收集的信息，常规人数为四万人的高加索第三集团军在科杰尼采一战中，仅四天时间就损失了八千兵力。诺克斯还回忆，在禁卫军一个团的七十八个军官中，仅在卢布林南部就损失了五十人。著名的普列奥布拉任斯基团的七十名军官中有四十八人阵亡。第十八师的三百七十名军官仅剩下四十名。我们必须注意的是，德军和奥匈帝国军队军官采取了明智合理的措施保证官兵安全。相比之下，俄军军官自己站着打仗，却指挥手下的人匍匐前进。每个营的士兵均由少尉负责。诺克斯统计，每俄里[①]队伍中的军官数量从原来的三个降到了一个。"这些人在拿战争当儿戏。"他不无悲伤地写道。军需品的供应也少得可怜。根据布鲁西洛夫的记录，到1914年11月，俄军就已经没有子弹了。指挥官们得到官方通知，到1915年3月前，军需品短缺的局势不会有好转的希望。诺克斯记录道，无论对手的火力有多猛烈，炮兵每日发射的炮弹数量必须限定在三发内，否则将受到军事法庭的惩罚。到目前为止，前线每日要发射四万五千发子弹。受训的士兵不得不将步枪的使用量减少到原来的三分之一。征募的士兵装备还不齐全就被送上了前线。1914年11月，炮兵配备的枪支数量从原来的八支减少到六支。弹药筒还有补给的希望，可步枪数量严重不足。没人组织去收集留在野外战场的枪支。当时的战争大臣苏霍姆利诺夫告诉诺克斯，估计不久会有从美国运来的大量步枪，但这与事实严重不符。1914年9月25日，当法国的霞飞元帅问到军需是否充实时，苏霍姆利诺夫回答："军需品供应充足。"

鏖战渐渐平息下来，这对双方都是好事。现在，俄罗斯帝国征服的领土超过了对手，但还有一场重要的战斗在等着俄军。德军在波利莫夫和姆

---

① 俄里是俄罗斯曾经使用的一种长度单位，一俄里相当于1.0668公里。——译者注

瓦瓦的进攻只是在展示自己的实力。在没有充分意识到物资已严重匮乏的情况下,指挥西南战线取得胜利的伊万诺夫和阿列克谢耶夫正大张旗鼓地向维也纳方向追赶被打败的奥匈帝国军队。科尔尼洛夫将军不畏艰险、长驱直入,直捣匈牙利平原。法国急切主张俄军向柏林进军,甚至对此做好了准备。总部的丹尼洛夫则全力主张向东普鲁士发起新一轮进攻,这样可以极大地缩短战线,并且杜绝来自后方的危险。双方观点不同,但都可以理解。俄军前线已经趋稳,但仍在向欧洲纵深进发,使俄军两翼易受敌人攻击,然而,俄军并没有采取具体的行动计划。俄军条例规定,在某些方面,最高统帅仅有协商或协调权。两翼的部队还在行进中,鲁登道夫将之称为"协约国的庞大计划",并率军从南北两路进攻,也就是从南部的尼曼河和北部的喀尔巴阡山脉包抄敌人。林辛根带着德军的六个师被派往喀尔巴阡山脉以东增援奥匈帝国军队。兴登堡在最北端打了一仗,这就是人们常称的二月"冬季战役"。

1915年2月7日,刮起了猛烈的暴风雪。在冻冰和齐人深的积雪上,车子根本无法开动。战斗进行到一半时,冰雪开始消融,泥淖深不见底,即使是德意志帝国的通讯也无法正常运转。德军认为,在四面受敌的情况下,必须尽快消灭一支俄军队伍,锁定胜局。因此,德军将目标锁定西弗斯率领的第十集团军上。1914年秋天,西弗斯收复了东普鲁士的一小部分土地。虽然在此次对抗中,西伯利亚第三军顽强抵抗,但还是被赶出了东普鲁士。德意志人再次使用了毒气。1915年2月7日,俄军一翼部队到达皮什。2月10日,俄军另一翼部队到达因斯特堡。俄罗斯集团军缺乏应变能力,两翼部队被迫转向。德军已经预测到俄军会朝格罗德诺进军。

与此同时,俄罗斯第二十军正在森林中进行反击,但此时,消息还未传到总部。俄军其他部队在格罗德的软弱反攻没能支持俄罗斯第二十军。1915年2月12日,俄罗斯第二十军到达苏瓦乌基,而其北面已经被包抄。德意志骑兵一举拿下了俄军车队。最终，2月14日，俄罗斯第二十军停止前进。英勇无畏的先头部队仍然在冰雪和泥淖中坚持与德军对抗。有的分队作战力量减少了九成，但到目前为止还没有丢掉一个排炮。现在，连弹药都开始告急。在布满沼泽的野外，先头部队仍坚持夜间行进。到2月21日，殊死拼搏的主力部队几乎被全歼。西弗斯的部队遭到重创，人员和物资均损失惨重。之后，古奇科夫的老对手米亚索耶多夫上校的事情败露。身为俄罗斯帝国高级情报官员的他其实是德意志帝国雇用的间谍，通过飞机与德军保持定期通讯。然而，德意志帝国军官的希望还是落空了。德军本来希望围歼西弗斯的所有部队，而不只是一个军的主力部队。德军在东线苦苦经营的决定现在看起来仍旧遥不可及。不过，1915年3月，在普扎斯内什的激战中，德军扭转了局势。

现在，俄军被全部赶出了东普鲁士，但并没有走出太远。历史在这里再次重演：遭到重创的军队仍然屹立不倒，直面敌人。此时，加利西亚的大部分土地仍掌握在俄军手中。

第8章

大撤退

啊，战神！使我的士兵们的心像钢铁样坚强，不要让他们感到一点儿害怕！假使对方的人数吓破了他们的胆，那就让他们忘了怎样计数吧。[①]

《亨利五世》，第四幕，第一场

战争进入了相对平静的时期，协约国开始有机会更好地反思各自所处的局势和前景。1914年9月5日，协约国中三个主要强国——法国、英国和俄罗斯帝国——分别做出了不单独媾和的决定。在1914年9月2日撤离巴黎后，法国政府又在1914年10月9日回到巴黎。马恩河战役后，马恩河以北展开了一场竞赛。人人都想尽快稳定英法阵线，防止德军进入英吉利海峡。

目前，主要的援助请求来自法国。法国人主要的求助对象是俄罗斯帝国，并且总能从尼古拉二世和尼古拉大公那里得到彬彬有礼的回复。而现在，法国人需要考虑一个新的情况。俄罗斯人相信自己所向披靡，压倒一切反对力量，然而，这种信念在其西方盟友中已荡然无存。戈洛温提到

---

① 文中采用的是朱生豪的译本。——译者注

过，这必然使人们产生某种错误的想法——军队数量之巨使他们不必考虑物资的匮乏。事实上，从理论上和实践上，俄罗斯人已经深刻地意识到自身技术的缺乏不得不通过大量的人员牺牲来弥补。这是一种很残忍的算法，即使人员牺牲，也不见得就能保证战争胜利。现在，越来越多的人开始主张，本国和盟国的需求都应得到满足。比如1915年3月21日，帕莱奥洛格终于调整了自己一贯的主张，不是要求增派更多的俄罗斯部队，而是建议法国派技术人员到俄罗斯帝国。这个建议早就应该被提出来了。

通讯问题是现在协约国之间相互帮助的重点内容。海峡通道的关闭和对奥斯曼帝国的战争切断了俄罗斯帝国与盟友之间的通讯。计划不周的加利波利远征军的目标是，通过在达达尼尔海峡给土耳其人一记重击来恢复通讯。1915年2月19日，一支英法舰队炮击了达达尼尔海峡。4月25日凌晨，一支盟军部队在加利波利半岛登陆。君士坦丁堡的未来再次陷入迷雾。长期以来，君士坦丁堡一直是欧洲各国争斗的根源。俄罗斯帝国的亲斯拉夫派一直想要"让东正教十字架重新回到圣索菲亚教堂"，这也是尼古拉二世魂牵梦绕的梦想。包括爱国人士在内的俄罗斯知识分子不禁会问，国内的种种问题已经让这个国家疲于应付，如何还有精力应对将来在君士坦丁堡出现的纷繁复杂的新问题？不过，至少有一点是明确的——如果俄罗斯帝国寻求在海峡建立绝对控制权，那么会因此被永久困在黑海、没有爱琴海出海口的保加利亚，就不得不加入敌人的队伍。萨佐诺夫虽然怀疑要求得到君士坦丁堡是否明智，但仍然坚持对海峡的主张。1914年11月14日，法国和英国答应就俄罗斯帝国对海峡的主张"以倾向于俄罗斯帝国观点的角度"加以考虑。1915年3月1日，萨佐诺夫明确提出了对君士坦丁堡的主张。3月13日，尼古拉二世对此予以重申。3月27日，英国宣布自己将同意俄罗斯帝国的主张，前提是协约国联手打到战争的最后一刻。

南部通讯的中断使人们把注意力放在了北部通讯上。战争刚开始时，

埃森。

摄者信息不详

要去俄罗斯帝国的英国人会经过挪威、瑞典，跨过波斯尼亚湾进入芬兰，但因为德意志人在波罗的海占压倒性优势，这条通道被切断了。埃森和高尔察克奋力作战，在但泽和基尔两地用潜水艇部署水雷，但他们主要是为了躲避德军的正面攻击。据说有一次，尼古拉二世未经考虑便给埃森发了一封无线电报，白纸黑字地问："你在哪里？"这位俄军上将巧妙地回答："我不知道。"

伊凡雷帝统治期间，在寻找航线时，探险家理查德·钱塞勒爵士将自己发现的一个地方命名为北角。当时，这条航线十分难走，而现在，海上物资的运送只能通过北角。阿尔汉格尔斯克港是俄罗斯帝国非常重要的港口，整个冬季都处于冰封期。海湾的水静静地流到摩尔曼斯克后，继续向西流动，几乎一直流到挪威边境。在统治的前几年，尼古拉二世做出了一个明智的决定，那就是在摩尔曼斯克建立一个分港口。1915年1月15日，连接摩尔曼斯克和苏格兰的电缆开始工作，但彼得格勒和摩尔曼斯克之间依然缺乏铁路交通。由于俄罗斯帝国铁路被日益废弃，这条关键的铁路线一直到1917年俄罗斯革命期间才建成。

停泊在君士坦丁堡的"格本"号及"布雷斯劳"号现在可以开到黑海炮击敖德萨了。然而，除此之外，土耳其战事并非俄罗斯帝国关注的重点。据说，维特甚至认为是土耳其战事终于让俄罗斯帝国有了战争目标。1915年1月5日，土耳其人在萨雷卡梅什湖遭到重击。论才智和效率，他们远非尤登尼奇将军的对手。此时，尼古拉二世和手下的部队都笃信协约国会取得最终胜利。尼古拉二世加入了当下时兴的重新瓜分世界的游戏。帕莱奥洛格记录了1914年11月21日自己与尼古拉二世的一段精彩对话，但细节仍有待推敲。尼古拉二世认为应当对战败国制定不容更改的条款——后来这是在其不在场的情况下完成的。尼古拉二世说："我无条件同意法国和英国从本国利益出发制定的条款。"俄罗斯帝国必须得到波兹南、西里西亚的部分土地、加利西亚和北布科维纳。这样一来，俄罗斯帝国的领土就可以一直延伸到天然屏障喀尔巴阡山脉。尼古拉二世认为不应该代替奥斯曼帝国统治小亚细亚地区的亚美尼亚人，但如果亚美尼亚人提出要求，可以把他们兼并过来。要把土耳其人从欧洲赶出去。黑海海峡北部地区也许会成为保加利亚人的领地，但君士坦丁堡周边地区——萨佐诺夫此时还没有对君士坦丁堡提出主张——必须掌握在俄罗斯人手中。尼古拉二世还要求废除霍亨索伦王朝。

针锋相对的大国都在急切地寻求所有可能的弱小盟国支持，所以都尽

萨雷卡梅什战役。

绘者信息不详

力摆出一副彬彬有礼的样子。小国趁机提出过分的要求，为抢夺战利品与大国讨价还价。罗马尼亚行事谨慎的老国王卡罗尔一世是霍亨索伦王朝的成员之一，1914年10月11日[①]驾崩。儿子费迪南一世继承皇位，娶了一个有英国和法国血统的妻子罗马尼亚玛丽王后。罗马尼亚玛丽王后坚定地站在协约国一边。对连讨价还价都会带来危险的罗马尼亚人来说，他们的未来则要依附于可能成为赢家的一方。意大利早已偏离同盟国的方向，最后从协约国那里得到了一份本应属于协约国现有成员塞尔维亚的领土。

现在，俄罗斯帝国面临的是走向自由还是保守这个最关键的问题。英国和法国必须承认俄罗斯帝国以皇帝为最高权威。只有做出这样的官方表态，俄罗斯帝国才会与英国和法国密切接触。战争开始之前，在任何新任的法国和英国代表团访问俄罗斯帝国时，这一点就已经比较明显了，战争开始后更是如此。后来，帕莱奥洛格写道："我明白，任何法国政治家访问俄罗斯帝国本身就是一种民主宣传行为。"没有人民的支持，尼古拉二世不可能赢得这场战争。除此之外，技术和军需品都少得可怜的俄罗斯帝国要赢得战争，同样离不开与协约国的精诚合作。当布坎南或帕莱奥洛格与俄罗斯帝国讨论西部亟需的装备要求时，就会开始深入接触到俄罗斯帝国内政中的一些重大问题。特别是与萨佐诺夫私交甚笃的布坎南，正日益成为俄罗斯社会中的一个中心人物，并在俄罗斯帝国主要的英国人侨居地得到了全力支持。但布坎南并没有滥用这样的机会，相反，他的思想行动都体现了最大的克制和深思熟虑。不过，布坎南仍然会开诚布公地给出自己的观点。盟国的影响力正逐渐渗透俄罗斯帝国公职人员。

帕莱奥洛格并没有巧妙地利用所处的环境。他和布坎南两位大使不得不提一个特别敏感的问题：两人各自所在的法国政府和英国政府要求他们

---

① 经考证，卡罗尔一世驾崩时间为1914年10月10日。——译者注

为布尔采夫一事请命，这让他们十分为难。此人是我们叙述的这段历史中最了不起的人物之一。布尔采夫与革命党派来往甚密，对恐怖主义怀有极大兴趣，但认为只有当政府拒绝在公众舆论面前做出任何让步时，才应该拿起恐怖主义作为武器。他曾因公开发表这一言论而在英国受到审讯，后来被判刑入狱，这并不是毫无道理的。其实，布尔采夫真正的兴趣不是做特务，而是做学者。所以他在参观完大英博物馆时被逮捕，也就不足为怪了。布尔采夫是研究革命运动史的权威专家，甚至可以说是一个"本领"比任何警察都要好得多的革命党侦探。时任警察局局长的别列茨基说，布尔采夫总是能成功地暴露海外俄罗斯帝国特务警察的行踪。特务警察一旦暴露，不得不全部被换掉。最终，聪明过人、勤勉不倦的布尔采夫得以向社会革命党领袖证明，社会革命党中的恐怖主义团体头目阿泽夫也是一个特务警察。布尔采夫通常会为恐怖主义辩护甚至发声，但也曾说过，自己"反对特务警察的谋杀行为"。一开始，警察根本懒得听他的，甚至一度把他当成危险分子。然而，布尔采夫的证据无可辩驳。因此，阿泽夫被警察同僚审讯、定罪，还被踢出了警察局。后来，指控了阿泽夫的布尔采夫还客客气气地拜访他，并以一个学者的严谨态度向他求证案件中的几个疑点。布尔采夫能与警察局的负责人交谈自若，通常会首先抛出自己已经了解的事实，然后循序渐进地套出更多的信息。没有人能像他一样，对俄罗斯帝国政治的肮脏一面有如此深刻的理解。说布尔采夫是警察也好，革命分子也罢，两者的界限很难说清。

战争早期，住在巴黎的布尔采夫成为所有革命党的强大领袖，公开支持俄罗斯帝国反对同盟国，与大力支持失败主义的列宁提出的路线背道而驰。与英国和法国观点一致最符合俄罗斯帝国的利益。布尔采夫义无反顾地回到俄罗斯帝国，不久便遭到逮捕，被流放至西伯利亚最北端，这也是意料之中的事。温文尔雅的帕莱奥洛格代表法国政府敦请尼古拉二世赦免布尔采夫。虽然帕莱奥洛格在陈词中为布尔采夫进行了精彩的辩护，但尼古拉二世给出了合理的回答："告诉我，什么时候我的巴黎大使干涉过政治犯。"

1914年8月6日，俄罗斯帝国政府下令赋予内阁在战争期间的特殊权力，然而，内阁和总部之间的摩擦仍在继续。迫于压力，9月27日，内阁派I.L.奥伯伦斯基亲王作为代表去了总部，算是名义上的一种解决方案。1914年8月12日，来自三十五个省的郡县议会即地方自治局联合起来成立了红十字地方自治联盟。8月21日至8月22日，在莫斯科举行的会议上，大城市的市长效仿前者的做法，成立了市镇红十字会。地方自治局和市镇后来合二为一，成为"泽姆戈"①，这就是我们不止一次提到的民间红十字会。对此，俄罗斯帝国政府鼎力支持。8月29日，尼古拉二世批准民间红十字会在战争期间为伤病员服务。显然，没有民间红十字会提供重要服务，军队的需求将无法得到足够关注。

1914年8月31日，首都圣彼得堡更名为彼得格勒，标志着人们开始反抗德意志帝国在俄罗斯帝国国内长久以来的控制。在当时的背景下，刚刚更改的新名字还没有被人们普遍接受的时间和条件，但反抗带有德意志印记的一切是人尽皆知的事实。10月22日，莫斯科发生了反德的暴力动乱。警察不得不立即出动以控制局面。在那一天，人们发出疾呼——人们的呼声可以说形成了一场燎原之势——抵制任何和德意志帝国有关的东西，特别是"德意志人的剥削"。

然而，就在战争的第一年，全民思想的肃清开始了，特别以宗教领域为甚。1914年9月4日，尼古拉二世一纸诏令，取消所有烈性酒的制造和

---

① "泽姆戈"是创建于1915年的俄罗斯组织，旨在于第一次世界大战期间帮助政府提供更好的服务。首任主席为格奥尔基·利沃夫亲王。1919年，"泽姆戈"被布尔什维克取缔。——译者注

售卖，这真实反映了深受父亲影响的尼古拉二世的心愿。以君主专制方式发起的改革能很快收到成效。总的来说，在大概一年的时间内，俄罗斯人基本上滴酒不沾。禁酒法令不仅增加了银行存款，还很有可能拯救了很多敌军战俘的生命。刚刚抓获战俘时往往是俄军士兵脾气最暴躁的时候。禁酒法令一出台，俄军士兵就不可能会酒后冲动做出伤害战俘的行为。一开始，农业似乎没有受到多少冲击。健壮的农妇一如既往地在田间辛勤劳作。事实上，农产品价格上涨还带来了可观的收成。政府与合作社签了不少大订单。俄罗斯帝国曾大量出口的粮食现在转为了内需。在人们心中，满足国家军队需求是高于一切的神圣义务，可政府的补给总是严重匮乏。战争激发了亚历山德拉皇后善良的天性。她以身作则，贡献了自己的一份力量。战争开始后不久，亚历山德拉皇后就和长女奥尔加、次女塔季扬娜一道，接受了全面的救护训练。1914年8月23日，亚历山德拉皇后开始在自己建立的医院为伤员处理伤口。虽然这并不是一份让人舒服的工作，但她还是感到了一种莫大的幸福。10月23日，学生用游行的方式表达了自己的爱国热情，以响应奔赴前线的号召。

　　然而，当前线的各种工作不力和混乱无序透过前线和后方之间的大幕逐渐为世人所知时，批评之声也随之出现。1915年2月9日，帝国杜马召开了为期两天的公开会议。两天前，在一次与大臣的非公开会议中，一些帝国杜马成员提出了问题和抱怨，并且特别要求早日发布波兰自治的承诺。从老谋深算的戈列梅金那里，这些帝国杜马成员得不到满意的答复。苏霍姆利诺夫的答复同样含糊其辞。两天后，这些帝国杜马成员的不满表现在帝国杜马为期两天的公开会议上。另一场帝国杜马成员与大臣的非公开会议也未能取得任何成果。

　　到目前为止，学界的观点是：人们普遍以极大的热忱奉献自我、保卫国家；只有在最高的统治阶层，才有人怀疑战争注定会失败，并且这种怀疑没有任何根据。同盟国想要与俄罗斯帝国媾和的谣言时不时地传到俄罗斯人的耳朵里。1915年3月底，霍恩洛厄-希灵斯菲斯特亲王提议俄罗斯帝国与奥匈帝国媾和。对此，尼古拉二世十分不悦。显然，尼古拉二世感到自己对协约国的忠诚受到了质疑，但在萨佐诺夫的建议下，没有给出任何答复。4月30日，亚历山德拉皇后同样收到了哥哥巴登大公恩斯特示好的表态。对此，她站在俄罗斯帝国的立场加以斥责。搅动公众情绪的事件层出不穷。1915年4月12日，位于首都彼得格勒的奥赫塔河兵工厂被炸毁，很可能是敌人所为。之后，在彼得格勒又发生了一起类似的爆炸事件。

更让人深感不安的是米亚索耶多夫上校的故事。工作勤勉的大臣知道他一无是处，都瞧不起他。但米亚索耶多夫与战争大臣苏霍姆利诺夫交往甚密。他年轻的妻子是个不安分的神秘人物，与苏霍姆利诺夫的关系也绝非一般。米亚索耶多夫就这样坐上了好几个重要的职位。战争爆发前，在负责维尔巴利斯边境站时，米亚索耶多夫就与德意志秘密情报机构有一些来往。后来，他的叛国行径被人揭发。米亚索耶多夫并没有为自己做辩护。据说，他甚至对罪行供认不讳，称只有德意志帝国的胜利才能拯救俄罗斯帝国的君主专制。尽管有来自高层的人脉，1915年3月10日，米亚索耶多夫还是以叛国罪被处以绞刑。

渐渐地，一心想赢得战争的尼古拉二世开始感受到了来自公众舆论的压力。内务大臣尼古拉·马克拉科夫是君主专制的忠实拥趸者，不到一年前还曾建议尼古拉二世全面恢复君主专制。此时，两人开始了私人通信。1915年3月30日，感到自己人微言轻的尼古拉·马克拉科夫写了一封辞职信。四天后，他收到了尼古拉二世口吻亲密的回信，一开头便不同寻常："我的朋友尼古拉·马克拉科夫"，尼古拉二世不仅强调自己喜爱他，还表示，自己感到几乎每个人都成了这位内务大臣的异见者。尼古拉·马克拉科夫仍留任原职。人们更关注的是另外两个性格强势、公开反对战争的人。第一个人是前首相维特。他一直坚定地相信：首先，俄罗斯帝国必须不惜一切代价避免战争；其次，俄罗斯帝国必须与法国和德意志帝国开展经济合作来抵制英国的主导地位。战争刚一爆发，维特就回到了俄罗斯帝国，请求尽早终止这场"愚蠢的冒险"，还四处大肆宣扬这一观点。布坎南觐见尼古拉二世，对维特的观点表示抗议，并发表了公开回应。尼古拉二世本来就很不喜欢此人，这样一来更是火上浇油。然而，就在1915年3月13日，维特突然去世。

第二个人是拉斯普京。他反对战争的理由和维特一样充分。他倡导所有民族和宗教之间和平相处，声称自己在1909年和1912年分别避免了两场战争。很多人相信了拉斯普京的说法。战争爆发前，他曾交给安娜·维鲁波娃一封电报，让其转交给尼古拉二世。对此，尼古拉二世大为光火。拉斯普京的女儿说当时父亲还发过几封类似电报给尼古拉二世，并声称自己曾看到过这些电报。被古谢娃刺伤后，拉斯普京神奇般地康复了。到1914年9月11日，拉斯普京已回到彼得格勒，并和维特一样，开始公开发表反战演讲。

在某种程度上，拉斯普京和维特居然是朋友关系，这听上去简直不可思议。拉斯普京曾对伊利奥尔多谈及两人的关系，更是向西马诺维奇不止一次地提起，但最可靠的证据来自莫索洛夫。莫索洛夫是尼古拉二世宫廷部下属民事法庭的首席法官，也是德米特里·特列波夫和后来当上首相的A.F.特列波夫的亲戚[1]。在很不情愿的情况下，莫索洛夫与拉斯普京见过几次面。据莫索洛夫回忆，有一次在欧洲酒店，喝醉了酒的拉斯普京对他说起了与"维蒂纳"[2]的政治友谊。拉斯普京还常常说起想让维特重新上

---

[1] 莫索洛夫是埃莉泽·费奥多罗芙娜·特列波夫的丈夫。埃莉泽·费奥多罗芙娜·特列波夫是A.F.特列波夫的姐姐、德米特里·特列波夫的妹妹。——译者注
[2] "维蒂纳"是拉斯普京对维特的昵称。——译者注

台的想法。早在1911年春，科科夫佐夫就听说过这一说法。我们也可以从伊兹沃尔斯基和别列茨基那里得到证实。就像后来为犹太人的权利发声一样，拉斯普京的政治勇气可嘉，毕竟他十分清楚，自己揽下了一个多么艰巨的任务。其实，两人之间的这种关系不足为奇。拉斯普京的观点很有前瞻性，与维特的观点不谋而合，特别是厌恶"英国式的外交"。对精明狡猾、工于算计的维特来说，成为第一批权衡并利用拉斯普京政治影响力的人之一是迟早的事。

1914年10月2日，在准备出兵之前，尼古拉二世第一个私下会见的人便是拉斯普京。10月5日，拉斯普京与安娜·维鲁波娃待了三个小时。自从帝国杜马就其滥交的丑闻展开辩论后，拉斯普京与尼古拉二世一家见面的地点便选在安娜·维鲁波娃的"小房子"里，而不再是皇宫。安娜·维鲁波娃常常要把拉斯普京的信息转交给亚历山德拉皇后。10月7日，亚历山德拉皇后来到小房子里与拉斯普京见面。11月1日，拉斯普京通过安娜·维鲁波娃和另一个女人转达了法国驻俄大使的政治观点。拉斯普京离开后，又在12月28日回来了。第二天，拉斯普京给亚历山德拉皇后打了电话。这些见面的证据都保留在亚历山德拉皇后和丈夫尼古拉二世的通信中，日期用儒略历记录。大部分见面都是私下进行，泄露出来的只有一些含糊不实的流言。据此，人们开始了无边无际的猜疑。1915年2月24日，帕莱奥洛格见到了拉斯普京，还不得不接受了他粗鲁的拥抱。拉斯普京就战争问题毫不客气地向帕莱奥洛格发问。

安娜·维鲁波娃常常从沙皇村出来到城里去拜访拉斯普京，为亚历山德拉皇后带话。1913年1月15日，安娜·维鲁波娃在路上遭遇了一场严重的铁路事故，被一根沉重的铁梁砸在头上，动弹不得。人们费了很大的力气才将她解救出来。她的头盖骨和脊柱都受了重伤，右腿被压得变了形，左腿两处骨折。人们用从车厢拆下的门将她抬到附近哨兵住的小房子里。

亚历山德拉皇后亲自把安娜·维鲁波娃送到格德罗伊茨公主的医院。医生宣布她活不长了。接到消息后，尼古拉二世匆匆赶到安娜·维鲁波娃的床边。因为准科夫斯基曾写过一份有关拉斯普京言行的报告，让拉斯普京失去了尼古拉二世的宠信。后来，拉斯普京对别列茨基详细地叙述了事情的经过，说自己直到第二天才收到消息。莫索洛夫回忆，正在吃晚饭的拉斯普京听到消息后，一下子站起身来，急忙赶去见安娜·维鲁波娃。由于中断了与皇宫的联系，他没办法用皇宫的车。这时，维特伯爵的妻子把自己的车借给了拉斯普京。安娜·维鲁波娃已经意识模糊，一遍又一遍地喃喃自语"格里戈里神父，为我祈祷"。人们为安娜·维鲁波娃实施了圣餐礼①。尼古拉二世夫妇在床边观察着安娜·维鲁波娃的情况。拉斯普京不经请示便径直冲进了房间，顾不上对旁边的人说一句话，抓起安娜·维鲁波娃的手说："安努什卡②，醒过来！看着我！"安娜·维鲁波娃睁开眼睛，喃喃地说："格里戈里！是你！感谢上帝！"拉斯普京转向在一旁肃立的人们，只说了一句话："她会恢复的，但她会终身残疾！"拉斯普京跌跌撞撞地出了房间，晕倒在外面，醒来时全身大汗，好像所有力气都被抽空了一样。在返回皇宫的路上，亚历山德拉皇后写信给莫索洛夫，说拉斯普京使奇迹发生了。后来，在谈到这次经历时，拉斯普京常说"我让安娜起死回生"。安娜·维鲁波娃比这段历史中的所有主要人物都活得长。

1915年1月19日，一辆飞驰在卡缅内岛大街的三驾马车差点把拉斯普京撞倒。马车里的人承认自己从察里津来，这正是伊利奥尔多建造了其精神堡垒③的地方，因此，人们通常认为是伊利奥尔多指派他们来的。2月11日，拉斯普京与亚历山德拉皇后见了一面。2月24日，他又与帕莱奥洛格见

---

① 圣餐礼又称主的晚餐，是基督教的重要礼仪，是为了纪念主的死和主的复活。——译者注
② "安努什卡"是俄语中"安娜"的缩略语。——译者注
③ 这里的精神堡垒是指一个修道院。——译者注

了一面。3月12日，拉斯普京为即将出征的尼古拉二世祈福。在后来给妻子亚历山德拉皇后的信中，尼古拉二世说自己感到内心平静，这简直不可思议。让人感到奇怪的是，尼古拉二世认为这要归功于拉斯普京的祈福、维特的去世，以及和乔治·布坎南爵士谈笑风生的对话——两人肯定谈到了海峡和君士坦丁堡的问题。

1915年4月8日，拉斯普京去了趟莫斯科，制造了一起比以前都要严重的公共丑闻。对亚历山德拉皇后和其他人，他给出的说法是，自己去莫斯科是为了到牧首的墓前祈祷。不知是认为祈祷工作过于辛苦，还是觉得自己是个有头有脸的角色，总之，拉斯普京光顾了臭名昭著的娱乐场所亚尔餐厅。根据现存的警察报告，拉斯普京衣不蔽体、堂而皇之地坐在餐厅里的样子，让媒体只能用十分下流这样的字眼来形容。警察报告中还写道，当时的目击者都为他感到不耻。可他对那些人说，即使是在尼古拉二世一家面前，他也能这么干。布鲁斯·洛克哈特见证了一部分事情经过，向我们描述，拉斯普京被警察带走时，还"咆哮着发誓要回来报仇"。人们普遍认为这就是他的下场。莫斯科警察局长阿德里阿诺夫将军将详情发给了警察局，并找到准科夫斯基处理此事。尽忠职守的准科夫斯基派人监视拉斯普京，特别是有关其插手政治的事。准科夫斯基发现拉斯普京正日益横加干涉政治事务，认为这使尼古拉二世、罗曼诺夫王朝乃至整个俄罗斯帝国都有倾覆之厄。于是，在向尼古拉二世报告莫斯科的一系列动乱时，准科夫斯基大胆地陈述了在亚尔餐厅里发生的不堪的一幕。尼古拉二世一言不发地仔细听完，最后只问准科夫斯基要了书面报告，并放在了桌子抽屉里。准科夫斯基请求告退并继续展开调查。尼古拉二世不仅点头答应，还恳求他仔细调查。两人友好的交谈一直持续到夜里12点半。别列茨基说，尼古拉二世向拉斯普京提起这桩丑闻时勃然大怒，然而，拉斯普京的解释还是其一贯的借口——这话对俄罗斯人比对英国人要更有分量——那就是他是一个"有罪的人"。拉斯普京到底是不是和以前一样，只承认自己喝醉了酒呢？没有人能说清楚。拉斯普京还辩解说，自己只是一个头脑简单的农民，受了别人有意的诱惑。这件事发生在1915年6月。虽然尼古拉二世对拉斯普京的行为十分不满，但亚历山德拉皇后似乎并不知情。

尼古拉二世虽然听从了劝告，没有担任战争指挥，但还是一心想着无论如何都要与军队共担危险困苦。虽然这意味着要做出个人牺牲，但亚历山德拉皇后认为这是尼古拉二世义不容辞的责任，所以常常鼓励尼古拉二世。亚历山德拉皇后甚至十分妒忌受人民爱戴的尼古拉大公，希望尼古拉二世经常深入军队来建立自己的声望。这一时期，尼古拉二世频繁视察军营：1914年10月2日至10月9日，11月3日至11月15日，12月1日至1915年1月1日，2月4日至2月15日，3月12日至3月24日，4月17日至5月5日。在此期间，尼古拉二世的足迹遍布了几乎每一处军营和俄罗斯帝国的大部分土地。在写给妻子亚历山德拉皇后的信中，尼古拉二世不无激动地提到了各支军队的生动风貌和旺盛战斗力，还说只有与军队同吃同住的人才会知道这一切——比如诺克斯和自己。

然而，尼古拉二世最后一次军营之旅十分不幸。拉斯普京和尼古拉大公都极力劝阻他，说现在去还为时过早。拉斯普京的语气尤为恳切。这次尼古拉二世计划去的是被征服的加利西亚，当时已经有一个俄罗斯帝国总督驻扎在那里。尼古拉二世去了加利西亚的利沃夫，视察了几个军营，对新组建的高加索第三军高涨的士气感到十分欣慰。高加索第三军由伊尔曼诺夫率领，在喀尔巴阡山脉脚下扎营，已经具备作战能力。在利沃夫，尼古拉二世睡在弗朗茨·约瑟夫一世曾睡过的床上。此时，罗江科也以帝国杜马主席的身份大张旗鼓地访问了利沃夫。此人主要的缺点就是太高调。对当地人民欢迎罗江科，尼古拉·马克拉科夫很不满。罗江科直言不讳地对尼古拉二世说，自己预测俄军很快就会再次被赶出去。

在俄军占领加利西亚的过程中，俄罗斯军民的优秀品质显露无遗。战争之前，基辅的参谋中有很多都是作战英勇的士兵，之后他们一个接一个地另谋高就。指挥西南战线的老伊万诺夫很普通，为人谨慎，爱犹豫。出身平凡的阿列克谢耶夫则因个人能力优秀而得到晋升，他思维敏锐，是个运筹帷幄的战略家。基辅的参谋一直在密切留意着周围的危险。早在1909年危机爆发时，就有人警告参谋长米阿列克谢耶夫，要提防四十八小时内随时可能发生的入侵。鲁兹斯基被派去指挥西北战线。后来，布鲁西洛夫担任最高统帅，继任者为科尔尼洛夫和杜霍宁。这些杰出的军官基本上都是自由主义者。俄军挺进加利西亚时，他们把自由之风也带去了那里。在俄罗斯帝国，让一个有影响力的人决定未来何去何从并不是件困难的事。在这样的氛围中，帝国杜马中最有自由主义思想的成员纷纷来到加利西亚服务于红十字会，比如前帝国杜马主席尼古拉·霍米亚科夫、现为上议院议员的典型的英国自由主义者米哈伊尔·斯塔霍维奇、被认为是俄英两国中间人的亚历山大·泽维金茨耶夫、米柳科夫的朋友伊戈尔·杰米多夫等。杰米多夫负责帝国杜马在加利西亚当地的战地医院。派往加利西亚的部队人员主要从俄属乌克兰人中调集，这是明智之举，因为无论是从语言上还是从文化上，俄属乌克兰人都与东加利西亚人有强烈的认同感。奥匈帝国的乌克兰部队有时会以向空中开火的方式欢迎这些来加利西亚的俄属乌克兰人。许多人开始渐渐倾向于加入俄军队伍。俄罗斯红十字会不仅为俄军提供医疗物品，也对当地人一视同仁，赢得了人们的赞誉。同时，俄罗斯红十字会还征募当地外科医生。他们听命于俄罗斯帝国机构，工作勤勤恳恳。进入加利西亚的士兵和当地人用彼此熟悉的方式交谈，而奥匈帝国军官不懂他们交谈的内容。在更往西的地方，比如由俄军占领的加利西亚的波兰人聚居区，俄罗斯人和波兰人其乐融融。俄罗斯人就驻扎在干净整洁的波兰小房子里。看过这些友善的俄军士兵的人都会说，俄罗斯人和波兰人要和平相处很简单，只要不干涉他们就够了。可惜的是，俄罗斯帝国政府并不这么认为，特别是教会。教会把俄军的占领看成是传播正统的东正教教义以获得更广泛的控制权的机会。对这种掺入了宗教的政治殖民思想，俄军和当地居民一样深恶痛绝。

己在1914年12月2日占领了贝尔格莱德的奥匈帝国军队再次向喀尔巴阡山脉发起进攻，希望借此为拯救被围困的普热梅希尔要塞赢得一线生机。然而，奥匈帝国军队卫戍部队主要由斯拉夫人组成。虽然以民兵为主的俄罗斯第十一集团军战斗力不占优势，但普热梅希尔要塞里的奥匈帝国军队还是在1915年3月19日放弃抵抗，共有十二万人被俘，九百支枪被缴。即使最东端有德军增援，俄军还是轻而易举地将奥匈帝国军队截留在原地。在1915年3月2日伊万诺夫发给总部的备忘录中，包含向布达佩斯和维也纳方向进军的批示。

之前，我们已经讲过，鲁登道夫以为俄军把从最北端和最南端侧翼包围德军作为一个整体作战计划，但其实俄军在两派不同的军事作战思想之间摇摆不定。这也就能解释为什么在冬季战役中，鲁登道夫指挥奥匈帝国军队的大部队一路向北朝俄罗斯帝国纵深推进，以及德军为什么要增援奥匈帝国最右翼的部队。俄军总部希望伊万诺夫将阵线从最东端往西转移，逐渐将奥匈帝国军队往西赶，但伊万诺夫直接从加利西亚中部率兵南下。很快，鲁登道夫意识到，伊万诺夫的右翼部队，也就是拉德科·德米特里耶夫率领的第三集团军处于危险境地，因为第三集团军已经沿杜纳耶茨河向西进军了很远，正朝着西南方向的维也纳突进。由于整条行进线路处于突出位置，使奥匈帝国军队很容易从喀尔巴阡山脉发起攻击。

然而，俄军仍继续在山区艰难跋涉。喀尔巴阡山脉层峦叠嶂，每走一会儿就会出现树木丛生的山坡地带。俄军弹药少得可怜，所有山头都得用刺刀一一攻破。为此，俄军付出了巨大的代价，更体现了俄军的作战精神和无上勇气。俄军深知，除了匈牙利人和蒂罗尔人，如果要战胜敌人，必须采取逐个击破的战术。在俄军部队行进过程中，无数战犯被俘，一座座高山被征服。到了1915年4月10日，凭着被丹尼洛夫称为"超人般的努力"和被鲁登道夫称为"视死如归"的精神，俄罗斯第三集团军攻占了贝斯基德山中心的致高点。西面的布鲁西洛夫率领的第八集团军正在越过山顶向山脚进发。至此，除乌若克以外的所有喀尔巴阡山脉的关口都落入了俄军手中。山区居民大部分为乌克兰人或斯洛伐克人，也就是斯拉夫人。自由之风继续吹拂在行军路上。

在相反的方向，最北端的侧翼部队也在行进过程中，部队多多少少有些散漫。1915年3月2日，三个俄罗斯帝国集团军发起了局部进攻，但收效甚微。在普扎斯内什的激战中，俄罗斯部队和德意志部队顽强拼搏，赢得了鲁登道夫的钦佩。但直到1915年4月底，局势才真正开始扭转。4月30日，德军沿着波罗的海海岸线朝着里加方向有计划地发起进攻。鲁登道夫急于阻止俄军从侧翼包抄德军的行动，于是将一支部队直插俄军最右翼部队，这说明鲁登道夫已为1915年夏季的战事做好了准备。5月3日，德军进入米塔乌。5月7日，德军占领了俄罗斯帝国的港口城市利耶帕亚。接着，德军又继续向希奥利艾和里加的方向进军。

俄军已经收到不少警告，称德意志帝国和奥匈帝国将会在靠近克拉科夫南部的另一翼调集大量兵力，由德意志帝国最优秀的将领之一马肯森担任指挥。马肯森的麾下是德意志第十一集团军和奥匈帝国第四集团军。在马肯森周围，特别是在东侧，几支德军分队已加入了举棋不定的奥匈帝国军队，分别是林辛根在穆卡切沃的部队、马沙尔在布科维纳的部队和马维茨在贝斯基德山的部队。此时的德意志参谋部已搬至普什奇纳，以便更好地与奥匈帝国军队展开合作。所有预备军也被派遣至东线。1915年4月26日，意大利加入协约国，宣布只对奥匈帝国宣战，暂时不对德意志帝国宣战。如果不是与德军合作，恐怕奥匈帝国早就单独媾和。1915年4月，一支大部分由蒂罗尔人组成的奥匈帝国军队对位于图胡夫附近最西南端突出位置的俄军发动进攻，但并没有达到预期效果。

1915年5月2日，新一轮进攻开始了。在绵延八百多英里的俄军战线中，德军和奥匈帝国军队袭击了拉德科·德米特里耶夫率领的第三集团军和布鲁西洛夫率领的第八集团军。德米特里耶夫自己的战线就有一百一十五英里，兵力约三十多万人。之前，他已经好几次向上级汇报过可能发生的紧急情况，但没有得到回应。德米特里耶夫虽然行事谨慎，但依然没料到袭击会发生得这样突然。就在前一天，他还邀请我参观他在这个部分的战线。受到打击的位置在俄罗斯第十军和俄罗斯第九军之间的缺口。俄罗斯第十军陷入一片混乱。从附近的位置往下看，只见左右都有德军和奥匈帝国军队的重型枪炮开火，火光一直延伸到五英里开外，俄军大炮根本来不及回击。俄军简陋的壕沟全被炸毁，身处壕沟的人也几乎全部丧生。在此次袭击中，俄军的一支部队损失惨重，在接下来的军事行动中，出兵人数从正常的一万六千人锐减到五百人，还有几个师的人数只剩下一千人左右。在没有用机枪大炮将对手一网打尽之前，德军和奥匈帝国军队不敢贸然前进。德军和奥匈帝国军队的战术是，在某一点集结大量重型枪炮，通常会先炮击离自己最近的俄军后方，以切断后方与前线的通讯，这样就能在中间炸出一个缺口，之后再沿着阵线不断重复之前的行动，直到打开更大的缺口。战事已经过半，德米特里耶夫终于得到了作战英勇的高加索第三军及其他部队的增援。然而，由于在加利西亚的俄军从来没有遭遇过奥匈帝国军队的反扑，所以德米特里耶夫并没有做好第二条战线的准备。此时，他已无法再往后退，这致使部队处于被动。于是，德米特里耶夫直接将援军和预备部队投入战斗，结果被德军和奥匈帝国军队全歼。在没有任何炮兵部队支援的情况下，伊尔曼诺夫率领的高加索军竟然到达了持有枪炮的德军和奥匈帝国军队附近，之后又一路掩护撤兵，兵力很快从原来的四万人锐减到八千人。德军不断逼退俄军的阵线。一边的塔尔诺夫和另一边的戈尔利采不得不被放弃。伊万诺夫命令部队在维斯沃卡河停下，进行反抗，但这几乎不可能。第三集团军抓住一切机会英勇反击——特别是在刺刀占了上风的夜晚——就这样一路拼杀到了桑河。第二十四军则一直留在喀尔巴阡山脉南部，直到被团团包围。第四十八师由科尔尼洛夫指挥。在1917年"二月革命"之后，科尔尼洛夫声名鹊起。无论是在奉天指挥后方的禁卫军，还是1914年几乎只身闯入匈牙利，科尔尼洛夫热爱冒险的天性体现得淋漓尽致。他率领的第四十八师分别与在北边遇到的德军和在南边遇到的奥匈帝国军队交火，第四十八师的士兵不是被歼灭就是沦为战俘。在森林里躲藏了一段时日后，科尔尼洛夫被人发现，抓进了监狱。后来，他和另一个哥萨克二等兵穿着奥匈帝国军官的服装成功逃脱，一路徒步走回俄罗斯帝国。在之后的事件中，科尔尼洛夫将扮演一个重要角色。

桑河战役打响后不久，1915年5月15日，雅罗斯拉夫落入德军之手，只剩下六千人的高加索第三军在谢尼亚瓦的夜战中用刺刀与敌人交锋，虏获七千战俘。用德米特里耶夫的话说，士兵们"已流尽了最后一滴血"。德米特里耶夫无法与附近的埃弗特率领的第四集团军和布鲁西洛夫率领的第八集团军保持正常通讯。现在，第四集团军和第八集团军都接到了撤退命令。这意味着喀尔巴阡山脉的鏖兵结束了，俄军在战役中付出了沉重代价。布鲁西洛夫的撤军十分高效，先是在指定的路边发送军用物资，并一次又一次地击退敌人。布鲁西洛夫还曾负责把守现已废弃不用的普热梅希尔要塞，说没有了炮弹的普热梅希尔已经不是一个要塞了。

俄军总部向吕巴乔夫增派援军，以对德军和奥匈帝国军队发动突然反击。新组建的分队零零散散地加入阵线，撤退仍在继续。如果此时，德军和奥匈帝国军队对这一不断变化的阵线发起攻击，连枪支都严重匮乏的俄军只能消极应战。伊尔曼诺夫两边的队伍受到包抄，弹药筒配备不足。俄军就这样离开了加利西亚，然而，撤退还在按部就班地进行。伊尔曼诺夫撤退的速度从不会超过一天三英里。1914年，奥匈帝国军队和俄军在俄属波兰的克拉斯内斯塔夫发生了第一次重大冲突。俄军的一个师在夜间发起袭击，沉重打击了奥匈帝国军队的两个师，导致奥匈帝国军队不得不休整了整整两个星期。

　　征兵工作的管理十分混乱。从全国各地征募的士兵来自各个年龄段，没有地方编制，只是草率地组成队伍，有时连一支步枪也没有。他们随时待命，代替受伤的战友上前线。由于没有受到正规的掩护训练，这些人常常刚入伍一两天就被送到急救站。布鲁西洛夫就在阵线所在地区实地训练新入伍的士兵。现在，每个团还保留着原来的五六个军官，一个两百五十人的排还有四个到六个原来正规军中的二等兵。"战争打了一年，"布鲁西洛夫写道，"正规军就不复存在了，取而代之的是由门外汉组成的军队。"他手下平均每个师的数量从原来的一万六千人减到了三四千人。德米特里耶夫率领的第三集团军溃败后，情况更糟糕。在访问德米特里耶夫的军营时，我发现一个排平均只有四十人。不断向边境进发的伊尔曼诺夫连弹药筒都没有。在士兵的信中，"绝望"这样的字眼随处可见。我还记得有人曾这样说："您知道，先生，除了士兵的胸膛，我们什么武器也没有。""这不是一场战争，先生，这是一场屠杀。"

　　在这样的情况下，在一个新指挥的率领下，西北前线的第三集团军缓慢行进到布列斯特-立陶夫斯克。这意味着第四集团军和第二集团军不得不从攻取无望的华沙地区撤出。1915年1月底，在总部召开的会议上，军队被宣布缺员五十万人。陆军部仅收到了四万支劣质步枪。尼古拉大公写信给尼古拉二世说，训练"糟糕透顶"。

德军和奥匈帝国军队认为俄军路线会分别从南北两边合力包抄，并为此制定了作战计划，准备用类似的包抄手法加以应对。这就好似从加利西亚和波罗的海海岸处分别伸出两只大钳子。在马肯森从加利西亚发起大进攻前，德军在里加方向沿着海岸线加紧推进战线。这样一来，无论俄军如何撤退，队伍的中心仍然会向前突出，使南北部分的队伍暴露在外。在书中，兴登堡回忆自己当时想做的是先攻下考纳斯，接着攻下维尔纳，这样就能使俄军向东转弯，把俄军两翼逼至几乎难以通行的平斯克沼地，切断俄军前线与后方的通讯。一直以来，兴登堡都主张包围俄军，以尽早收获战果。以同盟国所处环境来看，这是迫切之需，对同盟国在东部或西部前线取得决定性胜利也必不可少。兴登堡在小范围内实施的包围战术取得了惊人成效。他曾在坦能堡包围俄军中心，在奥古斯图夫森林地区打响的冬季战役中包围部分俄罗斯第十集团军。霍夫曼说，兴登堡和鲁登道夫只需从德军总部打电话下达指令并要求执行即可。然而，就下一步德军在北方应朝哪个方向进军而言，兴登堡和鲁登道夫的决定被否决了。德军并没有继续向北行进，而是直扑纳雷夫河。这一行动至少可以包围俄属波兰，但不足以将俄军全部包围。1915年7月13日，加尔维茨率领德意志第十二集团军开始进发，二十六天后到达纳雷夫河，8月4日到达奥斯特罗文卡。鲁登道夫写道：“无论在哪里，俄军都顽强抵抗，损失惨重。”此时，数次在波兰中部英勇作战的沃伊尔施正率领部队向华沙前进。然而，俄军的“殊死”抵抗给位于中心的队伍的撤退赢得了时间。转向南部进军的德意志第十二集团军没能阻断俄军分队。

　　南部的奥匈帝国军队虽然有德军分队增援，但仍未能使俄军战线转向。俄罗斯第十一集团军将奥匈帝国军队阻截在德涅斯特河。布鲁西洛夫率领的第八集团军继续撤退。布鲁西洛夫指挥得力、不惧艰险，赢得了鲁登道夫的钦佩。在规模大为缩减的西南前线，俄军安营扎寨，度过了整个冬天。此时，绝大部分俄军士兵正在抵挡德军在中部和北部的进攻，其中，阿列克谢耶夫在西北前线麾下的兵力就大大增强。阿列克谢耶夫的目标之一是阻止德军包抄，采取的总体策略得到了敌我双方一致的赞赏。俄罗斯某团的分队力量不断锐减——古尔科称这是一个"微型团"——加之没有军需品补给可能，阿列克谢耶夫只能通过在俄军占优势的夜间发起猛烈反攻来推迟俄军的撤退进程。不过，到了这个阶段，由于俄军损失的兵力已大大超过德军，事实上，德军才是拥有数量优势的一方。

华沙失守已成为不争的事实。从一开始，德莫夫斯基领导下的俄属波兰人就宣布站在协约国一边。在一次对华沙当地人发表的公开宣言中，俄罗斯第四集团军指挥官埃弗特对俄属波兰人给予俄军的无私奉献表示了感谢。俄属波兰人现在考虑的是，即使在德军的占领下，如何对协约国保持忠心耿耿。在第一次世界大战中，波兰人受到的戕害可能最深。波兰是战争的主战场，入侵的部队来了又走，走了又来，每一次都带来了新的摧残。俄军总部的命令更是让波兰人的命运雪上加霜。俄军总部把在波兰的作战比作1812年对抗拿破仑的战役。在这种近乎狂妄的想法的驱使下，俄军总部采取了所谓的"莫斯科"战术，不但下令全面摧毁俄属波兰的所有资源，还命令当地人离开。当地居民就这样被赶出家园，浩浩荡荡一路向东部迁徙。他们能登上的火车越来越少，后来，所剩不多的火车全部用于满足俄军需求。这是一场充满无尽痛苦的旅程。在如此混乱的时期，即使好心的俄罗斯人想要给波兰人一点吃的穿的，也无法解除其困境。波兰人居无定所。在流浪中，不计其数的波兰人死于伤寒和其他流行性疾病。那些有幸活下来的人直到战争结束甚至是一辈子都没能再回到故土。许多人在西伯利亚度过了自己的余生。

1915年8月2日晚，俄罗斯第二集团军由西向东跨过维斯瓦河来到华沙。8月4日，埃弗特率领的第四集团军把维斯瓦河阵线留在伊万哥罗德要塞。当晚，俄罗斯第二集团军也在华沙部署了阵线。8月11日，俄军中心已到达塞德利茨以东。8月12日，阿列克谢耶夫为西北前线部署的临时战线被德军赶超。此时，除了命令部队暂缓行动，阿列克谢耶夫也拿不出更好的方案。到1915年8月中旬，来自德军的压力与日俱增。

此时，德军正沿着这一地区的俄军要塞前进。这些要塞发展还不成熟，彼此也缺乏有效协调。鲁登道夫曾发表言论，称它们除了现在增加一点作战部队的力量，在将来并没有用武之地。在俄军部队撤退的这个节骨眼上，鲁登道夫的看法在俄军总部十分流行。在德军战线后方的新格奥尔吉耶夫斯克要塞遭到炮击，1915年8月19日沦陷。仍在战线范围内的考纳斯要塞遭到猛烈轰炸。指挥官格里戈里耶夫无心应战。8月17日，考纳斯要塞还未沦陷，格里戈里耶夫就逃到后方从此不见踪影。奥斯威克要塞规模不大，但已经击退过三次进攻，虽然这次仍然负隅抵抗，最终还是被德军从南部攻占。诺克斯回忆，此时，俄军部队已经没有一发炮弹，所有步枪子弹都在一次防御行动中用光了。德军朝东北方向在雷瓦尔附近的派尔努沿岸登陆，随时可能再次发起包抄行动。德军的扫雷队也进入了里加河湾地区。俄罗斯禁卫军被派到这里，控制德军从侧翼包抄的行动，彼得格勒的疏散计划也在考虑之中。战局再次得以保持。鲁登道夫写道，俄军总能顺利逃脱，"他们用强大攻势频繁地发起猛烈反攻，一次又一次地利用湿地的多处沼泽区集结队伍，延长抵抗时间。"德军虽然在后方得到了俄军无法相比的铁路支持，但行进过程仍然步履维艰，常常被迫消极应战。格罗德诺在激烈的巷战后才被攻取，加尔维茨只能用"一路打击"的方式才能击退俄军。霍夫曼写道："他们一如既往地奋力防守。"北边的防守任务交给了沉着冷静的普勒韦将军。他把得到增兵的部队呈扇形排开，以阻止德军继续向前。在维尔纳河北岸，俄军发起重击，鲁登道夫遭遇危机时刻。鲁登道夫这样评论："我们再次经历了十分焦虑不安的时期。"1915

年9月9日，德军再次发起了"长时间猛烈的"进攻，只可能"一步一步地迫使俄军退回河对面"。俄军"在这样的压力下无法守住维尔纳河，于是一边在前线继续作战，一边开始慢慢后退"。德军已在距离自己基地更远的位置，德军的进攻一直推进到斯莫尔贡西部地区、巴拉诺维奇和平斯克周边地区。康拉德·冯·赫岑多夫打算率领奥匈帝国部队在更往南的方向发起攻势来支持德军，但这个打算被否决了。"他的想法是正确的，"霍夫曼写道，"但没有付诸实施的条件。"

斯莫尔贡西部地区、巴拉诺维奇和平斯克周边地区是德军进攻后来达到的最东边的位置。俄军一部分最好的铁路破坏严重，无法继续使用。在新的前线后面，仍然保留着一段重要的主干线。为了这段铁路，1915年9月，德军派出骑兵发起急攻，一直顺利地打到了莫洛杰奇诺，但疲惫的步兵没能及时跟上。俄军果断采取措施收复了莫洛杰奇诺，缺口被填上了。此时，俄军固守阵地坚持反攻。与此同时，布鲁西洛夫在南部的部队用一场行动结束了战斗。在整个冬天，新的俄军阵线逐步成型，除了南部的队伍在第二年布鲁西洛夫横扫的攻势中得以扩充，主力阵型保持不变，并一直持续到战争结束。北部的阵线范围涵盖了各地貌和人群，形成了现在俄罗斯帝国北部的边界。

战争的损失到底有多少呢？俄军的战略书写了历史上最浓墨重彩的一章。在这场声势浩大的战争中，装备老旧的俄军足迹遍及俄罗斯帝国广袤空旷的土地。即使到现在，俄军也没能重现1812年与拿破仑交战时最西端的场景。重要的是，正如先辈库图佐夫一样，在阿列克谢耶夫的率领下，整装待发的俄军再次在第二年显示出了大无畏精神。鲁登道夫是这样总结的："与俄军的决战结束了。俄军战败，被迫撤退。俄军挫败了我们曾在维利亚对他们使用的包抄行动。"鲁登道夫把在莫洛杰奇诺的失败形容为"极大的悲剧"，说自己的两支军队境遇"岌岌可危"。"令人焦虑不安的9月终于结束了，战术再次对战斗的胜利起到了决定性作用"。

但战争的代价有多大呢？我受命从俄罗斯陆军部带给英国政府的报告显示，截至1915年7月，除去最后一次战斗，俄军损失——伤亡和被俘——的人数是三百八十万。战争才打了十个月啊！这与丹尼洛夫估计的每月三十万人的数字已经很接近了，毕竟当时军需品的短缺带来的影响还没有完全显现出来。我完全有理由相信，真实的数字要比这个大得多。

第9章

立宪危机

我们应该勇于接受而不该蔑弃上天所给予我们的机会，否则如果逆天行事，就等于拒绝了上天赐给我们的转危为安的帮助。[①]

《理查二世》，第三幕，第二场

您将要招引一千种危险到您的头上，失去一千颗爱戴您的赤心。[②]

《理查二世》，第二幕，第一场

全国运动

我们来到了整个俄罗斯历史上的主要危机时刻，这并非虚言。当时，人们普遍没有认识到这一点，因为对所有国家而言，第一次世界大战的胜

---

① 文中采用的是朱生豪的译本。——译者注
② 文中采用的是朱生豪的译本。——译者注

败才是最重要的。现在，仍然有很多人没有认识到这一点：这一认识基于得到广泛运用的经济学等理论。这些理论认为，世界上发生的事都不可避免。如果人们没有经历过或没有仔细研究过那段历史，他们会安然若素地接受这种假设。对此，亲历者并不认同。他们明白，稍有一念之差，这些历史事件就会朝着相反的方向发展。现在，我们来到了这段历史时期的分叉路口。谢尔盖·舍特洛夫斯基本来有可能成为一个保守党知识分子。然而，他现在是俄罗斯帝国的一个自由主义者，后来又成了进步同盟的主席。在战争即将爆发前，他曾说："如果再给我们十年的时间，我们就安然无恙了。"1905年，资深的自由党领袖伊万·彼得伦克维奇曾指出了一条通往"新秩序"的道路——"没有动乱，没有流血，没有成千上万的无辜牺牲"。谢尔盖·舍特洛夫斯基的意思是说，俄罗斯帝国发生的这些关键变化本来是不需要以动乱为代价的。他的理想差点就实现了。

从前文俄罗斯帝国历史的概要中，我们可以看出，俄罗斯帝国曾出现过一些对立宪政体有利的因素。虽然和英国的政体相比，俄罗斯帝国立宪政体的发展不算完善，也不够清晰。在这些有利因素中，最坚实的力量应该来自农民。只要保证农民收入分配的公平，农民就会担起国家重任，在所不辞地保卫自己的国家。农民认为，公共秩序高于一切，同时希望享受运输、贸易和地方发展的自由。亚历山大二世统治时期的重大改革是由政府出台的。从这个意义上讲，亚历山大二世的改革开创了自由风气。地方自治局正是在自由理念的基础上建立起来的。自1905年以来，改革呼声更是成了教会内部的主要声音。教会会议要求召集教会委员会，并重新设立牧首。无论是来自农民阶级的军人还是大部分军官和统帅，全军上下同声相应、同气相求。由于俄罗斯帝国与民主国家结盟，战争本身受人欢迎。尼古拉二世和政府提出，战争的目标是解放"小弟"，也就是某些斯拉夫小国。经历了战争一个又一个艰难阶段的官兵集体认清了一个事实：现有的政府体制早已陈腐不堪、弊病百出。

1905年10月30日，尼古拉二世发表的立宪宣言对民之所愿做出承诺：建立全国立法大会，任何法律未经立法大会许可不得通过。财政公开已得到执行，像科科夫佐夫这样的一级官员都真心希望与帝国杜马合作。第四届帝国杜马的选举虽然没有广泛代表性，但与之前相比，更能代表人民的声音。在八年的议会生涯中，大部分帝国杜马成员学会了和衷共济、彼此尊重，理解俄罗斯帝国面临的主要问题，认识到行政的不易，知道如何辨别哪些人是为国家利益，哪些人是为一己私利。在面对德意志帝国挑战的关键时刻，全国上下团结一致。即使清楚政府机构没有为军队需求做好充

科科夫佐夫。
艾米尔·威塞尔（Emil Wiesel, 1866—1943）绘

足的准备，帝国杜马成员仍怀揣着对祖国的无限热爱，将精干力量送上前线。不少人成为民间红十字会负责人，工作尽职尽责，成为人民为国家军队无私奉献的代表。前线与后方之间仍拉着一层幕布。幕布之内的人们逐渐看清了黑暗的现实。像民间红十字会这样几近完美的组织却总是受到不公正的打击，高效的运作也因此受到影响。人们学到的道理从来没有像今天这样深刻。爱国主义和自由主义被画上了等号。

从尼古拉二世写给母亲的信中，我们不难得知，尼古拉二世明白1905年的宪章意味着建立一部国家宪法。对帝国杜马第一次被解散，公众曾表示反对。反对声音日渐消退后，尼古拉二世把首相的职位从一个不折不扣的保守派那里拿了过来，交给了"虽然不是议会主义者，却是一个立宪主义者"的斯托雷平。恢复了国家秩序的正是斯托雷平。有人强烈要求废除帝国杜马，但尼古拉二世后来不仅认为帝国杜马应该继续存在下去，还把帝国杜马当作自己骄傲的心血之作。尼古拉二世与大臣勤勉认真的合作本身就有了立宪的意味。在战争开始的几个月前，由于帝国杜马内部争吵不休，加上纪念罗曼诺夫王朝建立三百周年庆典，尼古拉二世想到的是君主专制的好处。但在德意志人发起挑战的危难时刻，他比其他任何人都更深刻地感受到团结的神圣力量。尼古拉二世强烈地感觉到，天降大任是自己的宿命，所以自己应该为人民受难。尼古拉二世无比热爱军队，没有一个人会像他这样对军队遭受的打击如此耿耿于怀。军人的那些高贵品质——乐观、包容、友善、幽默、平和、耐心和昂扬的斗志，无不让尼古拉二世生起敬佩之情。怀揣着对军队的热爱，全国上下纷纷入伍。一开始，兵力充足百利而无一害。事过境迁，当我们回过头来看，会对这段历史有不一样的解读。反对政府的声音一直不绝于耳，但实际上，当时这些人对国家无比忠诚，比政府更爱国。战争对经济毁灭性的打击开始显露，首当其冲的是物价飙升，城里的工人生活成本因此涨了百分之四十。而对农民来说，除了在城里买东西不如从前方便，生活其实改善了不少。食物供应充足，但分配存在问题。当然，不满的情绪肯定有，只是暂时没有通过政治途径宣泄出来。俄罗斯帝国在前线汲取的主要教训和在规模小得多的克米里亚战争中学到的并无二致：组织混乱造成了诸多困难；荣誉只属于英勇作战的士兵。

帝国杜马和其下属的自治机构是国家拥有的唯一合法喉舌。帝国杜马很少开会，开会时也是由主席做代表发言。因此，罗江科要求更多与尼古拉二世接近的机会。身负重任的罗江科身上有着最重要的品质：绝对效忠君权，不仅全面了解国家所需，还直言不讳。然而，某个人一旦成为国家代言人，那这个国家的命运不可避免地会受到这个人性格缺陷的影响。罗江科性格急躁，容易情绪化，对接手的案子不会深入调查，还爱管闲事，什么事都喜欢插手。他要求觐见君主尼古拉二世的理由常常与帝国杜马无关。他夸大帝国杜马的影响，这本身无可厚非，但他夸大了自己的重要性，这并不是亲近尼古拉二世的明智之举。最高统帅尼古拉大公只是随口向罗江科说了一嘴，罗江科便把通过地方自治局供应军靴的活揽在了自己身上，这让其与保守的内务大臣尼古拉·马克拉科夫产生了激烈矛盾。尼古拉·马克拉科夫反对地方自治局及其相关工作，认为这只是组建另一种形式的政府的举动。在向尼古拉二世提呈报告时，尼古拉·马克拉科夫和罗江科常常针锋相对。相比之下，尼古拉·马克拉科夫更合尼古拉二世的心意。

罗江科确实承担了十分重大的责任，敦促采取的举措也得到了整个国家的支持。所有人——特别是民间红十字会，都希望能填补军需品的巨大缺口。对这一情况，战争大臣苏霍姆利诺夫几乎一无所知，导致其对经手的大量物资置若罔闻，好在古奇科夫及时提醒。苏霍姆利诺夫还曾一概拒绝了大实业家提出的为满足军队需求将工厂进行改造的请求。罗江科想要建立相当于英国军需部的特别"防卫委员会"。"防卫委员会"可以不像战争部那样必须依赖于战争大臣苏霍姆利诺夫是否有所作为，因此，罗江科才要求新建"防卫委员会"这样的特殊部门。不过，罗江科也意识到，无论如何，"防卫委员会"还是得由战争大臣来主持。罗江科希望"防卫委员会"负责开展全国军备供给工作，其官员包括陆军部代表，帝国议会、帝国杜马及全国的财界和商界代表。他向尼古拉大公说明了这一想法，并获得了同意。

1915年5月17日，听闻部队在加利西亚惨败的消息后，心急如焚的尼古拉二世第一时间来到俄罗斯总部了解前线情况。尼古拉大公声泪俱下地向尼古拉二世做了报告。后来，他发电报给罗江科称："你的计划还得等一等。"然而，就在第二天，罗江科又收到一封电报。电报中称罗江科要去俄罗斯总部，并带上所有认为有用的东西。罗江科带上了实业部门负责人利特维诺夫-法林斯基和彼得格勒最大的重工业企业负责人普季洛夫。罗江科向我们这样描述了尼古拉二世接见自己时的场景：

> 皇帝尼古拉二世看上去脸色苍白，焦虑不安。他的双手在不停地颤抖。我告诉他，对自己的沙皇和祖国，士兵忠心耿耿，随时做好了为国捐躯的准备。只要国家需要，他们奉献的只有一腔热血。说到动情之处，我无法抑制住自己的泪水，皇帝尼古拉二世也大为所动，十分赞同建立特别委员会的想法，当场就和我讨论出了初步计划的框架。

古奇科夫也在被召集参与计划的人里。这听上去似乎不合常理，却也在意料之中。

1915年6月12日，在与尼古拉二世又一次见面中，罗江科敦请尼古拉二世解雇对战争持强烈反对意见的大臣，特别是保守派尼古拉·马克拉科夫、战争大臣苏霍姆利诺夫、亲德的保守派司法大臣谢格洛维托夫和在拉斯普京面前意得志满的宗教大臣萨布勒。此时，年老的首相戈列梅金还不是攻击目标。然而，戈列梅金是最不适合首相职位和工作的人，连本人也不无嘲讽地说，自己已经是半截身子入土的人了，随时准备离开岗位获得解脱。事实上，戈列梅金已提出过辞职的请求，但尼古拉二世下令要他继续留任，不敢违逆君令的他没有离开。

在本届内阁中，个性最鲜明的人要数农业大臣克里沃舍因。在科科夫佐夫被革职后，他本来可以接替首相一职——事实上，他已经两次受邀——但很可能是因为预感会发生什么，他宁可选择让自己处于待命状态，在戈列梅金的政策指导下工作。此时，戈列梅金做好了领导内阁的准备。克里沃舍因是个机会主义者——这是米柳科夫的评价。他手里握着好几张不同的牌，思考下一步出哪张。像这样一个绝顶聪明的人，一定清楚现在的利害关系。到了1915年5月，克里沃舍因就明确地站到了与人民联合的那一边。

在其他大臣中，有几个贤能的官员是识时务的俊杰。萨佐诺夫是官阶仅次于最高级别的政治家，熟谙工作的每一个细节，忠诚爱国。教育大臣保罗·伊格纳季耶夫伯爵曾和尼古拉二世一起接受过军事训练。那是一段两人都倍感荣耀的珍贵回忆。伊格纳季耶夫与萨佐诺夫在国内外政策方面的立场惊人地一致，对帝国杜马都持赞同态度。总审计长哈里托诺夫精明、老道，明白如何诚实高效地与其他国家展开合作。萨佐诺夫还任命了不少官员，其中包括能干的财政大臣彼得·巴尔克。由于俄罗斯帝国越来越需要协约国的援助，因此，巴尔克所在的财政部比以往更重要。不久，财政部就得到了人们的信任和支持。

尼古拉二世认真地聆听了一个多小时罗江科的报告。他的手肘撑在桌子上，双手把脸埋了起来。听罢，尼古拉二世双手抓着罗江科的一只手说："谢谢你直率、坦诚和勇敢的报告。"后来，罗江科写道："看得出来，尼古拉二世深受感动。在说完最后一句话后，他再次紧紧地抓着我的手。之后，情难自掩地快速从另一扇门走了出去。"显然，此时此刻，尼古拉二世再次感到自己与人民站在了一起。

尼古拉二世将罗江科有关建立特别防卫委员会的提议交给了内阁。这是证明君言如山的最好的例子：除非发生动乱，否则只有君主的话才能让政府的政策有所变化。在这样的背景下，连支持戈列梅金的声音都占了上风。戈列梅金的原则是，君令必须无条件遵守。他还称，在向君主陈述计划时，如果君意已定，便无长时间讨论的必要。但尼古拉·马克拉科夫是一个有原则的人，坚决反对这种做法。谢格洛维托夫和萨布林也表示反对。然而，有了戈列梅金的说法在先，他们并不敢以书面的形式提出反对意见。对尼古拉·马克拉科夫的言行，尼古拉二世十分不满：尼古拉·马克拉科夫本来如此拥护君主专制，现在却反对自己君主的意愿。很快，1915年6月16日，他就被解职。其他异见者也没能逃脱相同的命运。

身为骑兵督察长的尼古拉大公十分了解谢尔巴托夫在军队中的领导能力。两星期后，在尼古拉大公的推荐下，尼古拉二世发出调令，由谢尔巴托夫接替尼古拉·马克拉科夫内务大臣的职位。在第一次觐见尼古拉二世时，谢尔巴托夫便告诉他，自己不会把如此重要的内务部仅当作警察部。尼古拉二世深表赞同。谢尔巴托夫主张与人民合作，坚决反对任何操纵媒体和压制舆论的做法。他心平气和地向公共组织的领导人提出建议，提醒他们不要提出过分的要求。不过，在内阁会议中，他始终为他们辩护。谢尔巴托夫也一直主张民间和军事机构间应尽快划清权力界限，还提出要清楚地划定首相和内务大臣的职责。实际上，这涉及另一个关键问题——这一问题成为后来一系列麻烦的根源。

民间红十字会办事高效的负责人格奥尔基·利沃夫是个彻底的自由主义者。1915年6月18日，他在莫斯科召集了一场有关军需品的会议，宣称只有全国所有力量都联合起来才能挽救局势。古奇科夫是该会议的主要发言人。作为红十字会的负责人，在战争期间，古奇科夫一直驻守在华沙前线，亲眼看到很多连步枪都没有的部队被送上了前线，清楚每天发射的炮弹不能超过五发到六发的限令意味着什么。他走在队伍前列，甚至不顾个人安危进入无人区，好从德军那里得到有关萨姆索诺夫的确切消息。他去找过苏霍姆利诺夫，却失望而归。其他大臣则谨小慎微，不愿越俎代庖。于是，古奇科夫开始在公开场合谴责苏霍姆利诺夫。当法国政府询问苏霍姆利诺夫是否需要军需品时，苏霍姆利诺夫居然回信说，我们没有这方面的需要。后来，法国驻俄大使帕莱奥洛格给萨佐诺夫看了这封信。之前，萨佐诺夫曾数次敦促尼古拉二世解雇苏霍姆利诺夫。萨佐诺夫把这封信交给了尼古拉二世，这成了压倒苏霍姆利诺夫的最后一根稻草。很快，苏霍姆利诺夫便被罢免了战争大臣的职务。在沙皇村的家中，尼古拉二世依依不舍地与这个讨人喜欢的来访者[①]道别。从1915年5月26日以来，尼古拉二世就一直待在沙皇村。后来，尼古拉二世还把自己的心情写进了一封信里，字里行间充满温情。"在深思熟虑并参考了大公的意见后"，尼古拉二世最终认定，这一切无法避免。

1915年6月23日，尼古拉二世再次动身去总部。6月27日，几乎所有在位的大臣都来参加了由尼古拉二世主持的会议，只有不久后收到了解雇令的谢格洛维托夫和萨布勒缺席。克里沃舍因和军事大法官法庭庭长弗拉基米尔·奥尔洛夫亲王都在总部。尼古拉大公帮助尼古拉二世锁定了苏霍姆利诺夫的继任者人选——波利瓦诺夫将军。在1877年俄土战争中，波利

---

① 指苏霍姆利诺夫。——译者注

瓦诺夫曾受过重伤。这是他打的第一仗。从那以后，他就屡屡担任重要军职。战争开始前，苏霍姆利诺夫一直对帝国杜马不冷不热，是陆军部派波利瓦诺夫作为代表前去帝国杜马做了大量工作，才使帝国杜马对扩充军队装备投了赞成票。苏霍姆利诺夫和波利瓦诺夫闹起不和，解除了其大臣助理的职务。尼古拉大公紧急召见波利瓦诺夫，在其任命问题上给出了指导性意见——但只是出任代理战争大臣，因为尼古拉二世还没有做出最终决定。在战争大臣的任命问题上，尼古拉二世有自己的候选人名单。在尼古拉大公的建议下，在第一次觐见尼古拉二世时，波利瓦诺夫便问出了这些候选人的名字。总的来说，这要归因于波利瓦诺夫与古奇科夫的关系。在第三届帝国杜马坚持军队改革时，两人就有过密切合作。尼古拉二世劝波利瓦诺夫不要与帝国杜马走得太近，要求谢尔巴托夫和波利瓦诺夫去见亚历山德拉皇后。显然，尼古拉二世这么做是希望亚历山德拉皇后能接受两人的任命。苏霍姆利诺夫能一直手握大权，靠的是不经考虑的说辞和逗人发笑的谈话，而波利瓦诺夫是一个行事果断甚至寡言无礼的人，对自己的工作了如指掌，面呈尼古拉二世的报告也一针见血。曾任戈列梅金内阁大法官法庭庭长的亚历山大·赫沃斯托夫是戈列梅金的候选人之一，接替了谢格洛维托夫在司法部的职位。赫沃斯托夫是坚定的保守党和杰出的法律专家，做事循规蹈矩，日常作息十分规律，有着敏锐的判断力和直言不讳的勇气。

1915年6月27日，在总部召开内阁会议的重要性不言而喻。这是迄今为止政府与人民迈向合作的最为决定性的一步。尼古拉二世发布由克里沃舍因起草的有关军需品的诏书，宣布建立防卫委员会。此外，尼古拉二世还呼吁全国上下同心，帮助军队赢得战争胜利。对起草的诏书，尼古拉大公提供了宝贵建议，并且要求在1915年8月14日前召集帝国杜马会议，"倾听俄罗斯大地上的声音"。

由于俄罗斯帝国失去了俄属波兰①，恢复波兰自治权自然而然成了俄罗斯帝国及盟国共同的事业。早在1915年1月帝国杜马代表向政府所做陈述中，米柳科夫就敦请政府尽快兑现波兰自治的承诺。这是战争伊始尼古拉大公做出的承诺，得了尼古拉二世的批准。波兰人——特别是像西吉斯蒙德·维罗波尔斯基伯爵这样有机会见到尼古拉二世的波兰人——则要求尼古拉二世给出更明确的承诺，因为同盟国可能也会做出类似的承诺。在波兰指挥俄罗斯第四集团军作战时，埃弗特将军曾对波兰人民在战时给予的真诚帮助发表了特别致谢辞。连保守派普里什克维奇也完全转向了波兰人一边。政府决定成立一个由十二人组成的委员会来进一步商议承诺波兰人自治的问题。

　　需要有人接替萨布勒，填补宗教大臣职位空缺。在尼古拉大公的再次建议下，尼古拉二世将莫斯科贵族、陆军元帅萨马林召至总部。萨马林是个坚定忠诚的保守党，来自一个传统的斯拉夫家族，萨马林家族在俄罗斯帝国的地位相当于塞西尔家族在英国的地位，根本不需要自己谋职。事实上，当有人给萨马林家族的人提供职位时，他们都不一定会接受——1906年，萨马林曾拒绝过宗教大臣的职位——一旦萨马林家族的人接受了职位，他们的独立性就会成为教会的利益尽忠职守的保证。在没有弄清拉斯普京在教会事务上的影响时，萨马林不愿接受尼古拉二世的邀职。萨马林要求两星期的考虑时间。在这段时间，拉斯普京去了西伯利亚。人们普遍认为这是萨马林坚持的结果。无论怎样，萨马林最终接受了宗教大臣的职位。

　　此时，亚历山德拉皇后出手了。对丈夫尼古拉二世的爱使她成为一个真正的俄罗斯人。从医院照顾病人回来时，她会把自己的感受写进给丈夫

---

① 1915年，俄属波兰被同盟国用名义上的波兰摄政王国取代。——译者注

尼古拉二世的信中。信中内容读来让人动容。对一个因苦难而得到净化、脱离了狭隘的高尚世界，她有着深刻的理解。上帝回到人间，美德再次种在人们的心田。品德高洁的受难者，无论是上校还是农民，都得到了亚历山德拉皇后专业尽心的护理。她写道："他们都是真正的圣徒和英雄。"亚历山德拉皇后坚信战争是必要的，相信上帝不会任凭他人的无礼冒犯，还认为是威廉二世"给他^①的国家带来了毁灭"，犯下了最严重的罪行。在战争开始前，莫索洛夫对亚历山德拉皇后有这样的描述："两人^②在非正式场合见面时，她几乎无法维持平日彬彬有礼的样子。"对德意志人的野蛮行径，亚历山德拉皇后以一个同时代的英国中产阶级女性的笔触写下了这样的文字："德意志人的幸灾乐祸让我怒火中烧""我们必须向他们展示，我们的文化比他们的要高等得多"。在这些书信中，对那些中伤自己的声音，亚历山德拉皇后以一个胜利者的姿态进行了有力甚至是充满鄙夷地驳斥。

不过，恰恰是在这些用有些蹩脚的英语写的信中，我们找到了有关后来发生的事件的关键线索。战争爆发前，尼古拉二世和亚历山德拉皇后很少分开。战争期间，如果丈夫尼古拉二世不在身边，亚历山德拉皇后会每天写一封信给丈夫，有时一天会写两封，书写流畅、字迹清晰，连她自己都惊叹半个小时内能洋洋洒洒地写这么多页纸。她还仔细地给每一封信编好号。读到这些信的人不禁会想，尼古拉二世哪有工夫看完这么多内容。1917年"二月革命"期间，亚历山德拉皇后撕毁了很多自己写的东西，包括所有与正在皇宫养病的安娜·维鲁波娃之间的通信。亚历山德拉皇后和尼古拉二世死后，在叶卡捷琳堡一个黑色皮箱里，他们之间的通信被发现。

---

① 指威廉二世。——译者注
② 指亚历山德拉皇后和威廉二世。——译者注

这些书信一经发表，便成为信中涉及的各个主题的最重要史料，其中，主要内容是有关俄罗斯帝国的治理。

对这一点，亚历山德拉皇后的想法毫不含糊，没有掺杂任何私心杂念。她比这段历史中的任何人都有主见。每一次判断、恐惧和怀疑，都能看到她想法的影子。亚历山德拉皇后嫁给了俄罗斯帝国君主专制，俄罗斯帝国君主专制与其他任何一个君主制都有所不同。她一遍又一遍地强调这种区别："但'我们'是受膏于上帝的人。"亚历山德拉皇后全力支持俄罗斯帝国的农民，认为农民是"我们的力量和俄罗斯帝国的忠魂"。俄罗斯农民则全力支持尼古拉二世。亚历山德拉皇后既景仰丈夫尼古拉二世高于自己的人格魅力，也像母亲一样，看到了丈夫的柔和与软弱。因为丈夫如此柔和与软弱，她才忠诚、坚定和勇敢地为丈夫尼古拉二世和自己年幼的继承人阿列克谢挽救属于尼古拉二世的君主专制，并把这视为一个做妻子的义务，不容犹豫和反对。对彼得格勒上流社会放荡的生活方式，亚历山德拉皇后自然充满了鄙夷。我们不难想象，她对围绕着自己的流言、丑闻和动机不纯的暗示同样不屑一顾。居然还有人臆断她是俄罗斯帝国的公敌威廉二世的朋友，这真是荒谬至极。亚历山德拉皇后曾说："接下来他们便会跟你说，我是一个德意志间谍。"后来，在一份流传于首都彼得格勒的报告里，这种说法果然出现了。

在战争爆发的第一年，心脏不好的亚历山德拉皇后常常只能坐着轮椅活动，但仍不辞辛苦地在自己的医院里干着最脏最累的活。她认为皇室权威神圣不可侵犯，因此，即使在私密的书信中，也很少提出政治方面的建议，更遑论军事方面了。只要丈夫尼古拉二世的生活中充满沁人的花香和各种小礼物，亚历山德拉皇后便会感到满足，因为这样丈夫就会觉得自己一直在身边。"我的整个灵魂都会时刻伴你左右"。

不过，这些充满稚气的信表露了亚历山德拉皇后对最高统帅尼古拉大公极大的敌意。她认为尼古拉大公是一个抛弃了"圣徒"的人，因为其胆敢与以神授之力挽救了自己儿子性命的拉斯普京作对。尼古拉大公是一个对宗教十分虔诚的人。去总部拜访的外国客人无不被他那里的圣像数量折服。据说，拉斯普京曾提请总部给尼古拉大公办公的地方挂上一幅新的圣像。在发给拉斯普京的电报里，尼古拉大公是这样回复的："来吧，我会绞死①你的。"拉斯普京的提议就这么被打发了。亚历山德拉皇后对尼古拉大公最大的不满是无论在外形还是其他方面，其光芒都盖过了自己那可怜的丈夫。但这岂是尼古拉大公本人能决定的？亚历山德拉皇后也曾向科科夫佐夫这样抱怨过斯托雷平。坊间还流传着一个荒唐的谣言，说尼古拉大公自称尼古拉三世。事实上，尼古拉大公的忠心日月可鉴。因此，亚历山德拉皇后总建议丈夫要常常深入军营："这样他们就能知道是为谁而战。"她还认为，尼古拉大公有野心，所以丈夫得利用自己最大的优点——个人魅力——来与之对抗。从前，安娜·维鲁波娃几乎每天都要去彼得格勒打听最近有哪些盛传的丑闻。这位爱惹麻烦的女士还会与总部轻率的年轻副官通信，尽可能地收集更多针对尼古拉大公的那些绘声绘色、充满恶意的流言。拉斯普京宣称，战争会带来大量伤亡和损失。他的说法得到了应验。难怪！最高统帅不再像以前一样相信"圣徒"的精神引导。

1915年6月23日，在丈夫尼古拉二世动身去总部后不久，亚历山德拉皇后写信给丈夫。对丈夫肩上的如山重任，她体现出的已经不仅仅是一位妻子的担忧了。在这之前，她可不是这样。1915年5月17日，在鼓励尼古拉二世"继续勇敢地承受皇冠之重"外，亚历山德拉皇后还写道："我渴望减轻你的负担。你出生的那一天正是圣约伯的受难日，我可怜的爱人。要坚强，记住，你是一位皇帝。"不过，她也带着歉意地写道："我干涉了不

---

① 原文中的"hang"这个词既有"挂起来"，又有"绞死"的意思。——译者注

该管的事。"第一次内阁换届正在进行。亚历山德拉皇后和尼古拉二世一样，十分喜欢尼古拉·马克拉科夫。"让我来帮助你，我的宝贝，"她写道，"大臣们在彼此争吵"——她把这看成是仆人的休息室发出吵闹声。"这让我怒火中烧。这简直是一种背叛。左派从中捞到了好处。要是你严厉一点就好了，我的爱人，必须要让他们知道你的威严。向我们的朋友聆听[①]"。不过，她第二天又写道："我希望这封信没有让你感到不安，请让我分担你的一切。"1915年6月26日，"如果你对我们的朋友还有任何问题，请立即写信给我"。6月27日，"也许我能帮得上什么忙，要拿出一国之君的样子，我最亲爱的人"。6月28日，"城里到处是有关内阁换届的流言"。亚历山德拉皇后还转达了拉斯普京的信息，"不用太在意人们说些什么，做出自己的判断""拉斯普京对你没能告诉他更多的事情感到遗憾，啊！我多么希望帮助你成为一个更加自信的人。"6月28日，在总部的尼古拉二世也写了一封信："换届是不可避免的。"第二天，当听到萨马林受邀的消息后，亚历山德拉皇后写道："我简直失望透顶。事情只会越来越糟，因为萨马林反对我们——只要他反对格里[②]的话。我的心有如铅一般沉重，啊！为什么我们不在一起讨论这些事情呢？我们朋友的敌人就是我们的敌人。回来吧！现在没有什么是不重要的了——每件事都很紧急。"6月29日，"啊！我的孩子，我的孩子，我多么希望我们能在一起。多想想格里的话，亲爱的，啊！让我再多给你一点指导吧"。同一天，尼古拉二世给她发了电报："勿念。去见戈列梅金，他会宽慰你的。"亚历山德拉皇后又写道："永远不要忘记你是——也必须一直是——一位专制皇帝。现在没有人把皇帝看在眼里了……"7月5日，"哦，我的孩子，让他们在你面前颤抖吧……我害怕自己的话会惹恼了你"。7月8日，她写

---

① 原文如此。这是亚历山德拉皇后用英语写信时出现的一个表达错误。——译者注
② 这里指拉斯普京。——译者注

道：“那个讨厌的罗江科要求召开帝国杜马。哦不！请不要答应他，此事跟他们[①]无关，他们必须置身事外。感谢上帝，俄罗斯帝国不是一个立宪制国家，这些家伙居然想插手。如果我们屈服了，他们就会不可一世，这将是多么可怕的事情！我不愿意你还留在总部。”在7月9日的信中，亚历山德拉皇后请求尼古拉二世原谅自己让其感到不安，还说这是因为自己“帮不上忙而感到痛苦”。之后，尼古拉二世终于回家了。

有关回家之后的事情，我们就知之甚少了，毕竟我们没有了书信作为消息的直接来源，而人们对他们各种各样的说法都只流于表面。不过，我们不能就此认定尼古拉二世此时已经脱离了人民。在一艘军舰下海后，尼古拉二世对帕莱奥洛格说：“对我来说，没有什么比感到与民同心更好的了。今天尤其如此。”虽然当时尼古拉二世已经回到了身边，但亚历山德拉皇后还是抱怨道，两人见面的机会太少了。我们知道的是，亚历山德拉皇后的斗争还没有停止。从她信里的极端表达中，我们可以看出，她明白这是一场异常艰难的斗争。为了突显尼古拉二世的权威，亚历山德拉皇后甚至要凌驾其权威之上。然而，她并不是一个唠叨不休的人，而是一个无私奉献的妻子。在最大程度地利用尼古拉二世的个人魅力时，亚历山德拉皇后还不能让其在热爱的人民面前施展出个人魅力。她要与什么抗衡呢？一言以蔽之：历史。亚历山德拉皇后是一个英国女人，为了自己深爱的丈夫的国家，一心一意地与德意志帝国做斗争。然而，对在战争中同样一心一意的人民所做的一切，她并不领情。亚历山德拉皇后崇拜俄罗斯军队，但使军中紧迫的需求得不到满足的也是她。一方面，她用典型的英式思维考虑问题，也喜欢和所有英国人交流；另一方面，她极力反对英国在俄罗斯帝国内政中的影响。

---

① 指帝国杜马成员。——译者注

拉斯普京与尼古拉二世夫妇的漫画，暗示了其对皇室的控制。
绘者信息不详

　　诚如帕莱奥洛格所言，这是一场了不起的斗争。在质疑俄罗斯帝国是否已具备立宪统治的成熟条件时，亚历山德拉皇后真的错了吗？从每次拉斯普京去见她时留下的点滴记录中，我们可以看出，对亚历山德拉皇后而言，拉斯普京不仅是挽救了自己儿子性命的人，也是帮助自己认识俄罗斯农民阶级质朴和智慧天性的人。

　　后来，一直"深得民心"的杰出讽刺漫画家瓦莱里·卡里克加入了民粹派。战争刚爆发时，在日记中，他表现出了敏锐的观察力。在1914年8月5日的日记中，他这样写道："不知是从哪里降落下来一面大幕，把我们与社会地位低下的阶层分隔开来。"他的老管家问他："为什么先生们不走①？"人们不难看出，列宁的宣传具有广泛和稳固的基础。在临终前，一个士兵喃喃地对我说："必须如此！皇帝必须富有！"这也是后来人们常说的："富人得到了市场，穷人失去了一条腿。"在拉斯普京孤独流浪过的广袤大地上，到处有受战争戕害的人。拉斯普京怎样把亲历的悲惨故事带到了皇宫呢？拉斯普京说："一个农民告诉我'村子里快空掉了'。这个农民的脸上并无悲伤的神色，像是在说别人的故事。他告诉我，自己的三个兄弟全部战死在了前线，现在是他在照顾兄弟们的家庭。"三个兄弟上了战场后，其中两人还有短暂的英勇作战的机会，而剩下的一人是——用他的话说——"他被当作绵羊去送死！"西马诺维奇说，拉斯普京告诉他们"人们一辈子的泪水都流干了"。拉斯普京还对帕莱奥洛格说："血流成河！"他问尼古拉二世："您最看重的是什么？""十五万人②还是一亿五千万人？"对尼古拉二世夫妇而言，只有农民才是真正的人民，帝国杜马和彼得格勒那些闲言碎语的人都不是俄罗斯人。我们不禁想起了莫里斯·巴林的话。对俄罗斯人天性的观察，他比其他任何外国人都要深入。他曾说自己宁愿相信一个农民出身的车夫的政治判断，也不愿相信任何一个帝国杜马成员的政治判断。我同样认为，农民是俄罗斯帝国政治路线最好的总结者。

　　此时，公众的担忧与日俱增。在前文我们讲过，从1915年5月2日起，

----

① 这里是指上前线。——译者注
② 这里指占比极少的地主。——译者注

一个个令人揪心的消息从前线接踵而来。6月15日，要塞普热梅希尔失守。6月22日，能称得上是俄罗斯帝国在加利西亚最后的据点利沃夫失守。6月17日，从纳雷夫河向俄属波兰东部边境，德军发起新一轮进攻，并包抄了华沙。7月4日，阿列克谢耶夫想要用一条阵线阻止德军进军，但计划失败了。最高统帅尼古拉大公不得不匆忙赶到前线。德军步步逼近，眼看就要威胁到里加湾。惊慌失措的亚努什克维奇写信给新任战争大臣波利瓦诺夫求救。在7月21日的信中，亚努什克维奇说："没有弹药！没有步枪！没有机枪！在这种情况下，谁能告诉我要如何开战？"在7月31日的信中，他说："我对自己的无理请求感到抱歉，但就像溺水的人要紧紧抓住一根救命稻草一样，我恳请您出台措施救我于危难。"后方也传来了令人恐慌的消息。1915年6月10日，莫斯科发生了大规模动乱。德意志人的商店被洗劫，街上治安陷入混乱，政府不得不出动部队平息巷战。民事部门的老尤苏波夫亲王凭借自己与尼古拉二世的私交，提出了过分的要求。老尤苏波夫亲王的做法有可能会使莫斯科的政府机构实际脱离军队和人民。著名的工业城市伊万诺沃-沃兹涅辛斯克也发生了动乱和枪战。

内务部和战争部是这一时期最重要的部门。内务大臣谢尔巴托夫和战争大臣波利瓦诺夫都是"新官上任"。后者简明扼要的记录是研究这一关键时期的珍贵史料，现已公开发表。两人都没有想到的是，前任不负责任地给他们留下了这样的烂摊子——谢尔巴托夫说："这样乱七八糟的局面，简直让我无法忍受。"对波利瓦诺夫来说，情况更糟糕。1914年7月29日，在战争刚开始时，仓促通过的行政管理条文规定——苏霍姆利诺夫仅仅是把它提交给了尼古拉二世批准——军事部门对野外的一切军事行动和后方的所有军事机构拥有绝对的、不受限制的控制权，无需向内阁或其他民事部门解释。只有大臣才有权力与军事部门的人员通信，即使这样，大臣也很难得到他们的答复，并且不能质疑军事部门已做出的任何决定。

大部分情况下，只有在事情发生之后，大臣才会知道军事部门做出了什么决定。最高统帅有权解除任何地方官员的职务，无论是来自中央政府还是地方政府——省长、市长或郡县议会议长，概莫能外。行政管理条文中没有提到军队与民事部门的关系，连首相和内阁也只字未提。这种军事控制一直扩展到芬兰、波兰、高加索、波罗的海诸省、阿尔汉格尔斯克、海参崴，甚至是首都彼得格勒也不例外。现在，彼得格勒处于俄罗斯第六集团军指挥官的军事统治下，实行严格的军事审查制度。大臣必须亲自前往总部才能得到对方的解释说明。

年轻的总参谋长亚努什克维奇将军就行使过这样的权力。他并非尼古拉大公的人选，由于为人唯唯诺诺，才被任命。就像对手、战争大臣苏霍姆利诺夫一样，亚努什克维奇并没有显示出特别的才干——总部的主要工作都是由勤奋能干的军需长丹尼洛夫完成的。然而，亚努什克维奇公开反对民事部门以彰显自己的权力，包括负责军需品供应的苏霍姆利诺夫。尼古拉大公本人一直欢迎与民事部门合作，但遭到了亚努什克维奇的阻挠。亚努什克维奇不能容忍总部出现一个专断的前战争大臣苏霍姆利诺夫，并且宣布任何中央政府代表必须向自己报告，只有通过自己才可以与彼得格勒通信。亚努什克维奇还下令德意志人和犹太人集体搬离原来的土地，导致了最严重的后果。大批逃亡者纷纷涌入内陆地区，一路上死伤无数，其中以儿童居多，伤寒四处蔓延——这成为地方省长无法解决的问题。

这就是1915年7月29日内阁召开会议时的背景。1915年7月21日，在皇宫举行的会议由尼古拉二世主持。会议达成共识，请求召集包括各个前线指挥官和大臣在内的军事和民间委员会。在7月29日的会议上，波利瓦诺夫发表了一篇演讲做开场白，开门见山地说："作为公民，我有义务和责任向大臣会议宣布，国家正处于危险之中。"在笔记中，助理秘书亚洪托夫记录了这一时期所有内阁会议摘要。如果碰到你来我往的激烈辩论，还会把要点记在小纸条上。从他的笔记中，我们得知，即使不考虑演讲文字中渲染的成分，波利瓦诺夫的话仍像是朝会场扔了一颗炸弹。他向人们解释，由于从总部那里得不到任何消息，自己得到的部分消息居然源自首都彼得格勒的敌军情报机构！波利瓦诺夫描述了在一些分队中弥漫的恐慌情绪，一次又一次的投降，征募的新兵在炮火中等待着步枪的到来。他还简明扼要地提到，德军方面的损失远不及俄军，对这一点，所有生活在前线的人都心知肚明。面对批评，亚努什克维奇回应说，自己不准备接受内阁的责难，还称针对犹太人的举措"十分软弱"，并且提议予以加强。亚努什克维奇甚至没有咨询过各前线指挥官的意见。在波利瓦诺夫的建议下，人们同意戈列梅金和波利瓦诺夫应再次请求尼古拉二世在皇宫召开军事委员会，其他大臣应通过军事委员会呈交报告。克里沃舍因认为，辩论中的混乱局面与精神病院里的场景无异。产业大臣沙霍夫斯科伊举例说明了首都彼得格勒军事部门对工厂工人专横的压制。交通大臣鲁赫洛夫称交通方面的工作已经变得让人无法忍受。军方随意抗令，打乱了交通部门的各项安排。

不幸的是，此时，内阁把一腔怒火指向了行使尼古拉大公权力的那个人。看清局势的戈列梅金提出警言，点名道姓地称亚历山德拉皇后已经成了尼古拉大公的敌人。政府要在帝国杜马开场白中使用怎样的措辞还有待会议商榷。戈列梅金认为应使用克里沃舍因起草的演讲中的措辞，得到了一致同意。此时，俄罗斯帝国已渐渐失去了对波兰的控制。会议重点讨论了波兰问题，决定以政府甚至君主的名义重申战争刚开始时尼古拉大公对波兰自治的承诺。萨佐诺夫要求进一步强调俄罗斯帝国的盟国在波兰问题上的核心利益，希望在俄军离开华沙前，看到尼古拉二世发表宣言，宣布立即让波兰自治。这一要求遭到了其他大臣的反对。波利瓦诺夫以"在华沙的日子所剩无几了"为由毫不客气地结束了讨论。四天后，俄罗斯第二集团军撤离华沙。

帝国杜马开始支持政府。如果我们想要了解整个国家产生的忿恨情绪，无论从政府那里还是从帝国杜马那里都找不到答案。有人提到，早在1915年2月7日，也就是为期两天的帝国杜马会议召开前，一些大臣就私下与帝国杜马的著名代表见了面。大臣被质问了好几个问题，特别是有关媒体的自由和非俄罗斯籍的人们的待遇问题。到1915年5月月底，人们认为前线战局发生了大扭转，因此，开始强烈要求召开新一轮会议，以充分讨论这些亟待解决的问题。帝国杜马成员派出代表，与大臣一直保持着谈判的状态。

渐渐地，几年前开始的一场运动走向了尾声。长期的议会合作，加上对俄罗斯帝国行政方式有了更深入的了解，各党派逐渐走到一起。然而，社会党人继续我行我素。不过，孟什维克党人绝非不爱国之人。克伦斯基领导的工党极力主张国防建设，立场有时甚至比米柳科夫的立宪民主党还要坚定。但现在，立宪民主党更关注的是保守党的变化。保守党最杰出的代表正与红十字会一道在前线奋战。他们亲历了前线的各种混乱不堪。对这一点，内阁有着充分的认识。正是由于愈加深刻地认识到立宪真谛，保守党正日益向立宪民主党靠拢。对此，民族主义者舒勒金曾有过一段描述。舒勒金在前线的红十字会的工作非常危险却十分高效。刚从前线归来，他就打电话给立宪民主党领袖米柳科夫，并穿着军装去拜访。在这之前，在个人层面上，他们并没有打过交道。舒勒金开门见山地对米柳科夫说："米柳科夫，我今天是来问你——我们是不是朋友？""他并没有立刻回答我，"舒勒金说，"停了一会儿，他回答说，'是的，我认为是，我认为我们是朋友'。"有了这样的开场白，两人要达成一致也就不是难事了。帝国杜马将会坚定地支持战争。正因如此，帝国杜马才希望人们关注行政权力滥用的迫切问题。舒勒金和米柳科夫都认为，只有行政权力滥用得到解决，才能避免发生暴力事件。罗江科同样想过以爱国和改革的名义增强帝国杜马的凝聚力。这也是长久以来瓦西里·马克拉科夫的设想。

在要求团结的呼声中，1915年8月1日，帝国杜马召开了会议。戈列梅金的演讲遭遇冷场。不过，波利瓦诺夫仍然坚持演讲，以显示自己与帝国杜马合作的坚定决心。听众席中发出阵阵热烈的掌声。在与左边席位的同僚达成共识后，民族主义党弗拉基米尔·博布林斯基伯爵提出成立"信任部"的主张。"信任"一词渐渐在改革者中流行开来，一直持续到1917年"二月革命"。这意味着尼古拉二世要选出一个不仅能赢得他的信任，还要赢得全国人民信任的首相。如果此人想要与人民合作，内阁中的所有人必须予以支持。这就是立宪民主党提出的最低要求。立宪民主党接受这一方案，是为了能联合起来提出各种意见。米柳科夫支持博布林斯基的看法，并概述了一系列必要的改革措施，其中触及一些内阁着手应对的问题。在米柳科夫自己的政党内，有一个在涅克拉索夫领导下的左翼，总是不安分地提出各种要求。比如，左翼要求内阁部门应直接向帝国杜马负责，工党、社会党及民间红十字会也概莫能外。然而，这一想法不合时宜。首先，来自各阶层的改革者之间的团结至关重要，这样做只会促成不同阶层的分裂。其次，帝国杜马中有很多来自不同群体的成员。国难当头，他们之间才结成了本可以作为内阁基础的稳固的多数派。

1915年8月3日，能力很强的立宪民主党人申加廖夫当选帝国杜马帝国国防委员会主席。刚一上台，他就立马向有合作意向的波利瓦诺夫提交了有关帝国国防委员会的一系列详细问题。8月5日，波利瓦诺夫宣布帝国国防委员会出台法案，并提请审议。申加廖夫谴责了铁路"十分糟糕的状态"及行政管理条文的滥用，认为行政管理条文的滥用违反了帝国议会和帝国杜马的权利。审议持续到8月14日。帝国杜马肯定了帝国国防委员会的说法，提出建议：应增设一位战争大臣助理——可以是平民，在战争大臣的指导下处理上述问题。人们开始猜测，有一个职位是为古奇科夫设立的。波利瓦诺夫马上意识到，这是获得宫廷赏识的大好机会，于是匆忙获得了尼古拉二世的许可，任命卢科姆斯基将军为战争大臣助理。

帝国国防委员会成员由君主尼古拉二世推荐，组成如下：帝国杜马主席，来自帝国议会和帝国杜马的四位成员，全国工商业代表，陆军部、海事法庭、财政部、交通部、商业部和国家审计部官员。克里沃舍因确保了帝国国防委员会不仅监管军事设备，还负责燃料和食物供应。四个不同的分委员会得以成立，分别负责军需品、食物、燃料和交通，后来还增设了第五个分委员会，以应对大量涌入国门的难民的问题。对为什么要增设分委员会，波利瓦诺夫给出了合情合理的解释：仅凭陆军部一己之力不足以应对如此大量错综复杂的问题。

然而，在审议正酣时，发生了一件事。后来，这件事传到了尼古拉二世的耳朵里，亚历山德拉皇后一定深受其扰。根据我的回忆，1915年7月26日，当我第一次向时任军需大臣劳合·乔治先生报告时，他把我拉到一边，用急切的语气警告说，如果俄罗斯帝国局势不改变，战争势必会带来一场混乱的革命。英国政府要求劳合·乔治就此主题写一篇备忘录交给英国战争内阁。8月5日，劳合·乔治在班戈发表了一篇讲话：

> 东方的天空既黑又低。乌云遮掩住了群星的光芒。我焦急地等待着暴风雨将至的时刻，但心中并无一丝害怕。今天，我看到天空被希望的曙光映成了深红色。那些一路高歌前进的敌人根本不知道自己在做什么。很快，他们就会明白，他们正在打破俄罗斯帝国的枷锁。那怪物一般庞大的火炮正在粉碎桎梏了俄罗斯人民的早已生锈的铁栏。

劳合·乔治。
摄者信息不详

　　在俄罗斯帝国，劳合·乔治的讲话被人们争先恐后地传诵。一个叫阿杰莫夫的激进律师曾在帝国杜马激情四射地引用过上面这段话。后来，尼古拉二世也读到了劳合·乔治的演讲。如果亚历山德拉皇后想要证实结盟带来的影响会威胁到专制君主的利益，那么从此次事件中，她可以找到想要的证据。

　　帝国杜马很早就以三百四十五票对三十票的结果决定弹劾落马的战争大臣苏霍姆利诺夫。内阁没有一个人为他辩护。戈列梅金亲自提议成立一个由帝国议会和帝国杜马代表组成的委员会，以审查那些受到指控的应该对军队弹药匮乏负责的人。委员会由此成立。改革者的另一项主张几乎是学术性的，所以很容易实现。他们主张废除所谓的犹太人栅栏区。栅栏区政策规定，只有在非常严苛的条件下，犹太人才被准许离开栅栏区，去往俄罗斯帝国的其他地方。在亚努什克维奇的命令下，军队已经把所有犹太人赶到了内陆地区。犹太人栅栏区大部分已经被敌人占领。戈列梅金也欣然认可了既成事实。犹太难民有了去内陆地区的自由，但不能去首都彼得格勒。

与此同时，帝国杜马正在组织比较稳固的多数派，以获得组建"信任部"的全国支持。1915年8月18日至19日，所有中心团体的领导人召开了一次特别元老会议。8月22日，这些领导人再次在杜马主席的公寓开会。两天后，他们与帝国议会的自由团体开展合作。8月27日至28日，他们又召开联合委员会会议。在相关团体的所有成员长时间审议后，9月4日，具体提案得以通过。"进步同盟"由此产生。为了在战争期间号召全国上下发起行动，进步同盟决心要求实行温和明确的改革举措。其实，大部分举措早就该提出了。我们不便对进步同盟的要求是否明智下结论。

落实改革需要时间。对当时的情况，政府和人民都有一个大致了解。进步同盟的代表来自帝国杜马主体部分的精英。社会党中的左派支持进步同盟的观点。进步同盟中的大多数右派成员并不是通过公开选举产生，其余成员渐渐向右派靠拢。一开始，进步同盟主张的内容便得到了不少人的支持，这是让进步同盟成员感到满意的地方。后来，萨佐诺夫写道："帝国杜马几乎没有什么要求。"其实，帝国杜马的主要要求和全国知识分子的要求一样，那就是有一个可以赢得大家信任的团结的内阁。

在这个时候，进步同盟选择提出大量有望实施的立法改革措施是否为明智之举？进步同盟成员希望知道的是，在具体问题上，进步同盟内部能达成多大程度上的共识。这无可厚非。然而，如果进一步要求整个政府秩序发生根本变化，则需要通过运动甚至是动乱才能实现，这正是进步同盟右翼最想避免的，特别是现在还处于战争时期。因此，很难说进步同盟内部是否能达成共识。进步同盟纲领的起草工作主要由左翼领导人米柳科夫负责。米柳科夫非常了解西方立宪历史，这使其成为纲领的起草工作的不二人选。然而，他并不是一个明智的谋略家。右翼的舒勒金对提出的任何观点都找不到反对的理由。

尼古拉二世虽然没有表示反对改革，但从一开始就明确指出，改革必须延后到战争结束。这也成了他后来一贯秉持的立场。但即使对内阁成员而言，起草进步同盟纲领也是他们以前从未面临过的挑战。克里沃舍因用军事二元论进行解释，即主张建立向现有政府形式发起挑战的另一种政府形式。他认为，内阁只有两条路可走，要么坚持自己的权威，要么下台。克里沃舍因对曾参加过内阁会议的罗江科说："你来的目的是不是准备主持我们的会议？"亚历山德拉皇后反对的态度则要坚决得多。对她而言，这意味着俄罗斯帝国君主专制将彻底走向终结。1905年10月做出的让步已经让君主专制摇摇欲坠。因此，亚历山德拉皇后要尽一切可能地反对挑战君权的行为。

此时，内阁仍频繁召开会议。对帝国杜马迟迟没有通过旨在征召二等预备役军人的必要法律，内阁保守党成员十分不满。在国家处于非紧急的情况下，二等预备役军人可以不必履行服兵役的义务。帝国杜马支持军队的想法，但不相信首相戈列梅金，所以仍然呼吁成立联合内阁。1915年8月16日，在没有充分抵抗的情况下，俄罗斯帝国重兵把守的考纳斯失守。在关键时刻，军队指挥官格里戈里耶夫明哲保身，造成了很坏的影响。后来，格里戈里耶夫的行踪被发现，并被带到了尼古拉大公成立的军事法庭上接受审判。

1915年8月17日，亚洪托夫记录了一件非同寻常的事。应波利瓦诺夫之邀，古奇科夫出席了一次内阁会议。古奇科夫要求在全国各地建立非官方的战争产业委员会。战争产业委员会源自国家贸易与产业大会，是一个广受认可并设有永久办事处的机构。在贸易与产业大会上，一个专门委员会成立了，古奇科夫当选主席。新设机构包括负责武器供应流程的不同部门，成员包括工人代表。工人代表参加不同的会议并有自己的办事处。一开始，因为受到在国外的列宁宣传的失败主义和其他因素的影响，工人不愿意选出自己的代表。但后来，选举成了新设机构最热衷的事情。古奇科夫领导的战争产业委员会遍及全国各地，动员小规模工厂制造军用设备，还与民间红十字会紧密合作，联合手工艺者和家庭手工业者共同制造军用设备。每次和大臣见面，古奇科夫都感到很不自在。后来，他写信把想法告诉了戈列梅金。戈列梅金认为，古奇科夫是想要求成立一个独立的部门。最终，遍布全国的战争委员会得以成立，一直运作到革命时期才结束。亚历山德拉皇后十分厌恶"糟糕透顶的战争产业委员会"。她的信中充满了对古奇科夫的刻骨仇恨。"天哪，就没有人绞死古奇科夫吗？""就不能策划一次严重的铁路事故，而他是唯一的受害者吗？""古奇科夫身染恶疾——真希望他死掉——这并不是一个罪恶的愿望"。此时，克伦斯基和社会党成员正在讨论的是和平到来后应该怎么办。他们的设想包括恢复普选制和俄罗斯帝国内不同民族的自治原则等。

　　在一系列前期讨论后，1915年8月19日，从莫斯科的城镇议会传来了以下信息。很快，彼得格勒和其他城镇也开始纷纷效仿。

　　一、莫斯科方面深知，很多城镇甚至要塞都落入了敌人之手。但莫斯科方面笃信俄军及最高统帅尼古拉大公，并准备付出一切努力以创造条件保证最后的胜利。我们必须奋战到底。只有取得全面胜利后，在所有盟国的意见达成一致的条件下，才能缔结和平条约。

二、世界大战已进入新的阶段。新的局势意味着新的重任。此刻，全国所有力量和各大团体必须勠力同心、奋发图强，取得战争的伟大胜利。

三、战争胜利的根基在于国家政府与全国上下联合自强。莫斯科深信，此时此刻的帝国杜马明白如何实现国家寄予的希望。

四、当今面临的任务重大，需要建立一个不负人民期望的、无异议的政府，并由国家信任之人来领导。

最高指挥

早在进步同盟成立前，宫廷中就出现了另一种路线的迹象。1915年8月3日，帝国杜马会议刚召开时，尼古拉二世对波利瓦诺夫说："总的来说，我根本不在意帝国杜马成员说了些什么——也不在意他们如何理解我。"在尼古拉二世主持的一次内阁会议中，人们讨论了克里沃舍因的提议，也就是将德意志移住民的土地划拨给英勇作战的士兵。1915年8月11日，会议结束后，尼古拉二世把谢尔巴托夫拉到一边，问可否不要让别列茨基接替大臣助理准科夫斯基。这到底是怎么回事呢？自从在1915年6月的一份报告中揭露了拉斯普京在亚尔餐厅的荒淫行为后，准科夫斯基开始成为尼古拉二世出访的随行之一，并受到了特殊的待遇。1915年7月5日，亚历山德拉皇后终于得知了报告内容。盛怒之下，她写了一封信猛烈地抨击了准科夫斯基，说报告"充满恶意的污秽之言"。此言的确不假，但行污秽之事的正是拉斯普京本人。亚历山德拉皇后叫自己最喜欢的副官N.P.萨布林马上动身去莫斯科调查拉斯普京的行为。萨布林向她坦承了调查结果，告诉她拉斯普京当时喝醉了，并且当事人也不否认。不过，对调查结果的其他部分，亚历山德拉皇后认为是警察恶意杜撰。对警察，尼古拉二世一家不仅没有任何好感，还看不起。让亚历山德拉皇后十分不满的是，准科夫斯基和莫斯科的警察没能阻止伊利奥尔多的书流向国外。当时，莫斯科省省长正是准科夫斯基。

1915年8月19日，事件峰回路转。出于对盟国利益的考虑，萨佐诺夫敦促解决犹太人等问题。当天，废除犹太人栅栏区的决定终于尘埃落定。财政大臣巴尔克宣称现在的国外贷款通道已经关闭。鉴于犹太人给全世界带来的巨大影响，内阁准备向俄罗斯帝国的犹太人做出让步以争取其贷款。一开始，波利瓦诺夫在会议上一言不发，兀自沉思。之后，戈列梅金要他报告军队的有关情况。波利瓦诺夫描述的情景要比在场的人之前听到的都要让人不安。末了，他还补充说，自己有更严肃的事情要报告，但这么做会让自己陷入不义。尼古拉二世曾私下告诉波利瓦诺夫，准备解除尼古拉大公的职务，自己担任最高统帅。波利瓦诺夫想尽一切办法劝说尼古拉二世不要承担"完全不可能"的双重任务，但于事无补。戈列梅金像往常一样，用最平静的语气告诉大家，自己知道这个决定已有些时日了。因为将内阁蒙在鼓里，并且没能成功劝说尼古拉二世放弃担任最高统帅的想法，戈列梅金受到了萨佐诺夫和大部分大臣的猛烈抨击。戈列梅金并不是没有尝试过。这个重磅消息带来的影响不亚于1915年7月19日波利瓦诺夫第一次将此事公之于众。大部分大臣一个接一个地发言，急于说明为什么这一步将是灾难性的。谢尔巴托夫指出，如果这样做，会让后方没有威信可言，并大胆地谈到了拉斯普京对后方的影响。萨马林也发了言。戈列梅金只想赶紧转换话题。巴尔克再次恳请人们关注国外贷款。萨佐诺夫也恳请人们考虑协约国对尼古拉大公的信任。大部分大臣一定后悔没有仔细考虑戈列梅金的警告，所以一开始才将怒火指向军队行政。当然，他们有所不知的是，在与丈夫尼古拉二世的交流中，亚历山德拉皇后对尼古拉大公表现出了深深的敌意。同意戈列梅金看法的人越来越少。大多数人同意波利瓦诺夫和谢尔巴托夫应再次劝说尼古拉二世放弃自己的想法。为劝说尼古拉二世，大臣准备好的理由是：第一，前线局势无论朝哪个方向扭转，都会归到尼古拉二世的头上；第二，后方迫切需要其关注，以及罗曼诺夫王朝将危如累卵等。此时，德军已逼近里加河。虽然危险局势后来得以解除，但要率领一支被打败的军队，这对正在前线的尼古拉二世来说实在是最糟糕的时机，再加上大量难民造成的混乱局面，似乎连其个人安危都无法得到保证。

1915年8月27日，波利瓦诺夫报告称，自己提出的所有请求都以失败告终。轮到谢尔巴托夫试试运气了。不过，谢尔巴托夫的劝说也失败了。最焦躁不安的大臣要数最保守、最忠于君主的萨马林。在一次辩论中，他把尼古拉二世的决定比作火药桶里四溅的火花。在接下来的一次辩论中，人们也讨论了同样的问题。有人觉得至少可以试着劝尼古拉二世推迟决定。萨马林拒绝做这样的妥协，说愿意在尼古拉二世面前跪下来恳求他答应不要当最高统帅，并且再次搬出有关拉斯普京的话题。萨马林的想法是正确的：拉斯普京确实是促使尼古拉二世下定决心的那个人。萨马林激动地说："我誓死效忠我合法的君主，但不会——"克里沃舍因提出了自己早先的计划。他认为，如今的政府已不似从前，因为得不到对事件发展的控制权，所以唯一的出路便是政府下台。内阁本来就要面对来自军方和帝国杜马对其权威的质疑，现在还要面对来自尼古拉二世的私人顾问——亚历山德拉皇后和拉斯普京——的质疑。只有戈列梅金坚守原则，认为如果君主宣布了自己的想法，大臣只能照做。不过，他还是同意了内阁的建议，即在尼古拉二世的主持下召开特别会议。

萨马林的情绪爆发完全情有可原。如果所谓的专制君主常常表达的不是来自钦定大臣的建议，那国家根本不可能治理好。现在，这个问题赤裸裸地暴露了出来。在这样的氛围中，没有哪个负责的大臣会表明自己的立场。内阁也不可能弄清不同的声音来自哪里并加以反驳。这样一来，人们往往不清楚事情的轻重缓急。当人们议论纷纷，谴责亚历山德拉皇后是亲德派，并质疑尼古拉二世的战争态度摇摆不定时，尼古拉二世做的决定即使没有被内阁成员误解，也会被其他人完全误解。其实，尼古拉二世和人民一样，想在战争期间为国家效忠，所以才希望能指挥军队。这是他个人做出的牺牲。如果能指挥军队，尼古拉二世就能将自己完完全全地投身于战争中，接受所有责任，承担所有后果。1914年，战争刚开始不久，要说服尼古拉二世不要担任总指挥并不是一件容易的事，就像在日俄战争期间劝其不要加入前线战斗一样。军队打了败仗，尼古拉二世才更需要与军队同进退。亚历山德拉皇后的想法则不太一样。当有人质疑君主专制时，她的回应直接干脆、毫不含糊。军事部门和民事部门的二元分治将不复存在，因为尼古拉二世才是两者的最高领导。不过，亚历山德拉皇后同样为这样的胜利付出了沉重的代价。这样的胜利夺走了她的幸福来源，使丈夫尼古拉二世置身于前线各种各样的影响中。从来到前线的那一刻起，尼古拉二世就会置身于他人的影响中。对这种不是自己施加的影响，亚历山德拉皇后一直持怀疑态度。对她最器重的顾问拉斯普京来说，君主专制政体的重要性不言而喻。如果有一个类似于立宪制的政体，那么拉斯普京和宫廷之间的关系会不可避免地破裂。谢尔巴托夫说，在自己被任命为内务大臣的那一天，这个预言家[1]离开了彼得格勒。1915年8月19日，他又回到了彼得格勒。8月29日，《证券公报》猛烈地抨击了拉斯普京。之后，尼古拉二世夫妇要求进一步限制媒体自由。

此时，事件的发展出乎所有人的意料。尼古拉二世委托波利瓦诺夫带信给尼古拉大公，称自己将接任最高统帅一职。波利瓦诺夫还受命去当面通知阿列克谢耶夫，他将成为尼古拉二世的总参谋长。波利瓦诺夫小心谨

---

[1] 指拉斯普京。——译者注

慎地执行被委派的任务。一心想干好一番新事业的尼古拉二世自然十分感激波利瓦诺夫，甚至郑重其事地拥抱了他三次，说自己永不会忘记他的功劳。尼古拉二世之所以要指挥全军，是为了结束前线和后方的二元统治，这样的统治已经造成了太多混乱。克里沃舍因是一个很有谋略的人，决定利用尼古拉二世对波利瓦诺夫刚刚建立起来的信任。他出其不意地请波利瓦诺夫当首相的候选人，自己则再一次拒绝了这一职务。他甚至向尼古拉二世提起了候选人一事，并得到了对方的认可。尼古拉二世称波利瓦诺夫是自己现在可以真正信任的人。克里沃舍因的想法是，负责陆军部的波利瓦诺夫虽然没有被正式任命为首相，但将行首相之实并主持内阁。尼古拉二世竟然还帮克里沃舍因想了一个新的职务名称，以后人们就称呼波利瓦诺夫为"战争大臣"，而不再是"代理战争大臣"。尼古拉二世还说，自己希望确认波利瓦诺夫的职务，言下之意是要其"主持大臣会议"。克里沃舍因看出了尼古拉二世的心绪变化，甚至向其推荐起了古奇科夫。1915年8月30日，他说："我知道您不喜欢古奇科夫，但如果您召见他，人们就会对您肃然起敬。您也会赢得一个忠诚的仆人。"这样一来，局势就会朝着更合情合理的方向发展。尼古拉二世统一了前线和后方——军队中有了尼古拉二世最好的谋略家阿列克谢耶夫，主持内阁的人则是尼古拉二世最好的军事管理者波利瓦诺夫。第二天，波利瓦诺夫按规定来到宫廷报告。然而，他和尼古拉二世之间谈了些什么，就不得而知了。第二年，阿列克谢耶夫换了一种提建议的方式，要求选出一位主持内阁的"国防大臣"。

1915年9月1日之后，人事任命趋于保守。准科夫斯基将军被解除了内务大臣助理的职务。谢尔巴托夫收到了一条措辞不同寻常的消息——"我坚决要求立即免除准科夫斯基将军的职务"。从当时的情况来看，显然，"我"是指亚历山德拉皇后。同一时间被免职的还有对君主尼古拉二世忠心耿耿、支持尼古拉大公和改革者的老臣弗拉基米尔·奥尔洛夫亲王。据说，他曾放言，亚历山德拉皇后应被送去修道院，或者让她在战争期间一直待在里瓦几亚。两人对君主的忠心根本无需朋友为他们辩护。弗拉基米尔·奥尔洛夫亲王写信给波利瓦诺夫，请他出手阻止，得到的回复却是：被罢免的最高统帅尼古拉大公就是准科夫斯基和弗拉基米尔·奥尔洛夫亲王的前车之鉴。在信中提到他们时，亚历山德拉皇后永远满怀恶意，特别是对"我的敌人准科夫斯基"。

在提交给尼古拉二世的报告中，萨佐诺夫没有忘记提到拉斯普京。

他写道：

> 我既没有谨小慎微，也没有提到任何人的名字。事实上，这样做根本没有必要。尼古拉二世很快就听出了言外之意。看得出来，他很不喜欢我说的话。可我还是鼓足了万般勇气对他说，自从拉斯普京控制了亚历山德拉皇后的意念和心智后，皇后就在玩火。尼古拉二世虽然没有反驳我，但一边听一边往后退。我终于感到，我们之间已出现了一条深深的裂痕。

内阁想要联合起来当面提醒尼古拉二世，但戈列梅金不愿向尼古拉二世传达内阁的想法。戈列梅金主动提出辞职，并对同僚说："让皇帝罢免我，这就是帮我大忙。"然而，在大多数人的坚持下，1915年9月2日，内阁终于在沙皇村的皇宫里召开会议，由尼古拉二世主持。亚洪托夫没办法记录会议，因为在这样的场合下，秘书不能在场。不过，萨佐诺夫——虽然记错了日期、波利瓦诺夫、伊格纳季耶夫、亚历山德拉皇后和安娜·维鲁波娃都对这次会议有所提及。安娜·维鲁波娃写道，萨佐诺夫和尼古拉二世走出房间，来到阳台窗边。"爱管闲事"的萨佐诺夫向尼古拉二世面呈了所托之事。安娜·维鲁波娃还说，从始至终，尼古拉二世手里都紧紧攥着一幅自己和亚历山德拉皇后给他的小小的圣像。回到房间时，他已经大汗淋漓。戈列梅金很可能再次提醒了尼古拉二世，他做了一个十分危险的决定。其他的"大臣——特别是克里沃舍因、萨佐诺夫和萨马林"也恳请他留意这样做可能带来的后果。最后，尼古拉二世站起身来说："你们要说的话我已经听见了，但我的决定不会改变。"

亚洪托夫告诉我们，第二天内阁开会时，人们都有一种深深的无助感。不过，大多数人还是决定再努力一次。亚历山大三世即位后，决定采取保守路线，重臣洛里斯·梅利科夫和大多数同僚同时提出辞呈。除此之外，在俄罗斯历史上，内阁辞职几乎没有先例。但时至今日，如果大臣对如此重大的问题的谏言都不能打动君主，那大臣也没有办法执行自己分内的事。大臣同样不能接受的是，一个既非自己选择的又和自己观点相左的首相可以一票否决所有人的意见。1905年10月，尼古拉二世曾要求维特伯爵负责组阁，这是政府迈向内阁制的坚实一步。然而，尼古拉二世无时无刻不在后悔这一试行的做法。亚历山德拉皇后的看法比尼古拉二世的还要明确，认为由沙皇一人任命的首相有责任让其他大臣听从指挥。

最终，内阁绝大多数成员告知戈列梅金，在不经过他的情况下，他们会向尼古拉二世发出联合声明。在外交大臣萨佐诺夫的办公室，内阁绝大多数成员见了面。在大家的一致要求下，萨马林向尼古拉二世提交了一封由内阁十三人中的八人签名的联名信。当然，这上面没有戈列梅金的签名。战争大臣波利瓦诺夫、海军大臣格里戈罗维奇也没有签名。这两人虽然对君主负有特殊的兵役义务，但表示全力支持声明。剩下两位没有签名的是病中的交通大臣鲁赫洛夫和司法大臣亚历山大·赫沃斯托夫。信是这样写的：

　　仁厚的陛下，请不要责怪我们的大胆冒昧。我们做的一切都是出于对您和国家的忠诚和热爱。我们认识到局势刻不容缓。昨日，在您主持的会议上，我们一致恳请您不要罢免尼古拉大公军队最高统帅的职务。我们认为，这也是全体忠实国民的祈求。我们担心陛下不会答应这个祈求，于是斗胆再次向您说明，依我们的愚见，您做的这个决定将给国家、王朝和您本人带来很大威胁。在此次会议上，您也看到了，在对国家形势的判断和政府应采取的政策方面，主席和我们之间有不可调和的矛盾。这样的情况在任何时候都不可接受，在此时更是灾难性的。恐怕我们无法在这种情况下真正为陛下和我们的国家效命。

P.哈里托诺夫、A.克里沃舍因、S.萨佐诺夫、P.巴克、N.谢尔巴托夫亲王、A.萨马林、P.伊格纳季耶夫伯爵、V.沙霍夫斯科伊亲王

在军队和人民陷入危急时，尼古拉二世不能做出个人贡献了，这可以说是他最大的遗憾。

1915年9月3日早上11点，在冬宫的白厅，尼古拉二世召开了新防卫委员会的第一届会议，并下令为此举行隆重的庆典，希望人们能最大程度地关注这次盛会。尼古拉二世还想等某次不在前线时再次主持会议。在亚历山德拉皇后的陪同下，尼古拉二世用一篇斗志昂扬的精彩演讲做开场白，稿子由克里沃舍因和波利瓦诺夫起草。他欢迎了帝国杜马帝国国防委员会主席申加廖夫的加入。申加廖夫递交了一份帝国国防委员会有关军需品状况的备忘录。直到会议结束，萨佐诺夫才将大臣的联名信交给波利瓦诺夫。波利瓦诺夫又把信交给一个官员，请他交给尼古拉二世，之后便动身去了前线。在出发前，他来到沙皇村向尼古拉二世道别。当天晚上，他从

萨布林那里得知，尼古拉二世在从首都彼得格勒坐火车回来的途中已经读过那封信了，并且肯定给亚历山德拉皇后看过了。波利瓦诺夫说，像戈列梅金这样的首相只会使国家走向革命。他之所以这么说，是为了向萨布林表明，自己和其他大臣的想法是一致的。

开幕式当天还发表了进步同盟的完整纲领，原文如下。

1915年8月25日[①]，来自帝国杜马和帝国议会的代表签署新成立的进步同盟纲领。代表包括帝国杜马成员：进步民族主义党——舒勒金领导、中派集团、地方自治-十月党、左派十月党、进步党、立宪民主党——米柳科夫领导；帝国议会成员：学术团体、中心团体，有时还包括非党派联盟。纲领终稿如下。

签名的帝国议会和帝国杜马各党派及各团体代表相信，唯有强大、坚定和有效的政府，不负人民所托、有能力使国民勠力同心的政府方可领导国家走向胜利。代表们一致认为，唯有满足下列条件，方能完成创建政府权威之首要任务：建立团结之政府，需有国家信任之官员，并同意立法机构应尽早执行明确纲领。

坚决改变迄今为止建立在人民不信任的基础之上的政府管理方式，特别体现在以下方面：

一、严格遵守行政合法性原则。

二、在与开展军事行动无直接关联之事务上，消除军事部门和民事部门的二元制。

三、地方行政部门人事变动。

四、旨在维护国内的和平、消除种族和阶级敌对的明智又一

---

① 公历1915年9月7日。——原注

致的政策。

要贯彻上述政策，必须在行政和立法领域采取以下措施：

一、通过君主赦免的方式，撤销因纯粹的政治和宗教罪行——在没有触犯刑法的情况下——而提起指控的案件；为所有被指控犯下此类罪行的人减刑和恢复权利，包括参加帝国杜马的选举、享有地方自治局和城镇议会的权利，以及减轻其他被指控犯下政治和宗教罪行的人的惩罚——间谍罪和叛国罪除外。

二、遣返因政治原因而被行政流放——未经审判——的人。

三、全面果断终止以任何理由为借口的宗教迫害，撤销所有限制和歪曲1905年4月17日[①]法令内涵的宗教宣传。

四、解决俄属波兰人的问题，即在整个俄罗斯帝国土地上撤销对波兰人权利的限制，尽早准备有关俄属波兰自治问题的法律并将其引入立法机构，同时修订有关波兰土地所有权的法案。

五、逐步消除针对犹太人的敌对态度——特别是要进一步采取措施来废除犹太人栅栏区，让犹太人有接受教育的机会，取消犹太人在择业方面的各种限制；恢复犹太人的媒体。

六、对芬兰问题采取安抚政策——特别是芬兰内阁行政人事变动，停止迫害官员。

七、恢复乌克兰的媒体；尽早重审遭到逮捕或流放——如流放至西伯利亚——的加利西亚居民的案件，释放无罪被捕的人。

八、恢复工会工作，停止迫害在医院储蓄银行工作的被怀疑属于非法党派的工人代表；恢复工党媒体。

---

① 公历1905年4月30日。——原注

九、政府同意尽早将以下法律引入立法机构。

（一）所有和国防、军队装备、伤员护理、大批难民管理，以及其他与战争直接相关的法律。

（二）旨在集结全国力量取得胜利和维护国内和平立法工作的后续纲领；农民与其他阶级享有同等权利，推行州级地方自治局，修订1890年地方自治局法，修订1892年市级法律，在西伯利亚、阿尔汉格尔斯克、顿河地区、高加索地区等边境省份推行地方自治局；以下方面的法律：合作社，导购员休假制度，为大量邮政和电报工作人员改善条件，维护现有禁酒令，地方自治局、城镇议会和工会条文的修订，恢复某些省由于财政原因中止的治安法官制度。必须采取行政措施来确保上述提到的行政范围内的行动纲领得以执行。

纲领由列出的各团体主要代表签字。

去前线不久，尼古拉二世便收到了亚历山德拉皇后写的信，信中饱含了对胜利的赞美。亚历山德拉皇后写道：

我无法用语言表达我心之所愿——我的内心充满无限情感。我只想在你的耳边轻诉浓烈的爱、勇气、力量和无尽的祝福。你是为你的国家和皇位而战。我们的灵魂在与邪恶做斗争，我们看到的远不如现实来得深刻。你呈现的是一个专制君主的形象，没有了专制君主，国将不存。在加冕仪式上，上帝授膏于你，授予你现在的重任。你尽职尽责地完成了。唯有坚定才是出路——我深知这将会使你付出代价，我为你担忧受怕。我的天使，我恳求你的原谅，是我让你失去了安宁，让你的眉头紧锁——但我太了解你，你的性格如此温和。这次，你必须要果断地丢弃你温和的性格，必须只身一人反抗一切反对的力量。这些天发生的故事将成为你的统治历史和俄罗斯历史上辉煌的一页——因为你的坚定，上帝永远在你身旁，他会保佑你的国家和你的皇位。我们的朋友在日夜为你祈祷，天国的上帝会听到这些祈祷。太阳正在为你升起。

最后，她写道："安静地睡吧，我的阳光，俄罗斯帝国的救世主。"

在同一封信中，亚历山德拉皇后已经开始建议替换谢尔巴托夫内务大臣的职位。

从波利瓦诺夫的来访中，尼古拉大公感到有事情要发生。怀着对皇位坚不可摧的忠诚，他很快接受了人事变动。据说，他只是写信去问人事变动是否可以延后到放弃布列斯特-立陶夫斯克要塞。1915年8月26日，投降不可避免地到来了。尼古拉二世曾这样描述尼古拉大公来见自己的场景：

> 尼古拉·尼古拉耶维奇走进来时，脸上带着坚毅的微笑，只是问我，我什么时候下令他离开。我用同样的语气回答说，他还有两天的时间。之后，我们讨论了军事行动的问题，还谈到了几个将军等。就是这样。

在担任指挥后，尼古拉二世发表了一篇斗志昂扬的演讲，向军队和全国人民清楚地表达了自己将战斗到战争最后一刻的坚定决心。尼古拉二世虽然每天都要潜心研究军事行动，但并未以任何形式干涉其中。1915年9月5日，他几乎把所有决定权都交给了新任参谋长阿列克谢耶夫将军。阿列克谢耶夫将军指挥的西北前线现在一分为二：北部前线由鲁兹斯基指挥，新成立的西部前线则交由埃弗特指挥。

此时，内阁正在紧张地讨论着进步同盟的纲领。戈列梅金想要使进步同盟内部产生分歧，便提出单独会见进步同盟中的右翼成员。然而，在没有同僚在场的情况下，他们拒绝与戈列梅金商议任何问题。

1915年8月31日，工商会议在莫斯科召开。人们本想在会议上发表言辞激烈的宣言，但参会的罗江科在发言中只提到了帝国杜马成立"信任部"的要求。各省的城镇议会和地方自治局等机构也纷纷表示支持。1915年9月1日，内阁讨论了莫斯科城镇议会决议。克里沃舍因称内阁内部意见不一，情况已一发不可收拾。1915年9月6日，内阁讨论了进步同盟的纲领。两天后，内阁继续讨论，决定授权部分内阁成员与进步同盟的领导人会面。当同僚邀请其参会时，戈列梅金并未做出回应。9月9日，在哈里托诺夫的住所，内阁中代表不同观点的成员与来自进步同盟所有团体的领导人见面了。亚历山大·赫沃斯托夫是参会代表之一，认为进步同盟的纲领十分温和，双方完全有可能达成一致。事实上，进步同盟纲领提出的诉求早已公之于众。现在最棘手的问题是，是否应在战争的关键时刻提出。第二天，内阁收到了代表的报告并进行了审议。在开会前，戈列梅金和其他代表一道受到了亚历山德拉皇后的接见。亚历山德拉皇后这样向尼古拉二世形容这些大臣："比帝国杜马更坏的敌人""需要好好教训一顿"。对报告内容，内阁并未表示反对。有人建议内阁应与进步同盟坐下来，就纲领的某些部分进行谈判，以达成共识。帝国杜马的辩论应该以休会的方式友好、体面地告一段落。戈列梅金非常想中止辩论，但能找到的最好办法也只是公开采取压制举措。对公众的要求，他越来越冷嘲热讽，然而，大臣纷纷拿出了调解的态度。显然，尼古拉二世必须选择走哪条道路了。一个负责任的内阁——团结一心，拥有君主和国家信任的内阁——无可替代。人们同意以友好的方式中止帝国杜马的辩论，并要求组建新内阁。戈列梅金主张帝国杜马直接休会，不考虑任何进一步谈判的可能。这两种提议可谓大相径庭。

戈列梅金动身去了总部。1915年9月12日，他在总部受到了尼古拉二世的接见。尼古拉二世授权帝国杜马休会。9月14日回来后，戈列梅金将这一决定在内阁会议上宣布。愤怒的情绪在人群中爆发，秩序一度陷入混乱。在休息室里，萨佐诺夫用法语说道："这个老家伙疯了。"他认为会议的过程就像一出哑剧。

亚洪托夫写道：克里沃舍因的脸上满是无助的忧伤，看上去心事重重。伊格纳季耶夫像往常一样，每当遇到困难便会焦躁不安地抓着稀疏的头发。人们还在热烈地讨论着一个又一个问题，最后讨论的话题总会回到休会及后果上。

对亚洪托夫来说，要完整地记录这场会议的辩论内容可不是件容易的事。第二天，会议重新开始。克里沃舍因宣布，从前的政府已经消亡。他说："不是他①就是我们。"戈列梅金宣称自己得到懿旨，帝国杜马休会时间从第二天，也就是1915年9月16日开始，一直持续到1915年11月。所有大臣必须坚守岗位。萨佐诺夫称国家政体处于危险之中。戈列梅金又开始拿出自己最喜欢的那一套采取压制措施的言论，并宣布休会。

罗江科忍着怒火，向帝国杜马宣布了尼古拉二世的意愿，并努力用平静的语气劝帝国杜马成员安静地离开。很快，彼得格勒所有工厂就爆发了为期两天的罢工。可以说，就是从这一天开始，失败主义思想在全国蔓延开来。1915年9月19日，民间红十字会在莫斯科召开会议，要求重新召开帝国杜马，并成立"信任部"。然而，被委派向尼古拉二世面呈决议的代表并没有受到总部的接见。罗江科的觐见要求也被拒绝了。亚历山德拉皇后

---

① 这里指戈列梅金。——译者注

已经迫不及待地给丈夫尼古拉二世出谋划策了。在戈列梅金和其他名声不好的大臣的帮助下，她列出了初步候选人名单，以替换那些冥顽不化的大臣，并敦促尼古拉二世尽快做出决定。亚历山德拉皇后甚至恳求尼古拉二世专程来彼得格勒一趟。在写给尼古拉二世的一封草拟的信中，拉斯普京提议应授予戈列梅金"内阁总理大臣"这一重要头衔，并让其取代萨佐诺夫在外交部的位置。写这封信的时间应该就是以上故事发生的时间。

1915年9月27日，戈列梅金再次来到总部，传令全体内阁集合。亚历山德拉皇后居然请求尼古拉二世用拉斯普京的梳子梳过头后再接见大臣。几位大臣开诚布公地提出了各自的观点，但尼古拉二世自始至终看上去都提不起兴趣。面对大多数内阁成员的联名信和大臣提交的报告，尼古拉二世像一个主人斥责不听话的仆人一样，命令大臣做分内之事，否则自己说不定会找人取代大臣的位置。后来，尼古拉二世发电报给妻子亚历山德拉皇后："会议进行得很顺利。在他们面前，我严正地告知了我的意见。"

1915年夏，不劳而获的保守"俄罗斯人民联盟"还只是一个被谢尔巴托夫认为空谈理论的组织，到1915年10月，保守"俄罗斯人民联盟"又开始活跃起来。前大臣谢格洛维托夫也是一个保守派。他不怀好意地说："宪章已不复存在。"克伦斯基并不是进步同盟的成员，言简意赅地总结了发生的事情。"然而，"他写道，"在这一问题上，亚历山德拉皇后挑战的是整个国家——她赢了。"

第 10 章

亚历山德拉皇后、"朋友"与"尾巴"

是他们自己的阿谀献媚断送了他们的生命。①

《哈姆雷特》，第五幕，第二场

双重计划

就这样，在妻子亚历山德拉皇后的驱使下，尼古拉二世无视俄罗斯帝国所有有思想的人、大臣、帝国杜马、地方政府机构和老百姓，只身前往前线去赢得一场战争的胜利，留下妻子替自己管理后方。据罗江科回忆，当时流言四起，纷传有人用非正式手段秘密任命了一位皇后作为摄政王。事实并没有人们想象的那样复杂，这只是夫妻间的亲密合作罢了。然而，流言也并非空穴来风。1915年9月7日，尼古拉二世写信给妻子亚历山德拉皇后，语气稀疏平常，像是在安排家务事："我的爱人，是不是该考虑丈夫不在时协助一下丈夫的工作呢？"就这样，亚历山德拉皇后不经意间接手了家务事。尼古拉二世也好几次表达了鼓励和感谢之情。亚历山德拉皇

---

① 文中采用的是朱生豪的译本。——译者注

后偶尔也会对自己的插手感到抱歉。不过，如果说之前她还觉得有些许顾忌，渐渐地，这些顾忌就被抛到了脑后。1915年10月1日，亚历山德拉皇后写道："我必须做你的笔记本。"之后，她又把自己比作"他在后方可以依靠的墙"。

随着时间的推移，亚历山德拉皇后的目的愈加变得不容置喙。其实，她是想把控制权掌握在自己手中。只有一个人笃定了想法时，这个人才有可能行使不容置喙的控制权。所有麻烦都来自莫斯科老一辈的王公们传承下来的传统，只要上面下达了一个指令，无论是家事还是国事，最后都得通过设立一个办事处来完成。在俄罗斯皇室家庭中，这种思想根深蒂固。十月革命后，我曾与尼古拉二世的堂叔及妹夫①亚历山大·米哈伊洛维奇大公有过一段对话。我问他："治理国家的居然是她，你不觉得遗憾吗？"他回答道："皇帝上前线了，皇后替他管理国事是天经地义的事。"

在以家庭为单位的狭小圈子之外，拉斯普京的品性人尽皆知。任何一个识字的人都能明明白白地看出他是一个好色之徒。军营中的士兵都认为拉斯普京和亚历山德拉皇后的关系十分暧昧。这成了彼得格勒上流社会茶余饭后的谈资。尼古拉二世身边的人都清楚，任何人想要获得权力，都得先经过拉斯普京才能得到尼古拉二世的任命。当拉斯普京狼藉的声名逐渐为人所知，特别是在亚尔餐厅的丑闻曝光后，除了愚昧透顶的人，任何体面的人都不会通过他去为自己谋得一官半职。在回忆录中，罗江科曾好几次抱怨那些可以被称作"中立的人"的麻木不仁。他说得没错。如果我们没有认识到亚历山德拉皇后身上带有的维多利亚时期英国人一本正经的

---

① 亚历山大·米哈伊洛维奇大公是米哈伊尔·尼古拉耶维奇大公的儿子，亚历山大三世是亚历山大二世的儿子。米哈伊尔·尼古拉耶维奇大公和亚历山大二世是尼古拉一世的儿子，亚历山大·米哈伊洛维奇大公是亚历山大三世的堂弟。因为亚历山大三世是尼古拉二世的父亲，所以亚历山大·米哈伊洛维奇大公是尼古拉二世的堂叔，又因为他娶了尼古拉二世的妹妹谢妮亚·亚历山德罗芙娜，所以他也是尼古拉二世的妹夫。——译者注

道德观，就没法理解这个故事的悲剧色彩。亚历山德拉皇后不愿意直面和相信丑恶的现实："先知"拉斯普京在宫廷的所作所为、对宗教的高谈阔论，以及对自己儿子阿列克谢做的一切——让自己牵肠挂肚的祈祷终于有了回应。

我们必须要在这样的背景下去理解亚历山德拉皇后到底给俄罗斯帝国带来了怎样的立宪替代品。立宪替代品带来的后果已远超表示过抗议的大臣的最坏预测。我们不要忘记，我们在书写一段20世纪第一次世界大战期间有关俄罗斯帝国政府的历史。俄罗斯帝国与英国和法国结成了同盟。当权者无论多么诚实、贤能和爱国，都无法使自己的军队在战场上与优良的德意志军事设备匹敌。这段历史的材料十分具有说服力。我们有有关各细节的一手回忆录和诗篇，此外还有书信、日记、对话记录，不一而足。据我们所知，还没有一个当事者说这些史料是歪曲或伪造的。1917年"二月革命"发生后不久，新任司法大臣克伦斯基就成立了由俄罗斯最顶尖的律师组成的调查委员会，着手仔细审查这一时期所有主要当事者。调查委员会按照西方司法体系中最温和的程序向他们提问，问的正是我们最想了解的信息。我们得到了他们回答的逐字记录。

从刚才提到的内容详实的史料中，我们得到了有关本章所指时期的主要信息。故事中的两个主要反面角色——别列茨基，后来是普罗托波波夫——十分配合调查，将自己知道的一五一十地和盘托出。调查委员会主席要他们把信息完整地写下来。这份长达七卷的调查报告中有整整一卷都是有关他们的，其中，主要是别列茨基的记录。和别人不同的是，写记录时，别列茨基像在创造文学作品。不过，虽然记录文字词藻华丽、饱含感情，但里面仍不乏详细和理智的论述，读来还是像一篇官方的警察报告——这点也可以从其他方面加以证实。事实上，他自己也说过，这是在"做自我检讨"。布尔采夫十分了解别列茨基，认为他的话完全可信。这份直言不讳的记录向我们呈现了一个聪明人讲述的故事，几乎找不到自我意识的影子，对自己的过错也毫不留情。记录一开始便是这样写的："我将写下我提供的证据，或者应当说是我的忏悔。"当写到那些非常离谱的事情时，别列茨基表示，连自己都为自己做过的事感到脸红。有时，他还感叹道："我像在泥缸里洗澡。"

我和别列茨基打过交道。他是一个典型的职业警官，通晓世故、行事谨慎、足智多谋，由于多年来在各岗位上能力出众，战争前就已平步青云，坐到了警察局局长的位置。别列茨基不是个诚实的人，所以不可信赖。有关这一点，无论是别人还是他自己都心知肚明。不过，他有着职位需要的能力。当时，内务大臣是保守派马克拉科夫，大臣助理是正直高尚的准科夫斯基。准科夫斯基十分看不惯别列茨基的那些小伎俩。他正在整顿警局的风气，知道自己必须免除别列茨基的职务。

当时，人们对拉斯普京在政治上的影响力还知之甚少。一开始，别列茨基仅把拉斯普京看成一个丑闻缠身的人，知道他在专门学习催眠术，还把他的老师从首都彼得格勒赶了出去。之后，别列茨基清楚地意识到，想要谋得官职，只能通过拉斯普京在中间运作。

然而，别列茨基只是一个被美化的干杂活的官员罢了。要想达到目的，别列茨基还需要来自统治阶级的一臂之力。之前，我们已经提到过阿列克谢·赫沃斯托夫这个人。我们千万不能把他和叔叔——正直的司法大臣亚历山大·赫沃斯托夫混为一谈。阿列克谢·赫沃斯托夫的政治出身并无特别之处，曾担任沃洛格达省和下诺夫哥罗德省的省长。他是个闲不下来的事业狂，一心想以一个聪明、慷慨的形象示人，只是用的计谋算不上高明。他是帝国杜马成员，观点极右，总是模仿原来君权拥趸者的那一套老生常谈的腔调。鞭挞德意志人的剥削和间谍行为成为当时的社会风气。在那个夏天，当别人都在主张改革时，赫沃斯托夫却做了一篇激情澎湃的演讲，为当时的社会风气发声，深得宫廷赏识。在斯托雷平被杀前不久，尼古拉二世曾一度把赫沃斯托夫看作内务大臣的人选，还派拉斯普京来"看一看他的灵魂是怎样的"。1911年，人们还完全没有意识到拉斯普京在政治上的巨大影响力。同样，对拉斯普京的任务性质缺乏了解的赫沃斯托夫，粗暴无礼地对待拉斯普京，直接打发他去车站。拉斯普京曾抱怨称，即使口袋里只剩下三个卢布，赫沃斯托夫也不会给自己一顿吃的。现在，赫沃斯托夫开始与别列茨基联手。在"二月革命"后成立的调查委员会的记录中，我们能找到赫沃斯托夫的证词。不过，此人说话常常漫不经心、含糊其辞。

无论是赫沃斯托夫还是别列茨基，都需要有人引见至宫廷。他们找到的贵人更让人不可思议，此人便是俄罗斯帝国公职人员中最邪恶的安德罗尼科夫亲王。安德罗尼科夫手头仅有的一点积蓄很快被挥霍殆尽，之后主要靠投机和贷款过活。不过，凭借自己在贵胄军官学院的经历，他很快跻身上流社会。他没有明确的职务，只先后挂名过内务部和宗教部。后来，调查委员会主席曾这样问安德罗尼科夫："请允许我开门见山——你的工作包括哪些内容？你是谁？"安德罗尼科夫只简单地回答："一个人，一个想成为对别人有用的公民。"在非正式场合中，他自称"上帝的随从"。在这个任人唯亲的体制中，安德罗尼科夫如鱼得水，嗜好在各部门打听茶余饭后的闲言碎语和政治环境中的风吹草动，最感兴趣的话题是某个职位出现人事变动的可能。他会给有可能高升的人送去祝贺，还经常给他们带上一幅圣像作为礼物。安德罗尼科夫似乎是被朋友和敌人称作"向当局献媚的媒体"的成员，总绞尽脑汁地从警察的秘密基金那里弄些补贴。安德罗尼科夫一心巴结宫廷官员甚至是首相戈列梅金——他给这个老臣送去了糖果——但所有这些人都装作对他不冷不热的样子。他甚至想办法让尼古拉二世注意到自己溢于言表的情感。后来，宫廷大臣弗雷德里克斯伯爵和宫廷指挥官沃耶伊科夫都承认曾接受过他的好意。安德罗尼科夫渐渐被看作是一个似官非官的神秘人物。他煞有介事地带着一个公事包，据说里面装的都是些了不得的东西，但其实只是些旧报纸。他和梅谢尔斯基亲王有些联系，后者由于其定期出版的《公民》报纸而与尼古拉二世有过直接交道，并总想密谋得到某个保守派的官职。在俄罗斯帝国，像安德罗尼科夫这样的好事之人屡见不鲜。只要某个人有利用价值，或可能有利用价值，安德罗尼科夫都会想办法认识。他的道德名声败坏，人们普遍认为他是个同性恋，别列茨基证实了这种说法。

安德罗尼科夫曾是别列茨基的支持者。这个夏天，安德罗尼科夫的政治直觉告诉自己，接近拉斯普京的时候到了。通过各种人脉关系，他设法认识了愚笨的安娜·维鲁波娃。在整个过程中，安娜·维鲁波娃扮演了亚历山德拉皇后的主要代理人和传信人的角色。安娜·维鲁波娃完全不清楚安德罗尼科夫的为人，不过，她的父母对两人的关系十分警觉。此时，拉斯普京并不在首都彼得格勒，他和品行高尚的宗教大臣萨马林之间的尖锐冲突还在继续。在给丈夫尼古拉二世的信中，亚历山德拉皇后常常要求辞掉萨马林。受拉斯普京保护的托博尔斯克的瓦尔纳瓦主教想要违反常规，将之前的托博尔斯克主教马克西莫维奇封为圣徒，遭到了萨马林和教会会议的强烈反对。对内务大臣谢尔巴托夫亲王，亚历山德拉皇后同样大为光火，憎恨他居然胆敢拒绝自己提出的让公众噤声的举措。谢尔巴托夫亲王对拉斯普京的态度更让亚历山德拉皇后十分恼怒。不仅如此，在帝国杜马休会期间，谢尔巴托夫亲王还不愿对当地管理机构的抗议坐视不管。对俄罗斯帝国公职人员的人事关系，亚历山德拉皇后一无所知，接见的只是来面见自己的人。他们中有大臣，也有她担任主席的慈善机构的官员。亚历山德拉皇后对男人完全缺乏判断能力，否则我们无法解释她与安德罗尼科夫的关系。在一封信中，亚历山德拉皇后把安德罗尼科夫称作"我的安德罗尼科夫"。

别列茨基记录道，自己和赫沃斯托夫连续两个星期共同埋头制定出了一份完整的政治纲领，并借此想要谋得官职。为了这个十分复杂的纲领，两人可以说是挖空了心思。拉斯普京的影响力能让两人平步青云，但鉴于其恶名在外，两人便装作与拉斯普京毫无瓜葛。这对仍然希望利用自己帝国杜马成员身份的赫沃斯托夫来说十分重要。他对帝国杜马主席罗江科说，自己有办法让拉斯普京在公共场所喝得酩酊大醉，从而使其声败名裂。首相戈列梅金曾建议人们不要理睬帝国杜马。戈列梅金不过是君主专制的仆人罢了。事实上，在这一时期，拉斯普京一直很害怕帝国杜马。他的庇护者——亚历山德拉皇后和安娜·维鲁波娃也渐渐地害怕起来。赫沃斯托夫和别列茨基提出，要压制拉斯普京的威风来避免丑闻发生，如果有必要，还要将其干过的好事公之于众。从警察的报告那里，他们掌握了大量有关拉斯普京在各地的丑闻的重磅消息。他们尽可能地瞒着亚历山德拉皇后报告里的内容。相反，他们向亚历山德拉皇后建议，首先要确保拉斯普京的人身安全。在库尔洛夫和准科夫斯基等前任大臣在位期间，拉斯普京受到了充满敌意的严密监视。赫沃斯托夫和别列茨基也会监视他的一举一动，尽可能多地搜集以后用得上的材料。然而，在亚历山德拉皇后面前，他们称要保护拉斯普京的安全，并会将丑闻发生的可能性降到最低。

从亚历山德拉皇后的书信中，我们发现，她大力推荐赫沃斯托夫去内务部任职。当时，亚历山德拉皇后正忙着寻找新的大臣，以换掉在那封著名的联名信上签名的人。她就像一个家庭主妇一样，抱怨如今找个可靠的仆人有多么难，并将让仆人乖乖顺从的愿望寄托在他们的主人[1]身上。她被赫沃斯托夫的纲领深深吸引，特别是其向自己提起的那一部分。1915年9

---

① 这里是指戈列梅金。——译者注

月30日，她写道："我盼望见到一个人，现在我终于可以真切地看着他，听他说话了。"赫沃斯托夫同样对亚历山德拉皇后印象深刻，后来还将其描述成一个"聪明优秀"的人。就在9月30日，亚历山德拉皇后写了两封长信，还发了两份电报，敦促尼古拉二世任用赫沃斯托夫。从这以后，所有新任命的官员必须表现出对拉斯普京的友好，才能过亚历山德拉皇后这一关。比如，在推荐萨马林的继任者什韦多夫时，她是这样写的："他称我们的朋友为格里戈里神父。"此外，她还在寻找代替萨佐诺夫的人。在推荐人选方面，首相戈列梅金从来不会坚持己见，只有亚历山大·赫沃斯托夫和伊格纳季耶夫是其后来承认由自己送入官场的人。目前，戈列梅金向内务部推荐的是一个叫克雷扎诺夫斯基的官员。此人经验老道，同戈列梅金一样深谙官场权术，还负责起草了第二部选举法。正是这部法律使帝国杜马成员没有体现出广泛的代表性。不过，克雷扎诺夫斯基至少是一个可造之才。戈列梅金向尼古拉二世提出，赫沃斯托夫不能放在被考虑名单之列。阿列克谢·赫沃斯托夫的叔叔亚历山大·赫沃斯托夫是在这场夏季危机中唯一支持戈列梅金的大臣。当尼古拉二世问起其侄子阿列克谢·赫沃斯托夫时，亚历山大·赫沃斯托夫给出了下面这段话以表明自己的观点：

> 对这份工作，此人完全缺乏了解，品性也完全不适合。我认为他不仅一无长处，有时甚至还会带来伤害。此人脑子很灵活，但没有自己的想法和判断力，蝇营狗苟。我认为，对他这样一个一心想往上爬的人来说，这个职位满足不了他。他很有可能想坐上首相的位置。他作为大臣所做的所有活动绝不会是为工作奉献，而是算计着如何让自己捞到好处。

我把亚历山大·赫沃斯托夫的观点完整地呈现出来，是因为需要从各方面加以证实。对找到了阿列克谢·赫沃斯托夫这样一个候选人，亚历山德拉皇后欣喜若狂。她已经给自己的候选人起了一个昵称，名字来自他的姓在俄语中的意思①。在信中，亚历山德拉皇后称阿列克谢·赫沃斯托夫为"我的尾巴"，后来又改为"我诚实的尾巴"。阿列克谢·赫沃斯托夫的任命如期而至。他不仅取代了别列茨基内务大臣助理的位置，还把其警察局局长的位置也一并接手。

由于第一次世界大战期间戈列梅金的消极无为，别列茨基和阿列克谢·赫沃斯托夫实际上成了俄罗斯帝国接下来五个月的政府代表。他们并不是没有能力。相反，与别列茨基同在警察局的温和派代表卡法福夫称两人是"两座火山"。他们确实是在以自己的方式治理国家。如果说亚历山德拉皇后不清楚公众舆论，他们则恰恰相反。从这时开始，别列茨基成了一个可靠的历史记录者，不仅标记了失败主义开始的时间，甚至记录了罗曼诺夫王朝走向衰落的趋势。不过，他没有料到的是，自己口中的"工人运动"会朝着这样的方向发展。与其说工人运动是受了政治环境或社会理论的引导，不如说是因为物价飞涨和商品匮乏。别列茨基孜孜不倦地努力解决这一问题，在全国各地组织由政府补贴的食品商店。即使很多人与自己的政治观点相左，别列茨基也依然乐于与各界人士展开合作。另一个他必须解决的重大问题是涌入内陆地区的难民潮，这一问题的产生是拜亚努什克维奇无情又愚蠢的政策所赐。全国各地的老百姓对难民体现出了慷慨善意。别列茨基常常访问那些有难民涌入的省，还会与那些被忽视的前省长通力合作。在应对这一社会恶疾上，他确实做到了殚精竭虑。针对罗曼诺夫王朝的运动刚刚出现苗头，他就采取措施加以抵制。有些措施流于表面，甚至愚蠢可笑。比如，别列茨基要找出私人通信中所有提及难民问题

---

① 赫沃斯托夫的姓是Hvostov，"hovst"在俄语中是"尾巴"的意思。——译者注

的地方——安娜·维鲁波娃会找出提及了难民问题的私人通信并定期向亚历山德拉皇后报告。除此之外，他还要找出所有为尼古拉二世在前线的英勇指挥和亚历山德拉皇后在后方的操劳大唱颂歌的出版物展示给民众。别列茨基小心谨慎地将从秘密基金那里得到的资金一点点地用于右翼媒体。谢尔巴托夫告诉尼古拉二世，所谓的得到了补贴的媒体并不存在。别列茨基同样对拿着政府补贴的媒体没什么好印象。

阿列克谢·赫沃斯托夫接手了所有高层政策事宜，特别是与帝国杜马的关系。他这个"帝国杜马的朋友"，正在谋划一个连胜下一届帝国杜马选举的完美计划。计划不需要政府赤裸裸地收买媒体机构，而需要一个界定模糊的大型股份公司——毫无疑问是公有制，公司一开始便由为帝国杜马选举而特别招募的特务加以管理，薪水提前支付。所有媒体将听令于此公司，包括省内的报纸、书摊、广告、剧院、剧院工厂，甚至是电话通讯。部分媒体将得到直接补贴，优惠政策向左派倾斜，只有孟什维克没有得到补贴。通过这样的操作，公众舆论将得到"引导"，甚至连反对党也将由政府领导。大量资金以贷款的方式发放。不过，这个公司从未开始运作过。

别列茨基和阿列克谢·赫沃斯托夫这两个密谋者不得不寻找几位大臣的替代者，施展心计的时候到了。谢尔巴托夫的职位已由赫沃斯托夫自己任命的人选替代。下一个离职的是宗教大臣萨马林。消息由尼古拉二世向首相戈列梅金传达，而就在刚刚结束的招待会上，尼古拉二世没有发布任何有人即将离职的消息。有人提议萨马林重新竞选原来的职位，也就是莫斯科贵族的领导者，但萨马林坚决反对一切有利于自己竞选的行为。赫沃斯托夫想要让沃尔任填补空缺的职位。沃尔任是一个不逃避帝国杜马问题的正派之人。他答应了任命的要求，但有一个条件，就是有不见拉斯普京的自由。这个条件其实很难满足，因为宗教事务的控制权实际上已掌握在拉斯普京手中。不久，在亚历山德拉皇后的信中，我们便读到她与拉斯普京对新任大臣沃尔任的不满。农业大臣克里沃舍因认识到，当自己在这场夏季危机中站队其他大臣反对戈列梅金时，其实就已经做出了选择。最终，克里沃舍因要求辞去职务。自诩人事任命权威的赫沃斯托夫在最后关头推了克里沃舍因一把。在食物供应方面，农业部发挥着关键作用。帝国杜马的下一届会议召开在即，把食物供应这一重要任务交给一个不诚实的无能之辈几乎不可能，何况赫沃斯托夫玩的双重游戏还没有结束。赫沃斯托夫把目标锁定在了品行高尚的地方自治局工人瑙莫夫身上。不过，就像许多前任一样，瑙莫夫同样表示出对做官和对拉斯普京的反感。他拒绝了

沃尔任。
摄者信息不详

这一职位。然而，由于赫沃斯托夫在尼古拉二世面前力荐他，国家又处于战争的关键时期，他的拒绝遭到否决，任命的消息公之于众。听闻消息后，瑙莫夫清楚地告知尼古拉二世，自己的心与人民在一起。

如今，萨佐诺夫的地位岌岌可危。亚历山德拉皇后的信中充满了对他的抱怨。此时，拉斯普京犯了一个轻率的错误。他写了一封信，建议外交部应交由年老无能的戈列梅金，同时保留其首相的位置和"内阁总理大臣"的头衔。有人从拉斯普京的住所偷走了这封信。本来对尼古拉二世来说，这种事算不上多稀奇，但如果被公众知道了，一定会引起轩然大波。别列茨基费尽周折，还花了一大笔钱，才没有让这封信落入自由主义报纸《言论》之手。不知是不是因为受到惊动，亚历山德拉皇后开始建议保留萨佐诺夫的职务。另外一个在那封著名的联名信上签了字的大臣是巴尔克。战争期间，几乎所有部门都遭遇了反复无常的人事变动，只有财政部是个例外。巴尔克不仅是个能力超群的财政家，也是个聪明的政治家。赫沃斯托夫、拉斯普京和亚历山德拉皇后的人选是塔季谢夫伯爵。同样在财政领域不具备专业知识的赫沃斯托夫告诉我们，之所以选择塔季谢夫，是因为此人将"完全处于从属地位"，并且"不会产生个人影响"。内阁强烈抗议赫沃斯托夫插手自己分外的事。巴尔克有来自各方的支持者。尽管不得不接受拉斯普京不止一次的专业"指导"，如批评自己推行的印花税，巴尔克还是与拉斯普京达成了和解。在给亚历山德拉皇后的报告中，拉斯普京甚至对巴尔克做出了积极评价。塔季谢夫在等待时机，正如别列茨基所说"像一流的棋手"一样。然而，当其即将开始攻击巴尔克时，巴尔克漫不经心地向别列茨基宣布，自己调查了塔季谢夫在财政事务中是否诚实可信。结果，塔季谢夫弃子投降，归隐莫斯科。

在保守党鲁赫洛夫退休后，同样关键的交通部门虚位以待。铁路状况简直不堪一击，赫沃斯托夫想办法得到了亚历山德拉皇后的许可，建议由自己的人选奈德哈特调查铁路状况。赫沃斯托夫本人甚至高调访问了莫斯科，以取消莫斯科通往彼得格勒的铁路，但此行收效甚微。赫沃斯托夫的计划再次失败了。新任交通大臣A.F.特列波夫虽然是坚定的保守党，对交通领域知之甚少，但行事独立，敢于无视拉斯普京的旁敲侧击。通过亚历山德拉皇后，拉斯普京向尼古拉二世表达了对这一任命的失望之情。

这一时期，许多不那么重要的官职任命让人称奇，比如，有人向亚历山德拉皇后推荐了哲瓦霍夫。把哲瓦霍夫的名字弄错的亚历山德拉皇后提议，由他就任宗教部门新增设的助理一职。在亚历山德拉皇后面前，赫沃斯托夫力陈帝国杜马即将到来的辩论是如何危险，因此，宗教部门助理职位的任命被推迟了。拉斯普京和安娜·维鲁波娃的朋友列舍特尼科夫没有任何做官经历，也不懂为官之道，却差一点就当上商业大臣助理。当时，准备任命他的理由只有一个：他曾为安娜·维鲁波娃的医院捐了一大笔钱。在人事任命上，拉斯普京的观点很简单，只要求在各大部门都有"自己人"。

有关任命问题，在安德罗尼科夫那里，别列茨基和赫沃斯托夫这两个密谋者遇到了更大的阻力。人们凡事都喜欢咨询安德罗尼科夫的意见。安德罗尼科夫极力主张解除几个与自己有私怨的人的职务。他也有好几个可以担任某些职位的人选，当然和从前一样，不会是什么重要职位。赫沃斯托夫与安德罗尼科夫发生过尖锐冲突，但考虑到自己的纲领中有多处内容不能让安德罗尼科夫的支持者——如亚历山德拉皇后——知道，最终低头服输。不过，由于拉斯普京对安德罗尼科夫渐生不满，赫沃斯托夫与别列茨基遇到了更大的难题。安德罗尼科夫想要负责打点拉斯普京收到的贿赂，并成为其与各大臣之间的永久中间人。一开始，在安德罗尼科夫的住所，三人与拉斯普京定期见面。在安德罗尼科夫的坚持下，在一个既是卧室又是礼拜堂的房间里，他们做了一次礼拜，以这种特别的方式庆祝自己的人选成功任命。安德罗尼科夫称约定好的数目——开始是每年一千八百英镑，后来变成每年三千六百英镑——应由自己转交给拉斯普京，还提出让安娜·维鲁波娃充当拉斯普京的经纪人。拉斯普京发现了安德罗尼科夫交付款项中的纰漏，所以根本没有将其作为中间人或参与人的打算。不久后，他们不再在安德罗尼科夫的住所见面，而转至不同的"密谋公寓"——这些场所常常是警察办案的地方。因为刻意隐瞒了安德罗尼科夫的道德污点，安娜·维鲁波娃对别列茨基的信任大打折扣。

本届帝国杜马会议即将结束。赫沃斯托夫和别列茨基希望在结束之前，拉斯普京不要来彼得格勒。为此，他们为拉斯普京策划了一场高调的行程。拉斯普京将拜访几个著名修道院，向世人显示自己的虔诚。这段故事的细节简直令人作呕。拉斯普京带上了全副装备，包括大量马德拉葡萄酒——显然，赫沃斯托夫是根据这个向罗江科提交了误导性报告。随行的神父嚷嚷着要晋升和其他好处。别列茨基说自己为这些人感到害臊。要让拉斯普京离开可不是件容易的事。拉斯普京嘴上不拒绝，却找各种托词拖延日期。赫沃斯托夫和决定吓唬吓唬他。从托博尔斯克诚实的省长斯坦克维奇那里，内务部先于赫沃斯托夫收到了官方消息，称拉斯普京在托博尔斯克省的一条内河船上又出了丑闻。我们会将别列茨基对这个故事的文字描述完整地展示出来。这可能是我们能找到的有关拉斯普京的描述中最不冒犯读者的版本，从中我们也可以看出，拉斯普京给尼古拉二世带来了怎样的伤害。

1915年年初，第一次世界大战期间，由马克拉科夫任职内务大臣的内阁即将结束。内河船上的拉斯普京一副醉醺醺的样子，与几个新兵一起，又唱又跳、自娱自乐起来。游客抱怨他太吵闹。应游客的要求，船长将他从头等舱调到了二等舱。他又开始邀请新兵共进晚餐，服务员拒绝给他们摆桌上酒。拉斯普京便对服务员动起手来。在人们的强烈要求下，目睹了整个过程的船长不顾拉斯普京的抗议，将船停靠在最近的码头，带他下了船。船长和服务员都坚持表示警察应出示一份报告。警察考虑到好事者是拉斯普京，又明白当时需要掩盖其行为，为避免丑闻广泛传播，在将报告直接递交至宫廷前，先交给了省长斯坦克维奇。后来，斯坦克维奇向我解释，因为没有从谢尔巴托夫亲王那里收到如何处置拉斯普京的具体指示，所以就将自己的一份信函"亲自交给"了谢尔巴托夫亲王。后者将信函交给了司法大臣亚历山大·赫沃斯托夫，询问指导意见。亚历山大·赫沃斯托夫把信退了回去，说此类文件不需要由司法大臣批准。按法律规定，这样的案件可直接进行审判。谢尔巴托夫亲王同样将此事告知了大臣会议主席戈列梅金。在帝国杜马的某些圈子里，也有捕风捉影的消息。这就是信函传到阿列克谢·赫沃斯托夫手中时的情形。由于原告提出申请，案件移交至市级——农民——法院。在加密电报中，省长斯坦克维奇给我的回复是，双方未达成和解。

案件的进展使安娜·维鲁波娃惊慌失措，格里戈里也深感不安，并从不同的角度，向阿列克谢·赫沃斯托夫和我做出了一番解释。他坚称自己没有喝醉，也没有惹恼女人和其他游客，是他们挑衅自己才出了这样的丑事。在他做出放浪形骸的事情后，船长为了维持秩序才站在了游客那边。服务员认出了拉斯普京，又完全受了船长的影响，才正式投诉。虽然警察想息事宁人，但船长不肯善罢甘休。总的来说，拉斯普京根本没有酒后撒泼，只是完全出于爱国的动机，招待了一群即将奔赴战场的新兵。再说了，在与新兵的对话中，他以一个爱国者的姿态特别强调了尼古拉二世和亚历山德拉皇后对战争的态度。之所以与服务员起了冲突，是因其不让准备去前线流血牺牲的新兵坐在二等舱的酒吧里。至于他自己，是因为二等舱的游客没那么复杂才去的。拉斯普京这样解释"以上"发生的故事，安娜·维鲁波娃也这么看。不过，从整体来看，事情显然没有他说的那么简单，不然他也不会这么害怕案件公之于众了。拉斯普京随行的神职人员之一、修道院的马特米扬院长来我的公寓与我见面。当我问及当时发生的事时，他也向我证实了这一点。

根据马特米扬的说法，那天拉斯普京喝得大醉，惹恼了游客。因为没有游客愿意和他一起喝酒，所以他才去了新兵那儿和新兵一起喝酒作乐。在船上和岸上人们的一片大声奚落中，马特米扬和拉斯普京一道下了船，这让马特米扬羞愧难当。马特米扬要求船长不要把他们赶上岸，也不要写报告，但船长根本不听。

然而，事情的发展并没有就此打住。拉斯普京还因另一起醉酒事件而即将受到起诉。这次，事情同样发生在一艘内河船上。就像之前在亚尔餐厅一样，拉斯普京对尼古拉二世夫妇言辞不敬。这起案件同样呈交给了省长斯坦克维奇，并通过其他渠道交到了别列茨基的手上。后者传令省长斯坦克维奇来彼得格勒。斯坦克维奇带上了所有文件。当时，拉斯普京还不知道又有人起诉自己，和安娜·维鲁波娃吵着要让斯坦克维奇离职。当别列茨基悄悄告诉拉斯普京，这是一起新的起诉时，拉斯普京认为斯坦克维奇应被提拔到一个更靠近中心的省份，还说了一个自己家乡的托博尔斯克省省长人选的名字。他还说，在托博尔斯克"他必须得有自己的人"。不过，第二份报告还是让拉斯普京惊恐不安，阿列克谢·赫沃斯托夫和别列茨基希望借此打发他去修道院，连给他带上马德拉葡萄酒这样的细节都事无巨细地考虑了进来。他们刚把警察报告交给安娜·维鲁波娃,他就拒绝动身去修道院了。

　　安德罗尼科夫想当中间人的计划落空了。别列茨基和阿列克谢·赫沃斯托夫需要做出新的安排,更巧妙地处理与拉斯普京的关系。为此,别列茨基找到了一个心仪之人——特别宪兵队的科米萨罗夫。这位饱经风霜的军官算得上是最佳人选。在自由党人乌鲁索夫亲王于1906年第一届帝国

乌鲁索夫。
摄者信息不详

杜马所做的一篇最著名的演讲中，科米萨罗夫的名字曾被提及。在维特任职首相时，刚当内务大臣助理不久，乌鲁索夫就公开指控科米萨罗夫从警察局印发支持大屠杀的宣言，并因此辞职。在"二月革命"后成立的调查委员会上陈述证词的时候，科米萨罗夫曾说自己其实是替罪羊。此话是真是假姑且不论，但别列茨基确实对他偏爱有加。有关这一点，我们不难理解，毕竟科米萨罗夫对别列茨基一直十分忠诚。他比别人更耿直，也不是这段历史中最坏的角色，已经习惯了做别人不愿意做的活儿。他向委员会生动地描述了自己受雇于内务部时，如何负责窃取和解码各个外国使馆的通信。他甚至夸耀说，用这种方式，内务部能比外交部先弄到有关外交政策的信息。急于恢复科米萨罗夫职务的别列茨基雇他做贴身护卫，在斯托雷平和克里沃舍因出访西伯利亚时保护他们的安全。科米萨罗夫细致周全地完成了任务。阿列克谢·赫沃斯托夫和别列茨基决定让他负责盯着拉斯普京，由一队警察协助，并按明确的指令行事。为了将发生公共丑闻的可能性降到最低，他们要尽量避免拉斯普京出其不意地突然造访。他们给出的理由是：由于拉斯普京随时有可能被暗杀，这么做是为了保障其人身安全。他们要取得拉斯普京的信任，同时监视他，并搜集更多材料。必要时，这些材料能成为针对他的证据。就这样，他们制订了一套整体方案。拉斯普京习惯一大早就与皇宫通电话。科米萨罗夫的工作是将赫沃斯托夫和别列茨基想强调的内容传达给拉斯普京。他们下一步的计划是，只要不涉及主要问题，那些找到拉斯普京的各种可疑的请愿者的要求都可以答应下来。这些请愿由科米萨罗夫转交给别列茨基。赫沃斯托夫想尽办法将自己与拉斯普京扯上关系的原因都推到别列茨基身上。我们知道，在处理分内之事时，别列茨基就是个十足的工作狂。他说，因为这些额外的工作，自己每天要做的事堆积如山，常常到大半夜才能休息。他们向亚历山德拉皇后陈述的内容是：他们成功保护了拉斯普京免遭暗算。

科米萨罗夫与负责的对象拉斯普京之间产生了某种奇怪的关系，这绝非虚情假意。如果拉斯普京能够明白事理，就一定会感到，即使科米萨罗夫责备他，也是因为恨其不争。每当与陌生人交谈时，拉斯普京总会在一开始来上一段让人摸不着头脑的宗教说辞。这时，科米萨罗夫往往会友好又干脆地打断："好了格里戈里，别再讨论神学了。"有一次，喝得酩酊大醉的拉斯普京接到电话，要他去一趟沙皇村。会面的地点常常被安排在安娜·维鲁波娃的"小房子"里。有时，别列茨基和赫沃斯托夫也会在那儿进餐。一般来说，拉斯普京醒酒速度之快非常人能及，然而，这一次——亚历山德拉皇后不在场——他在餐桌上仍旧一副微醺的样子。安娜·维鲁波娃面露不悦。出门时，拉斯普京要求从马车上下来，嘴里还念叨着与亚历山德拉皇后的关系如何亲密，令人咋舌。科米萨罗夫摇晃着他，说如果他再这么给自己丢脸，就一把掐死他。在一封信中，亚历山德拉皇后提到了后来与拉斯普京的一次见面，并写道："他没有喝醉。"科米萨罗夫的一队警察就在屋内值勤。有好几次，拉斯普京邀请他们去了自己的住所。特别宪兵队队长格洛巴切夫的特务就在门外守候。宫廷警察斯皮里多维奇也加入了保护拉斯普京的队伍。

在别列茨基的记录中，最邪恶的部分莫过于对以这种方式找到拉斯普京的请愿者的描述。这些慕名而来的人希望从拉斯普京那里得到好处，其中不乏名声不好的大银行家和投机者。他们给他带来了贵重的礼物，而拉斯普京转手就把礼物送给了贫穷的请愿者，有时还会榨取富人的钱来接济穷人。别列茨基意识到拉斯普京在从事可疑的投机活动。拉斯普京的经纪人西马诺维奇将其中肮脏的细节向别列茨基和盘托出，也许还带着添油加醋的成分，不过，别列茨基没有做过多评论。拉斯普京与来历不明的金融家的关系由来已久。西马诺维奇说出的最不堪入耳的细节就发生在拉斯普京的权力日益上升的这段时间。拉斯普京的所作所为可以说是无耻至极。

在别列茨基和赫沃斯托夫的人选成功任命后不久，拉斯普京就从西伯利亚回来了。他们注意到，拉斯普京显得比以前还要意得志满。拉斯普京明白，在与萨马林的决斗中，自己是胜利者，并且自己现在的权力大到可以一手遮天。

别列茨基接手了来找拉斯普京的请愿者的那些不太重要的请愿，同时与安娜·维鲁波娃保持着联系。从亚历山德拉皇后的信中，我们得知，在拉斯普京的要求下，正在总部的尼古拉二世允许安娜·维鲁波娃直接给自己写信。事实上，安娜·维鲁波娃对尼古拉二世有倾慕之情。亚历山德拉皇后对安娜·维鲁波娃能直接与尼古拉二世交流表现出了嫉妒之情，但还是接受了，毕竟这是拉斯普京的安排。从亚历山德拉皇后的书信中，我们无法得知拉斯普京从请愿者那里收敛的钱财背后藏着什么样的交易。有时，拉斯普京会直接将自己的要求告知尼古拉二世。尼古拉二世看出拉斯普京给请愿者的答复没有任何道理可言，然而，他轻描淡写地说，自己也不知道给这些人的建议有什么用，但既然答应了别人的请求，总不好让他们空手而归。有关收下礼物的凭据，他的解释总是只有一个，即这样方便自己把礼物转送给他人。不过，很多肮脏的钱权交易与军需品这样的重大关切直接相关。事实上，这个溜须拍马的体制为一出出闹剧的上演提供了舞台，在大公们身上体现得十分明显。尼古拉二世的弟弟米哈伊尔大公支持一个叫布拉托柳博夫的冒险者研制液态火，可惜只停留在了实验阶段，还导致了好几起死亡事故。罗江科说，国库一共拿出了三百万英镑支持这个冒险者的研究。

别列茨基接手了向拉斯普京提出的大部分个人请愿。赫沃斯托夫给他的总体指示是，尽量满足这些人的要求。然而，随着对拉斯普京的品性和请愿的性质有了更深的了解，别列茨基发现自己根本办不到。他们中的很多人之所以找到拉斯普京，是因为想要逃避服兵役。有时，别列茨基连这些人姓甚名谁都不知道。还有的人请愿希望得到补贴或晋升。显然，满足他们的要求是严重的亵渎公职行为。

请愿者的道德品质也让别列茨基深感不安。女性占了绝大多数，并且不是每个人都是纯良之辈。其中，有的人告诉别列茨基，拉斯普京要求她们满足他的性欲，作为对他的回报。我们无意对整段故事中最污秽的部分大做文章，但如果避开这一部分，我们就无法理解问题的症结所在。别列茨基特别列举了三个例子。第一个例子是，有一个品行正派的请愿者——别列茨基说出了她的名字——从莫斯科来找拉斯普京，是别列茨基提醒她注意拉斯普京的为人，才及时保全了她的名节。但不久后，拉斯普京不由分说地闯入了她的卧室。事后，他气愤地对别列茨基说：“她欺骗了我。”第二个例子是，拉斯普京给一个品行不端的女性朋友在红十字会找了一间办公室。他数次午夜探访，引起了轩然大波。他为自己开脱的理由是，自己只是在“探望病人”。在第三个例子中，同样有一个品行正派的请愿者。拉斯普京答应她将事情直接面呈亚历山德拉皇后，但前提条件是她必须委身于他。她像疯了一般拼命挣扎，但终究反抗不过拉斯普京。她就这样被强奸了。即使是这样，拉斯普京后来也没有兑现诺言。连见利忘义、缺乏道德感的警官也不禁再次为认识拉斯普京感到羞愧。科米萨罗夫不得不在报告中称，出于同样的原因，自己的警卫队和密探都十分讨厌这份工作。在一份之前交给罗江科的来自高级警察部门的报告中提到，在女人的陪同下，拉斯普京出入男女通用的公共澡堂。警员们同样十分反感自己的工作。

在别列茨基的记录中，庆祝拉斯普京的命名日[①]是故事发展的高潮。这正是他最后一个命名日——1916年1月23日。在那一天的日记里，亚历

---

① 命名日是欧洲和美洲信奉天主教和东正教的国家的传统。一般以给某人出生后取名的那一天作为某人的命名日。——译者注

山德拉皇后这样迎接清晨到来："啊，这是为我们的朋友初升的太阳。多么美妙，这一定是为他升起的太阳。"拉斯普京的农民追随者照常到教堂和澡堂去拜访他。就这样，拉斯普京开始了新的一天。回来后，迎接他的是别列茨基用秘密基金购买的各类价值不菲的礼物。富有的银行家和金融家也来了，同样出手阔绰。不起眼的房间里摆满了闪闪发光的金器银器、画作、地毯和家具。后来，这些宝贝被运到了拉斯普京在西伯利亚的家中。共进午餐的安娜·维鲁波娃事事小心翼翼，生怕出了差错。她在场时，并未发生什么离谱的事情。安娜·维鲁波娃向人们转达了皇室的谢意和祝贺。房间里挤满了各色来历不明的有钱商人，他们送给拉斯普京许多礼物，以表达自己的感激之情。接下来，拉斯普京和众多女性朋友跳舞饮酒、狂欢纵乐，直到人们将不省人事的他抬进卧室。不过，拉斯普京很快便醒了过来。现在，轮到他最喜欢的乐师——吉普赛人——向他表示祝贺了。像往常一样，他们的娱乐活动已远超英国音乐厅能见到的内容。声乐歌舞持续不停，直到他们自己都开始感到厌烦，才纷纷离场。拉斯普京和几位女士瘫软在地，不省人事。第二天早上，两位女士的丈夫手中执剑来找妻子。科米萨罗夫的警卫队费了一番力气才将他们拦在门外。女士们趁机从后面的楼梯逃走了。

我们之所以给出这些细节，是想记录在第一次世界大战期间主宰了俄罗斯帝国命运的那个人生活的真实背景。这样一来，读者就能理解拉斯普京交给别列茨基的请愿、拉斯普京与安娜·维鲁波娃长期保持直接联系，以及安娜·维鲁波娃如何直接与尼古拉二世进行交流。同样，我们要记住，在尼古拉二世与家人共处的大量时间里，我们几乎找不到任何记录证明拉斯普京通过与安娜·维鲁波娃长期保持直接联系来满足自己的要求。不过，如果把亚历山德拉皇后在丈夫尼古拉二世不在身边时写给丈夫的信作为唯一信息来源，我们就能得知事件发生的具体日期。从后面发生的事情，我们不难看出，拉斯普京哪些主要要求得到了满足。从信中的内容，我们可以发现，拉斯普京一直在坚持自己的要求。我们摘取了这个时期的一些例子。

1915年9月20日，亚历山德拉皇后将继任者人选名单寄给了萨马林。名单上的古里耶夫"喜欢我们的朋友"。

1915年9月21日，亚历山德拉皇后要求尼古拉二世让皮蒂里姆主教进入教会会议，并补充道："他尊敬我们的朋友。"

1915年10月16日，拉斯普京恳求尼古拉二世发电报给塞尔维亚国王彼得一世。亚历山德拉皇后写道："我随信附上一份文件，这样你的话会更有分量。"在同一封信中，亚历山德拉皇后提到了拉斯普京谴责新印花税。她说自己会将意见报告给财政大臣巴尔克。

1915年10月23日，拉斯普京已经预见到1917年"二月革命"爆发的真正原因是食物供应混乱。"他说你必须下令让运送面粉、黄油和糖的火车通行。三天之内都不要有其他火车开出。在夜晚的某次神示中，他看见了这一切。"在后来的记录中，罗江科说，旅客出行滞留了整整六天，而不是三天。没有人员安排将货物妥当运送到装船的位置。事情最后不了了之。

1915年11月14日，对特列波夫成为接替交通大臣鲁赫洛夫的人选，拉斯普京感到"很伤心"，因为"他①知道自己非常反对他②"。在这封信中，亚历山德拉皇后还写道："一直以来，我们的朋友都反对战争，说巴尔干地区不值得大动干戈。"

1915年11月21日，"那天我看到他时，他正一边走，一边画十字祈祷。他对我讲述了我们的部队穿越罗马尼亚和希腊的经历。"拉斯普京还

---

① 这里是指拉斯普京。——译者注
② 这里是指A.F.特列波夫。——译者注

告诉亚历山德拉皇后，自己如何计划让俄军进入君士坦丁堡，由亚历山德拉皇后最喜欢的一个团打前阵。

1915年11月23日，拉斯普京曾提议解除戈列梅金的首相职务。现在，拉斯普京要求尼古拉二世等自己见到亚历山大·赫沃斯托夫后，再根据对他的印象决定此人能否成为合适的继任者。对这个坚定诚实的保守党，拉斯普京做出的结论并不乐观，因为根据亚历山德拉皇后的描述，亚历山大·赫沃斯托夫接待拉斯普京的样子"好像把他当成了一个请愿者"。

1915年11月25日，拉斯普京敦促把皮蒂里姆主教作为彼得格勒大主教一职"唯一合适的人选"，这可是东正教最重要的职位。同时，他还提议，让N.D.哲瓦霍夫当宗教大臣助理。

1915年11月26日，拉斯普京与亚历山德拉皇后待了一个半小时，并请求尼古拉二世推迟首相任命的决定，因为这是"上帝的旨意"。拉斯普京建议尼古拉二世突然造访帝国杜马以避免闹出丑闻。后来，我们知道的是，尼古拉二世接受了他的建议。

1915年11月28日，"受他在夜晚看到的景象驱使"，拉斯普京下令部队在里加河附近进军。"他说这是必要的，并严肃地恳请你这么做。他说我们能这样做，也必须这样做"。拉斯普京重申了突然造访帝国杜马的建议。亚历山德拉皇后补充道："为了俄罗斯帝国，他憎恶帝国杜马成员，我也一样。"

在1915年12月25日的信中，亚历山德拉皇后写到了一条"他记得不是很清楚了"的指导意见，又接着写道，拉斯普京说"我们必须一直按他说的做"。

在这一时期的记录里，随处可见拉斯普京的指导意见。以上例子足以充分说明。

1915年年末，拉斯普京几乎重复了1915年著名的"双重事件"，即同时让安娜·维鲁波娃"起死回生"和在公共餐厅制造丑闻。12月16日，尼古拉二世带着年幼的儿子阿列克谢坐火车从总部动身前往南部前线。阿列克谢站着把鼻子贴在窗户上，看着火车驶向一个又一个站点。突然，火车猛地颠簸起来，血一下子从他的鼻子里冒了出来。尼古拉二世马上命令火车调转方向回到沙皇村。据同行的吉利亚尔描述，阿列克谢的情况十分严重。1916年1月11日早上，他们赶到家中，并打通了拉斯普京的电话。不过，据别列茨基说，拉斯普京一整天都没有露面。后来，拉斯普京解释说，自己之所以没有来，是不想打断尼古拉二世的焦虑。不过，他刚一现身，阿列克谢的流血就止住了。随之，尼古拉二世夫妇对拉斯普京的信任与日俱增。彼得格勒有个叫罗德别墅的餐厅，声名狼藉，常常有吉普赛人光顾。1916年1月的一个晚上，有人为拉斯普京特别安排了一场狂欢活动。忘乎所以之际，几个警官闯进来将他抓了个现行。根据他和其他证人的说法，他毫不屈从，最后连警官们的手臂都动不了了。总之，拉斯普京逃之夭夭了。

计划失败

有这样的政府，不难想象在1915年至1916年冬遭遇的耻辱中，俄罗斯帝国后方的人民是何种心情。前线并没有节节告退；相反，虽然总体局势并未扭转，但俄军已有恢复元气的迹象，打了好几场漂亮的战役。然而，曾在1877年被俄罗斯帝国武装解放的保加利亚此时加入了同盟国一方，对塞尔维亚后方进行了猛扑，隆冬时节，塞尔维亚的士兵和老百姓被迫穿过黑山和阿尔巴尼亚，往亚得里亚海方向撤退。塞尔维亚残余部队的士兵好不容易才被救出来，送到了科孚岛进行康复治疗。塞尔维亚大片领土被占领。波兰也失守了，再也没能恢复元气。大批难民涌入内陆地区。哪怕是俄军中的二等兵都清楚地认识到，人们本来希望战争能给俄罗斯帝国带来更自由幸福的生活，现在希望已经落空。失败主义、沮丧的情绪和士气低落正迅速蔓延。彼得格勒上流社会的道德败坏并非体现在拉斯普京一人身上。上流社会的人对战争表示出令人不齿的无动于衷。他们早已在纸醉金迷中将一切抛之脑后。1916年年初出现的某些无题讽刺诗真实地再现了当时的场景。

我们的情绪
我们不认为失败有什么不对，
反正胜利不能给我们带来愉悦。
我们关心的只有这个，
今晚能否喝点伏特加？

胜利对我们来说不要也罢。
不！和平与安宁是我们的路线，
阴谋与丑闻，夜不归宿吧，
这里有女人与美酒相伴。

我们只想知道，第二天
哪些大臣会出现，
或者带着谁把戏来看，
还是谁在古巴餐厅坐在谁的旁边。

维鲁波娃一定得离开吗？

或者卡缅卡^①能讨你欢心。
到底德意志人是如何把面来擀，
还有沙霍夫斯科伊为什么会出现。
拉斯普京是否仍屹立不倒，
或者我们需要另一个圣徒的祷告，
克谢辛斯卡娅是否别来无恙，
在舒宾餐厅的宴会进行得怎样。

如果大公带迪娜回家去，
麦克迪迪餐厅会变成什么样。
啊，要是德意志飞艇一来，
保准将彼得格勒炸平。

　　这儿还有一首针对内阁人员的讽刺诗。我们不得不承认，嬉笑怒骂间，作者并没有全盘否定他们。

愁眉不展的内阁，
没有体统却自成体系，
让我告诉你运作的奥秘。
即使有诗句帮我达意，
这样的想法还是危险重重。

任何有关进步的想法都会阻止，

<hr>

① 天然水品牌"卡缅卡"为宫廷指挥官沃耶伊科夫所持有。尼古拉二世颁布禁酒令后，沃耶伊科夫因此从中谋利。——译者注

你永远无法看到前进的脚步。
如果我们的愁眉竟不能舒展，
便是拜愁眉不展的内阁所赐。

见风使舵、拖着尾巴，
你们的公民和判官也不例外。
你们的尾巴至少有两条，
叔叔和侄子^①的拴在一块儿。

精神力量横扫千军万马，
肉体再也不必受苦。
显然这是个聪明的想法，
我们的伏尔加河流经教堂。

要让铁路接口处脱离开来，
只消摇一摇便可做到。
要完成这么简单的任务，
啊，只需找特列波夫^②就行。

要是你的钱袋越来越瘪，
邮票能帮你渡过难关。
巴克让你享受出海航行，
你却看不到船的踪影。

---

① 叔叔和侄子分别指亚历山大·赫沃斯托夫和阿列克谢·赫沃斯托夫。——译者注
② 这里是指A.F.特列波夫。——译者注

农业部发问：对呀，那又怎样？

我们知道黏土里长不出庄稼。

从格林卡那里我们什么也得不到，

但我问你，那鸿会说谎吗？不会。[①]

选谁才好让人思前想后，

每一次大臣就是这样造就。

所有人事变动的秘密在于，

我轻声说，如果你不害怕。

解散的日子何时才能结束，

你们未来头顶上阴云密布。

我们组阁的方式闻所未闻，

放荡的人会一手独霸天下。[②]

戈列梅金是个阅历丰富、老谋深算的官员，也算是留下了为老百姓谋福利的履历。然而，他完全缺乏主动，主张无条件服从君主，这让其一直处于被动状态。阿列克谢·赫沃斯托夫比戈列梅金年轻很多，性格也不一样，所以自然会想着削弱其权力。此时，又有一位新的公职人员粉墨登场，此人便是高加索东正教督主教皮蒂里姆，和拉斯普京有私交。基辅大主教弗拉维安去世后，接近顶层的权力出现了真空。实际上，基辅的职位级别很高。在拉斯普京的坚持下——毕竟，他刚刚将托博尔斯克的圣约翰

---

① 农业大臣的职位要在格林卡和瑙莫夫之间定夺。前者名字的意思是黏土，后者名字与希伯来先知那鸿的拼写相近。——译者注
② 英语中"解散"和"放荡"词根相同，拉斯普京的名字就有"放荡"之意。——译者注

追封为圣者——弗拉基米尔大主教从彼得格勒调入基辅，皮蒂里姆被指派接替其在彼得格勒的职位。新上任的皮蒂里姆是个天生的阴谋家，已经博得了宫廷的欢心，还带来了一个叫奥西片科的秘书。别列茨基很快便意识到这是个值得贿赂的人。从帝国杜马成立的第一天开始，戈列梅金就一直对其嗤之以鼻，在1915年夏天还公然与之对抗。然而，一方面，帝国杜马下一次会议即将到来，必须要尽快讨论出召开的具体日期。另一方面，赫沃斯托夫本人就是帝国杜马成员，与罗江科保持着不明不白的关系。拉斯普京和宫廷都打心里害怕帝国杜马。亚历山德拉皇后承认必须慎重对待帝国杜马。她之所以依赖赫沃斯托夫，是因为相信他有能力控制帝国杜马。帝国杜马主席罗江科坚持召开会议。戈列梅金则主张推迟会议日期。预算委员会应该关起门开会，首先做好自己的工作。任何一般性会议不应做超出批准会议决定范畴的事情。当有人问拉斯普京帝国杜马会议何时举行，拉斯普京声称戈列梅金"大错特错"。拉斯普京的观点确实要明智得多。帝国杜马难道不是在夏天悄无声息地解散了吗？拉斯普京对伊利奥尔多说，这就像"杀鸡儆猴"。聪明的舒勒金一定懂这话的意思。拉斯普京甚至试图与一些帝国杜马成员取得联系——当然，肯定不会是其中的右派，因为他瞧不起这些人，认为他们都没什么实权。拉斯普京的观点与赫沃斯托夫的战术不谋而合，自然也合他的心意。

1915年11月28日，亚历山德拉皇后将考虑过后的意见发给了丈夫尼古拉二世。亚历山大·赫沃斯托夫的名字就这样被提了出来。由于没有在大臣的联名信上签字，他通过了人员名单。不过，他不愿意沦为拉斯普京的工具。显然，这不能令人满意，于是他的名字又从名单中被划去。亚历山大·赫沃斯托夫不安分的侄子阿列克谢·赫沃斯托夫总在给拉斯普京施压，希望在实现自己的要求上，拉斯普京能助一臂之力。对此，拉斯普京的回答是："别着急。"深知拉斯普京心意的亚历山德拉皇后对丈夫尼古拉二世说:"阿列克谢·赫沃斯托夫还太年轻。"对这些幕后阴谋,罗江科毫不知情。事实上,对在整个时期发生的事,公职人员完全一无所知。只凭这一点,人们就能明白俄罗斯帝国政府的暗箱操作是多么有悖道德。在其回忆录中,罗江科指出,1915年夏,有一项国家政策未能出台,戈列梅金要负主要责任。罗江科还在新年那天给戈列梅金寄去了一封言辞犀利的信。戈列梅金不仅把信给别人看了,居然还在1916年1月9日把信交给了尼古拉二世。信是这样写的:

> 亲爱的伊万·洛吉诺维奇^①:
>
> 我提笔写信,是因为在今日特别(防卫)会议上惊闻铁路交通之乱象。在第一次特别会议和专门成立的委员会上,此问题已被提出,但工作内容仅限于讨论、参考和评估。至此,乱象之魅影成为现实。
>
> 特别会议主席别利亚耶夫想必已告知你军需工厂的情况,停工恐怕在所难免。想必他还提到了发生饥荒的可能,这不仅会威胁整个彼得格勒人口,还可能导致动荡和随之而来的无序状态。
>
> 由于政府冷漠无情,根本不愿采取必要措施扭转正在逼近的可怕灾难,本人与特别会议成员均深信我国正走向毁灭。大臣会议是一个由政治家组成的机构。因此,我认为,作为大臣会议主席,你和你领导的大臣会议需要立即行动,以证明你们深切关怀俄罗斯帝国的命运,这是你们义不容辞的义务。一年前,特别会议成员就已经预见到今日之现状。而你,伊万·洛吉诺维奇,不得不承认我曾多次警告过你。然而,我从你那里得到的唯一答案

---

① 这里指伊万·戈列梅金。——译者注

是，此事与你无关，你不会干涉与战争相关的事务。

在当今，这样的回答绝不可接受。战争的转折点即将到来，但国家生活的方方面面全面瓦解，加之主要商品匮乏，对国家军队后方造成日益严重的影响。人们高昂的士气和对军队能力的信心正被政府的无所作为击垮。

时不我待，你最主要的义务就是以最大的热情扫除通往胜利道路上的所有障碍。

请允许我发出清楚的声明：作为帝国杜马成员，我们仅提供咨询意见，因此，不能对即将到来的不可避免的灾难负责。

如果大臣会议未能采取措施使国家免受耻辱与屈辱，你们将负起全部责任。如果你，伊万·洛吉诺维奇，觉得自己没有勇气承受这一重担，以及采取一切必要手段使国家重新走上一条通往胜利的康庄大道——至少拿出勇气承认自己失职，并为更有活力的年轻一代让位。

决定性的时刻已经到来。不可阻挡的严峻事件正日益临近，其影响之深远将攸关俄罗斯帝国的荣誉和尊严。事不宜迟，我真切地恳请你——祖国正在危难之中。

这封信成了结束戈列梅金官场生涯的一个因素。此时，皮蒂里姆也加入了这场游戏。这个阴谋家的举动似乎主要受到了奥西片科的驱使。皮蒂里姆高调拜访了罗江科，向帝国杜马示好，但并没有受到多么热烈的欢迎。身材魁梧的帝国杜马主席罗江科认为双方没有合作空间。评价教会会议是唯一在帝国杜马管辖范围内的宗教事务，现由宗教大臣沃尔任负责。

此时，有一个叫马纳谢维奇-马努伊洛夫的人从暗处走出，出现在历史画面中。他和安德罗尼科夫同属刁滑之徒，还更难应付。之后，我们会好好地来认识他。马努伊洛夫是一个寄生虫，游刃有余地游走在媒体和秘密警察的边缘地带，曾经作为彼得格勒主流报纸《新闻时报》的驻外记者采访了一次拉斯普京。在那次采访中，拉斯普京不无炫耀地提到自己如何由女人作陪光顾公共澡堂。据此，马努伊洛夫写了一篇言辞犀利的文章。和其他人一样，他很快意识到从拉斯普京那里可以捞到好处。于是，他开始阿谀逢迎拉斯普京。皮蒂里姆曾与马努伊洛夫在格鲁吉亚有过一面之缘，在其刚到彼得格勒时，曾前去拜访。马努伊洛夫明白这位新任大主教想要在首都彼得格勒扮演什么角色，便任凭他摆布。皮蒂里姆也赞成与帝国杜马达成和解。马努伊洛夫劝皮蒂里姆推荐保守派施蒂默尔做首相。两人认识时，施蒂默尔还是雅罗斯拉夫尔的省长。除了马努伊洛夫，没有人想过把他作为推荐人选。施蒂默尔肤浅狡猾，甚至胆小怕事，是个天生的伪君子，毫无原则立场可言。他准备把自己塑造成半自由党人的形象，并打算用这样的方式让帝国杜马保持沉默。在马努伊洛夫和施蒂默尔见面后，皮蒂里姆甚至去了一趟总部向尼古拉二世力荐施蒂默尔。拉斯普京和亚历山德拉皇后同样支持施蒂默尔。1916年2月2日，施蒂默尔突然被任命为首相，让所有人大吃一惊，特别是戈列梅金——因为尼古拉二世从来没有暗示过其首相地位将要不保。这是尼古拉二世一贯的办事风格。

这些阴谋者彼此之间玩的都是同一类花招，都仰仗拉斯普京，但都装作不认识他。如果不这样做，他们就会失去公众的尊敬。皮蒂里姆特别善于掩盖自己的真实目的，说拉斯普京是个"糟糕的人"。皮蒂里姆有时会在亚历山大·涅夫斯基修道院与拉斯普京碰头。阿列克谢·赫沃斯托夫曾观察过他们一段时间。有一次，他们正在车上亲密交谈，赫沃斯托夫突然造访，让他们措手不及。

新任首相施蒂默尔即将在帝国杜马会议上发言。不过，人们会如何回应他，几乎没有悬念。施蒂默尔写了一份相当于就职演说的稿子，里面对自由主义大唱赞歌，并详细地阐述了自己对自由主义的理解，甚至把自己比作17世纪沙皇阿列克谢一世统治期间俄罗斯历史上最伟大的自由主义政治家奥尔登-纳晓金。当时人们还不知道的是，是拉斯普京首先向以前从未访问过帝国杜马的尼古拉二世建议，应该突然造访帝国杜马会议，这样人们就不可能向新任首相施蒂默尔发出嘘声了。之前，我们总结过拉斯普京对政治的干预，在1915年11月13日和15日亚历山德拉皇后的信中，也能找到出处。赫沃斯托夫和别列茨基也向尼古拉二世给出了同样的建议。拉斯普京还建议，要与帝国杜马达成和解，不妨在这个时候给罗江科颁发一个勋章。亚历山德拉皇后犹豫再三，终于同意授予其圣安娜勋章，只是领奖的身份并非帝国杜马主席，而是一所学校的管理者。罗江科猜得没错，此举是为了让舆论能接受自己，但除此之外的事情他一无所知。此时，他还想着做成一件拉斯普京想做的事情，那就是让尼古拉二世访问帝国杜马。

　　1916年2月22日，在各方努力下，访问终于得以成行。拉斯普京不仅聪明地糊弄了俄罗斯帝国民众，连法国和英国也被糊弄了。两国议会向帝国杜马发来贺信，祝贺君主尼古拉二世的首次访问。然而，链条中最薄弱的一环往往是最后一环，也就是所谓的专制君主尼古拉二世本人。这个亲切的小个子男人被来自乡绅热情忠诚的欢迎弄得不知所措。访问刚开始时，他看上去因紧张而脸色发白，这倒是人之常情。接下来，简短、虔诚的宗教仪式终于让尼古拉二世度过了难堪的时刻。优秀的演说家尼古拉二世发表了一篇可圈可点的演讲，并破天荒地将帝国杜马成员尊称为自己的人民"代表"。罗江科敦请尼古拉二世利用这一皆大欢喜的时刻宣布将成立一个"信任部"，但尼古拉二世只答应会"好好考虑"此事。这一切都没有按照拉斯普京的计划进行。后来在信中，亚历山德拉皇后表达了自己的不满。尼古拉二世的演讲稿被审查机关改得面目全非。第二天，尼古拉二世再次动身去了前线。

赫沃斯托夫意识到有人比自己技高一筹。对首相的人选，他感到非常失望，但自己担任的内务大臣仍然是俄罗斯帝国最有权势的职位。他和施蒂默尔曾一同出谋划策，试图与帝国杜马达成和解。在施蒂默尔的要求下，赫沃斯托夫甚至把自己的部分重要职责交由他来履行。不过，对赫沃斯托夫来说，更严重的问题是：自己与拉斯普京打交道的阻碍更多了。随着安德罗尼科夫的退出，这个问题曾一度变得简单。然而，人们越发不能容忍拉斯普京与日俱增的傲气和盛气凌人的手段。赫沃斯托夫的妻子和别列茨基的妻子为人正派。两人都没有胆量告诉妻子，自己与拉斯普京的利益关系到了何种程度。从一开始，赫沃斯托夫就有意把自己与拉斯普京的关系交给别列茨基处理。而别列茨基发现，只有放弃为官清廉公正，才可能答应拉斯普京提出的要求。如果别列茨基拒绝他的要求，他就会找到赫沃斯托夫。拉斯普京常常往两人家里打电话，所以丑闻的风声很容易走漏给两人的妻子。有一次，赫沃斯托夫的妻子正在招待自己的朋友，一个小官员急冲冲地闯进了屋子，传达拉斯普京的紧急口信。别列茨基的妻子早已知道内情，一直苦苦劝说丈夫与拉斯普京断绝联系。

　　此时，赫沃斯托夫做出了一个出乎意料的决定——谋杀拉斯普京。他将想法告诉了别列茨基和科米萨罗夫。三人见面后，别列茨基和科米萨罗夫一起离开了赫沃斯托夫的房子。显然，两人已经看出赫沃斯托夫是要让两人承担所有罪责，一致表示自己不会落入设下的圈套。赫沃斯托夫心意坚决，要求制定出一个明确的谋杀计划。为了迁就赫沃斯托夫，科米萨罗夫提议，由手下乔装成流氓袭击拉斯普京，在一条偏僻的巷子里勒死他，这样他就能死得悄无声息，事后再将他的尸体拖到一个河口。1916年年底，拉斯普京被另一帮谋杀者结束了性命，尸体正是在赫沃斯托夫等人计划的河口附近发现的。赫沃斯托夫等人的计划是：首先将拉斯普京引诱到一个吃饭的地方，赫沃斯托夫则躲在汽车里看着计划实施。然而，整个计划只是空想而已。计划的主要角色拉斯普京不知道从哪里得到了消息——这对他来说并不奇怪。总之，拉斯普京根本没有出现。

于是，赫沃斯托夫要求制定一个新的计划。这一次，有人提议使用毒药，但去一个普通的药剂师那里买药并不安全。科米萨罗夫声称自己认识这样一个人，不过，此人住在离这儿很远的萨拉托夫。科米萨罗夫曾担任萨拉托夫的警务总监。他要求亲自去一趟，咨询此人的意见。然而，到了萨拉托夫后，科米萨罗夫显然没有回来的打算，直到赫沃斯托夫喝令才回来。别列茨基回忆自己去拜访两人，发现两人并排坐在沙发上——科米萨罗夫像一个资深教授一样，正向赫沃斯托夫展示几种毒药，并解释它们的特性和药效。别列茨基注意到有几个看上去差不多的瓶子。科米萨罗夫告诉赫沃斯托夫，自己已经在一只流浪的公猫身上试验过了，结果令人十分满意，还绘声绘色地描述它如何在痛苦中死去。赫沃斯托夫在一边听得津津有味。虽然科米萨罗夫把秘密计划告诉了自己，但别列茨基不相信他会真的毒死拉斯普京。事实上，后来有一次，当看见科米萨罗夫给拉斯普京倒了一杯马德拉葡萄酒时，别列茨基也要了一杯。在追问下，科米萨罗夫说出了实情，自己给赫沃斯托夫看的毒药其实是从妻子的药箱里拿的家用药，药瓶标签上的说明是自己从一本廉价的危险药品手册上抄的。无论如何，赫沃斯托夫还是准许了下毒计划。科米萨罗夫并没有把毒药放进拉斯普京喝的马德拉葡萄酒里，而是放进了拉斯普京养的几只猫喝的牛奶里。喝过牛奶后的猫痛苦地打滚，很快就一命呜呼。拉斯普京居然认为这是安德罗尼科夫干的。这让整个故事听上去更扑朔迷离。后来，拉斯普京和安娜·维鲁波娃与安德罗尼科夫断绝了一切关系。这很可能是科米萨罗夫想要看到的结果。

赫沃斯托夫承认这些命令都是自己下的，也清楚自己被捉弄了。据赫沃斯托夫说，自己曾想找一个狡猾的哥萨克人把事干了，但想法没有实现。万般无奈之下，他最后找到了一个更可鄙的投机分子柴斯基。在赫沃斯托夫还是下诺夫哥罗德省省长时，柴斯基曾受雇从事不正当的活动，是个对任何人都言而无信的人。赫沃斯托夫明白拉斯普京和伊利奥尔多水火不容，有人甚至认为伊利奥尔多曾企图暗杀拉斯普京。伊利奥尔多现居丹麦，是著名的《神圣的魔鬼》一书的作者，并且打算把此书交给一家美国出版商付梓出版。到现在为止，我们还很难评论别列茨基讲述的这个故事。赫沃斯托夫派柴斯基去找伊利奥尔多。在之后的一次告解中，柴斯基称此行是为了做好谋杀拉斯普京的安排。但后来，柴斯基又否认了这一说法。事后，警察拦截了伊利奥尔多的所有电报。在其中一封电报里，伊利奥尔多要求给自己在察里津的信徒打点些钱财，好让他们到彼得格勒来。就这样，失败事件的参与者——伊利奥尔多的信徒——从察里津来到了卡缅内岛大街。柴斯基是个愚蠢的密谋者。当在别洛列茨克受到出入境官员询问时，他夸口说自己是赫沃斯托夫的特别信使，接下来便对官员出言不逊、扬言威胁。这些都被报告给了警察局局长别列茨基。执行任务回来后，柴斯基再次在别洛列茨克接受询问。这次，他甚至比此前更冲动，并且在其他地方也犯了事。别列茨基下令逮捕他。别列茨基记述道，一旦确定赫沃斯托夫没有和自己玩花样，就准备杀了柴斯基灭口。不过，在接下来与柴斯基的三次对话中，别列茨基得出了截然相反的结论。此时，柴斯基托的一个朋友带信给拉斯普京，要他注意人身安全。在记述中，别列茨基说，自己一直以来都反对暗杀计划，并且劝说拉斯普京待在家里避一避风声。

接下来，我们还会给出更多别列茨基的记述。不过，我们需要把记述放在当时的环境中去看。别列茨基极力敦促赫沃斯托夫放弃暗杀计划，另外还要求立即从科米萨罗夫的警卫队和特别宪兵队队长格洛巴切夫的特务那里调取出在监视拉斯普京的过程中所有对其不利的信息。格洛巴切夫和科米萨罗夫被召集共同写一份报告，由赫沃斯托夫第二天交给尼古拉二世——那天正好是尼古拉二世接见他的日子。两人彻夜工作，把报告赶了出来。别列茨基命令两人将赫沃斯托夫批准后的报告做成一式三份，其中两份由赫沃斯托夫带到了沙皇村——一份留在尼古拉二世那里，另一份带回来。第三份报告留在别列茨基手里。第二天，别列茨基陪同赫沃斯托夫来到车站，为其送行。赫沃斯托夫回来时，也是别列茨基为其接风，两人一起去了赫沃斯托夫的家里。当别列茨基问起尼古拉二世接见的结果如何时，赫沃斯托夫一五一十地描述了尼古拉二世的反应——在这种情况下通常的反应——他不停地用手指敲打窗户，看起来十分紧张，但最终还是接受了报告。对这样的回答，别列茨基并不满意，便请自己的一个同僚打开赫沃斯托夫的公文包看个究竟。这个同僚告诉他，赫沃斯托夫把两份报告都带了回来。事实上，赫沃斯托夫要求尼古拉二世解除别列茨基的职务。后来，别列茨基被任命为西伯利亚总督。1916年3月1日，别列茨基的任职决定对外宣布。

我们将以上说法与赫沃斯托夫本人的版本做一个比较。在刚开始受到"二月革命"后成立的调查委员会的审问时，由于还未受到审判，赫沃斯托夫对审问漫不经心，在被问到尴尬的问题时，经常随意更换话题。他的故事里充斥着谎言和托词，常常自相矛盾。赫沃斯托夫自诩是个一直以来支持帝国杜马和反对拉斯普京的人，还动不动就把别列茨基搬出来当成每一项指控的挡箭牌。他说拉斯普京是德意志间谍，自己则是把国家从其手里救出的爱国者。对所有谋杀阴谋，赫沃斯托夫供认不讳，但拒不承认柴斯基卷入了计划，称那是别列茨基设下的陷阱。后来，他甚至还补充了一个显然连别列茨基都不知道的阴谋。"二月革命"后，声称试图谋杀拉斯普京相当于在做自我标榜。后来在受审期间，在赫沃斯托夫再次被审问时，调查委员会终于有时间仔细研究别列茨基的证词。在调查委员会不断地追问下，赫沃斯托夫的心理防线彻底崩溃了。总的来说，他确认了别列茨基的主要证词，声称别列茨基要自己带给尼古拉二世的报告是自己独自写出来的，还搜集了附在报告中的所有对拉斯普京不利的证明。不过，根据他的说法，这些部分已经被销毁了。赫沃斯托夫力图说明被销毁的部分能证明拉斯普京是为德意志帝国服务的间谍，但或许这些根本就不存在。他之所以找到柴斯基，只是想拿到伊利奥尔多的书而已。赫沃斯托夫告诉我们，自己尝试用各种方法想要让自己的接任者施蒂默尔的工作更复杂。他还描述了一副令人悚然的景象：自己和施蒂默尔在内务部偷偷将那里与拉斯普京有关的所有文件都烧掉了。赫沃斯托夫还说，后来自己主动提出为反对党服务。显然，这么做的目的是想接近米柳科夫。

别列茨基认为人们肯定会把所有责任归咎于自己，其结果便是，自己内务大臣助理的新职位将很快不保。他和赫沃斯托夫已成为势不两立的对手。双方都把安娜·维鲁波娃扯进了争吵中，这让亚历山德拉皇后害怕不已。拉斯普京也感到了恐慌。“这是一个糟糕透顶的故事。”尼古拉二世写道。但显然，它还不足以糟糕到要向法院起诉的程度。现在，赫沃斯托夫玩的最后一个游戏是虚张声势，逮捕了拉斯普京的一些密友，其中就有西马诺维奇。西马诺维奇本来要被发放到西伯利亚的纳雷姆，但实际上他连特维尔之外的地方都没有去过。赫沃斯托夫想要利用自己在帝国杜马的关系震慑拉斯普京和安娜·维鲁波娃，使他们屈服，说不定还可以让他们与自己合作。总之，有人安排三人在安娜·维鲁波娃的房子里见面；不过，别列茨基成功劝服了安娜·维鲁波娃推迟见面时间。孤注一掷的赫沃斯托夫向在帝国杜马的朋友和其他人给出了自己的说法，把罪责都归咎于别列茨基。赫沃斯托夫说自己一直都想剥夺拉斯普京的权力，也有足够的证据指控其是德意志人的间谍。

著名的彼得格勒报纸《证券公报》的一个叫哈克布希的犹太编辑曾

受恩于别列茨基。他要别列茨基提防这些报告的内容，并要求其记述整个事情过程。应哈克布希的要求，别列茨基提供了信息，但并没有料到自己提供的内容会被发表出来。一封公文被发放下去，禁止任何人提起这一话题。然而，《证券公报》并不理睬，不仅发表了采访的内容，还保留了采访的形式。对尼古拉二世而言，最敏感的话题莫过于影响到自己私人生活的公众丑闻了。别列茨基很不慎重地给《证券公报》写了一封信，这反倒证实了采访来源的可靠性。随之，别列茨基西伯利亚的工作不了了之。

几乎与此同时，对柴斯基任务的调查交给了马努伊洛夫，这成了施蒂默尔负责的部分。赫沃斯托夫还有很多把柄抓在别人手里——比如他从秘密基金拿走了巨额资金操纵新一届的帝国杜马选举——之后不久，赫沃斯托夫就被革职了。拉斯普京依然一手遮天。整个故事的真相就这样被掩盖了起来。

亚历山德拉皇后第一次管理俄罗斯帝国的企图就这样结束了。人们也许认为这是最后一次，但事实并非如此。试验仍在继续——不同的是，故事的角色从施蒂默尔变成了赫沃斯托夫。现在，他不仅是首相，还是内务大臣。

这个故事的收场有些出人意料。赫沃斯托夫和别列茨基都被布尔什维克人枪杀了。然而，在等待死亡降临时，他们被囚禁在同一个普通犯人的牢房里继续斗争，并没有为自己的命运感到悲天悯人。他们的狱友和对话的记录者不是别人，竟然是俄罗斯帝国幕后历史最优秀的研究者、革命党人布尔采夫。因为他从狱中成功逃脱，所以我们才有可能听到这个故事。这确实是个不可思议的历史巧合。

第 11 章

分崩离析的国家政体

一个冒充国王的丑角、一个盗国窃位的扒手。[①]

《哈姆雷特》，第三幕，第四场

这一方声誉传遍世界、亲爱又亲爱的国土，现在却像一幢房屋、一块田地一般出租了。[②]

《理查二世》，第二幕，第一场

施蒂默尔的神秘内阁

据说，有关施蒂默尔被任命为首相一事，拉斯普京曾这样评价："我成就了皮蒂里姆。皮蒂里姆成就了施蒂默尔。不过，将施蒂默尔推荐给皮蒂里姆，并使他们联合起来的是马努伊洛夫。"马努伊洛夫品行不端、鬼鬼祟祟，是俄罗斯帝国公职人员中最不讨喜的那一类人。当时，警察局存

---

① 文中采用的是朱生豪的译本。——译者注
② 文中采用的是朱生豪的译本。——译者注

放着一份有关这个无赖的详细报告。受宠的马努伊洛夫有多重身份，包括特务警察、报社驻外记者、从事暗中交易的人和勒索者。不过，从某种意义上来说，他是高尚军队中最杰出的代表。

以下是马努伊洛夫在警察局的档案。1870年，马努伊洛夫出生，是信奉路德教的犹太人，后来成为奸诈狡猾的V.P.梅谢尔斯基栽培的"年轻人"之一。很早以前，他就对奢华的生活和卑鄙勾当习以为常，现在又加入了占主导地位的东正教。二十五岁那年，马努伊洛夫被驻法的俄罗斯帝国警察局局长拉奇科夫斯基收入门下。据维特的说法，法国总统卢贝曾说，自己宁愿把安全交给驻法的俄罗斯帝国警察局，也不愿意交给本国的警察

卢贝。

摄者信息不详

局。马努伊洛夫受雇监视革命党人。不久，拉奇科夫斯基就指控他在监视自己。被调到罗马后，既背叛了他人又遭人背叛的马努伊洛夫向东正教的神职人员行贿，据说是在完成警察的调查工作。现在，他还成了一个政治间谍，不过，下属间谍指责他骗了他们。马努伊洛夫想办法得到了1902年至1904年任内务大臣的保守派V.K.普勒韦的宠信，并再次被派遣到巴黎与法国媒体交好，以此控制了法国媒体旗下的大型分社。1903年，他向维特出卖了普勒韦的特务。维特还因他的友好向他表示过感谢。马努伊洛夫以窃取情报著称，其中最有名的一次是其在荷兰的日本使馆拍下了日本密报的照片。他声称偷听到了明石上校的谈话并偷走了其日记。他还从法国的秘密警察那里弄到了文件。这些行为让他获利不少，但这些钱很快又会被挥霍一空。他甚至获得了圣弗拉基米尔四等勋章。马努伊洛夫用假钥匙为普勒韦偷到了维特的文件，并因此被革职。对此，普勒韦只是冷冰冰地说了一句："这个傻瓜偷的不是我们想要的东西。"1905年8月10日，马努伊洛夫被解除了在警察局的职务。不过，维特派马努伊洛夫使加蓬神父又开始与警察合作。科科夫佐夫拒绝给他提供财政部的任何职务。1909年，斯托雷平说："是时候让这个无赖消停了。"马努伊洛夫与著名的革命党布尔采夫建立了联系，并给其提供了警察方面的信息，这使布尔采夫一度让西欧的俄罗斯帝国特务不堪一击。布尔采夫说，马努伊洛夫虽然会说"我是个恶人，我爱金钱，我爱生活"，但从未给自己提供过任何不实消息。

头脑灵活的马努伊洛夫靠着自吹自擂的本领过活，干了无数骗人的勾当，性质与勒索无异。他有一个令人印象深刻的接待室。当请愿者来这里时，他就会假装正在和大臣或其他高官打电话。马努伊洛夫为人十分小心，把从受害者那里拿到的钱称为"贷款"。这段时间，他都在为恢复原职四处奔走。他自称是被警察局"扔到大街上"的人，"我为警察局付出了我最好的年华，从来没有自己的时间，并总是成为革命的打击对象"，同时声称对任何交给自己的任务都不辱使命。1911年1月6日，马努伊洛夫写信给内务大臣助理库尔洛夫，"如果能使先生满意"，"我可以给您提供数据，能让布尔采夫令人作呕的花招和其行贿的特务都没法工作"，落款处是"您忠实的仆人"。

1911年4月15日，警察局副局长维萨里奥诺夫向库尔洛夫报告了马努伊洛夫最近的活动，并且详细描述了其最新的几次行骗活动。"不过，"他总结道，"如果我们把这个案件拿去审判，则立马会得出相反的结论。"他解释道，警察局前特务的案底实在不堪，不适合公之于众，一旦审判，对其他大量案件并不公平。因此，这个案子以不当为由停止了调查。马努伊洛夫正在插手俄罗斯帝国政府的安排。他还拜访了手中握有自己在法国地下活动记录的法国驻俄大使，面带微笑地向其宣布自己成了新首相施蒂默尔的秘书。他确实协助了新首相的工作，但主要任务是保护拉斯普京的安全。帕莱奥洛格不无讽刺地写道："这是个多么令人尊敬的头衔啊！"

没人想到施蒂默尔会被任命，更不会有人将其看作帝国杜马的朋友。"一记重击。"诚实的农业大臣瑙莫夫说。那年夏天，有些任命的决定很明智，比如沃尔康斯基亲王成了内务大臣两个助理之一。之前，沃尔康斯基当过好几年帝国杜马副主席，是个典型的保守党，头脑聪明、有荣誉感，对自己被任命的消息"感到震惊"。沃尔康斯基说："施蒂默尔是我能想到的最不适合的人选。"罗江科认为施蒂默尔是个"无足轻重的人"。舒勒金的评论是"毫无原则，一无是处"。诚实的赫沃斯托夫称施蒂默尔是一个"虚伪的人、两面派"。我们不难想象，这些也是马努伊洛夫对施蒂默尔的看法。他曾不无鄙夷地评价道："五十岁日子就要到头了，还总是稀里糊涂。"然而，在1916年2月10日给妻子亚历山德拉皇后的信中，正与军队在一起的尼古拉二世写道，自己"无比信任施蒂默尔"，很高兴妻子能有他作为依靠对象。

施蒂默尔是何许人也？他以宫廷司仪奥伯-霍夫迈斯特的身份被人们熟知，曾在彻头彻尾的保守派普勒韦领导的内务部中担任部门主管，还曾是雅罗斯拉夫尔省的保守派省长。离开省长职位时，施蒂默尔留下了令人存疑的财务记录。萨佐诺夫说他"不管处在哪个行政职位，总会给人留下糟糕的回忆"。施蒂默尔向教育大臣伊格纳季耶夫提出对自由主义的抗议时，对方这样回答："你还记得特维尔省吗？"当年，特维尔省选出的地方自治局建议派农业专家向农民传授庄稼播种知识，以非法理由将其撤走的正是施蒂默尔。在普勒韦被暗杀后，盛怒中的尼古拉二世一开始曾想到将施蒂默尔作为内务大臣的人选，但之后走入另一个极端，任命的是具有自由主义思想的斯维亚托波尔克-米尔斯基。1913年至1914年冬，思想保守的尼古拉二世想过撤掉选出的莫斯科市长，让施蒂默尔代替。现在，施蒂默尔成了保守派集团的一员，但其在帝国杜马发表的开篇明义的政策声明包含大肆渲染自由主义的言辞。对他的任命，人们十分惊愕，认为这是对整个国家的公然侮辱。为收买人心，善使花招的施蒂默尔邀请帝国杜马的著名成员参加一场大型晚宴，但只有极右派和民族主义者接受了邀请。诚实的亚历山大·赫沃斯托夫不无遗憾地追抚戈列梅金在职的那段时期："从那以后，事态发展每况愈下。"战争大臣波利瓦诺夫将施蒂默尔的任命当作结束的开始。

在施蒂默尔最开始参加的一次内阁会议上，分发了一份刚出炉的文件。分发文件在日程单上并未提及，大臣们开始纷纷离场。文件是有关从军事基金中划拨五百万卢布给首相施蒂默尔的决定，但没有透露拨款原因，并且还要求每个内阁成员在上面签字。通常来说，大臣们会不加细看地在会议通过的各种决议上签字，但这份文件在没有向大臣们解释的情况下夹在其他签字文件中。伊格纳季耶夫伯爵拿起这份文件仔细看了一遍，并请战争大臣波利瓦诺夫多加留意。波利瓦诺夫要施蒂默尔给出解释，但

波克洛夫斯基。
摄者信息不详

其只是含糊地提到了反间谍之类的话。瑙莫夫和财政大臣巴尔克也提出强烈抗议。新上任的国家审计长波克洛夫斯基是第一次参加内阁会议,同样要求得到进一步解释。大臣们得到的唯一回复是,这是尼古拉二世做出的特别决定,要求各大臣附上签名也是尼古拉二世的主意。人们注意到,在讨论的过程中,施蒂默尔不止一次跟时任内务大臣的阿列克谢·赫沃斯托夫耳语——赫沃斯托夫撒过很多谎,其中包括否认出席了本次会议。赫沃斯托夫描述了操纵下一届帝国杜马选举的宏大计划。他和施蒂默尔都在考虑买下发行俄罗斯帝国最重要报纸《新闻时报》的报社，并在内阁会议上提到了这一想法。施蒂默尔试图把所有责任推到赫沃斯托夫身上。后来，波克洛夫斯基和瑙莫夫制定了一份提案，要求将购买报社款项的支付权置于国家审计长的管控之下。在给尼古拉二世的报告中，伊格纳季耶夫严正声明："俄罗斯帝国不能容忍这样的丑闻。"尼古拉二世立即下令，要求拨款按照正常途径进行。施蒂默尔本来的计划是，想办法让波克洛夫斯基在帝国杜马中提及此事，这样一来，波克洛夫斯基就成了替罪羊。不过，他没有成功。在后来的证词中，施蒂默尔居然大言不惭地声称，自己才是要求按照正常流程进行拨款的那个人。最终，钱原封不动地回到了国库。

内阁中还是有不少诚实之人。即将不久于人世的哈里托诺夫推荐多年为官清廉的波克洛夫斯基接替自己的职位。早在1899年，波克洛夫斯基就担任内阁首席大法官，还曾经作为科科夫佐夫的助理在财政部工作过很长一段时间。一个同僚形容他"心清如水"。1916年3月30日，连亚历山德拉皇后也写道："幸运的是，他是我认识的左派中最好的那个。"对亚历山德拉皇后来说，左派包括所有独立的保守党。保守派卡索死后，1915年1月，伊格纳季耶夫被任命为教育大臣。一开始，他便向尼古拉二世表明心迹，自己不热衷"玩弄权术"，主张"团结人民力量"。他主张在自己负责的教育领域享有自主权，并得到了尼古拉二世的坚定支持。帝国杜马完全信任伊格纳季耶夫，并赞同其在教育领域的自由主义观念。"如果摈弃第四届帝国杜马，"伊格纳季耶夫说，"那就不会再有这样的帝国杜马了。"在尼古拉二世和施蒂默尔面前，瑙莫夫一再为帝国杜马发声，并且一直以来表现出与人民真诚合作的愿望。事实上，没有了选出的地方政府机构的帮助，瑙莫夫如何能够应对繁复的工作呢？每天光是处理食物供应的工作就要花十八个小时。新任交通大臣特列波夫虽不算称职，但至少算得上是个爱国、独立的保守党。一直以来，亚历山德拉皇后灌输给丈夫尼古拉二世的观点是，这些人都是各自领域的专家——瑙莫夫是园丁、特列波夫是马车夫——不过，尼古拉二世并不爱听这些。每个人都各司其职，但在其他事务上要听命于管家。他们如何会容忍在这一位置上的施蒂默尔呢？伊格纳季耶夫记录道，这个春天和夏天"冲突不断"，自己不得不常常向尼古拉二世请愿，希望能保证自己部门的独立性。尼古拉二世答应了他的请求。萨佐诺夫曾评论道："施蒂默尔不仅在这一问题上——罗马尼亚问题，在所有的问题上都与我的看法相左。"波克洛夫斯基认为施蒂默尔"会耍小伎俩"，"御前大臣的伎俩"。施蒂默尔拿不出整体的政策路线，观点也总摇摆不定——这一点得到了内阁秘书洛德任斯基的证实。施蒂默尔甚至无法清楚地表达或抓住讨论的主题。当人们谈论那些比较严肃的话题时，他"只会像一幅画似地呆坐在那里"。在这种情况下，几乎所有提交到内阁的问题都是没有争议或争议很小的问题，大多数真正重要的问题以其他方式处理。施蒂默尔一般会要求几个大臣解决问题，自己则置身事外。

显然，这一时期的俄罗斯帝国政府并非指官方内阁，也并非施蒂默尔自己的内阁小圈子，因为其本身就是一个傀儡：施蒂默尔频繁与亚历山德拉皇后见面商议事宜。马努伊洛夫说，拉斯普京会向施蒂默尔下达明确指令，有时还会冲其大喊大叫，称如果不按照"母亲"——拉斯普京对亚历山德拉皇后的称呼——的吩咐做，便会把事情"捂上盖子"。亚历山德拉皇后也会接见一批批来访的大臣，并将与大臣的对话内容定期汇报给尼古拉二世。

这一切得到了尼古拉二世充分的赞同和鼓励。1916年5月10日，尼古拉二世要妻子亚历山德拉皇后与施蒂默尔、巴尔克共同讨论拉斯普京有关铁路巨额贷款的提议。6月24日，尼古拉二世恳请妻子与施蒂默尔谈论所有她向自己提过的事务，还说"他是一个非常诚实的人，但总拿不定主意"。尼古拉二世写道："大臣们坚持要来我这儿，把我的时间都占满了。"1916年7月30日，尼古拉二世写道："你能接见施蒂默尔真是太好了——他赞同你的建议。"亚历山德拉皇后曾对自己的越俎代庖表示歉意，并对丈夫尼古拉二世的许可表示感谢。9月17日，尼古拉二世这样回复："应该感谢的人是我。"后来在一封信中，亚历山德拉皇后不无骄傲地告诉丈夫尼古拉二世，继叶卡捷琳娜大帝之后，自己是定期接见大臣的第一位皇后。在说这话时，亚历山德拉皇后完全没有想到，叶卡捷琳娜大帝残忍果决地除掉了丈夫彼得三世。

我们不要忘了，亚历山德拉皇后的身体一直不好。自从生了儿子后，她的心脏总是犯毛病。此外，她还出现了其他不适。比如，她写到自己的脸像被电击了一样，以及一天之内牙医来看了自己三次等。早晨的大部分时间里，她都待在床上，用清晰漂亮的字洋洋洒洒地在信中写下跟政治有关的事情。亚历山德拉皇后面对的是自己根本不了解的各种问题：食物供应、交通、燃料、前线的医疗服务。她力荐一个叫赖因的人，但尼古拉二世不肯接受。亚历山德拉皇后甚至插手海军人事任命，而这应该是尼古拉二世在前线管辖的领域。1916年3月23日，对其中一个人选，尼古拉二世的回复意见是："希林·希哈很优秀，但他好多年没上过船了。"除了直接干预，亚历山德拉皇后还传达了拉斯普京的不少指示。

尼古拉二世十分喜欢军中开放的气氛。1916年3月，我曾在总部见过尼古拉二世。他说话时带着孩子气的质朴和单纯的快乐。尼古拉二世虽然没有参与作战行动，但每天都会向自己打心底喜爱和欣赏的阿列克谢耶夫学习。从一开始，阿列克谢耶夫就告诉过波利瓦诺夫，自己不知道如何扮演侍臣的角色。尼古拉二世与参谋一起用餐，并规定各部门保持各部门之前的规矩。然而，在总部，尼古拉二世日渐被强烈的孤独感裹挟。萨佐诺夫感到尼古拉二世正与自己渐行渐远，并对此有过生动的描述。与尼古拉二世最亲近和忠诚的仆人也看得出来。准科夫斯基、弗拉基米尔·奥尔洛夫亲王和德伦特——在尼古拉二世长时间散步时能跟上其步伐的人——都因敢于表达内心的想法而离他远去。其他人则吸取了他们的教训。尼古拉二世与弗雷德里克斯伯爵之所以能成为故交，是因为两人心照不宣地避免了一切严肃对话。甚至连唯一被亚历山德拉皇后称作"我们自己人"的萨布林也开始动摇了。尼古拉二世已屈从于妻子亚历山德拉皇后更强大的意愿之下。大家都在离他远去，他现在能拥有的就只有妻子和家庭了。

在这一时期尼古拉二世的信中，体现出了从未有过的柔情甚至激情。在1916年6月19日的信中，他写道："我从来没有像现在这样渴望过你。"除此之外，尼古拉二世还在几封信中语气柔和地表示出了不愿苟同之意。在1916年9月21日的信中，尼古拉二世要亚历山德拉皇后不要理会"爱搬弄是非的、愚蠢的"安娜·维鲁波娃。他拒绝对她在彼得格勒的对手玛丽亚·帕夫洛夫娜大公妃不敬，拒绝她干涉军队的私事。亚历山德拉皇后则会发出感慨："我又多管闲事了。"也是在这一时期，亚历山德拉皇后谦卑地感谢尼古拉二世二十一年来给予自己的圆满幸福。总而言之，这是两人互通的情书。就像未婚妻说什么，未婚夫都会答应一样，让尼古拉二世答应亚历山德拉皇后的要求是一件轻而易举的事。显然，尼古拉二世在前线一无是处，甚至更糟糕。不过，尼古拉二世靠着在指挥上做文章，打发了时间。谢尔巴托夫曾向尼古拉二世指出，在其去前线前，仅仅是内务大臣就得每五天向他报告一次，而现在各部门的大臣要舟车劳顿地跑到总部，一个个受他单独接见。这让谢尔巴托夫心烦不已。1916年3月25日，沙皇村的皇宫和总部之间通了一次特别电话。之后，尼古拉二世开始安排妻子和孩子数次访问总部。这样一来，首都彼得格勒的国事不知该交由谁来处理。

从亚历山德拉皇后的信中，我们可以看到她一直在与周围的各种麻烦做斗争。在听到德意志帝国用毒气袭击的消息后，1916年2月18日，她写道："为什么他们把灵魂都给丢掉了？"3月21日，对集体的道德堕落，她写下了这样的评论："这就是现实中的所多玛和蛾摩拉^①。"3月18日，她希望世界能吸取可怕的战争教训，变得更好，并沉耽于这种希望。对亚历山德拉皇后而言，拉斯普京是自己与丈夫尼古拉二世真真切切的支柱。在复活节上，她与拉斯普京一道参加圣餐仪式，甚至在信中开始把对方想象成基督。4月18日，"他是为了我们的缘故才背负所有诽谤"。4月20日，"那时^②"，"即使你心中不肯，我还是要为你斗争"。4月21日，"凡事都有两层含义"。5月7日，"我真高兴我们的朋友在动身之前来为你祈祷"。8月16日，"多亏有了他，你才能统领军队"。9月20日，"上帝派他来成为你的助手和向导"。

1916年2月12日，拉斯普京提出，让伊万诺夫将军取代波利瓦诺夫战争大臣的职位。3月19日，拉斯普京宣称一个负责的部门将会"完全摧毁一切"。3月28日，亚历山德拉皇后写道，"我希望你能关闭那个糟糕透顶的战争产业委员会"，因为它是"反王朝的"。3月30日，她写道："看在孩子的份上，我们必须立场坚定。这是属于你的战争、你的和平。"5月8日，拉斯普京提出抗议，反对囚禁苏霍姆利诺夫。6月17日，拉斯普京称不要进攻北方前线——霍夫曼称这是德军阵线最薄弱的地方。亚历山德拉皇后不断询问尼古拉二世军事行动计划的具体日期，好让拉斯普京为胜利祈祷，尼古拉二世则一再请求她不要将这种信息声张出去。6月22日，拉斯普京提出了五个紧急问题，前四个问题有关帝国杜马、首都彼得格勒的行政、燃料、民间红十字会——绝不会有人在公开场合感谢这一组织。至

---

① 《圣经》中的两座罪恶之城。——译者注
② 指在1915年危机期间。——译者注

于剩下的一个问题，中间人安娜·维鲁波娃称自己"记不起来了"。7月1日，亚历山德拉皇后写道："他们①一直在共同商讨事宜。"7月8日，由于拉斯普京不满宗教大臣沃尔任，尼古拉二世接见了亚历山德拉皇后推荐的人选拉耶夫，并对其"印象极佳"。

从以上列举的例子中，我们可以看出，拉斯普京完全控制了亚历山德拉皇后的判断，他的发号施令产生了深远的影响。究竟是谁给了拉斯普京这样的机会呢？让我们把眼光投向马努伊洛夫。马努伊洛夫手下有一个叫古尔兰的人，他是施蒂默尔的对手。之所以提到古尔兰，是因为他是拉斯普京和施蒂默尔的中间人。施蒂默尔后来的证词一如既往地推诿、虚假，但有一点也许是真的，即他声称自己从未在公寓里见过拉斯普京。施蒂默尔手下的警察局局长克利莫维奇，是在阿列克谢·赫沃斯托夫的内务大臣任期即将结束时，由施蒂默尔任命的。根据克利莫维奇的说法，他知道拉斯普京曾好几次拜访施蒂默尔。在克利莫维奇小心谨慎又直言不讳的证词中，施蒂默尔甚至假装不认识马努伊洛夫，虽然两人经常被发现在一起吞云吐雾。第一次看见两人在一起后，克利莫维奇向施蒂默尔出示了一份马努伊洛夫的警察报告。施蒂默尔摇着头说："呀，呀，真是个恶棍！这就是所谓的体面的绅士！"施蒂默尔一口否认马努伊洛夫跟自己的工作有任何关系。不过，克利莫维奇还是不得不按照部门规定，向马努伊洛夫支付每年一千八百英镑的俸禄，后来想办法将数额减少了一半。马努伊洛夫一心想着扩大自己的影响力，并成立一个类似于提供秘密服务的超级部门，由自己当一把手。还有直接证据表明，施蒂默尔在晚上与拉斯普京见面，选择的地方居然是彼得保罗要塞监狱。后来，他还经常光顾这里。据说，两人的会面是由宫廷派系成员尼基蒂娜安排的。她是要塞主管的女儿，也

---

① 指拉斯普京和产业大臣沙霍夫斯科伊。——译者注

是安娜·维鲁波娃和拉斯普京的朋友。她的工作是施蒂默尔之前就指派过的。阿列克谢·赫沃斯托夫和别列茨基至少大胆反对过拉斯普京厚颜无耻的行为，但施蒂默尔是个容易屈服的猎物。从一开始，他便害怕拉斯普京，尽一切可能装作不认识他。马努伊洛夫知道了他们两个的关系，所以才会自称是首相的秘书，但秘书这一职位让其成为受政府关注和被人巴结的对象。

拉斯普京的个人安全成了亚历山德拉皇后最关切的问题。赫沃斯托夫事件发生后，连安娜·维鲁波娃也开始收到不少匿名的威胁信。拉斯普京虽然不是怯懦之人，但常常紧张得坐立不安。科米萨罗夫被紧急调往一个省级职位，后来被免了职。马努伊洛夫现在的职权管理范围比科米萨罗夫之前的更广了。在管理拉斯普京方面，马努伊洛夫的权限可能最大。拉斯普京很聪明，马努伊洛夫也不笨。马努伊洛夫曾认为自己知道了拉斯普京几乎所有的秘密，所以感到十分得意。不过，拉斯普京从来不会对任何一个人完全坦诚。马努伊洛夫与拉斯普京之间的相处方式很有意思，也很有技巧，他能让对方不会因自己在场而感到尴尬。据说，他曾教拉斯普京认识了打字机。马努伊洛夫是拉斯普京的贴身陪同，两人总是坐着一辆车疾驰而过，安危与共。车子的来历不明，有人说是从战争部门弄过来的。不像科米萨罗夫，他只是拉斯普京的一个下属。和其他人一样，马努伊洛夫对施蒂默尔不恭不敬。在首都彼得格勒时，安娜·维鲁波娃几乎每天都来找拉斯普京，所以马努伊洛夫一定有很多机会见到她。就像之前的赫沃斯托夫、别列茨基、西马诺维奇，甚至科米萨罗夫一样，马努伊洛夫也应该加入了安娜·维鲁波娃在沙皇村的家中的谈话。

对施蒂默尔和拉斯普京，阿列克谢·赫沃斯托夫一直充满敌意。他最后一招是让波利瓦诺夫注意到了拉斯普京和马努伊洛夫引发的一起丑闻。当时，两人坐在一辆陆军部专用车上，正往淫秽之所开去。车子一路疾驰，连警车都没能跟上。为人直率的波利瓦诺夫正中赫沃斯托夫的下怀，毫不客气地向施蒂默尔发问，但施蒂默尔再次否认了与马努伊洛夫有关系，还说自己只是在为赫沃斯托夫服务。对此，赫沃斯托夫一口否认——这次他没有说谎。波利瓦诺夫直接认定是施蒂默尔在撒谎。自从五百万卢布事件发生后，波利瓦诺夫意识到自己为官的日子所剩不多了。他一直在向帝国杜马解释军队预算，要求帝国杜马给予支持。和古奇科夫一样，对战争产业委员会的工作，波利瓦诺夫抱有极大热情。从一开始，亚历山德拉皇后就不喜欢波利瓦诺夫。自从尼古拉二世开始指挥军队后，他就感到自己在拜访总部时被孤立了。前线要获得人员、装备和物资，主要得依靠战争大臣的工作。兴登堡曾认为，波利瓦诺夫重整了俄军。诺克斯认为他"无疑是俄罗斯帝国最能干的军事组织者"。在国防会议上，尼古拉二世呼吁举全国之力支持战争。波利瓦诺夫把这一呼吁落到了实处，组织全国人民投身于这场战争，并取得了惊人的效果。

与此同时，波利瓦诺夫也想方设法得到了协约国的慷慨帮助。当尼古拉大公还是最高统帅时，基奇纳伯爵派了战争期间精力充沛的埃勒肖上校去问尼古拉大公，如何为俄罗斯帝国服务。尼古拉大公给出了坚定的回答，言下之意是授权基奇纳伯爵成为俄罗斯帝国军需品的代理人。为了完成这项工作，基奇纳伯爵登上了"汉普"号巡洋舰，之后便与之一同沉没在海底。埃勒肖之前正拿着俄罗斯帝国贷款四处购买军需品，他也在那艘失事的船上。

在士兵训练方面，波利瓦诺夫功绩不小。1915年秋是新兵最紧缺的时期。没有地方编制的老老少少从全国各地被征募过来，以填补前线空白。对新招入伍的士兵的精神面貌，尼古拉二世予以高度评价。1916年2月27日，他写道，他们"和前辈一样优秀"。

1916年1月22日，亚历山德拉皇后写信给丈夫尼古拉二世，要其"除掉波利瓦诺夫！"2月22日，拉斯普京推荐了接替波利瓦诺夫的人选。3月17日，亚历山德拉皇后写道："不要忘了波利瓦诺夫的事。"3月19日，她又开始指责波利瓦诺夫。3月25日，她在信中对波利瓦诺夫发起了新一轮的猛烈抨击："亲爱的，事不宜迟。"信还没有写完，就传来了她的指令得到遵从的消息。于是在信的最后，亚历山德拉皇后写道："啊！终于解脱了！今晚可以睡个好觉了。"波利瓦诺夫重建的俄军今后会如何发展呢？被罢免职务后的波利瓦诺夫甚至连一封普通的感谢信都没有收到。3月26日，尼古拉二世写信给他说："我无法相信战争产业委员会的工作。我认为你无法监管战争产业委员会。"

有段时间，亚历山德拉皇后曾力荐别利亚耶夫将军作为下一任战争大臣的候选人。别利亚耶夫与世无争，是个得力的下属，但缺乏主动性和独立性，保不准哪天就会"随波逐流"。亚历山德拉皇后曾请求别利亚耶夫免除自己和安娜·维鲁波娃保护对象的兵役义务。对此，他并未果断驳回。这些正成为亚历山德拉皇后推荐他的理由，但尼古拉二世和其他人一样持不同看法。1916年8月27日，尼古拉二世评价道：别利亚耶夫是个"极端软弱、事事让步、没有效率的人"。总部做出了任命决定，是为人坦诚、勇敢无畏的舒瓦耶夫将军。他曾担任地方管理，工作出色。然而，接到消息的舒瓦耶夫觉得自己无法胜任，感到既吃惊又害怕。第一次见到诺克斯时，他就哭着向其坦陈，自己的能力不足。但在战争期间，服从命令就是天职，对军人而言尤其如此，因此，他接手了这一沉重的任务。在所有向尼古拉二世报告的人中，舒瓦耶夫是最直白、最勇敢的那个。

混乱局面与失败主义

管理不善造成了混乱的局面。的确，自从将尼古拉大公调至高加索前线后，之前存在于总部和政府之间的摩擦没有了，但有效的批评或管控消失了。自从阿列克谢·赫沃斯托夫下台后，国家两个最重要的职务——首相和内务大臣——均由施蒂默尔担任，然而，他完全没有接手或试图接手实际工作的迹象。克利莫维奇说，自己从来没有从施蒂默尔那里收到过一次政策指示，在自己担任警察局局长的六个月里，两人的对话总时长不超过五个小时，并且还有一个半小时的内容跟拉斯普京有关。克利莫维奇用"混乱"这样的词来形容政府的状态。在高加索前线的尼古拉大公也使用了这个词："如今是混乱当道。"内务部的沃尔康斯基亲王搞不清楚施蒂默尔的真实意图，恨不得在内务部这一重要部门的外墙上打出标语："皮卡迪利①——每周六推出新节目。"克利莫维奇认为现有政体已危如累卵，甚至在施蒂默尔的默许下，给所有大臣分发了印有这一内容的报告。因此，他被依法治罪。他不断恳求上面批准自己的辞职报告。至此我们可以看出，只有施蒂默尔一心想保住自己的位子。施蒂默尔的确制定了一个模糊的计划，准备对地方行政进行全面改革。但我们得到的结论是，他想要扔给帝国杜马一根难啃的硬骨头。像改革警察局酬不抵劳、人手不够的现状这样紧迫的问题，本来是应该由手握两大职权的施蒂默尔负责，但其将问题留给了下一任内务大臣。

最紧迫的问题是对食物供应的监管。目前来说，军队需求都得到了满足。本来就要供应占了总人口很大比例的军队，再加上新征入伍的人员，生产需要承受更大压力。克里沃舍因是一个能干的农业大臣。继任者瑙莫夫同样诚实肯干，一心扑在工作上。作为一个在地方自治局工作了一辈子的人，瑙莫夫深知，如果没有地方管理机构帮忙分配物资，工作将无法开展。在第一次正式拜访瑙莫夫时，施蒂默尔滔滔不绝地夸了地方自治局和

---

① 皮卡迪利是英国伦敦市中心的一个繁华的商业区，不少著名的戏院坐落于此。——译者注

帝国杜马整整一个半小时，实际的做法却是在不断阻止或者拖延与它们的合作。施蒂默尔甚至不让瑙莫夫对帝国杜马及帝国议会提出的紧迫问题解释自己的立场。施蒂默尔给出的理由是，政府与帝国杜马之间已经达成了"某种共识"。因此，一切的问题——包括现在提到的国家食物供应问题——应该推到秋季后再说。1916年7月，瑙莫夫的辞职信终于被批准，但诡计多端的施蒂默尔当面向其发问："如果大臣会议主席[①]向你撒谎，你还能说些什么呢？"

拉斯普京不止一次地预测，如果这些问题得不到及时处理，一定会带来大规模动乱。彼得格勒本来就不正常的局势会因动乱而变得更加岌岌可危。位于俄罗斯帝国北部角落的首都彼得格勒是权力中心，但彼得格勒种植的庄稼不足以养活其两百多万的人口。不过，局势并非不可挽回。在这里，我们引用俄罗斯最伟大的经济学家之一彼得·斯特鲁韦教授的论述：

> 经济学专业的学生不要把1917年俄罗斯帝国陷入的政治灾难归因于全国经济状况，特别是食物问题。要了解1917年"二月革命"，首先要考虑政治因素。俄罗斯帝国与同盟国战时经济存在巨大差异。由于同盟国经济力量强大，特别是食物供应充足，俄罗斯帝国的失败早已命中注定。

俄罗斯人习惯了艰难度日。俄罗斯历史上有过同样糟糕的情况，但只要最基本的需求得到某种满足，人们就能自给自足，一点点地渡过难关。然而，没有哪个社会能承受得起如此严重的管理不善带来的代价。没有哪个国家比俄罗斯帝国更需要一个由全民选举产生的政府了。某些势力建立

---

① 指施蒂默尔自己。——译者注

了与这种政府概念相对的政府，我们必须加以仔细研究。

借助米哈伊尔·T.弗洛林斯基的宝贵总结，我们来看一看此时俄罗斯帝国各方面的情况。

战争刚爆发时，领土辽阔的俄罗斯帝国很快就大力增加食物供应以满足需求。俄罗斯帝国是一个农业大国，百分之八十五的人是农村人。为了满足巨大的国内需求，粮食还不能出口到其他国家。形势向好还有一个重要原因，1914年8月22日，也就是战争刚开始时，尼古拉二世颁布了旨在让银行有更多存款的禁酒法令。所有严肃的批评人士都认为，1915年9月，立宪危机结束，标志着局势开始一发不可收拾。施蒂默尔上台后，局势更是急转直下。国有工厂的精力被生产军需品消耗殆尽，没有能力生产出足够多的其他产品。因此，农民不愿意去市场卖掉自己种的粮食。长此以往，农民的粮食越囤越多。这根本不是俄罗斯帝国的食物供应是否充足的问题，关键在于粮食没有被利用起来。国民经济的框架本身还是稳固的。

因此，问题的症结在于交通和燃料，这也日益成为政府最关心的问题。不光是政府，身为尼古拉二世的得力助手，总参谋长阿列克谢耶夫必然对此深有体会，因为军队所有的需求甚至军事行动都离不开交通和燃料。交通大臣A.F.特列波夫工作廉洁、夙夜在公，但灾难发展的速度之快，已经让其难以应对。军事部门和民用部门之间的职责不清也造成了十分有害的影响。总而言之，五次会议中，真正产生显著效果的只有第一次会议——国防会议，这主要得益于波利瓦诺夫出众的能力和真诚的合作愿望。诚实的舒瓦耶夫虽然组织能力不是最好的，但绝非无能的管理者。他领导的陆军部一如既往地支持防卫委员会，这使防卫委员会在其被革职前——1917年"二月革命"快要到来的时候——无论是在军事上还是在政治上都扮演着重要角色。

我们来看看这些失败的后果是如何影响俄罗斯帝国形势的。同样，我们借助了弗洛林斯基的宝贵总结。物价一直在上涨。以下是弗洛林斯基在十三篇文章中提到的食物指数。1914年下半年，食物价格指数已经上涨至战前的110.1%；1915年上半年上涨至141.9%；1915年下半年上涨至155.5%；1916年上半年上涨至195.6%；截至1916年8月，上涨至221.6%。1916年7月，肉价上涨了332%，面粉价格上涨了265%，盐价上涨585%！1916年6月，莫斯科的黄油价格上涨了220%，肥肉价格上涨273%，糖价上涨153%，牛奶价格上涨171%，土豆价格上涨144%，燃料价格上涨224%，汽油价格上涨210%，纺织品价格上涨262%，靴子价格上涨334%。北方切断了卡迪夫煤的供应后，首都彼得格勒的煤不得不依赖距离很远的南部顿涅茨河地区，而要将这些煤运过来，还需要比之前多一倍的车辆。弗洛林斯基写道，到了1916年，城镇生活成了"真实的磨难"。几家面粉厂被迫停工。

现在，我们把目光转向工资问题。弗洛林斯基引用了斯特鲁米林的《俄罗斯1913年到1922年产业工人的工资》一书中的附录三和附录四，给我们提供了从1913年至1917年所有产业工人的平均月工资数据。

年份	名义上（纸面卢布）	实际上（黄金卢布）
1913	85.5	85.5
1914	85.5	84.6
1915	103	79.2
1916	142	69.8
1917	255.6	38

从最后的一组数字的差异中，讽刺意味跃然纸上。弗洛林斯基还从斯特鲁米林那里向我们提供了1913年至1916年纺织行业和金属行业工人的平均月工资数据。这个图表同样很有研究价值。

年份	纺织行业		金属行业	
	名义上	实际上	名义上	实际上
	卢布			
1913	17.9	17.9	33.5	33.5
1914	17.6	17.4	38.0	37.6
1915	19.5	15.0	46.4	35.7
1916	28.3	13.9	78.6	38.7

同一时期，彼得格勒的租金上涨至战前的200%甚至300%。由于政府不太可能大张旗鼓地为小一点的城镇纾困，所以这些城镇的境况要比首都彼得格勒更糟糕。1916年夏开始实施食物配给，物资越来越短缺。

从1915年秋开始，全国民怨开始不断累积，但即使在那时，仍然没有出现任何革命组织。直到1916年夏，罗江科才做出一份令人印象深刻的声明，一针见血地对大臣说，大臣整天想的都是革命，酝酿革命的也是大臣。即使在战前的和平年代，革命也是警察每天要提防的，这就能解释为什么迫在眉睫的改革总是一拖再拖。警局的发展壮大靠的是发生革命的可能。警察甚至把革命作为一种可以利用的工具。在第一次世界大战即将爆发时，特务警察接到大量印发的传单，上面指示他们通过直接挑衅的方式培养一支革命队伍。同样，1916年1月，臭名昭著的传单被分发给各地省长，要求各地省长把敌对的矛头指向所有被当作革命党的犹太人。后来，帝国杜马还专门就此事进行过讨论。

到目前为止，这些动作并未掀起任何波澜，哪怕是挑衅也概莫能外。此时，布尔什维克领袖列宁正在国外。他曾在奥匈帝国被捕，后在德意志总参谋部的坚持下被释放。1915年9月，列宁和来自各个国家的一小部分极端主义者参加了在瑞士齐美尔瓦尔德召开的会议。在会议上，他像往常一样激情澎湃地提出主张，称帝国主义战争必须变成阶级战争。在1916年4月昆塔尔的会议上，他再次敦促人们走同样的路线。列宁的革命失败主义著作很快便流传于关押在德意志帝国和奥匈帝国的犯人营地的俄罗斯人中间。早在1915年，他的论文便被介绍到了俄罗斯帝国。帝国杜马五个不太出名的布尔什维克成员因传播其作品而遭到逮捕。对此，甚至连他们在帝国杜马的对手、工党领袖克伦斯基都表示了强烈抗议，他以个人名义拜访外交大臣萨佐诺夫时，还专门为他们请命。然而，五个人还是被流放到了西伯利亚。除此之外，列宁的作品并没有带来多少显著影响。从在警察局任职的别列茨基那里，我们得知，使人害怕的革命对象仍是克伦斯基。他不仅以神圣不可侵犯的帝国杜马成员身份游历俄罗斯帝国，还以雄辩的口才参与了帝国杜马的激烈讨论，并始终如一地呼吁帝国杜马与人民合作，以赢得这场战争。帝国杜马主席罗江科告诉我们，克伦斯基比自由党领袖米柳科夫更支持战争，这让自己很吃惊。不过，如果革命缺乏组织，人们会对政府的经济举措产生更多不满，有时还会把不满转化成对帝国杜马的有组织的政治支持。

1915年9月，帝国杜马的休会立即引发了首都彼得格勒所有工厂的政治罢工，这场由工会组织的罢工持续了两天时间。自那以后，俄罗斯帝国各地的罢工此起彼伏。如果我们给出这一时期罢工的次数，就能更好地理解其意义：1914年1月至7月——战前，罢工数量为四千零九十八次；1914年8月至12月罢工数量为六十八次；1915年为一千零三十四次；1916年为一千四百一十次。但我们认为读者会更喜欢弗洛林斯基引自《1917年劳工运动》里的图表。

年份	经济罢工		政治罢工		总和	
	罢工次数	罢工人数	罢工次数	罢工人数	罢工次数	罢工人数
1912	732	175 678	1 300	549 813	2 032	725 491
1913	1 370	384 654	1 034	502 442	2 404	887 096
1914.1—1914.7	1 560	413 972	2 538	1 035 312	4 098	1 449 284
1914.8—1914.12	61	31 907	7	2 845	68	34 752
1915	819	397 259	215	155 835	1 034	553 094
1916	1 167	776 064	243	310 300	1 410	1 086 364

　　"二月革命"后，弗里尔在莫斯科写下了自己的总结，承认直到1915年夏，布尔什维克的工作都是杂乱无序的，其当时的活动仅限于出版宣传小册子和试图重新建立监狱之间的联系。他认为，五个布尔什维克人的被捕并没有激起民愤。弗里尔还指出，1915年年底之前，布尔什维克还未对公众舆论产生积极影响。

　　然而，在同一时期，具体来说是从1915年秋开始，普通民众的失败主义情绪逐渐蔓延开来，人们普遍对战争感到绝望。不过，这种情绪并没有撼动军心。我在前线生活时，夜间行军的引路人常常是农民出身的士兵。我并没有从他们口中听到过任何抱怨。在行军的休息途中，我还与二等兵们度过了一个难忘的夜晚。士兵畅所欲言，谈话间充满了斗志昂扬的士气，各团的士兵还相互较量，比谁的战绩多。这就是前线与后方之间的差别。在后方，抱怨声不绝于耳。

　　俄罗斯帝国舆论的中心仍紧紧围绕着战争与胜利两大话题。在这两种观念的交锋中，失败主义不断发展。俄罗斯帝国上层社会第一次发出了有关失败主义的响亮声音。一开始，人们只是因自己的希望没有如期实现而像往常一样不由自主地感到失望，然而，有一个特别的群体一直在反对战争。我们知道，拉斯普京强烈反对战争。西马诺维奇一直警告拉斯普京，要提防所站立场可能会招来杀身之祸。拉斯普京回答说："我首先会求和，然后会去耶路撒冷。"他还对尼古拉二世说："你没有给过任何人生命。那你为何要夺走他们的生命？"拉斯普京不是德意志间谍，可以不必冒着受贿后被人发现的风险，毕竟位高权重可以让其得到任何想要的东西。在流浪途中，他认识了德意志人，接触到了由叶卡捷琳娜大帝在伏尔加河畔的德意志人聚居区设立的欣欣向荣的产业。西马诺维奇说，拉斯普京甚至向尼古拉二世提议，应当鼓励年轻的德意志女性嫁给俄罗斯农民，这和彼得大帝的大臣布鲁斯将军的建议如出一辙。布鲁斯将军建议彼得大帝将犹太小男孩运往雅罗斯拉夫尔省，将他们培养成基督教教徒，并鼓励他们与当地农民通婚。对所有外交家，拉斯普京都抱有巨大的猜疑，特别是包括乔治·布坎南爵士在内的英国人。从亚历山德拉皇后的数封信中，我们得知，拉斯普京曾警告她，一旦赢得战争，英国就会在和平条款方面置俄罗斯帝国于不利的境地。

俄罗斯人亟需英国和法国提供军需品，因此，有这样的反应不足为怪。由于这两个协约国成员同样非常需要军需品，大家又是在为同一个"事业"战斗，我们有责任追问：在俄罗斯帝国，军需品如何被使用？然而，我们得到的回答令人失望。在摩尔曼斯克铁路竣工前，我们要向俄罗斯帝国出口只能通过阿尔汉格尔斯克和海参崴，而那里数量庞大的物资已堆积如山，没有任何尽早运走的迹象，只能积压在地面。英国海军承诺负责所有盟国的海上航行，自然主张对俄罗斯帝国商舰享有某些控制权。然而，这一建议激起了俄罗斯帝国爱国主义人士的愤慨，连英国人坚定的朋友罗江科也不例外。为了完成盟国军需品供应的工作，基奇纳爵士动身前往俄罗斯，乘坐的"汉普"号巡洋舰被击沉。听闻消息后，1916年6月7日，亚历山德拉皇后写道："多么可怜的基奇纳！这是场真正的噩梦！"但在6月18日，她引用拉斯普京的话对安娜·维鲁波娃说："对我们来说，基奇纳的死是件好事，不然其日后可能会对俄罗斯帝国不利。"

此时，俄罗斯帝国的高层中仍有一个庞大的群体保持着一贯观点，那就是希望与德意志结好。这个观点显然合情合理。除了睦邻的考虑，专制政体的坚定拥趸者正确地预见到，欧洲最强大的德意志君主专制垮台后，俄罗斯帝国的君主专制必然步其后尘。一些前高层官员就持有这种想法，比如被革职的司法大臣谢格洛维托夫和内务大臣尼古拉·马克拉科夫。在此期间，尼古拉·马克拉科夫曾恳求觐见亚历山德拉皇后。对两人的见面，亚历山德拉皇后十分满意，并在1916年3月29日的信中称尼古拉·马克拉科夫有着"真正虔诚的灵魂"。

此时，右派的失败主义要比左派的失败主义更敢于发声，也更具威胁性。当时，人们中间流传着这样一种说法，那就是英国将会奋战到流干俄罗斯人的最后一滴血。在法国、英国和俄罗斯帝国军事作家的笔下，坦能堡战役扭转了战争的局势。因此，我们必须明白，鲍里斯大公对能干的英国军官桑希尔上尉的侮辱是不负责任的。诺克斯记录了这一插曲及其后续发展：

> 1917年6月24日，星期六，彼得格勒
> 情报部门长官桑希尔告诉我，昨晚，他和两个英国军官在沙皇村的禁卫军第一步枪团乱糟糟的兵营仓库吃饭，鲍里斯大公也来了。大概在凌晨1点，他突然语出惊人，说由于我国政府的贪婪，下一场战争肯定会在英国和俄罗斯帝国之间爆发，而我们在达达尼尔海峡的行动只是虚张声势。鲍里斯大公还说俄罗斯帝国曾提出攻下巴格达，但"因为英国想要将其据为己有"，所以英国外交部拒绝了俄罗斯帝国的请求。

在布坎南的全力支持下，诺克斯和桑希尔立即找到鲍里斯，要其收回说过的话，对方照做了。对鲍里斯的言行，尼古拉二世十分愤怒，并对其严词厉色。同样感到愤慨的亚历山德拉皇后写道："这个侮慢的家伙。"对尼古拉二世"给鲍里斯洗了脑"，她表示十分满意。法国驻俄大使帕莱奥洛格的诉求激起了人们更尖锐的评论，军队里更是炸开了锅。俄罗斯帝国与英国、法国的友好关系也受到了严肃批评。

施蒂默尔的最后一计

此时，罗江科做了很多对自己的事业不利的事情。他向尼古拉二世报告的唯一依据是自己是帝国杜马主席。然而，在帝国杜马休会期间，这一依据站不住脚，也被人质疑。罗江科以防卫委员会著名成员的身份干涉所有自己不太懂的飞机供应等各类军事事务。之后，他收到了一封阿列克谢耶夫写来的信，信中对其做法嗤之以鼻。1916年3月8日，罗江科觐见了尼古拉二世。在两人长达一个半小时的会面中，罗江科向对方提出了明确警告，称拉斯普京对罗曼诺夫王朝造成了直接威胁，恳请其将拉斯普京遣走。然而，尼古拉二世并不像从前那般认真聆听他的话。1916年5月25日，在为所有大臣和帝国杜马及帝国议会的部分议员举行的晚宴上，罗江科成了国家真正的发言人。在书中，罗江科回忆道：

> 我之所以接受邀请，是想利用与诸位近距离接触的机会，充分表达我的焦虑和愤慨。晚宴后，趁人们来到休息室喝咖啡的间隙，我向在座的人说了一番话，内容大致如下。
> "请诸君想一想现在的局势。在生死攸关的日子里，全国上下精神昂扬，军队英勇顽强、浴血奋战，但此时的政府显示出赢

弱的领导力，为追求一己私利，目光短浅，除了控制公共组织，再不肯多迈出一步。当不分党派和民族的伟大爱国主义运动席卷全国时，你们，政府的代表们，却什么也看不见，什么也想不到，只会袖手旁观，还不忘紧握权力和特权。

当人民希望努力赢得最后的胜利，并要求政府采取坚决明智的举措时，你们却把时间浪费在发现只存在于你们头脑里的革命上。你们组织拥护君主制度的会议、迫害公共组织、挑起部门之间无休止的争端和阴谋，使行政工作陷入瘫痪，还把国家交付到追求私利的人手中。贿赂、敲诈、抢劫四起，而这一切被束之高阁。那些应该被送上绞刑架的人还受着恩宠，政府行为的动机不是爱国主义，而是权钱交易和既得利益……"

"整个国家，"我说，"已经集结在'一切为了战争'的口号底下，然而政府还在追求着狭隘的官僚路线，与重大事件完全脱轨……"我指出，政府根本无法预见，战争结束后国家将面临重建这一重大问题，也没有采取任何措施，而更先进的盟国的政治家已经在关注自己国家的重建了。"你们要认识到，"我说，"人民既不爱戴你们，也不信任你们。你们试图发现令人胆寒的革命毫无意义，只会造成生灵涂炭，制造不安和不满，这迟早会演变成一场真正的革命。你们终究要为自己的所作所为付出代价……"

罗江科的呼吁不会得到答案。沃尔康斯基回忆，罗江科掷地有声的谴责赢得了观众席中雷鸣般的掌声。对军需品的短缺，阿列克谢耶夫将军越来越感到不安，于是给在总部的尼古拉二世提交了一份备忘录，提议任命一个能协调整个政府行动并团结前线和后方的国防大臣。首相和内务大臣这两个关键的政府职位已经落在施蒂默尔一人手里，但其对自己的义务知之甚少。曾经有人建议成立一个挂靠在施蒂默尔名下的委员会，由五六个大臣组成，除了内阁成员外，其他成员仅限于施蒂默尔在内阁正式会议之外的咨询对象。不肯服从施蒂默尔的阿列克谢耶夫不能容忍这样的事情发生。显然，他倾向于指派一个内阁之外的著名"公职人员"以顺应民意。此人很可能是指罗江科。这样我们也就不难理解，为什么后来有人向罗江科提出了某些提议。在向瑙莫夫道别时，尼古拉二世跟着他走出了房间，并拥抱了他。然后，尼古拉二世把阿列克谢耶夫的备忘录拿给他看，并问"公职人员"是否应该被指派到这样的职位。阿列克谢耶夫虽然有着军人的思维方式，但还不至于使用"独裁者"这样的字眼。然而，在流言满天飞的情况下，阿列克谢耶夫的提议被解读成了"独裁者"的命令，从而激起了众人的愤慨，其中包括罗江科。人们开始讨论起其他人选，例如炮兵总督察长谢尔盖大公。对此，亚历山德拉皇后忿忿不平。在经历了1915年夏天发生的各种事件后，对所有在总部未经过自己做出的决定，她都深表怀疑。即将离任的瑙莫夫也认为，只有施蒂默尔才能恰当地行使首相权力。事实上，为了将首相的任务指派给施蒂默尔，政府还专门起草了一份法令。

然而，本来就已无所适从的施蒂默尔根本无法面对陡然增加的责任，即使是内务大臣的职务他也无法胜任，所以内务部的工作实际上由代表管理。这个部门需要处理大部分拉斯普京提出的无耻要求。施蒂默尔一直假装自己与拉斯普京毫无瓜葛。几乎从施蒂默尔任命开始，拉斯普京就对他越来越不满，还给他起了个不怀好意的外号。两人越来越看彼此不顺眼。在这种情况下，为官并不正派的施蒂默尔精心设计了一个"双重洗牌"计划。

仍在内阁留任的老一辈大臣中，萨佐诺夫是最重要的大臣。自从那封著名的联名信交给尼古拉二世后，他就一直处于危险之中。与其他国家的结盟直接取决于他的斡旋。自从俄属波兰被德军征服后，其收复实际上已经成为一个国际问题，至少对协约国来说是如此。人们知道德意志帝国和奥匈帝国正在酝酿一个向波兰做出明显让步的计划，也就是口头承诺给予波兰独立权。现在，德意志帝国和奥匈帝国所处的立场是，在内部达成共识的前提下，将整个波兰联合起来。对波兰人来说，只有团结一致方能获得独立。协约国手中仅剩的一张王牌是：同盟国很可能不会这样做。布坎南同意萨佐诺夫的看法，坚持认为目前的问题应由俄罗斯帝国自己解决。与波兰人有接触的帕莱奥洛格则没有显示出同等的克制，显得过于主动。自从尼古拉大公在请愿中承诺给予波兰人自治权后，波兰人就一直要求得到明确的答复。连在帝国杜马受到质疑的戈列梅金都确认了承诺内容。因此，在征得尼古拉二世的许可后，萨佐诺夫起草了一份明确的方案。

这份方案公正自由，没有超出自治权的界线。以下是萨佐诺夫在自己再次见到法国大使和英国大使时，私下与他们沟通的内容。

一、波兰王国政府将由皇帝代表或总督、大臣会议（内阁）和上议院、下议院组成。

二、除了军队、外交、海关、有共同利益的财政和有战略利益的铁路属于帝国事务，王国的所有行政均由自己的政府执行。

三、王国与帝国之间的行政争端应交由彼得格勒的参议院解决。为此，将成立一个专门部门，由俄罗斯参议员和波兰参议员平等参与。

四、奥属波兰和普属波兰最终并入后也参照此方案：如果上帝保佑我们的军队取得胜利，所有波兰人将成为皇帝和国王的子民，成为以上法令规定的受益者。

萨佐诺夫带着这份方案去了总部。

他写道：在我谈到波兰问题时，尼古拉二世听得很认真，并表示了赞同。尼古拉二世是一个温厚之人，乐于满足所有自己认为公正的愿望。和从前一样，他的动机是善良的，他的意志却没了从前的影子。

尼古拉二世同意了方案，并下达指令，应将方案提交给内阁。帕莱奥洛格在书中写道，1916年7月13日，萨佐诺夫回来时，自己和布坎南正好在外交部。萨佐诺夫容光焕发，还没来得及脱下外套，就对他们说："我取得了全线胜利。"后来，萨佐诺夫去芬兰休短假，人还没到目的地，亚历山德拉皇后就对他表达了强烈的反对。萨佐诺夫向施蒂默尔报告后，深知亚历山德拉皇后观点的施蒂默尔急忙来到总部，在1916年7月16日受到了尼古拉二世的接见。7月18日，亚历山德拉皇后在沙皇村接见了施蒂默尔，命令其马上给尼古拉二世发一封电报，要尼古拉二世在有关波兰的决定尘埃落定前，先耐心等待。7月20日，在家人和安娜·维鲁波娃的陪同下，亚历山德拉皇后亲自来到总部，促成了罢免萨佐诺夫的决定。她的理由是"宝贝未来的权力受到了挑战"——这里的"宝贝"是指拉斯普京。方案提交给内阁后，只有三个大臣投票赞成。不过，尼古拉二世本来可以坚持己见。还在芬兰的萨佐诺夫惊闻了自己突然被革职的消息。在听到萨佐诺夫不幸被革职的消息后，布坎南和帕莱奥洛格指示在总部的英国代表和法国代表与尼古拉二世见面，恳求其改变决定。虽然他们再三斟酌提出请求的方式，但为人和善的宫廷大臣弗雷德里克斯伯爵还是不得不告诉他们，此事无法商量。

这只是施蒂默尔双重洗牌计划的一部分。此时，亚历山大·赫沃斯托夫还是司法大臣。在前首相戈列梅金被革职和施蒂默尔被任命为新首相前，拉斯普京被派来通知亚历山大·赫沃斯托夫，他被列入新首相考虑对象。然而，亚历山大·赫沃斯托夫只答应在接待请愿者的办公时间见拉斯普京。拉斯普京刚一提到政治，亚历山大·赫沃斯托夫就立即将他的话打断了。他解释说，自己并不是要博得谁的好感，只希望告诉大家，拉斯普京的政治影响力还没有大到可以为所欲为的地步。他想用这样的话来挽救政府的信誉。1916年年初，亚历山大·赫沃斯托夫就适时地成立了上下议院委员会，负责调查针对苏霍姆利诺夫的案子。初步调查结果显示：苏霍姆利诺夫与叛徒米亚索耶多夫有瓜葛。亚历山大·赫沃斯托夫下令把苏霍姆利诺夫关押在要塞。毕竟他在那里的待遇比在一个普通的监狱体制中要好一些。苏霍姆利诺夫从来没有表现出对拉斯普京的喜爱，能做的只有靠自己天生的魅力来影响尼古拉二世的判断。然而，他年轻的妻子并不安分，之前便在社会和公共事务中行事大胆，现在又开始寻求拉斯普京的帮助。拉斯普京对别人说，自己被她深深吸引了。从亚历山德拉皇后的数封信中，我们可以看出，拉斯普京在对亚历山德拉皇后施压，希望其选择苏霍姆利诺夫。诚实的司法大臣亚历山大·赫沃斯托夫心意已决。施蒂默尔敦促他去见亚历山德拉皇后。他照做了，还带上了调查的证据。亚历山德拉皇后十分震惊。尼古拉二世对身体抱恙的亚历山大·赫沃斯托夫说，如果他感到无法胜任，可以向自己报告。对这一情况心知肚明的施蒂默尔向尼古拉二世建议，应该让亚历山大·赫沃斯托夫好好休息了——但只是就司法大臣的职位而言。亚历山大·赫沃斯托夫应该承担更繁重的内务大臣的工作。施蒂默尔正好想要摆下内务大臣的担子，让自己的对手回答拉斯普京的请愿，这将是一次巧妙的打击。1916年7月13日，萨佐诺夫回到彼得格勒。正在总部的亚历山大·赫沃斯托夫向尼古拉二世出示了对苏霍姆利诺夫不利的证据，然而让他大吃一惊的是，尼古拉二世建议他应该好好休息。7月17日，当施蒂默尔告知亚历山大·赫沃斯托夫后续任命的消息时，这个与施蒂默尔说话从不绕弯的直性子问道："你竟敢背着我做出如此肮脏的勾当[①]？"不管怎样，战争期间，不管任命谁走马上任，都必须服从。

[①]　俄语为pakost。——原注

亚历山大·赫沃斯托夫提出请求，由于自己的身体原因，能否不承担这一新的重任，但请求被驳了回来。他不敢违逆君命，最终只得接受了任命。我们或许也会像施蒂默尔的同僚一样厌倦其重重诡计——瑙莫夫就一直在问自己，什么时候才能"逃脱这个地狱一样的地方"，但由此，我们可以追溯一个伟大的国家政体瓦解的过程。

亚历山德拉皇后也施了两记重击：她不再着手解决波兰问题和审判苏霍姆利诺夫。但显然，她和拉斯普京都不清楚施蒂默尔的诡计及目标。事先也没有人警告过他们，施蒂默尔会闪电式地访问总部。施蒂默尔计谋的重点来了：他突然以新任外交大臣的身份出现在大众视野。人们通常认为外交是属于君主的特权。换言之，外交大臣就是将君主的意图变为行动的专家。兼任首相和外交大臣两大光鲜体面职位的施蒂默尔当然会庆幸自己逃脱了拉斯普京的手掌心。拉斯普京来外交部的目的可不是为了满足施蒂默尔的要求。然而，施蒂默尔这个最得意的伎俩很可能是其能使出的最后一招。盛怒的拉斯普京命令施蒂默尔至少每周见一次亚历山德拉皇后。从此以后，亚历山德拉皇后再也没有全力支持过施蒂默尔。

工于算计的施蒂默尔犯了一个很大的错误，因此，我们也能更好地理解为什么人们会疏远他。接到突然通知后，亚历山大·赫沃斯托夫被调到内务部，所以并没有想好谁来接任自己在司法部的职位。很可能由于亚历山大·赫沃斯托夫匆忙之下提出的建议，马卡罗夫得到了任命，成为司法大臣。在内务部任职时，马卡罗夫铸下大错，没有将亚历山德拉皇后写给拉斯普京的信还给她，而是交给了尼古拉二世。亚历山德拉皇后无法原谅他如此大胆冒犯。从1916年7月29日的信中，我们能看出她的警惕不安："我得让我们的朋友提防着他。"

在以上提到的种种阴谋诡计中可以看到，没有一个为国家的民生大计有过丝毫考虑。施蒂默尔的野心全是为了一己私利。在晚宴上，罗江科用如雷的声音向他发出的谴责的确有理有据。正因为我们完全了解亚历山德拉皇后对俄罗斯帝国、德意志帝国和第一次世界大战的真实想法，所以我们不能把她当作一个叛徒式的人物——几乎所有俄罗斯帝国民众都错误地认为她是叛徒。比如说，在这么多人当中，我只听到了一个与众不同的声音——来自乔治·布坎南爵士。他真诚地向我保证，自己可以为亚历山德拉皇后的忠诚担保。

萨佐诺夫走了之后，不会再有人和他一样向帝国杜马做出直白的解释了。现在，英国驻俄大使布坎南和法国驻俄大使帕莱奥洛格需要与施蒂默尔重拾两人曾与萨佐诺夫达成的关系。帕莱奥洛格生动地描述了他们初次见面的场景。

在日记中，帕莱奥洛格写道：施蒂默尔看上去狡诈圆滑、鬼鬼祟祟，不停地眨着眼睛，典型的伪君子模样。我不知道他会不会像某些神秘主义说的那样死时享有"圣人之誉"[①]，但敢肯定他会发出令人无法忍受的"虚伪的气味"。虽然他表面上装得一副"和气友善"和彬彬有礼的样子，但人们还是能感觉到他是一个不可信的阴险小人。

帕莱奥洛格还给我们描述了另一段他们见面时的场景。帕莱奥洛格注意到，在新外交大臣的办公室里挂着三幅从前没有出现过的画。它们分别代表了欧洲国家参加的几大会议：1814年至1815年的维也纳会议、1856年的巴黎和会和1878年的柏林会议。施蒂默尔指着旁边一处空白的地方说："那一块地方是我留给下一次会议的。如果上帝能倾听我的心声，它的名字将会是莫斯科会议。"他闭着眼睛做了一个画十字的手势，似乎在祈祷着什么，嘴里不停地说："在莫斯科是多么好哇！多么好哇！主之上善！主之上善！"

---

① 据说，圣人在死亡或临死时会发出香味。——译者注

显然，帕莱奥洛格和大部分人想的一样，认为施蒂默尔随时可能单独与同盟国媾和。布坎南则持不同观点："施蒂默尔的任职让我开始严肃地审视'内部'局势。"不过，即使布坎南对施蒂默尔的人品的看法与法国驻俄大使帕莱奥洛格的看法如出一辙，也仍然认为俄罗斯帝国的外交政策不会变化。这再次显示出了这位外交家的远见卓识。在1916年8月18日写给英国外交部的信中，他说：

　　　　对这样一个言而无信的人来说，追逐个人野心才是他唯一的想法。因此，我永远不会把秘密托付给他。但正因为他为自己打算，让他不得不继续前任的外交政策。

　　布坎南爵士刚一听说萨佐诺夫被革职的消息，就去询问还在总部的尼古拉二世：鉴于萨佐诺夫对盟国事业做出的宝贵贡献，能否允许自己请英国国王乔治五世授予他爵级大十字勋章G.C.B.——之前的俄军指挥官也被授予了爵级指挥官勋章K.C.B.。尼古拉二世欣然同意，并向萨佐诺夫颁发了勋章。对这一荣誉，布坎南向媒体发了一封短函做出了解释，但短函被审查机关截了下来。不久后，一个署名为布拉采利——这是施蒂默尔的笔名——的人发表了一篇文章，猛烈抨击了英国，质疑其动机不纯，认为其在挑起俄罗斯帝国国内革命，甚至暗示，因为英国国王乔治五世可能是共济会[①]成员，所以很可能也是个革命党——俄罗斯帝国顽固派总是把共济会成员和革命党混为一谈。布坎南很快找到施蒂默尔，要其解释。施蒂默尔说文章的发表是由于审查懈怠。布坎南说："对我在媒体上提到的萨佐诺夫一事，审查怎么没有懈怠呢？"他要求这个叫布拉采利的人到英国使馆

---

① 共济会是源自英国的带有宗教色彩的兄弟会组织，字面意思为"自由石匠"，最早可以追溯到14世纪末的石匠行业协会。——译者注

当面道歉。布坎南和这个叫布拉采利再次见面了。这个卑劣的文章作者向布坎南伸出一只手，但布坎南拒绝与其握手，只是向其宣读了有关此次事件的严正公报。布坎南要求施蒂默尔必须向媒体承认自己便是文章作者。

人们普遍认为，施蒂默尔会尽早单独媾和，这样一来，等于背叛了俄罗斯帝国的盟国。在施蒂默尔被任命为外交大臣后，人们取笑他的德意志名字。帝国杜马不允许使用外国语言，但机智的普里什克维奇请求帝国杜马主席罗江科让自己说三个德语单词。在得到允许后，这个最坚定的保守党脱口而出："奥伯-霍夫迈斯特·施蒂默尔。"有人甚至建议施蒂默尔把名字改为俄罗斯历史上的"帕宁"这样显赫的名字，但帕宁家族的人不会答应。下面这首诙谐的无名诗写的正是施蒂默尔被任命为外交大臣一事：

> 施蒂默尔刚从宫廷里来，
> 便坐上外交大臣的交椅。
> 德意志帝国，德意志帝国，有关它的一切！
> 俄罗斯帝国，俄罗斯帝国，从此与你再会！
> 俄罗斯勇敢的共济会成员的朋友
> 咒骂彼得格勒还嫌不够，
> 且看萨佐诺夫爵士
> 去看芬兰瀑布有多么急切。

> "施蒂默尔，施蒂默尔，让人大吃一惊！"
> 远在海德公园的格雷[1]喃喃自语。
> "说不定他会把自己当成纳晓金[2]，

---

① 指英国人爱德华·格雷。——译者注
② 指阿法纳西·奥尔登-纳晓金。——译者注

我却认为他会成为俾斯麦二世。"

"看上去十足的恶棍模样，
皮毛与狐狸没什么两样——小东西！
像极了我们的朋友威廉[①]
八字胡须翘上了天。"

他边与时髦女郎共进晚餐边说：
"哎，未来真是难料。"
谁在愁眉不展陷入沉思？
那是我们可怜的帕莱奥洛格先生。

"似乎我们的工作并未完成，
新任命的人选——真是荒诞不经。"
布坎南给伦敦写信，
告知大臣的人事变动。

我们应该在浅滩上奔跑吗？
我们是不是听到了友谊的丧钟？
德意志帝国，德意志帝国，有关它的一切！
英国，英国，从此与你再会！

当战争的硝烟终于散去，

---

① 指德皇威廉二世。——译者注

内塞尔罗德、科策比、

比隆、奥斯特曼^①和慕尼黑^②，

似乎他们又投胎转世。

他们在坟墓中阴魂不散，

在这之上丧钟将会响起：

德意志帝国，德意志帝国，有关它的一切！

俄罗斯帝国，俄罗斯帝国，从此与你再会！

　　必须指出的是，诗中做出的评价缺乏事实根据。鲁登道夫写道，自己
与施蒂默尔没有过接触，"也没有任何迹象表明他会做出这样的举动"^③。
德意志政府也是这么告知他的。施蒂默尔当然比别人更清楚亚历山德拉皇
后一直支持战争。正如帕莱奥洛格所说，施蒂默尔没有什么远大理想，只
想让自己以胜利者的姿态光荣地主持一场和平会议。布坎南一如既往地比
俄罗斯帝国民众更高瞻远瞩。他正确地认识到，俄罗斯帝国对战争的政策
将维持不变。

　　新任内务大臣亚历山大·赫沃斯托夫是继谢尔巴托夫以来首个诚实
的内务大臣，并且要称职得多。同僚沃尔康斯基把亚历山大·赫沃斯托夫
上任的这段时间称为"阳光明媚的两个月"。亚历山大·赫沃斯托夫制定
了工作规则，对每个人都平等相待。对这样一位上级，克利莫维奇尊敬有
加。时任司法大臣的克伦斯基曾为五名布尔什维克人向亚历山大·赫沃斯

---

① 这些人分别为卡尔·内塞尔罗德、奥古斯特·冯·科策比、恩斯特·约翰·冯·比隆和安德
　烈·伊万诺维奇·奥斯特曼。——译者注
② 这些都是德意志大臣或宠臣的名字，他们曾在不受欢迎的或保守的俄罗斯帝国君主统治时期
　管理过俄罗斯帝国。——原注
③ 即与德意志帝国达成和平。——译者注

托夫请命。虽然他拒绝了，但仍然将要求提交给尼古拉二世，希望尼古拉二世能给予豁免权。现在，他又以内务大臣的身份为受过两次不公正待遇的科米萨罗夫争取了应得的权利。他认为，科米萨罗夫在工作了这么长时间后被解雇，连退休金都拿不到，实在不应该。然而，亚历山大·赫沃斯托夫心里也一直很清楚，自己在内务部待不了多久了。施蒂默尔总在想办法要他解雇克利莫维奇。亚历山大·赫沃斯托夫认为克利莫维奇是个正派君子，拒绝屈就。在这一问题上，两人纠缠不休了一段时间后，终于有一天，亚历山大·赫沃斯托夫毫不客气地对施蒂默尔说，要想解雇克利莫维奇，先把自己解雇了再说。施蒂默尔之所以对克利莫维奇有怨气，主要是因为克利莫维奇向自己揭露了马努伊洛夫，却一直声称与此人毫无瓜葛。马努伊洛夫又开始了自己最擅长的敲诈勾当。在亚历山大·赫沃斯托夫的允许下，克利莫维奇给马努伊洛夫设了个圈套：钱有动过的痕迹，鱼儿上钩了。马努伊洛夫面临三项坐实的指控，其中一项是收受了免除兵役得来的一千英镑。亚历山大·赫沃斯托夫向施蒂默尔宣布了逮捕马努伊洛夫的消息，并称"这条消息很有意思，一开始可能会让你害怕，但你后面会感到高兴的"。施蒂默尔扑上去掐着亚历山大·赫沃斯托夫的脖子，骂马努伊洛夫是"恶棍和无赖"，但这只是做样子给人看罢了。

亚历山德拉皇后认为马努伊洛夫与拉斯普京的安全息息相关。过了一个星期，在结束了一次拜访后，拉斯普京与安娜·维鲁波娃一道回到了自己在西伯利亚的老家。马努伊洛夫向众人表明，要是审判自己，拉斯普京肯定也脱不了干系。很快，在没有参考亚历山大·赫沃斯托夫意见的情况下，首先是克利莫维奇被革职，接着亚历山大·赫沃斯托夫也被解除了内务大臣的职务。在向施蒂默尔道别时，亚历山大·赫沃斯托夫说："这是我第一次带着真诚的喜悦离开你。"

由于亚历山大·赫沃斯托夫的离开，内务大臣的职位出现了空缺。在耽搁了些许时日后，这个职位人选终于确定，此人是亚历山德拉皇后和拉斯普京最后的人选——普罗托波波夫。他将会带领俄罗斯帝国直接走向革命。他的任命开启了一个崭新的不同篇章。

波利瓦诺夫和萨佐诺夫被革职肯定是亚历山德拉皇后所为。亚历山大·赫沃斯托夫先是被解除了司法部的职位，然后被解除了内务部的职务，这同样是亚历山德拉皇后的授意。在1916年6月17日给亚历山德拉皇后的信中，可怜的尼古拉二世曾经提出过温和的抗议："我不能每两个月就改变心意——这根本是不可想象的。"对俄罗斯帝国政府的垮台，亚历山德拉皇后必须要承担历史责任。整个行政机构渐渐土崩瓦解。

第 12 章

军队的最后荣耀

啊！再会，正直的军人！谁替了你？^①

《哈姆雷特》，第一幕，第一场

在俄罗斯帝国政府危机重重、丑闻频出的时期，前线却保持着令人钦佩的稳固，这是所有亲历者得出的结论。大部分身处前线的当地人的保守看法是，这样稳固的局面一直保持得不错，在有的地方甚至一直保持到"二月革命"后。所有当时的记录都认可这一说法。诺克斯是个最细致客观的观察者，不止一次在书中提到这一点。1916年2月，他高度评价了前线高昂的士气：在"条件恶劣"的环境下，"士兵们一如既往地出色"。后来，他还提到，即使在遭受巨大损失后，士兵们仍然显示出"难得的英勇气概——没有一个人意志消沉"。"第七集团军，"他在1916年11月3日写道，"在夏季战役损失了二十万兵力。军队缺少的每一壳炮弹都是用鲜血偿还的。"几页纸过后，诺克斯终于按捺不住自己的情绪："我不知道什么时候人们才会认识到，真正的战争英雄属于普通的步兵二等兵或陆军少尉。"

---

① 文中采用的是朱生豪的译本。——译者注

对那些深入前线每天与死亡打交道的人来说，他们的心智、思想和言辞都高度统一，在俄罗斯帝国也好，在法国亦然。俄军各师的参谋就站在步枪或机枪一千码的射程范围内——这是一块真正出淤泥而不染的净土。这里似乎不可能产生任何自私刻薄的想法，更没有人知道明天会怎样。除了最优秀的文字作品——如《圣经》、莎士比亚或托马斯·哈代的作品，没有其他多少可读的东西。士兵原本应该在灯火可亲的地方阅读，却不得不每时每刻嗅着危险的气息。重大事件很快传遍军营，而流言等其他小道消息不久便被抛在脑后。每个人知道的笑话似乎都一样，每个人都是钢铁士兵。战友间诞生了最牢固的情谊。士兵只要出了这个地带，会立刻感到一阵放松，还会调侃自己终于走出来了，回望时竟打心底觉得可笑。集团军的参谋身上还带着这样的气息：

> 年轻人日日夜夜自东向西
> 跋涉，大自然的牧师
> 用智慧的神示
> 伴他一路前行。
> 最后他看见人们消逝
> 在寻常日子的光明里。

对参谋部来说，所谓的前线——我们称作军队集团——已经消失殆尽。总部是尔虞我诈、钩心斗角的地方。后方，特别是在彼得格勒，则是一个完全不同的世界。这里道德败坏，与英国生气勃勃的后方根本没有可比性。但奇怪的是，一旦加入在查林十字集合的军队，人们会感觉再次回到了熟悉的场景。随着人们越来越走近英国前线，这种感觉就越来越强烈。当人们真正来到前线，会发现自己生活的前线与离开的地方并没有太多不同。在我回到俄罗斯帝国前线后，一个俄罗斯帝国军官问我，英国人在前线的想法是什么。我只能这样回答："和你刚才表达的想法一样。不同的是，我们的想法和言辞一致。"

在1915年9月的大撤退即将结束时，我们离开了俄军。当时俄军受到严重打击，正如鲁登道夫所言，德军认为俄军从此失去了积极作战的能力。把1915年9月的战役结果看成一场幻想的破灭的同样是鲁登道夫。虽然德军有德意志帝国发达的产业和钢铁意志，但南部靠近加利西亚和北部波罗的海的两大钳形攻势一直未能成功包围俄军。俄军每次都用孤注一掷的勇气和后方部队的猛烈行动化险为夷。两翼显示出了最顽强的前线力量。在远处南方的布鲁西洛夫旁边的就是几乎被全歼的德米特里耶夫率领的第三集团军。德米特里耶夫率领的部队和布鲁西洛夫率领的部队之间被拉开了大段距离。德米特里耶夫很快就从战败中吸引了教训，率领部队进行了更有效的撤退。他指挥手下的三个堑壕阵线，一路顽强作战，步步撤退，严守布格河，并在那里控制住了进攻的德军。他在前线掘壕防守，并立即通过常规训练整顿元气大伤的第三集团军。布鲁西洛夫称军队已经成为民兵部队。只有不超过五六个军官留在原来的团。"一年之内，"他写道，"常规军就不复存在了。"但很快，新的氛围从后方开始出现。和以前的主要不同在于有了民间红十字会，即民间红十字会的参与，前线和后方之间不再隔着幕布，军队日益成为国家的象征。民间红十字会的工作赢得了布鲁西洛夫的赞誉。由于官方军事机构的不作为，后方不得不设在离前线很近的位置。前线深刻感受到了后方人性化的服务。冬天"放假的日子"也为近在咫尺的后方提供了不少享受轻松欢乐的机会。

在布鲁西洛夫生动的描述中，我们看到士兵为了逗在前线的军官高兴，编排了一场化装晚会。他说："我们士兵的本领真是让人惊叹：他们能自己安排、表演出最优秀的艺术作品。在森林前面的大片空地上，到处是这支部队的掩蔽处。士兵有的扮成不同国家的人，有的扮成动物，有的游行，有的跳舞。他们把集市上的生动场景都搬上了舞台，节目可谓精彩纷呈，有舞蹈、比赛、把戏、合唱，或古朴的乡村游戏。人们被逗得哈哈大笑，欢笑声不绝于耳。音乐声和喧闹声被敌军的火炮声打断了。在这里听到的火炮声比在参谋部听到的更清楚。总有一种无忧无虑的欢乐弥漫在士兵和军官中间，就像观看俄罗斯帝国传统节目给他们带来的那种纯粹的欢乐一样。"

在最北部的普勒韦将军和在南部的布鲁西洛夫一样顽强。这个了不起的小个子虽然年事已高、饱经风霜，但意志坚定、英勇顽强，在俄罗斯军事史中占有一席之地。在奥匈帝国军队刚开始进攻俄属波兰时，正是普勒韦将军冲在反击行动的最前面。毫不夸张地说，当俄军两翼渐渐靠近时，他伸出了双臂，用身体阻挡中心部队被奥匈帝国军队插入。1914年秋，当德军在罗兹附近奋力突破时，也是他率军填补了阵线的空隙。如果不是伦嫩坎普夫将军一如往常的管理不严，普勒韦将军本可以将这次勇敢的行动转化为俄军一场漂亮的胜仗。在撤退的最后阶段，他一直在里加附近严防死守，拯救了这座城市，并率领部队沿着海岸线形成突出阵型，为后来的进军埋下了伏笔。德意志骑兵进行了最后的英勇猛扑，想要将俄军与首都彼得格勒之间仅存的最重要的横向铁路切断。铁路保住了。俄军以一场猛烈反攻结束了战役。

我们注意到，此时的德军还没有抵达1812年拿破仑作战的战场。从1915年的战事中，俄军受到的教训太过深刻，所以俄军整条战线都处于防守状态。因为从欧洲进入俄罗斯时战线会扩大，所以俄军整条战线也拉得特别长，基本呈一条直线。战线中间部分是突出的地方，那里有位于平斯克的大片沼地和森林。双方在此都放弃了重要的军事行动，只留下几个前哨基地。从平斯克地区和其向北延伸的地区被埃弗特麾下的新西线覆盖。

阿列克谢耶夫负责指挥一直延伸到波罗的海的北方前线军队的撤退。之后，总部召令阿列克谢耶夫担任听命于尼古拉二世的全军总参谋长。指挥权曾交给鲁兹斯基一段时间，后来因其身体抱恙，由普勒韦将军接任指挥。然而，普勒韦将军的身体在冬天已经完全吃不消了，鲁兹斯基的身体也没有恢复。犹豫再三，1916年2月，北方前线被交给了日俄战争中的最高统帅库罗帕特金负责。然而，他是个已经丧失了积极性的落伍之人。

坚持挖壕建沟和军事训练的俄军很快又显示出了战斗力。1915年秋末，保加利亚加入了同盟国，这让尼古拉二世和俄罗斯帝国民众羞辱难当。奥匈帝国军队和保军合力包抄，驱赶整个塞尔维亚部队。塞军被迫撤退到被巨大山峦隔开的亚得里亚海一带，一路英勇抵抗。1915年12月，在捷列博夫利亚南部的一场攻势中，筋疲力尽的俄军终于出手援助塞军。俄军虽然并未取得决定性胜利，但在这场殊死较量中，仍然收获了几个阶段性战果。由能干的尤登尼奇将军做副手，时任高加索总督的尼古拉大公正率领俄军在高加索与宿敌奥斯曼帝国军队作战。1916年2月，俄军再次击退了奥斯曼帝国军队的进攻，征服埃尔祖鲁姆，取得反攻的全面胜利。在这些军事行动中，由海军上将高尔察克指挥的俄军黑海舰队给予了最慷慨的援助。高尔察克是第一个开水上飞机的海军军官。他行动果断，将"布雷斯劳"号轻型巡洋舰开回了博斯普鲁斯海峡，在黑海海峡布设水雷，将黑海变成了俄罗斯帝国内湖，使物资能安全运送到在远端进军的俄罗斯帝国部队。从此，土耳其人不能再通过黑海向君士坦丁堡运送物资。德意志甚至不得不从上西里西亚①出发才能将煤运到土耳其。

在波利瓦诺夫的有力领导下，在这段时间，俄军的物资供应取得了长足进步。波利瓦诺夫曾抱怨，因为苏霍姆利诺夫管理松散，所以军队的训

---

① 上西里西亚位于西里西亚区域东南部。——译者注

练是为了接受检阅，而不是为作战做准备。现在，军队有了大变样。波利瓦诺夫带来了更系统的新方法，并很快收到了显著成效。他打破了1915年夏末将各年龄段的人随意编入队伍的做法，精心挑选出身材结实、骁勇善战的人。此举赢得了广泛赞誉：尼古拉二世称他们是"真正的禁卫军"；罗江科称赞他们是宝贵的财富；诺克斯同样给予了积极评价。他们的训练大部分在前线战区进行，有时甚至在前线战区的前方位置完成。我还记得在常规团和连队的侦察员兴致勃勃地来到对他们来说最"有意思"、也就是最危险的地方后，不少人——没有一个军官——也开始请求获批到前线去。队伍亟需的是军官，长期以来，军官都是站着指挥作战，却命令手下的人匍匐前进，所以军官被击倒的数量是士兵的两倍。因此，被提拔的军官数量显著增加。他们作战英勇，但大部分的人都不识字，与德军中被提拔军官的作战效率不可同日而语。

波利瓦诺夫在军需品方面的工作同样重要。古奇科夫在全国各地创立的战争产业委员会大力支持了波利瓦诺夫的工作。1916年3月，波利瓦诺夫被革职。当时肯定有人跟他说过，他工作的主要过失在于没有严格控制公共组织。继任者德米特里·舒瓦耶夫却直截了当地告诉尼古拉二世，如果没有国家的支持，军队的工作执行起来就像"在逆流中游泳"。舒瓦耶夫延续了陆军部帮助战争产业委员会的传统，但战争产业委员会在其他地方受到了严厉批评。大型军工厂既讨厌战争产业委员会干涉自己，也不希望看到战争产业委员会受人欢迎——我们不要忘了古奇科夫建立了由劳工代表组成的工人部门——任何小型工厂一旦转型成军工厂，只会成为实力更强的工厂的附属物，如普季洛夫的工厂就是如此。不过，小型军工厂的确代表了全国同心协力，也在很大程度上推动了军需品供应的增加。小型军工厂创造的氛围的重要性不亚于其实际工作。

遍布各地的民间红十字会虽然招来了不少批评的声音，但不可否认的是，民间红十字会的工作同样重要。一开始，民间红十字会的工作仅限于治疗伤员。如果没有民间红十字会的帮助，许多伤员可能性命不保。后来，民间红十字会发现了食物供应站、交通和其他军需方面存在的不足，于是开始着手修补漏洞，一次又一次地缓解了物资供应匮乏的状态。然而，很多人把在这里工作当作不上前线的借口，从而失掉了军队本应对民间红十字会持有的好感。从政府那里，民间红十字会拿到了大量补贴，记账时却十分马虎，似乎没有呈报过任何财务报告，甚至包括日俄战争期间的报告。对民间红十字会的财务管理，亚历山德拉皇后自然提出了质疑，不无道理地将其称为俄罗斯帝国新型政府萌芽的地方。正因为有过民间红十字会主席的经历，格奥尔基·利沃夫亲王才有资格成为1917年"二月革命"后首任首相人选。

以上提到的种种努力，加上协约国为俄罗斯帝国做出的巨大贡献，使俄军装备有了显著提升。最棘手的问题是步枪的供应。步枪的制作方法十分复杂，步枪很多都是从国外进口的成品。但1916年2月20日，诺克斯写道"步枪的问题已得到很大改善"，并在4月27日总结了俄罗斯人是如何解决这一问题的。据他估计，俄罗斯帝国平均每月能生产十万支步枪。诺克斯这样描述1916年5月中旬的形势：

> 所有分队装备充足。机枪的数量增至每团十支至十二支，每团包括四个营。大部分步兵师都有三十六支野战炮，还有大约八百万颗直径三英寸的子弹。大多数分队都有八个四点五英寸口径的榴弹炮。迫击炮和手榴弹数量也十分可观。

丹尼洛夫也提到，到了1916年2月，弹药筒和炮弹的供应足以应对一次大型军事行动。重型炮组供应更充足，军火基本充足。

1915年冬，在尚蒂伊举行的协约国内部军事会议上，协约国制定了1916年的作战方案。鉴于俄罗斯帝国在1915年的损失，会议决定将法国和英国作为索姆河战场的主力。为了转移敌人的注意力，俄军将先于法国和英国，发起另一场行动。然而，先发制人的德军完全打乱了协约国的计划。1916年2月，德军调集大量兵力开始猛攻凡尔登。战斗持续了四个月，双方死伤惨重，造成巨大军力缺口。法国向俄罗斯帝国紧急发出求助，请求尽早支援，俄罗斯帝国像往常一样慷慨回应。考虑再三，尼古拉二世最终把所有作战行动的指挥权交给了阿列克谢耶夫——只有尼古拉二世本人才有权做出此类决定。接过指挥权的阿列克谢耶夫没有考虑到前面的重重困难，是在为荣誉和忠诚而战。在西线指挥作战的埃弗特将军受命朝着维尔纳的方向前进，这里是德军前进路线的关键部分。俄罗斯第二集团军中的一个团交由老谋深算的巴卢耶夫指挥。俄军充足的火炮储备让德军大吃一惊。霍夫曼写道："弹药使用数量之多，我们在东部闻所未闻。""像以前一样，步兵以最大的勇气和决心发起攻击，显示出了视死如归的大无畏精神。"

在泥泞中，俄军以极大的毅力艰难跋涉，走过了德军的前两条战线。1916年3月25日、3月27日、4月3日和4月14日，巴卢耶夫成功发动了袭击。然而，俄军的炮组此时受困在大沼泽的几个岛屿上。俄军只能眼睁睁地看着前进中的步兵被德军杀戮。

> 22日，夜间的气温降到了零下五度（列式温标）。第二天早上，睡觉的地方全被冰冻住了。人们不得不把冰凿碎，才把第五军一个师的三百名士兵救出来。巴卢耶夫前方的沼泽地几乎无法通行……大雾久久不散，导致火炮的视野受阻。

有个无法攻取的险峻山头俯视着山脚的俄军，士兵把下面的山谷称为"死亡阴影之谷"①，军官则把名字改为了"善恶之谷"。尽管如此，德意志总参谋部还是深感不安。鲁登道夫认为俄军的炮火"前所未有地密集"，并且声称1916年3月18日至21日的局势对德意志第十集团军来说十分关键。3月26日，用鲁登道夫的话来说，"在泥淖和鲜血中"跋涉的俄军遭受了十分惨重的损失。这一天标志着进攻进入高潮。此时，俄军总部轻率地取消了巴卢耶夫手里的重炮和几乎所有飞机的使用权。4月28日，由于得到大量火炮增援，德意志第十集团军仅在一天之内就恢复了损失的部分。

鲁登道夫提到，这是第一次把用在德意志西线的方法全盘用在东线。霍夫曼写道："在第十集团军发动袭击之前，德军火炮准备充足，为其后续在东部的进攻树立了榜样。"在本次军事行动中，杰出的军官布鲁赫米勒上校首次使用了火炮。之后，火炮的使用开始常规化，并得到了德军的好评。俄军仍深陷于泥泞之中，壕沟少得可怜，根本无法掩护自己的行动。德军还把重炮搬到了附近。某日，天气晴好。清晨5点，德军壕沟里的野炮向俄军阵线发起猛攻，在距离俄军四百码开外的地方开火，还用上了以前很少在东线使用的毒气。毫无防备的俄军不要说防毒面罩，连铁盔都没有。每轰炸一个小时，德军就会停下来确认战果。在壕沟里，俄军用步枪还击。新一轮交火开始了。在交战五个小时后，俄军前线的每个营只剩下九十到一百人。当最后采取进攻时，德意志步兵并没有采取正面行动，而是用机枪进行侧翼包围。俄军预备步兵手持刺刀冲锋陷阵，但几乎没有火炮支援。尽管如此，俄军阵线后退的距离并没有超出一英里半。在沼泽地区露营的士兵每晚仍然高唱复活节的赞美诗："基督从死里复活，征服一个又一个死亡。"也许，这已经是他们作战的唯一武器。俄军损失惨

---

① 这一说法出自《圣经》。——译者注

重。斯摩棱斯克团曾经由于英勇作战被授予特别勋章，原来的三十五个军官现在只剩下七个。

此次战役结束后，总部瞒着老百姓派出一个委员会来调查失败原因。委员会还不如调查一下，为什么在关键时刻做出了剥夺巴卢耶夫装备的决定。委员会走了之后，在巴卢耶夫的农舍前面的小花园里，参谋给这个可怜的老将军放了一场电影，好让他高兴高兴，但屏幕上的图像上下颠倒。负责播放影片的下士紧张地叫出声来："先生，请允许我在这里暂停一下。"一个不耐烦的声音从黑暗中传来："我命令你继续按原样播放。"

在纳拉奇湖的行动并没有扩展到其他地区。发动更全面的攻势是俄军矢志不渝的决心，特别是法军在凡尔登处于不利地位时更是如此。1916年4月14日，尼古拉二世在总部主持军事统帅会议。阿列克谢耶夫提议，应由埃弗特负责主要攻势，由北部和西南部前线的辅助行动予以支持。主要火炮和预备军应主要满足埃弗特部队的需求。之前，纳拉奇湖的行动就是由埃弗特负责。这次，他比以往表现得更谨慎，并向总部报告：由于德军就在队伍前方，自己认为没有冲破德军前线的希望。有人询问了库罗帕特金的意见。在日俄战争中，库罗帕特金曾表现出超出常人的谨慎。现在，库罗帕特金队伍的前方也有德军部队，他给出了同样谨慎的回答。

此时，俄军还剩下西南前线部队。统帅刚由年事已高、迟疑不决的伊万诺夫换成了布鲁西洛夫。布鲁西洛夫是一个足智多谋的人。在担任骑兵学校校长时，他曾与时任骑兵督察长的尼古拉大公有过深交。他十分崇敬尼古拉大公，认为其是俄军最好的最高统帅。在布鲁西洛夫看来，阿列克谢耶夫行事过于谨慎。在加利西亚战役中，阿列克谢耶夫立下赫赫战功，但其战术总是只守不攻。布鲁西洛夫认为，只有抓住主动权才有可能取得胜利。但在政治等其他事务上，布鲁西洛夫喜欢冒险。他十分讨厌军事学院和参谋军官的垄断，而他自己的行事方式已初具民主化风格。在回忆录中，他对自己没有个人野心的部分着墨过多，但那些真正跟他见过面的人并不这么认为。现在，布鲁西洛夫言之凿凿地提出统领部队。我们不要忘了，他要对抗的是奥匈帝国军队，而俄军将军和士兵都对奥匈帝国军队怀着一种优越感。布鲁西洛夫只要求得到其他两个前线——西部前线和北部前线——的支持。

布鲁西洛夫的提议被接受了。他来打头阵，随后由埃弗特接上。不过，主要火炮和预备军仍然留给了埃弗特。当法军正在拼命防守凡尔登时，法国军事部门的观点显然十分重要。法国军事部门像往常一样，要求直接打击德军。如果选择向维尔纳进军，那么会充满了变数。

整个冬天，布鲁西洛夫都在忙着挖壕建沟。这一工作在有条不紊地进行着。奥匈帝国军队的壕沟非常坚固，还借助工程师和飞机的帮助进行全方位的测量工作。在后来的一次军事行动中，一名奥匈帝国参谋被俘虏。但人们发现，他手上的奥匈帝国军队阵线图不会比布鲁西洛夫的准确多少。苏沃洛夫是在布鲁西洛夫之前的俄罗斯帝国最伟大的将军之一。布鲁西洛夫将苏沃洛夫的做法发扬光大，甚至还在自己率领的阵线后面建造了奥匈帝国军队壕沟模型，训练士兵冲过壕沟。布鲁西洛夫身边最杰出的军官之一戈洛温说，当后来发现自己身处真正的壕沟时，士兵感到"非常适应"。有关部门制订了针对过去六个月刚加入的初级军官的定期训练课。每天都会有参谋不时亲临指导，阵线图下达到了每个部队的指挥官手里。

布鲁西洛夫的战术思想不仅独具匠心，还对战斗结果起到了决定性作用。他十分反对盲目模仿德军的作战方法。由于其战斗机器有着惊人的规范性，德军可以在任何时间迅速无误地集结兵力，战斗结果几乎是意料之中的事情，有时甚至还会提前宣布。不仅如此，德军背后还有强大的铁路网络支持。即使在对手征服的领土上，德军用横向铁路运输的物资同样让对手黯然失色。俄罗斯帝国最发达的铁路集中在俄罗斯西部已被其征服的领土上。和所有人一样，布鲁西洛夫十分清楚，如果俄军在某条阵线上集结兵力、大有动作，那么肯定早就会被德军盯上。但这样一来，布鲁西洛夫就能趁机调集兵力去薄弱的地方。布鲁西洛夫的想法是"摸着石头过河"，最好在同一阵线的不同地点同时挖建壕沟，让德军无法知道哪个点最薄弱。

布鲁西洛夫正是这样做的。在有的地方，壕沟只挖到平常一半的深度。俄军还设计了一个向地面喷射的装置，造成水平方向的伪装效果。这一巧妙的伪装常常成功地误导德军。除此之外，布鲁西洛夫从来不会只紧盯着阵线的某一个部分。在他的指挥下，四个集团军同时展开四场进攻。阵线的北部靠近平斯克沼地的最南端，那里几乎没有展开大型军事行动的可能。从平斯克沼地再往南走就有原来由布鲁西洛夫统率现在由卡列金指挥的第八集团军、萨哈罗夫麾下的第十一集团军、谢尔巴乔夫率领的第七集团军和列奇茨基领导的第九集团军。四位将军都骁勇善战，特别是后两位。在整个战争中，列奇茨基都表现突出。谢尔巴乔夫曾任军事院校负责人。总参谋戈洛温在那里教过书。

保密工作进行得十分到位。从一开始，俄军就处处小心谨慎，训练部队亦是如此。俄军会提前建好兵器广场——军用方舱——供进攻分队使用。在进攻时机到来前，分队一直留在后方待命。进军阵线尽量靠近敌方，以缩短真正进攻的距离。这样做唯一的缺陷是造成预备力量相对缺失，但这并不是布鲁西洛夫的错。

至于军事行动如何开展，则完全交由将军负责。因此，在这一点上，布鲁西洛夫就可以不受限制了。对敌人发起突击是其作战计划中的关键一环。尼古拉二世曾要求他拜见亚历山德拉皇后。行事谨慎的布鲁西洛夫拒绝告知她行动日期。布鲁西洛夫此举可谓十分必要。亚历山德拉皇后在信中曾不止一次地提出，自己需要提前知晓准备展开行动的日期，好让拉斯普京在那个特定时刻为部队祈福。和拉斯普京一样，其主要幕僚对敌人持友好态度。拉斯普京要是又喝醉了酒，保不准会把重要信息泄露出去。

现在，协约国又发起了紧急求助。奥匈帝国军队对意大利展开了一场大型进攻，一开始所向披靡。意军最高统帅卡多尔纳急忙恳请俄罗斯帝国立即展开行动。霍夫曼说，奥匈帝国军队当时在意大利的全面胜利是"几天甚至几个小时内"的事。同样让人不安的是，谨慎的埃弗特可能在准备接续布鲁西洛夫的进攻。德军指挥官认为埃弗特一定会这么做。和总参谋部在电话里谈判时，布鲁西洛夫几乎是据理力争地去维护自己的权利。有一次，布鲁西洛夫准备向当时还是最高统帅的尼古拉二世报告军事行动，却被告知其正在就寝，所以现在无法做出决定。据说，他是这样回答的："最高统帅在不在睡觉与我无关。"军事行动的日期不得不改了一次又一次。最后，阿列克谢耶夫终于松口说："好吧，就按你的来。"

奥匈帝国军队阵线实力最强大的部分集中在中部，包括距离奥匈帝国军队阵线中部只有约一百英里远、向利沃夫前进的部分。显然，在这一部分发起袭击是意料之内的，所以不存在所谓突击的说法。在四个不同的点，布鲁西洛夫的部队发起了攻击。主要的打击力量由四支部队组成，其中，卡列金率领的第八集团军在北翼尽量靠近埃弗特的部队，很可能是为主要袭击打头阵。在阵线的南端，列奇基率领的第九集团军准备用两个团的力量在第聂伯河附近突破。位于中部的萨哈罗夫麾下的第十一集团军和谢尔巴乔夫指挥的第七集团军更靠近奥匈帝国军队阵线最强大的部分，分别以一个半团和一个团的力量进行打击。1916年6月4日清晨，布鲁西洛夫的前线陆续开火。火炮预备时间从第七集团军的四十八小时到第十一集团军的六小时不等。战果的显赫超出了所有人的想象。俄罗斯步兵开始进行打击，将奥匈帝国军队阵线各个击破，横扫之势使对方溃不成军。6月9日，第八集团军到达斯特里河，攻取了卢茨克，将奥匈帝国军队的阵线破开一个超过二十五英里长的缺口，并将其宽度从原来的十五英里增加到了五十英里。紧挨着其南部的第十一集团军未能形成突破。不过，只有七个步兵师的第七集团军在同一时期打开了一个宽二十五英里的缺口。列奇茨基率领的第九集团军对战奥匈帝国军队右翼，先是向南部发起袭击，以将其包围，然后将阵线向北朝谢尔巴乔夫的部队方向挺进，突破长度达二十英里。

仅四天时间，布鲁西洛夫就俘虏了不下十二万五千名战俘。数量之巨，已不能单纯从军事战术的角度来解释。当时在协约国，几乎没有人认识到，奥匈帝国君主弗朗茨·约瑟夫一世的子民中，约有六成的人不支持其执政。塞尔维亚人自然希望协约国获得胜利。我们已经说过，早在战争开始之前，大多数波兰人就笃定地认为，只有协约国胜利，国家的复兴才有希望。同样持这一观点的还有与俄属乌克兰人同属一个民族的鲁塞尼亚人。对胜利的呼声最高的是捷克人和斯洛伐克人。在他们国内，早就出现了以帕拉兹基和马萨里克等学者引领的一场有关最高价值的道德运动。这场道德运动得到了一个叫索科尔的全国体操协会的支持。早在1914年，在俄罗斯帝国的捷克斯洛伐克居民就自发组成了特殊部队。之后，奥匈帝国军队出身的捷克斯洛伐克同胞又使队伍发展壮大。捷克斯洛伐克人就这样不断加入俄军队伍，有时零零散散，有时则一次性以四个营为单位加入。有一个团在加入时军乐奏响、彩旗飘扬。在俄罗斯帝国前线，常常可以听到有人问捷克斯洛伐克人"你是在哪里改变的立场？"而不是"你是在哪里投降的？"捷克斯洛伐克人并不认为自己一旦被俘，就不用再上战场。相反，他们几乎无一例外地加入了俄军。因此，布鲁西洛夫一发起袭击，奥匈帝国军队阵线很快溃散，队伍自发投靠俄军。即使不把这一因素考虑在内，这仍是一场了不起的进攻。在1915年的胜利进攻中，敌军使用钢枪铁炮，在俄军阵线中破开一个又一个大洞。俄军只有损失人力才能与之抗衡。布鲁西洛夫的军需长杜霍宁将军负责发布进攻命令。他说，每一次下达命令都"心如刀绞"，因为自己深知这意味着士兵将付出什么样的代价。在残酷的战斗中，布鲁西洛夫用士兵的巨大损失换来了德军在1915年用钢枪铁炮打出的战果。

奥匈帝国军队阵线溃散了，战斗取得了初步胜利，但一个关键问题随之而来：接下来部队应当向哪个方向进军，才能保证这来之不易的胜利？之前取得的都是战术上的胜利，但现在，为了给敌人造成沉重打击，战略上的考虑成了首要问题。卡列金明白，在打败了奥匈帝国第四集团军后，自己的队伍需要直接朝西部的弗拉基米尔-沃伦斯基方向推进，才能获得全面胜利。假使不用考虑其他因素，布鲁西洛夫也许会同意朝这个方向进军。但他明白，自己所有的行动是为接下来由埃弗特指挥的主要进攻做准备的。然而，从总部传来的消息是，埃弗特还没有做好准备。如果布鲁西洛夫走的是西北方向——要是他的行动仅仅是整体行动的一部分，那这么做是正确的——部队就能到达科韦利十分重要的铁路节点，从而在埃弗特对德作战最困难的部分助其一臂之力，同时还能阻止德军部队转向惊惶失措的奥匈帝国部队。总部并未给出明确方向，没有人通知布鲁西洛夫可以自行其是。然而，阿列克谢耶夫建议他朝西南方向进发，这比卡列金建议的方向还要往南一些。1916年6月，派遣至西南前线的六个步兵师全交由卡列金统率。但由于作战计划混乱不堪，他朝着科韦利和弗拉基米尔-沃伦斯基两个方向同时前进，这显然拖缓了其行军进度。

我们不要忘了，一直以来，俄军内部都存在两种观点。一种观点是，那些在西南阵线节节胜利的人希望能结束与奥匈帝国军队的作战，迫使奥匈帝国与其单独媾和，至此取得全面胜利。德军最后被打败，确实主要因为盟友的变节。另一种观点是，如果不直接打败德军，就不可能取得实质的胜利——法军参谋部和驻彼得格勒的法国驻俄大使帕莱奥洛格一直强调这一点。如果当初对被打败的奥匈帝国军队紧追不舍，那么几乎可以肯定的是，布鲁西洛夫最终会将奥匈帝国军队击垮。事实上，他发出了最后一击，让德军在埃弗特的北边脱不开身，才给了埃弗特获胜的机会。

虽然在两种观点上争执不下，但布鲁西洛夫仍然决定继续前进。接下来，萨哈罗夫率领第十一集团军一直进发到布洛迪，取得了下一场重要胜利。在其南边的第七集团军和第九集团军将战果扩展到了其他地方，其中第九集团军更是攻下了奥匈帝国的布科维纳首府切尔诺夫策。到了1916年7月初，战果得以进一步扩展。布鲁西洛夫前线北边的第八集团军和第十一集团军将缺口拓宽至近一百英里，最大长度可达四十英里。南部的缺口约为八十五英里宽、二十五英里长。至此，原来的奥匈帝国军队阵线只剩下四十英里。

在鲁登道夫的描述中，俄军取得了"对奥匈部队的惊人胜利"。德军参谋部对此大为惊恐，在卢兹克和科韦利之间，集结一切部队力量。第一批德军增援到达时，遭遇了撤退中的奥匈帝国军队。德军部队在科罗科夫掩护奥匈帝国军队撤退。1916年7月初，德军取得了一些小规模胜利，不过，增援部队并不是一次性调齐的。霍夫曼写道："我们抽调了战事不那么频繁的前线力量，把所有预备军零零碎碎地拼凑到一起，好不容易才组成了几支部队。"德军在不遗余力地遏制溃败的可能性，而规模骤减的前线要抵抗俄军一次次更猛烈的进攻，难度可想而知。最终，埃弗特率领部队到达了纳拉奇湖畔和巴拉诺维奇。这里的战斗同样激烈，但战斗并没有持续太长时间。1916年7月8日，俄军停下在科韦利的进军。鲁登道夫把这些时刻称为"令人焦虑不安的日子"和"战争最严峻的危机之一"。即使到了1916年7月底，他仍然认为德军前景"令人心情沉重"。同盟国的各参谋部一致同意，兴登堡将指挥部队向南一直延伸到布洛迪。7月初，俄罗斯第八集团军成功击退了德军一次猛烈的反攻。

至此，除去伤亡人数，德军部队与奥匈帝国部队被俘人数已高达二十二万五千人；俄军伤亡人数也已达三十万人。意大利得救了。此时，暂停攻势的奥匈帝国军队正匆忙调集部队与布鲁西洛夫的前线对峙。德军在凡尔登的压力有所缓解，大型军事行动开始逐渐减小规模。此时，德军将多达二十五个师的预备力量从西部调集到了东部前线，同时派遣了与埃弗特对峙的大规模增援部队阻止布鲁西洛夫的攻势。埃弗特再次向前进发，指挥四个军的力量攻打巴拉诺维奇以北的据点，但这一次，其进攻的火力已不似从前猛烈。丹尼洛夫指挥的俄罗斯第二十五军成功地切入了巴

埃弗特。

摄者信息不详

拉诺维奇以北的奥匈帝国军队与德军交汇点，但其没有得到旁边部队的支援，行动也被取消。1916年7月1日，法军和英军对索姆河的进攻终于姗姗来迟。进攻整整持续了五个月，但因法军和英军被著名的兴登堡防线^①阻截，只取得约二十五英里的战果。德军一共向东线输送了多达三十五个师的力量。

1916年7月9日，在阿列克谢耶夫授意下，先锋部队交由布鲁西洛夫负责。俄军主要增援力量被调集到西南部，其中包括一支由禁卫军组成的新晋部队，编号为十三号。人们认为这是个不吉利的数字，所以部队被命名为特别集团军。拖延许久，特别集团军才到达前线作战。人们也许会想，由于现在布鲁西洛夫负责指挥，行动计划不必再为埃弗特的部队考虑，布鲁西洛夫的部队应该会直接扑向溃败的奥匈帝国军队，也就是说，选择向利沃夫进军。但他执意率领部队整齐地向科韦利进发，这样一来，德军很难从南部调集力量支援。接下来，部队兵分两路，同时向科韦利和利沃夫方向进发。此时，他还被授命临时指挥深陷于平斯克沼地的埃弗特的南方部队，即第三集团军。除了在科韦利指挥部队，布鲁西洛夫还同时率领了禁卫军特别集团军和卡列金的第八集团军。平斯克沼地的地形最不利，特别是斯托希德河地区的沼泽和林地，加之久久不散的恶劣天气，使布鲁西洛夫成功的机会越来越渺茫。禁卫军指挥官别佐布拉佐夫曾因自己的固执己见而招致批评。他的一个军交给了疾病缠身又没有任何作战能力的保罗大公。1916年7月28日，在斯托希德河，别佐布拉佐夫率领俄军和德军展开激烈交火。俄军损失惨重。别佐布拉佐夫几乎没有考虑到东面列什的第三集团军。禁卫军被迫穿过一大片令人绝望的沼泽；德军的飞机就在上空

---

① 兴登堡防线是第一次世界大战期间德意志帝国于1916年至1917年冬修建的大型防御工事系统。防线从阿拉斯一直延伸到拉福。德军曾凭着这条防线抵御过几次协约国的攻势。——译者注

盘旋。禁卫军中的很多人还没到达前线作战，就永远地沉没在这里。凭着顽强的毅力，禁卫军终于完成了使命，却接到了要其放弃战果的命令。此时，罗江科正看望在禁卫军当兵的儿子，他向我们描述了波利瓦诺夫手下的优秀新兵损失的惨状。能干的古尔科接替了别佐布拉佐夫。他拒绝让手下的士兵这样赴死。

与此同时，三支南方俄罗斯集团军继续胜利挺进。这一次，在战略计划的指导下，三支南方俄罗斯集团军共同行动，同时向利沃夫进发。位于中心位置的四十英里长的奥匈帝国军队前线阵型被从布洛迪出发的萨哈罗夫部队、在科罗佩齐的谢尔巴乔夫部队和更南的列奇茨基部队打乱。到了1916年8月初，原先约二百六十英里长的奥匈帝国军队阵线全部被攻取。一开始，布鲁西洛夫面对四十万大军。现在，不算敌军的伤亡人数，他一共俘虏了三十七万五千人，但为此付出了五十五万俄军士兵阵亡的代价。后来，兴登堡对俄军的勇气给予了高度评价：

在这场世界大战的相关统计中，记载了俄军损失的那页纸被撕掉了。没有人知道确切的数字。五百万还是八百万？我们从无知晓。我们只知道，有几场与俄军的战役中，我们不得不将成堆的尸体从我们的壕沟前运走，才能清出一块空地来对抗俄军新一轮的开火。人们也许会想象出有关俄军损失的不同数字，但真正的数字将永远湮没在历史的尘埃中。

俄军的伤亡成了人们最大的关切。同丈夫尼古拉二世一样热爱俄军的亚历山德拉皇后一直写信给丈夫，要丈夫敦促布鲁西洛夫不要再进攻了，并常常提到"我们的朋友"的请愿。西马诺维奇说，拉斯普京曾力劝尼古拉二世，要不惜一切代价结束战争。拉斯普京预言道："这些士兵会像野兽一般进行反扑。""我们的朋友，"亚历山德拉皇后在1916年8月21日写道，"希望我们的部队不要翻越喀尔巴阡山脉。"10月8日，她又写道："请再一次下令，让布鲁西洛夫停止这场无谓的屠杀吧。"

俄军放弃了在科韦利进军的计划。布鲁西洛夫继续朝利沃夫方向进发。戈洛温曾撰文对布鲁西洛夫攻势的结果做了令人叹服的总结。在这里，我们引述一二。

> 当加利西亚战役打响的时候，三十九个俄军步兵师对抗的是奥匈帝国军队的三十七个分队和德军的一个师。1916年8月12日，在加利西亚战役的第三阶段即将开始时，我们有——加上我们在西南前线的六个集团军——六十一个步兵师，对抗敌军七十二个步兵师。现在，我们连一个步兵师都没有，但德军还有二十四个步兵师。

布鲁西洛夫攻势不再像以前那样奏效。在1916年8月17日发生的一次政治事件更使布鲁西洛夫的进攻失去了意义。在那一天，罗马尼亚政府终于与协约国签订了军事同盟。在整个战争期间，它一直在谈条件。一开始，罗马尼亚是与三国同盟建立了友好关系，但精明的罗马尼亚首相布勒蒂亚努想要在国内的两大政党之间左右逢源。萨佐诺夫曾认为——局势的发展证明了其想法——罗马尼亚作为中立国要比作为盟国更有利于协约国的事业。但施蒂默尔接手萨佐诺夫外交大臣的职位后，给予了罗马尼亚人一个时间期限。虽然时间比以前有所拖延，但罗马尼亚人还是被推到了风口浪尖。毋庸置疑的是，协约国之间的外交出现了一个致命错误，这正是阿列克谢耶夫一直极力反对的。在罗马尼亚加入协约国之前，俄军南部的侧翼力量得到了罗马尼亚中立地位的保护，也使德军不能从正规渠道寻求盟国保加利亚和奥斯曼帝国的帮助。布鲁西洛夫的成功攻势把罗马尼亚拉进了协约国一方参战，但这并没有带来什么好处。

布鲁西洛夫的立场现在已经完全变了。罗马尼亚军队不得不攻打南面的保加利亚军队，如有必要，罗马尼亚军队还将与盟国部队在萨罗尼加联手。然而，根据1913年签订的不公平的《布加勒斯特条约》，罗马尼亚已经获得了保加利亚在多布罗加的领土。为了进一步得到特兰西瓦尼亚，罗马尼亚决心入侵。罗马尼亚和波兰的情况一样，在第一次世界大战期间，敌我双方的两条阵线中都有不少罗马尼亚人——所属奥匈帝国的特兰西瓦尼亚和所属俄罗斯帝国的比萨拉比亚大部分地区——因此，只有入侵特兰西瓦尼亚才符合民族精神。这完全改变了原来的军事目标，结束了布鲁西洛夫攻势。局势的变化使俄罗斯帝国处于前所未有的困境中。

1916年8月27日，在没有宣战的情况下，罗马尼亚开始攻打同盟国并派部队进驻特兰西瓦尼亚。兴登堡说，此时，德意志帝国和奥匈帝国部队已筋疲力尽。在与罗马尼亚政府的沟通上，德意志帝国已经花费了太长时间，目的是在布加勒斯特问题上达成令双方满意的条约。9月6日，罗马尼亚军队轻易攻入了特兰西瓦尼亚首府锡比乌。此时，索姆河西岸又开始了新一轮攻势：8月29日，萨拉伊指挥的协约国部队在萨罗尼加发起进攻，后被敌军击退。德军正在重新调集部队。法尔肯海恩向特兰西瓦尼亚的罗马尼亚人发起进攻时，马肯森正率领部队经过保加利亚，入侵罗马尼亚在9月15日弃守的多布罗加。一开始，罗马尼亚对要不要接受俄军的帮助表现得十分谨慎，所以俄军仅派了一个军增援。但现在，罗马尼亚开始寻求更多帮助。9月16日，俄军暂时阻截了马肯森的进攻。与此同时，萨拉伊率领重整后面貌焕然一新的塞尔维亚部队收复了萨罗尼加附近的失地。当兴登堡看到在科孚岛重新训练后的塞军再次在战场上英勇杀敌时，表现得十分惊讶。9月19日，驻扎在特兰西瓦尼亚的德意志第九集团军越过彼得罗沙尼旁的喀尔巴阡山脉。德军两翼正朝罗马尼亚中心地带汇合。俄军虽然克服重重困难，进一步逼近了利沃夫，但在平斯克沼地和瓦特拉多尔内的行动仍举步维艰。10月3日，马肯森直追罗马尼亚部队至多瑙河。在喀琅施塔得，特兰西瓦尼亚的罗马尼亚部队遭到重击，被迫全面撤退。古尔科朝弗拉基米尔-沃伦斯基方向发起进攻，虽然成功夺取敌军两条阵线，但最终被击退。马肯森直插罗马尼亚中心：10月23日，罗马尼亚港口康斯坦察失守。虽然塞军再次从南部进入了自己的国家，但德军方面仍然接连取得胜利。在捷报频传的声音中，11月21日，耄耋之年的奥匈帝国君主弗朗茨·约瑟夫一世驾崩。11月23日，马肯森率兵横渡多瑙河。德军和保军很快包围了布加勒斯特。12月3日，罗马尼亚部队弃城撤退。12月24日，部队一直撤退到锡雷特河一带。德军和奥匈帝国军队一路紧追不舍。到了1917年1月6日，俄军在多瑙河的前线遭受沉重压力。1月10日，在里加河的另一条战线，俄军停止进攻。

列奇茨基的第九集团军和卡列金的第八集团军都在保卫罗马尼亚。很快，四分之一的俄军力量就加入了进来。问题来了：究竟由谁来指挥部队？指挥权众口难调，最后只得勉强由罗马尼亚人负责中心位置的防御，布鲁西洛夫负责两翼力量。俄军前线本来就已经很长，现在更是进一步延伸，本应施以援手的罗马尼亚反倒成了陷阱。罗马尼亚似乎完全没有吸取以前作战的教训，特别是供应方面的教训，就贸然发动了战争。罗马尼亚的所有主要配备都少得可怜，军需品只能寄希望于用火车穿过整个俄罗斯帝国运送过来，而铁路状态本来就已十分堪忧。

在这之前，就算后方出现了物资匮乏，前线的军需品供应还能基本得到保证，而现在，物资全面告急。北方的食物生产本来就一直供不应求，现在人们要靠配给才能领到口粮，肉类更是稀缺，每周只能领一次到两次。在布科维纳阵线，有一个俄军将军不忍见到手下的士兵受苦，便在当地见到吃的就抢。我们不难想象，要给罗马尼亚部队提供大量军需品有多么困难。协约国从西部运送的物资真正能到达偏远前线的少之又少。出于对另一个"拉丁"民族的同情，法国派出雷厉风行的贝特洛将军，成功重整了溃不成军的罗马尼亚军队。罗马尼亚军队现在只占领了雅西地区北部的部分土地。

有关俄军作战条件的一手资料有助于我们了解后续的发展。俄军与德军在克尔利-巴巴交战时，我在现场。显然，德军很吃惊，阵线大乱。在山间浓雾中，俄军的一个团迷失了方向，仅在一两个小时之内就损失了四分之三的兵力。俄军的其他团也损失大半。所有前线的救护车队都被摧毁了，只能调来民间红十字会的小分队参与救护。在寒冷的冬天，伤员就躺在刺骨的雪地和泥淖里，连褥草都没有，只能挤在同一个临时搭建的小篷子里。由于急救点太远，交通又几近瘫痪，很多人就算到了急救点，也已经感染了坏疽。据估计，恢复到健康状态和作战状态的俄军人数比德军少了四成。我们不要忘了，此时的俄军已经换了三次新鲜血液。对逐个分队调查的结果是，一个原来有二百五十人的部队现在只剩下五六个人。通常来讲，一个分队出现大量伤亡人员后，要将原来一半的人员换成新鲜血液才能恢复到原来的作战状态。当被问到一个分队有多少次恢复到了原来的作战状态时，人们的回答是八次到十次不等。以下是这些部队在"二月革命"前夕的状态。

有好几次，我带着几个英国同伴一同前往前线。有一天，英俄医院的院长弗拉维尔医生和我来到了一个陡峭的山坡。山坡坡度太大，夜间绝不可能往山下走。从山坡后可以看到德军机枪扫射的位置。士兵要在到处是石头的山顶上挖出壕沟。风在耳边夹杂着雪花呼呼地吹着，即使这一天没有下雪，要防止浅浅的壕沟被堵塞，也要辛苦工作一整天。回去后，我问弗拉维尔医生对此行有何印象。他对比了一下自己在孚日山脉战场工作的情形，从三方面进行了总结：第一，军官与士兵待遇平等，同样得不到足够的物资——这一点我感同身受；第二，在这样的情况下，人不可能活过两周——这正是每个军留在前线的时间，之后，士兵会在预备团待一个星期；第三，如果受伤的部位在头部或腹部，那就只能等死，因为在这样的环境下，重伤员几乎不可能撑到被送到后方。我们的阵线十分单薄，基本上是每五码一个人的比例，有时后面还没有其他阵线。这条又长又细的阵线向远处延伸。很多部队的指挥是一些刚入伍的没有受过训练的年轻军官。

不仅是罗马尼亚前线的情况十分糟糕，现担任北方前线参谋长的丹尼洛夫持同样的看法："在作战区几乎无法正常生活。"部队储存的食物只够士兵吃一两天。后方管理不力，使交通也几近瘫痪。包括拉斯普京在内的所有人都认为，目前最严峻的问题是食物匮乏，特别是在北方。

首都彼得格勒和后方的新兵训练站挤满了年轻的新兵，由于缺乏必要装备，新兵训练严重不足。百无聊赖之下，新兵很容易成为失败主义的目标，甚至受到革命思想的煽动。丹尼洛夫写道："这群闲得无事的暴徒，既没有步枪，也没有听令的人，令煽动和秘密宣传大有可乘之机。"他很有洞见地认为，这种宣传是从后方开始。由于北方前线离彼得格勒更近，彼得格勒对北方前线的影响远比对更远的南方前线深刻。

人们普遍认为，南方前线的士气令人钦佩。人们同时不得不承认，军官的士气比士兵更可嘉。军队已不是战争刚开始时运行有序的战争机器，而是成了某种意义上的大家庭。士兵共同生活在危险之中，鼓励同伴要积极勇敢，这对战争的胜利起到了很大作用。官兵之间自由合作的精神很可能有朝一日成为真正的财富。民间红十字会与前线之间的紧密合作也带来了正面影响。相比之下，从德军俘虏的举止不难看出，德军士气低落，这对俄军来说是莫大的鼓励。对此，德意志不少军事作家加以证实。德军和俄军的交流方式透着一股幽默感。德军曾贴出一则告示："我们的威廉[①]去找面包吃了。"在一天的时间内，德军的分遣队两次趁着战争间隔去找吃的，又被赶了回来。在"二月革命"后，德军又贴了一则告示："英国人把你们的沙皇从彼得格勒赶了出来。"俄军回敬了一条："你们的情况要糟得多。"即使在阵线的偏远部分，俄军的军需品也与奥匈帝国军队的基本持平，并且没有落后德军太多。在对新年局势做总结性预测时，兴登堡曾断言，即使奥匈帝国军队垮掉，俄军也不会分崩离析。"我们预测，"他写道，"1916年年底至1917年年初的冬天，俄军必定会像前一年那样，补偿损失的兵力，恢复军队的进攻能力。"他称自己已经"不再相信"俄罗斯帝国即将爆发革命。鲁登道夫观察道："俄军的新阵型十分强大……重整后的俄军作战实力大大增强。"特别要指出的是，每个师有了十二个营，每个炮兵连有了六门炮。他断言："协约国不可能崩溃。"1916年12月12日，德意志帝国宰相贝特曼-霍尔韦格明确告诉德军指挥部："不可能与俄罗斯帝国单独缔结和平条约。"鲁登道夫还提到了食物短缺对德军士气造成的影响。

1916年7月，为回应俄罗斯帝国的宣传，德意志帝国总部专门设立了一个军事宣传部门。然而，连鲁登道夫自己都不满意，抱怨在俄军前线的直接宣传收效甚微。我也是见证人之一：我常被邀请去参加德意志犯人的听审。通常来说，某个德意志犯人会站出来做一篇显然是事先准备好的演讲，力陈德意志帝国一定会取得胜利的原因。比如，因为没有把大量资金

[①] 指德皇威廉二世。——译者注

用在购买国外的军需品上，所以德意志帝国的财政状况要比对手好得多，如此云云。不过，在德意志帝国军官和士兵那里，这种宣传往往惊不起半点波澜。1916年11月，在尚蒂伊举行的协约国内部会议上，各国参谋共同决定，在东线和西线同时发起进攻，并谋划部署来年初春俄军的进攻。消息传来，俄军前线以前所未有的信心期待战争胜利的到来。尼古拉二世派堂叔格奥尔基大公去南方嘉奖官兵。米哈伊尔大公的孩子个个聪敏过人，格奥尔基大公又是其中头脑最冷静的那个。在之后给尼古拉二世的信中，他直言不讳地提到了后方的道德败坏，并特别提到了在施蒂默尔政府的管理下，军队怨声载道，大规模混乱也接踵而来。不过，在走访了八十四个师后，他对见到的部队产生了"非常好的印象"，称部队状态"极佳"，"很难说哪一个是最好的"。1917年1月27日，他写道："我相信胜利的时刻离我们已经很近了。"这代表了人们普遍的想法。即使在"二月革命"真正到来的前夕，见多识广的法国将军卡斯泰尔诺仍然会用这样的文字报告自己在前线的所见所闻："看上去士气高涨。"

　　这不禁让人们想起一个可悲的预言。1916年12月9日的圣乔治节[①]，斯奈扎将军曾在喀尔巴阡山脉对士兵说："我有一种感觉，在一切结束后，我们不会因经历过的困苦和匮乏而受人感激。这些只会成为我们的绊脚石。"

---

① 圣乔治节，又译圣乔治日，是基督教的节日，是为了纪念因试图阻止罗马皇帝迫害基督教教徒而殉道的骑士圣乔治。圣乔治节通常定为每年的4月23日。俄罗斯东正教的圣乔治节在每年的12月9日。——译者注

第13章

最后的危机

如果我不去剪除这一个戕害天性的蟊贼，让他继续为非作恶，岂不是该受天谴吗？[1]

《哈姆雷特》，第五幕，第二场

普罗托波波夫

我们见证着两个重要的进程：帝国杜马的所有成员正在逐渐转变，开始为全体利益服务；尼古拉二世和妻子亚历山德拉皇后正与他们最后的朋友们渐行渐远。右派人士身上常常会发生令人惊讶的故事。如果不是有缺陷的选举制度给了右派人士可乘之机，这些人原本根本没有当选的机会。右派人士是议院举足轻重的群体。有些人定期收受警察局的补贴，有些人转到了斯托雷平领导的由民族主义人士组成的新党派或保守党。他们都是十分爱国、强调独立的人士，舒勒金便是其中一个。他思维敏捷、诙谐幽默，在议院的历练中学会了取精用弘。比其更右派的是两个主要的保守派

---

[1] 文中采用的是朱生豪的译本。——译者注

领袖马尔科夫和普里什克维奇。两人都曾拿过政府补贴，其中马尔科夫现在仍然在拿补贴。机智聪颖的普里什克维奇天不怕地不怕，摆脱了所有政府甚至党派关系，实现了个人的解放。他以极大的爱国热情投身到战争中，并根据士兵的需求对其进行了高效编制。在前线与普里什克维奇交谈后，1916年6月14日，尼古拉二世对其有这样的评价："精力旺盛，组织能力很强。"从这一时期普里什克维奇对政府的漂亮抨击中，全国人民与政府的疏远可见一斑。

创造了"部门跃进"的说法来形容内阁频仍更换的正是普里什克维奇。普罗托波波夫被提名为内务大臣的消息让很多人始料不及，于是，普里什克维奇提笔作诗一首：

兴风作浪者[①]

祝贺受人尊敬的普罗托波波夫走马上任

"兴风作浪者"时代还在继续，
发展节奏之快令人瞠目结舌。
暂且不论我们还缺少什么，
大臣的供应最充足。

我们的政体秩序无懈可击，
它的基础稳如磐石。
大臣职位漫天飞舞，
谁想要谁就能得到。

---

① 标题的名字使用了双关，与"施蒂默尔"拼写相似。——译者注

你瞧，他们刚刚在鞠躬献礼，
什么方案也不要——这有什么关系。
有的说个不停，就像博布林斯基，
有的则一言不发把嘴紧闭。

赴宴的人们嗅到扑鼻香气，
哎呀，他们永远吃不到美味佳肴。
于是他们一边用难听的话咒骂，
一边拂袖而去，开始覆辙重蹈。

在每天灰蒙蒙的日子里，
乘车来到丰坦卡河①河畔。
你再次听到大臣说：
"喏，拿好这些东西躲起来。"

军装上的褶皱闪闪发亮，
星星和十字架缀满前胸。
矜持的官员推搡着涌了进来，
对转瞬即逝的偶像高呼万岁。

但受到礼遇的他们开始肆无忌惮，
开始抓耳挠腮、窃窃私语：
"我觉得他时运不久矣；

---

① 这是在彼得格勒内务部和警察局附近的一条运河。——译者注

再过一个月——他就不会在这里。"
漂泊不定的人哪！环顾四周——
城里又添了新的流言。
原来你的大臣已经下台，
就在一个月内——绝不超过两个月。

他们在位的时间可以用分钟计算，
离开时，身后一股地狱的味道。
只有拉斯普京的位子坐得稳当——
还有永垂千古的皮蒂里姆。

　　普罗托波波夫是何许人也？就像施蒂默尔刚刚上任时一样，人们不禁会发出这样的疑问。但和施蒂默尔不同的是，普罗托波波夫可不是什么可有可无的人物，所以人们对其怀有更大的好奇和兴趣。在人们的印象中，他是个闲不住的人，什么事都想亲自尝试，就像米柳科夫说的那样，"只要哪里有需要，他就会亲力亲为，像一个负债的贵族"。普罗托波波夫来自克伦斯基和列宁的故乡辛比尔斯克，出身贵族，但名声不好。他服过兵役，曾就读于法学院，担任过从父亲那里接手的大型服装厂主管，热心于公共事务，特别是跟商业有关的事务，行踪不定。他是一个典型的商人，彬彬有礼。他从小体弱多病，后来身体渐渐瘫痪，为了治病，曾找到过拉斯普京，并接受了他的"治疗"。他还认识一个叫巴德马耶夫的奇怪的江湖医生。巴德马耶夫也是老师，常陪同拉斯普京觐见尼古拉二世。普罗托波波夫在几个商业委员会中任职，有时还能排除万难，成功地主持商业委员会的会议。入选为帝国杜马成员后，他被选为副主席，开始以温和派自由党人——左派十月党人——的立场寻求扩大议会权力。罗江科重用了普罗托波波夫，可谓判断失误。战争产业委员会创始人古奇科夫同样认为他是个能成事的人。无论在帝国杜马还是其他地方，普罗托波波夫都喜欢哗众取宠，特别是有关军需品的工作方面。因此，他也被看作进步同盟中的一员。1915年6月，我正从帝国杜马的几个朋友那里收集有关俄罗斯帝国物资短缺的资料。古奇科夫让我去找普罗托波波夫。1916年夏，帝国杜马受邀向英国和法国派出代表团访问，以加强盟国之间的关系。抽不开身的罗江科派了普罗托波波夫当代表团团长。对英国十分熟悉的米柳科夫作为普

普罗托波波夫。

卡尔·布拉（Karl Bulla，1855—1929）摄

罗托波波夫的全程主要顾问随同出访。普罗托波波夫是个十分称职的发言人,抓住当时的大势所趋赞美协约国之间的友谊。代表团来到巴黎后,某日凌晨1点,普罗托波波夫突然造访立宪民主党人申加廖夫,请其与自己联手创办一份不隶属任何党派的自由主义报纸,并希望得到科罗连科、高尔基、阿姆菲捷阿特罗夫——此人曾写过一篇针对俄罗斯皇室家族的著名讽刺文章——和《新闻时报》保守派首席记者缅什科夫的帮助。他还认为自己一定能把米柳科夫也拉进来!在回俄罗斯的路上,我两次碰到普罗托波

科罗连科。

伊利亚·列宾(Ilya Repin,1844—1930)绘

波夫。他很赞赏英国和其他协约国，倒是让我这个英国人有些不知所措。我第二次见到他是在克里斯蒂安尼亚。在其返程的下一站斯德哥尔摩，普罗托波波夫采访了一个叫瓦尔堡的金融家，此人与德意志帝国驻斯德哥尔摩大使卢修斯有来往。很多人怀疑，普罗托波波夫私下与德意志人讨论过媾和的问题。但当罗江科代表帝国杜马严厉斥责他时，他却称自己只是利用见面的机会告诉德意志方面，协约国的立场不会动摇。之后不久，他便请我将他引见给乔治·布坎南爵士，为了创办一份叫《俄罗斯之愿》的报纸，以声援协约国事业。

在举荐时，罗江科有时会十分草率，判断失当也是常有的事。在1916年夏觐见尼古拉二世时，他向尼古拉二世呼吁，请求解除施蒂默尔的职务，并推荐诚实能干的海军大臣格里戈罗维奇为首相。然而，他紧接着推荐普罗托波波夫当商业大臣，显然是把其当成了自己人。普罗托波波夫得到了一次向尼古拉二世面呈有关英国之行的报告的机会。他走的是苏霍姆利诺夫最喜欢的路线：曲意逢迎。后来，尼古拉二世告诉妻子亚历山德拉皇后，自己对此人的印象极佳。实际上，此时的普罗托波波夫并不是罗江科的人，而是拉斯普京的人。事实上，对别人的事情了如指掌的别列茨基就曾说过，拉斯普京与普罗托波波夫的亲密程度远超其与阿列克谢·赫沃斯托夫或与施蒂默尔。没有道德原则的赫沃斯托夫只是想利用拉斯普京。施蒂默尔只是被操纵在拉斯普京手里的傀儡，胆小怕事，生怕别人看出自己和拉斯普京之间的关系。普罗托波波夫则是拉斯普京的朋友。值得一提的是，之后，他并未像前任内务大臣们那样急于撇清两人的关系。他的心智有些病态，曾痴迷于当时盛极一时的神秘主义，而拉斯普京正是神秘主义著名的代表人物。被引见给施蒂默尔后，普罗托波波夫公开表达了对施蒂默尔的崇敬之情。他还被引荐给亚历山德拉皇后。拉斯普京借她之口，极力推荐普罗托波波夫担任十分关键的内务大臣一职，这就是宫廷中所谓的"女性的一半"思想。这种思想是指在宫廷里有自己的人，罔顾任何旧派仪轨，把管理整个帝国当成处理宫廷内部事务。亚历山德拉皇后甚至提出，让尼古拉二世的民事大法官莫索洛夫当大臣助理。

亚历山德拉皇后一遍又一遍地在丈夫尼古拉二世耳边吹风，让其任命普罗托波波夫。一开始，尼古拉二世不愿意，说大臣的人事变动频繁，会极大地干扰政府部门的正常运作。他甚至觉得拉斯普京不是个明智的人。亚历山德拉皇后一封接一封地给尼古拉二世写信。1916年9月20日，她写道："格里戈里真诚地恳请你任命普罗托波波夫。普罗托波波夫知道如何与大臣相处……"这是一个利用帝国杜马成员来限制帝国杜马的例子。"他喜欢上我们的朋友至少有四年了，"她在9月22日写道，"请让普罗托波波夫来担任内务大臣。他是帝国杜马成员，这样一来就不怕闭不了他们的嘴。"这一回，尼古拉二世终于有些愠怒了。9月22日，他回答说："我们的朋友对人们的看法有时很奇怪，你自己也知道，所以还是小心为上。"亚历山德拉皇后仍自行其是。然而，就在回复亚历山德拉皇后的第二天，尼古拉二世发来电报："就这样定了。"安娜·维鲁波娃称这是尼古拉二世最心血来潮的一次任命。

听闻消息，罗江科和其他帝国杜马成员十分愤怒。此次任命只能算一个蹩脚的笑话。在记录中，罗江科描述了自己带着原来的下级去质问普罗托波波夫的情景。普罗托波波夫显得唯唯诺诺，称自己是希望做出有价值的改变才接受了这一职位。他甚至暗示罗江科，说不定可以当上首相和外交大臣，虽然他心里清楚，亚历山德拉皇后宁死也不会答应。罗江科对普罗托波波夫说"这是我开出的条件"，并希望他将此传达下去。这些条件包括：罗江科必须有选择同僚的权力；保证三年的任期；在战争期间，亚历山德拉皇后要一直待在里瓦几亚宫；所有大公一律不得任职；无法胜任的波利瓦诺夫要一直留在总部；要向帝国杜马公开告知以上安排。普罗托波波夫觉得此事还有调解的可能，竟然建议罗江科去见亚历山德拉皇后！

个子不高的普罗托波波夫坐上新位子后，开始趾高气扬。帝国杜马的老友兼同僚弗拉基米尔·利沃夫曾对普罗托波波夫说，这一任命引来了不少流言蜚语，所以还是辞职比较好。普罗托波波夫却幼稚地回答："你怎么能叫我辞职呢？我一辈子都在梦想着成为副省长，而现在我是个大臣了！"很多接近过普罗托波波夫的人都认为，他的想法越来越奇怪了。他一直在试图讨好帝国杜马，房间里还保留着古奇科夫的巨幅肖像。要知道，这可是个让尼古拉二世夫妇害怕的人物。普罗托波波夫还有一幅圣像，据说在做决定前，他都会寻求圣像指导——至少他是这么跟克伦斯基说的，但对方不以为意。"就是它，"普罗托波波夫说，"没有它我什么也做不了，在每件事情上，我都要征求它的意见。"普罗托波波夫制定了宏伟的计划，不仅包括重整政府秩序，还包括改革俄罗斯帝国的整个社会体制。俄罗斯帝国的理想主义者梦想着为全世界规划福祉，常常用到他计划中的图表和表格。在短短的任期中，他曾一度身染重疾。对罗江科和其他批评普罗托波波夫头脑不清醒的人，尼古拉二世曾给出合情合理的回应：是"他们"，也就是人民，选择让普罗托波波夫当某个委员会的主席、帝国杜马副主席、访英代表团团长，甚至推荐他当大臣助理；现在他当大臣了，人民却声称他是个疯子。亚历山德拉皇后被骗的时间就更长了。普罗托波波夫的诚实和善良让她欣喜若狂。不过，她和拉斯普京很快便发现，普罗托波波夫和施蒂默尔一样，执行自己的命令时太过唯唯诺诺。身为内务大臣的普罗托波波夫是名义上的宪兵首领，身上穿的奇怪职业制服也很有可能是宪兵授意。他穿着这身制服坐上了帝国杜马的位置，但换来的结果令人啼笑皆非。普罗托波波夫虽然意识到了这一点，但又能怎样呢？根据当时的警察局局长瓦西里耶夫的证词，普罗托波波夫对自己所在的部门完全一无所知。下属很难见到他，只能以书面报告的形式与他交流。虽然纸上文章做得很足，但对那些需要其解决的严峻关键的问题，他拿不出任何有效的方案。

为了掩饰自己的无知，普罗托波波夫曾请了当年在法学院的同窗库尔洛夫来做内务大臣助理。根据当时官方的调查，在斯托雷平暗杀案中，库尔洛夫有失职行为，理应受到审讯。因此，普罗托波波夫不敢对外宣布对库尔洛夫的正式任命。不过，库尔洛夫还是签署了正式的责任书。以责任书不合法为由，参议院将责任书打了回来。在舆论哗然中，库尔洛夫不久便被免职。

丑闻对帝国杜马造成了极大的影响，使会议日期一拖再拖。最后，1916年11月14日，会议终于得以召开。会议重点讨论了食物问题，但对食物、运输和燃料问题一窍不通的亚历山德拉皇后将决定权掌握在了自己手里。她说，当人们向自己进行详细解释时，自己还在想着之前长时间的讨论。瑙莫夫的继任者博布林斯基一直滔滔不绝，竭力阻挠地方自治局想要为军队和国家服务的愿望。拉斯普京认为内务大臣有警察替其执行命令，因此，这一职责应交给内务大臣。他的想法并不是没有道理。连国家审计长波克洛夫斯基都在内阁讨论中表示支持这一想法。眼看职责就要交给内务大臣，普罗托波波夫却在节骨眼上想要临阵脱逃。显然，他在考虑的是，帝国杜马必然会要求自己给出解释，到时候自己是否能承受住压力还是个问题。然而，拉斯普京才是他真正的主人，主人的命令断然不能忤逆。听从拉斯普京发号施令的亚历山德拉皇后则向尼古拉二世传达紧急信息，要尼古拉二世听拉斯普京的话，不要理会普罗托波波夫。实际上，她在亲自下达旨令。尼古拉二世承认，食物供应是"最糟糕的问题"。

如果我们仔细研究史料，就会清楚地发现，到1916年秋，革命才真正被认为不可避免。也是从这时候开始，人们开始讨论一个问题：革命究竟是采取发动宫廷政变、自上而下的方式，还是自下而上？帝国杜马的领袖仍在做最后的努力，希望革命能拖到战争结束再发生。

　　用舒勒金的话来说，进步同盟已经开始"吱呀作响"。自从1915年夏季危机爆发以来，占少数席位的进步党一直在要求建立一个人民信任、直接对帝国杜马及帝国议会负责的部门，其部分成员已经开始与涅克拉索夫领导的反对君权的立宪民主党左翼联手。雄心勃勃的涅克拉索夫希望大干一番事业。工党、合作社、战争产业委员会的工人代表和民间红十字会也提出了同样的主张，要求采取某种形式的行动——如果不走立宪的路，那就用恐怖主义解决。进步同盟反对这样做。米柳科夫从来就不相信什么阴谋诡计，但在谴责政府时，他比那些席位在自己右边的十月党人或民族主义者更言辞激烈。在一次进步同盟的会议上，人们讨论了米柳科夫是否有正当理由使用"叛国"这个词。毕竟，他将要在帝国杜马带头发起抨击。选择这个词确实是万不得已的下策。尽管人们并不相信尼古拉二世夫妇忠于俄罗斯帝国，并对此大肆渲染，但人们的想法其实完全缺乏事实依据。

　　此时，革命的潮水正自下而上涌动。来自莫斯科的商人、帝国杜马进步党人A.I.科诺瓦洛夫认为，到了1916年10月，生活状况开始真正让人们陷入了恐慌。也就是从这时起，革命的情绪开始酝酿。克伦斯基同意以上看法。对失败主义大规模宣传，不断向后方的各个工厂和营房渗透，加上布鲁西洛夫攻势造成的巨大伤亡，失败主义日益深入人心。就此，由防卫会议发起的军需品供应计划的主要负责人马尼科夫斯基将军曾与尼古拉二世在总部有过一番对话。在当时的警察报告中，人们对局势的危险有清醒的认识。以下是一份1916年10月14日至11月14日有关俄罗斯帝国十月局势的报告：

　　　　中央战争产业委员会工党发言人认为，首都彼得格勒的无产
　　阶级已近乎绝望。我们有理由相信，不管出于何种原因，无论规

模多小，无产阶级的情绪一旦爆发，都会引发不可控的动乱，伤及成千上万人。事实上，爆发的条件已经成熟：尽管工资水平有较大增幅，但人民群众的经济状况仍然陷于困境。按工资水平增长一倍计算，同期的平均生活成本上涨三倍。即使拿现金也无法买到食物和基本必需品。人们在商店前排起长队，一等就是好几个小时。由于吃不饱肚子、住的地方缺乏卫生设施——没有煤和柴火的屋子里又湿又冷，患病率不断上升。迫于生存，广大工人不惜铤而走险、孤注一掷。

……禁止任何劳工集会，即使是合作社商店和食堂自发组织的集会也不例外。关闭工会，起诉积极参与病患救济基金会工作的人，暂停工人报纸，诸如此类。基于此，在先进革命思想的影响下，劳苦大众公开反对政府，并以一切可能的手段提出抗议，反对继续参战。

社会民主党中的一些人更深思熟虑。他们认为，负责任的工人团体很难阻止因必需品的短缺和生活成本的上涨而爆发的大规模示威活动……

在许多工厂和作坊里，大罢工被一遍又一遍地讨论着。如果大罢工还未获得一致支持，那是因为工人希望借此抒发对经济状况的不满，而社会民主党纯粹把大罢工作为谋求政治利益的工具。不过，社会民主党仍然深信，在不久的将来一定会有一场大罢工出现。很多人认为，大罢工会与不久之后的帝国杜马休会不期而遇。

革命分子坚信，革命很快会来。坚定忠诚的革命先驱已做好准备。人数众多的革命分子主要由现役和退役军人组成，因此，如果政府打击他们，不仅寡不敌众，还十分危险。

1916年10月底，在彼得格勒发生的一件事使人们更清楚地嗅到了危险的气息。10月29日，首都彼得格勒所有工厂都参与了罢工。然而，每天需要用四百辆火车为军队运输食物和饲料。前线召集了所有军需长开会讨论这一紧急需求。为此，普罗托波波夫与尼古拉二世交谈了两个小时。两天后，政府调来警力镇压罢工。彼得格勒卫戍部队的两个团被调来增援，但彼得格勒卫戍部队不向罢工者开火，而把枪口对准了警察。四个哥萨克团也被派遣过来，将暴动者赶回了营房。11月9日，一百五十人遭到枪击。之后，工厂再次爆发罢工。

此时，俄罗斯帝国政府大权旁落，拉斯普京一人权倾天下。别列茨基说他展现出的是"一个巨人的形象"，"当时的拉斯普京就是俄罗斯帝国命运之轮轴"。拉斯普京、亚历山德拉皇后和普罗托波波夫常常在一起开会，尽管三人不见得每次都同时到场。他们的讨论意见会传达给尼古拉二世，以获得认可。有时，亚历山德拉皇后居然将涉及各个方面的所有有待决定的事项一一列出，要求尼古拉二世仅用电报的形式确认。彼得格勒行政长官奥伯伦斯基亲王一直在观察拉斯普京的动作。对这个受宠之人，他的妻子表现出了更大的敌意。亚历山德拉皇后不断向丈夫尼古拉二世抱怨奥伯伦斯基，要丈夫革他的职。奥伯伦斯基终于妥协，接待了拉斯普京。这个堂堂行政长官竟然将收到的所有请愿书整整齐齐地用一根带子绑好，呈给拉斯普京，以表达自己的恭敬之情。拉斯普京表示"十分满意"奥伯伦斯基，当然这也报告给了尼古拉二世。尼古拉二世对拉斯普京的看法表示赞同。这说明奥伯伦斯基自我羞辱的行为，让尼古拉二世感到十分吃惊。拉斯普京不仅宽恕了奥伯伦斯基，还推荐其为内务大臣助理。不过，奥伯伦斯基再次让他们产生了不满，并且最终被革职，取而代之的是"拉斯普京的自己人"巴尔克。彼得格勒当局镇压革命不力，巴尔克要负主要责任。

此时，亚历山德拉皇后抨击的矛头指向了正直的司法大臣马卡罗夫。在从同样正直的前任亚历山大·赫沃斯托夫那里接手职务时，他也接过了一个重任：亚历山德拉皇后向其提出非法要求，让其撤掉任何可能会暴露拉斯普京行径的案子。马努伊洛夫被卷入了当时最大的丑闻中。根据确凿的证据，有人指控其犯敲诈罪。亚历山大·赫沃斯托夫基于两次指控将其逮捕。在案子调查的过程中，马努伊洛夫的精神崩溃了。这显然不是装出来的，于是，审判不得不中止。马努伊洛夫是个厚颜无耻的无赖，人们完

马卡罗夫。

摄者信息不详

全有理由相信，为了自保，他绝不会考虑保护自己人的利益。因此，亚历山德拉皇后要求此案必须撤回。马卡罗夫勇敢地给予了回击。虽然他的意见被一纸诏令驳回，不过，马努伊洛夫最终还是被判入狱。

另一个重大案件是腰缠万贯的银行家鲁宾施泰因被捕。他被认为是首都彼得格勒的主要亲德分子，也是拉斯普京最器重的资助人，常常在为自己举行的欢迎仪式上拜见拉斯普京。鲁宾施泰因将部分重要股份转到了瑞典，没有证据显示其从事过叛国活动。不过，因为审判他必定会牵连到拉斯普京，所以西马诺维奇才会称，如果鲁宾施泰因没有从事叛国活动，那肯定是在谋取暴利。于情于理，亚历山德拉皇后都会时不时地接济自己在德意志帝国的穷亲戚，其财务便是鲁宾施泰因帮着打理的。总而言之，亚历山德拉皇后坚持终止审理鲁宾施泰因的案子。在没有得到马卡罗夫同意的情况下，鲁宾施泰因被一纸诏令释放。

另外，苏霍姆利诺夫的案子导致了亚历山大·赫沃斯托夫的离职。马卡罗夫和亚历山大·赫沃斯托夫都坚持认为，苏霍姆利诺夫的案子需要审讯。苏霍姆利诺夫的妻子虽然知道亚历山德拉皇后这样的人肯定容不下自己，但为了丈夫，还是恳请与皇后见面。在拉斯普京的鼓动下，亚历山德拉皇后坚持主张应撤掉这个案子。

对食物供应问题，拉斯普京也提出了自己的想法，比如应提前算好配给份额，这样人们就不必排起长队领取食物，这给了不满的宣传者最好的机会（此时会给散播不满情绪提供大好时机）——拉斯普京的此类建议都会交给负责相关事务的大臣审议。他曾预言，军人复员后会有生活困难，需要成立专项大额贷款。他还重申了第一届帝国杜马期间立宪民主党的纲领，要求为复员军人划拨国有土地和修道院的土地。此外，他还预见共产主义革命即将到来，建议将大地主的宅邸变成学校。拉斯普京希望尼古拉二世将农民作为首要支持对象，能经常接见农民阶级代表。最耐人寻味的是，他采取了明确支持犹太人的举动，这在当时盛传歧视犹太人之风的宫廷可以说是件大胆的事。西马诺维奇总是鼓励拉斯普京多为人民谋利，拉斯普京也确实尝试着这样做过，所以西马诺维奇算是有功。拉斯普京认为，应对所有宗教持包容态度，并向尼古拉二世坚称：全体子民无论种族，理应得到平等待遇。他说："少数族裔的鲜血是宝贵的。"有意思的是，连亚历山德拉皇后本人也对犹太人友好相待。普罗托波波夫肯定曾向内阁建议过，要对犹太人采取友好态度。拉斯普京曾提出，鉴于犹太人的钱袋子很鼓，犹太人应该直接用钱收买决策者。他甚至欢迎左派人士采取一致立场。由于宗教大臣沃尔任坚持认为自己不必与其见面，十分不满的拉斯普京免除了他的职务，一个叫拉耶夫的人接替了他。推荐了拉耶夫的是西马诺维奇，他认为此人"无足轻重"、"滑稽可笑"。拉耶夫十分想解除马卡罗夫的职务，并对西马诺维奇断言，他们必须有"自己的"司法大臣。拉斯普京的候选人多布罗沃尔斯基的钱财来路不明，还欠了西马诺维奇一大笔钱。

出于政治原因或个人原因，拉斯普京有时会给尼古拉二世夫妇的大脑施法。这是个体力活，每次都需要遵照固定流程。首先，拉斯普京要出去泡一个蒸汽浴，回来后便抱着马德拉葡萄酒放怀豪饮。之后，拉斯普京会将此次的目标写在一张纸条上，并放在自己的枕头底下——在洛克蒂姆夫人教会他读写之前，他曾用一根有凹痕的棍子做记录。第二天早上，拉斯普京又恢复到神清气朗的样子，还宣称："我的意志战胜了一切。"西马诺维奇有过如此评价："他的消息总会到来。"拉斯普京这一辈子都在"夜夜笙箫"和纵欲无度中度过。他最喜欢带着吉普赛人光顾一个叫罗德别墅的餐厅。在这里，他可以不受他人打扰地寻欢作乐。

来自四面八方的警告声不时传进尼古拉二世的耳朵。局外人并不清楚此时普罗托波波夫已成为尼古拉二世的心腹，所以只关注施蒂默尔。卧床不起的阿列克谢耶夫也一次又一次地警告尼古拉二世当心施蒂默尔。据说，当尼古拉二世去总部见他时，发着高烧的阿列克谢耶夫用力吐出了几个字："除掉施蒂默尔！"军队随行神职人员沙维尔斯基也提醒过尼古拉二世。突厥斯坦人考夫曼是原教育大臣，本来拥有终身职位，但因对尼古拉二世提出过警示而被革职。尼古拉二世身边的旗舰舰长、海军上将尼洛夫曾经试图自杀，被尼古拉二世救了一命。他肯定也提醒过尼古拉二世，只是当时他的话并没有被当回事。1916年11月5日，乔治·布坎南爵士拜见了尼古拉二世，并明确地告诉了尼古拉二世自己心中所忧：普罗托波波夫、首都彼得格勒动乱，以及镇压动乱可能会带来的威胁。在礼貌地聆听了一个半小时后，尼古拉二世向布坎南特别强调：不到战争最后一刻，绝不放弃。

1916年11月10日，尼古拉二世去基辅见已经在那里住了些时日的母亲。她总有办法让母子两人恢复以往的亲密关系。母亲严肃地警告他，要提防施蒂默尔。同行的吉利亚尔记述，尼古拉二世把母亲的话牢牢地记在了心上。1916年11月14日，回到总部后，尼古拉二世会见了堂伯尼古拉·米哈伊洛维奇①大公。米哈伊洛维奇之前怕没有机会当面跟尼古拉二世把自己想说的话说出来，便把这些话写在一封信里。他与尼古拉二世进行了长谈，并把那封信交给了他。米哈伊洛维奇向来崇尚自由主义，有时被亲切地称为"菲利普-艾格利特②"。他还是一位著名的历史学专家，任皇家历史协会主席，但总爱刨根问底、说长道短，这让其影响力大打折扣。这封信写得很好，还大胆地提到了亚历山德拉皇后的干预。

米哈伊洛维奇写道：

---

① 他是尼古拉二世的父亲亚历山大三世的堂兄。——译者注
② 原文为"Philippe Égalit"，指奥尔良公爵路易·菲利普二世。1792年，九月屠杀后不久，他将自己的姓氏更改为"Égalité"。"Égalité"意为平等，出自法兰西大革命的原则及口号"自由、平等、博爱"。——译者注

你信任她，这是再自然不过的事情，但她告诉你的不是事实，只是在转述别人巧妙地向她提出的建议。如果你无法阻止别人继续影响她，至少要学会保护自己。有人在存心把你的爱人当成中间人，从而对你进行有计谋的操纵。当那一刻到来时——革命已经迫在眉睫——你位高权重，应该将权力下放给各大臣和立法机关。一切要做得简单自然，不要理会外界的压力，不要走1905年10月17日[①]颁布著名诏书时的老路。你即将迎来一个麻烦丛生的时代、一个谋杀的时代。相信我，我之所以如此坚持要你从身上的桎梏中挣脱出来，只是希望能拯救你。否则，我们亲爱的国家的君权将不可恢复。

尼古拉二世没有读这封信，但在写给妻子亚历山德拉皇后的下一封信中，提到了两人的对话，并将信一并寄给了她。亚历山德拉皇后十分恼火，提出要狠狠地惩罚米哈伊洛维奇，但还是事与愿违。

在南方之行中，米哈伊洛维奇的弟弟格奥尔基见到了布鲁西洛夫。之后，1916年11月24日，他在别尔季切夫写了一封信，内容如下：

　　人们对施蒂默尔的仇恨已到极致。我可以告诉你，每个人都在要求解除他的职位，并希望能有一个相关部门保护你不受大臣的欺骗。如果这些话是我从左派和自由党那里听到的，我大可不必理会。但这些都是对你忠心耿耿的人希望的，他们全心全意地希望你和俄罗斯帝国幸福，所以我才决定给你写信。在军队里，我承认不可能听到我在后方的各个角落听到的那些话。我相信主

[①]　此为儒略历，公历1905年10月30日。——译者注

会帮助你完成人民的共同愿望，并力挽这场从俄罗斯帝国内部出现的狂澜。

在《岁月》中，舒勒金全面记录了革命到来前的最后时期，并给出了最公正的解释，令人动容。在生动的记述中，他杜撰了彼得格勒上流社会的一对夫妇之间有关亚历山德拉皇后的对话。虽然周围充斥着混乱和误解的声音，但这对夫妇仍能拨开迷雾，看清事实真相：

> 她非常聪明，远在身边的人之上。她蔑视的是——唔，我们这样的人——换句话说，就是彼得格勒的人。普通人都很喜欢她。她和拉斯普京？——不，那不可能。你怎么想都行，但要这么想就不对了。她对丈夫的控制本身就是对君主专制的公开反抗，把其他所有人都给误导啦。这算什么君主专制？对那些最忠诚的心来说，这简直就是毒药。他们可是天生就会对君权毕恭毕敬的人。所以说了，被毒害的是人们对君主专制本来的看法。仅仅因君主丈夫对妻子软弱无能而弄得君主冒犯了人民，人民又冒犯了君主。这种丑闻太肮脏了，我们还是不要讨论的好；他是收拾不干净的，你也没法叫他收拾干净。一个没有君主的君主专制是多么糟糕啊！

亚历山德拉皇后还是帝国杜马？

帝国杜马的会期一拖再拖，终于在1916年11月4日不可避免地到来了，不少外国使节出席了会议。施蒂默尔表示，希望当自己离开会场时，外国使节也随之离开。施蒂默尔这么说，很可能是为了阻止人们在会议结束后立马开始针对自己的抗议示威。他刚一离场，沉默的人群就爆发了。米柳科夫代表进步同盟第一个发言。

据说，年长的战争大臣舒瓦耶夫老老实实地回应公众批评："我也许是愚钝之人，但不是叛徒。"米柳科夫把政府的行为一件件地列举出来并加以谴责，每次都用同样的问句结束："这究竟是愚蠢，还是叛国？"从进步同盟成员那里，我们得知，人们一直避免说出最后的这个词，而米柳科夫终于将它说了出来。米柳科夫犯的不仅是策略上的错误。人们并没有真凭实据证明政府"叛国"，除非效率低下也算叛国。这恰恰说明了，公众对政府的议论与事实本身大相径庭。但这个词一旦被说出来，便会出现在全国各地的演讲里——报告中删掉了他的演讲。米柳科夫明知主持会议的帝国杜马副主席沃鲁姆-塞克雷特不懂德语，还当着他的面从维也纳的《新自由报》中引述了一段话，里面讲的是年轻的皇后和其身边那群人的影响力。施蒂默尔要求拿到演讲文稿，罗江科给了他一份删掉了粗话的官方稿件。施蒂默尔又要求拿到速记员当时记下的原稿，罗江科拒绝了。施蒂默尔向内阁提议逮捕并审判米柳科夫。除了普罗托波波夫，没有一个人支持他。

1916年11月16日，右翼自由党人瓦西里·马克拉科夫发表了自己最富有说服力的演讲。他提到了失败主义取得的进展，奚落"施蒂默尔以为自己可以用那些小伎俩掩盖事实"的做法，并质问"世界大战中伟大的俄罗斯帝国政府"在哪里？

瓦西里·马克拉科夫说："我们看到，人民信任的大臣下台，受人憎恨的大臣却稳坐官位。这一切绝不能发生。不！绝不能发生。这个政体，这个万恶的旧政体，已经过时，却还在苟延残喘。俄罗斯的旧政体和利益已分道扬镳。每个大臣都面临着一个两难境地：必须在为俄罗斯帝国服务和为政体服务之间做出抉择。"瓦西里·马克拉科夫引用了普希金的话，

"当接近皇位的人全是奴隶和骗子时，那个国家的命运就要遭殃"。

瓦西里·马克拉科夫在大会上的发言令人敬佩。观众的掌声响彻议院的每个角落。

施蒂默尔要求解散帝国杜马，但未能如愿。他再也不敢在帝国杜马出现了。1916年11月20日，舒勒金轻蔑地指着空空如也的大臣席位，意在告诉人们，内阁已经与国家完全脱钩。施蒂默尔的同僚并不喜欢这样的嘲弄。他们中的大多数人真诚地希望与帝国杜马合作，并派出战争大臣舒瓦耶夫和海军大臣格里戈罗维奇，表示希望与对方在国防事务方面展开合作。直率的战争大臣舒瓦耶夫甚至与几天前刚批评过自己的米柳科夫热情友好地握手，可见其不适合当政治家。

亚历山德拉皇后十分反感这次的事件。她觉得除了普罗托波波夫，没有一个人真心实意地支持自己。她责怪施蒂默尔缺乏勇气，便写了一封信寄给在总部的丈夫尼古拉二世，信中引述了拉斯普京的话，说施蒂默尔工作太多，应该休息了。这些日子以来，尼古拉二世听到了不少严肃警示，警示的话还言犹在耳。母亲的话更使尼古拉二世大受影响。施蒂默尔想要亲自去试试运气，但这次，连亚历山德拉皇后都站在了大多数人的一边。尼古拉二世果断出手，11月22日下达了对施蒂默尔的解雇令。帕莱奥洛格在书中回忆，自己后来曾在彼得格勒看见过施蒂默尔——在积雪覆盖的路上，这个落魄的老人正步履蹒跚地走着。

此时，尼古拉二世还在总部。在留任的大臣中，资格最老的是交通大臣A.F.特列波夫。特列波夫至少是个保守、爱国和诚实的人，坚决反对拉斯普京左右他人。有人曾请他出任首相一职，他接受了，同时说得很清楚，如果内阁不进行大的人事变动，那么出了什么问题自己概不负责。就这样，说得多做得少的农业大臣博布林斯基被撤了下来，取而代之的是目前能找到的最佳人选里蒂希。他当了一辈子官，在克里沃舍因还是农业大臣时，就曾指导斯托雷平改革土地，并取得了显著成功。施蒂默尔被解除首相一职后，外交大臣的职位也没有保住。波克洛夫斯基成为下一任外交大臣。波克洛夫斯基曾长期任职于以科科夫佐夫为首相的内阁。和科科夫佐夫一样，他也是个正直诚实的人，所以算是个很不错的人选。不过，他并没有立刻接任。他之前担任过近一年的国家审计长，后由费奥多西耶夫接任。现在还有内务大臣的职位空缺。民众和帝国杜马也许仍认为施蒂默尔是内阁之首，但身为帝国杜马成员的特列波夫明白，真正的问题在于普罗托波波夫，所以其坚持改革内务部门。尼古拉二世同意了。1916年11月23日，他给妻子亚历山德拉皇后写了这样一封信：

> 当你收到这封信时，你很可能已经从施蒂[1]那里得知了人事变动的消息。这件事必须马上办妥。我为普罗托[2]感到遗憾——他是个诚实的好人，但想法总让人摸不透，并且没有一点主见。从一开始，我就注意到了。听说几年前，在生过一场病后，他就变得不太正常了——当时他还找到了拉斯普京寻求帮助。在这个节骨眼将内务部交给这种人，实在太冒险。
>
> 还得找个人替换老博布林斯基……在人事变动的过程中，帝国杜马要休会八天左右，否则帝国杜马成员就会说是迫于人事变动的压力才这么做。无论如何，特列波夫都会尽力而为。在特列波夫周日回来时，很可能会带着我和他及先知讨论过的人员名单。我只有一个请求：请不要将我们的朋友牵扯进来。既然由我来负责此事，那么我希望在做选择时不要受人干扰。

---

① 这里是指施蒂默尔。——译者注
② 这里是指普罗托波波夫。——译者注

而此时，亚历山德拉皇后在坚持截然相反的观点。她发现，人们在帝国杜马的演讲严重威胁到了自己和拉斯普京的立场。用西马诺维奇的话来说，她变成了一只"拼命保护兽穴的狂暴的母狮子"。1916年11月12日，她在信中提到了普罗托波波夫和施蒂默尔："两人都相信我们的朋友①天赋的伟大智慧……普罗托波波夫将大权在握，终结所有联盟——如民间红十字会，这样一来，俄罗斯帝国就能得救。"她称帝国杜马里全是些"无礼的野人"，还在信中说："这是与他们的战争，我们必须毫不手软。""希望你没有生我的气。他们②折服于他③的智慧。""我所有的信任，"她在11月13日写道，"都在我们的朋友身上。他一心只有你、宝贝和俄罗斯帝国。在他的指引下，我们会渡过难关。这将会是一场艰难的战斗，先知在你身旁，佑你安全通过暗礁，小桑妮会坚如磐石地站在你的身后，用决心、信仰和爱为爱人和我们的国家奋斗。""要是我们没有他，"她在11月17日写道，"这一切早就结束了。"11月18日，她要求撤掉罗江科的宫廷级别。"一定要让他们感受到你的权力。是时候拯救你的国家和你孩子的皇位了。你是一位受膏的君主"。11月21日，"啊，亲爱的，我时时刻刻都与你在一起。我的灵魂在燃烧、头脑已疲倦，但我斗志昂扬，为你和宝贝战斗着"。11月23日，"如果他④不信任我或我们的朋友，事情就麻烦了"。

　　得知普罗托波波夫要离职的消息，亚历山德拉皇后非常绝望。11月24日，她写道："不要把普罗托波波夫换下来。换掉马卡罗夫吧，他不是我们要的人……在我们见面之前不要换掉任何人，我恳求你。答应我，不要让我如此激动。请原谅我，我是在为你和宝贝战斗。"第二天，她又接着

---

① "我们的朋友"是指拉斯普京。——译者注
② 这里是指普罗托波波夫和施蒂默尔。——译者注
③ 指拉斯普京。——译者注
④ 这里是指特列波夫。——译者注

写道："我感到天旋地转。他们说我是你依靠的一面墙，这比你想象的还要严重。我只是一个为自己的主人和孩子战斗的女人。我只要求不要把拐棍拿走，只有杵着它，我才能休息片刻。亲爱的，要记住，这不是有关普罗托波波夫或XYZ①的问题，这关乎君主制和你现在的声望。你和我们两个②要对抗所有人。沙皇的话说了才算，而不是帝国杜马。我在为你的统治和宝贝的未来战斗。"写这些话时，她已经准备动身去总部了。到总部见到丈夫尼古拉二世后不久，她就再次打赢了战斗。普罗托波波夫的职位保住了。

1916年11月27日，特列波夫在总部找到亚历山德拉皇后，请求在第二天辞职。将近两个小时后，他还是没能得到批准，这让他陷入了无助的境地。有人劝特列波夫与拉斯普京达成某种妥协，但其选了一个最笨的方法。特列波夫让自己的连襟莫索洛夫——莫索洛夫对此事有过全面描述——一旦普罗托波波夫被革职，立即给拉斯普京一所在彼得格勒的房子，并承担其生活费用，外加一个保镖和两万英镑预付款。拉斯普京必须不再插手政府事务，但还是完全享有宗教自由。特列波夫已经使自己落入了拉斯普京之手。受宠的拉斯普京不出所料地拒绝了送上门的好处，还将此事透露给尼古拉二世夫妇。他说，尼古拉二世夫妇的敌人正在试图使尼古拉二世夫妇不听自己的劝告，但显然，敌人没能动摇自己诚实和独立的品格。

1916年12月2日，帝国杜马重新开会。特列波夫不得不以新首相的身份出席，并带来了一份政策声明，这是其手里握着的一张王牌：在拖延多日后，英国和法国终于同意了俄罗斯帝国在世界大战后对君士坦丁堡的所有权。然而，这张牌毫无用处。甚至有许多保守的俄罗斯人提出质疑：俄罗

---

① 这里"XYZ"是指任何一个人。——译者注
② 这里是指亚历山德拉皇后自己和拉斯普京。——译者注

斯帝国将如何管辖这样一个伟大的奥斯曼帝国首都？他们认为管辖君士坦丁堡的前景将充满变数。"只是一个不受欢迎的阻碍因素罢了。"萨佐诺夫写道。再说，国内局势已萎靡不振，人们不可能还有心思把注意力放在别的地方。帝国杜马并不清楚幕后的操纵。人们对出席的特列波夫发出嘘声以示不满。特列波夫曾三次试图获得听证的机会，但都未能成功。在内阁，他与无往不胜的普罗托波波夫的关系也降到了冰点。特列波夫的同僚坚定地支持其立场，强烈反对普罗托波波夫在帝国杜马做出声明的提议。普罗托波波夫被告知只能以非正式成员的身份发表声明。1916年12月8日，他们要求普罗托波波夫去尼古拉二世那儿辞职。善于奉迎的普罗托波波夫答应了，但很快接受了尼古拉二世让其留任原职的请求。

所有大臣都出席了此次会议。帝国杜马成员中坚定的君主制度拥护者普里什克维奇发出了最尖锐的谴责声。1916年11月16日，他曾在总部与尼古拉二世共进晚餐，并把俄罗斯帝国政府比作奥斯曼帝国的"临时哈里发[①]"。12月1日，他与唯一在议院中没有表现得义愤填膺的极右势力分道扬镳。普里什克维奇说："无论是从前还是现在，我的内心都洋溢着对国家无尽的热爱和对君主无限的忠诚。"他还声称，此时，伊凡大帝的大钟楼——克里姆林宫的主塔楼——应该警钟长鸣。普里什克维奇直捣麻烦的根源——拉斯普京，认为此人是王朝的破坏者，并把其比作17世纪靠冒险登上留里克王朝王位的格里什卡·奥特里叶夫[②]，也就是另一个格里戈里。他一一列数了所有任命背后令人不齿的"部门跃进"和"黑暗势力"，嘲笑普罗托波波夫、安德罗尼科夫和"其他让俄罗斯帝国声名狼藉的人"。他还这样对大臣说："如果你真心效忠，如果俄罗斯帝国的荣耀和与沙皇名声息息相关的伟大未来是你心之所念，那么请到总部去，跪倒在沙皇脚

---

① 哈里发是旧时对伊斯兰国家政教领袖的尊称。——译者注
② 即伪德米特里一世，在位时间为1605年至1606年。——译者注

下，恳求他睁眼看一看这可怕的现实吧。"在云集的观众中，一个叫费利克斯·尤苏波夫的年轻亲王正在凝神聆听，此时，他已经有了暗杀拉斯普京的计划。

从1916年12月8日至12月17日，尼古拉二世一直待在沙皇村。在离开沙皇村时，他这样写道："我现在非常平静，你是我唯一要感谢的人。我对你的敬意无法用言语表达。请原谅我的坏脾气和胡乱任性。从今往后，我要变得不留情面。"然而，他很清楚，自己的性格无法改变，甚至缺乏这样的能力。在同一天，亚历山德拉皇后给尼古拉二世回了信，提到了自己对他们的朋友拉斯普京最忠诚的"信任"，"你的皇位和俄罗斯帝国即将迎来伟大、美丽的日子……让他们[1]成为龌龊之人好了。现在是你用意志和权力统治的时候了。12月18日，"我会和上帝的圣人一道反对他们[2]。上帝的圣人让你成了现在的样子……因为你，是你，我的精神不会懈怠。我的全部身心，永远和你在一起，没有秘密。好事即将来临，时运即将逆转"。12月26日，在得知特列波夫对拉斯普京的提议后，怒火中烧的亚历山德拉皇后写道："可怕！非正派之人只会让我更相信我们的朋友。我们必须把一个强大的国家交给宝贝，为了宝贝，我们绝不能软弱。把缰绳牢牢地抓在手里不要松开，我是你身后可以依靠的墙。不要在没有提醒我之前做任何重大决定，千万不要组建不得人心的相关内阁。俄罗斯人习惯了服从命令……我多么希望能把自己的意志倾注于你流淌的血液中。我夜不能寐，但请听我的话，也就是听我们的朋友的话。你就像纤弱善良的孩子一样让我心疼。原谅、相信并理解我吧。"12月27日，她写下了最后一封情绪激烈的信："做一个真正的皇帝，像彼得大帝、伊凡雷帝和保罗一世

---

① 这里是指尼古拉二世夫妇和拉斯普京的批评者。——译者注
② 这里是指特列波夫和罗江科。——译者注

那样，把他们全压倒在你身下。你可别笑，小调皮，把利沃夫^①流放到西伯利亚，把米柳科夫、古奇科夫和波利瓦诺夫也送到西伯利亚去。现在是战争时期，任何内讧都是严重的叛国行为……"她的落款是拉斯普京对她的称谓——"我们的朋友庇佑的俄罗斯人的母亲"。"天授王权，我们必须保护好它，完好无损地交给我们的儿子。吻你、抚你、爱你、盼你、思你、佑你"。

1916年12月29日，尼古拉二世写道"谢谢你信中的厉色叱责……你可怜软弱的小丈夫"，她的回信则是："请原谅我的鲁莽。"

谋杀拉斯普京

面对帝国杜马的谴责声，拉斯普京开始处处注意自己的安全，甚至尽量避免外出。据说，有一次，他沿着涅瓦河散步回来，说河里流的全是大公的血。如果此言非虚，那他的预测可真是绝无仅有。我们不要忘了，他之前曾好几次遭人暗杀。已知的第一次暗杀是雅尔塔市行政长官敦巴泽试图在黑海的一艘蒸汽船上袭击他。另一次是第一次世界大战刚刚爆发时，一个叫古谢娃的人刺中了他。有人认为这是伊利奥尔多指使的，但这一说法缺乏真凭实据。还有一次，在从涅瓦河的岛屿回来的途中，他乘坐的马车出了事故。肇事者来自伊利奥尔多在察里津的堡垒。这是阿列克谢·赫沃斯托夫布下的阴谋。对此事已经有完整披露。拉斯普京知道随时会有下一次暗杀出现，只是凶手他万万不曾想到。这一时期，有人写了一封抬头为"波克罗夫斯科耶村的格里戈里·叶菲莫维奇·拉斯普京-罗维克查的灵魂"的信。西马诺维奇认为这封不同寻常的信正是出自拉斯普京之手。

---

① 这里是指格奥尔基·利沃夫。——译者注

信的内容如下：

我在圣彼得堡写下的这封信将留给后人。我感到自己会在1917年1月1日^①之前离开人世。我希望告诉俄罗斯人民、爸爸、俄罗斯人的母亲、孩子们和俄罗斯帝国的大地，给所有人一个明确的交代。如果我被普通人暗杀，很有可能是俄罗斯帝国的农民，也就是我的兄弟，那么你，俄罗斯帝国的沙皇，不必害怕，你依然是一国之君，要像从前那样继续统治。你，俄罗斯人的沙皇，无需为你的孩子们担心（显然是在暗示他儿子的健康，编者），他们还会在俄罗斯帝国统治数百年之久。但如果我被特权贵族和一般贵族所杀，他们的手上一旦沾上了我的鲜血，在接下来的二十五年内，我的血不会从他们手上洗掉。他们将离开俄罗斯帝国。兄弟之间渐生阋墙、互相残杀。二十五年后，国家将再无贵族。俄罗斯帝国大地上的沙皇，如果你听到了格里戈里被杀的丧钟，那么听好了：如果我的死与你的亲人有关，那么你所有的家人，也就是说你所有的孩子或亲人，没有一个能活过两年。俄罗斯人民将结果他们的性命。我感到有一股神圣的力量在要求我，如果我不在这个人世，要告诉俄罗斯帝国的沙皇，他必须活下去。你们要谨思慎行。留意你的安全，并告诉你的亲人，我已经用自己的血偿还了他们。我会被杀。我不再是生者。切记、切记，要坚强，要想着你温暖的家。

格里戈里

———————
① 这里是儒略历。——译者注

西马诺维奇称，这封信后来由自己转交给了亚历山德拉皇后。她恳求他不要让尼古拉二世看到这封信。西马诺维奇还声称，亚历山德拉皇后将这封信和拉斯普京的许多其他记录都交给了自己。在西马诺维奇手上，我曾看到亚历山德拉皇后的祈祷书，上面有其最爱的万字符标记"卐"。据说在她死时，身上还带着这本祈祷书。

在当时的社会新闻中，常常会看到费利克斯·尤苏波夫亲王的名字。他的母亲祖上有鞑靼人血统，据说起源可以追溯到帖木儿时期的一个诺盖亲王和卒于1556年的尤苏普-穆尔扎。他们的后代在沙皇阿列克谢一世统治末期皈依了基督教，其中包括彼得大帝统治时期的一个宫廷官员。通过连续几代人的联姻，家族中的男性逐渐升到了现在的头衔。第一次世界大战前，刚从牛津大学回来不久的年轻的费利克斯·尤苏波夫娶了尼古拉二世的侄女伊琳娜。费利克斯·尤苏波夫来自俄罗斯帝国非常有钱的家族之一。他的母亲一度与亚历山德拉皇后交往甚密，但和其他人一样十分反感拉斯普京。费利克斯·尤苏波夫就读于培养部队和地方高级官员的贵胄军官学院。他说，自己从1915年开始就一直在谋划暗杀拉斯普京。

费利克斯·尤苏波夫与戈洛文家族交好，与帕雷公主和安娜·维鲁波娃均有交情，而两人都忠实于拉斯普京，并十分了解拉斯普京。这里不得不提到一个十分虔诚的年轻女子，即戈洛文的女儿穆尼娅。正是通过她，费利克斯·尤苏波夫才有了与"长老"拉斯普京密切接触的机会。一开始，费利克斯·尤苏波夫想要劝说拉斯普京不要再贻害他人，如果他不听从，就暗杀他。显然，穆尼娅对此毫不知情。除了明显的杀人动机，费利克斯·尤苏波夫还提到另外两个原因。第一个是他认定拉斯普京在一步步地给尼古拉二世下药——但有关这一点，他并无证据；第二个是他和当时很多人一样，相信拉斯普京与德意志特务有联系。费利克斯·尤苏波夫甚至说自己从拉斯普京的公寓的门缝里看到了一些长得像条顿人的陌生人。

他还记录了"长老"拉斯普京的神秘谈话，其中提到了"绿党"①和长得像"绿党"的人。据拉斯普京的说法，"绿党"住在瑞典。不过，可以肯定的是，拉斯普京想结束战争。因此，拉斯普京倒真有可能与德意志特务有过联系，但绝不会是拿着德意志帝国薪俸的特务。

在自己的书中，费利克斯·尤苏波夫描述了自己的计划，那就是先接近拉斯普京，取得信任，并调查其活动和手段。他甚至还请了拉斯普京治疗自己的小病。费利克斯·尤苏波夫向我们生动地描述了"治疗"的过程，特别提到了拉斯普京那双非同寻常的眼睛：时而凝视、时而转个不停。他还学着拉斯普京的语气说："皇后是个非常明智的统治者……不过，她认为他②是上帝之子。""她是叶卡捷琳娜大帝再世。""他不是什么沙皇，他只是上帝之子。""即使她如此固执，他也毫不妥协。"——显然是指和平问题。拉斯普京提议，尼古拉二世应让儿子阿列克谢即位，由亚历山德拉皇后摄政。尼古拉二世应被送到其最喜欢的里瓦几亚宫，种种花草来打发时间。这样一来，什么都清理得干干净净——"首先清理的是那些喋喋不休的人，在自己身边，有人和没人是不一样的"。拉斯普京还提到了解放犹太人的问题。

在发现拉斯普京根本不愿放弃特权后，费利克斯·尤苏波夫便下定决心要杀掉他，并开始寻求帮助。首先，他找到了自由党人瓦西里·马克拉科夫。费利克斯·尤苏波夫和马克拉科夫都描述过两人的会面，但后者是为了澄清某些不实的说法，所以马克拉科夫的版本应该更准确。费利克斯·尤苏波夫称，拉斯普京是祸根——他确实说得没错。与宫廷没有来往的马克拉科夫则错误地认为拉斯普京掀不起什么大风大浪，所以从未在演讲中提到过拉斯普京的名字。费利克斯·尤苏波夫举例说明了拉斯普京对

① "绿党"并不是严格意义上的党派，这里是对反抗的农民的统称。——译者注
② 指尼古拉二世。——译者注

尼古拉二世的绝对控制，并建议：要么收买他，要么杀掉他。马克拉科夫回应称："我们要另寻蹊径。"他认为，即使贿赂拉斯普京，他也绝非可依赖的盟友。再说了，除掉了这个，没准又会出现一个新的"拉斯普京"。费利克斯·尤苏波夫则认为，如果拉斯普京被杀，不会再有第二个这样的人出现——他的想法不无道理。两个星期后，费利克斯·尤苏波夫开始觉得，神志完全受拉斯普京摆布的亚历山德拉皇后应该住进精神病院，尼古拉二世一定会成为优秀的立宪制君主。而马克拉科夫此时的想法不像费利克斯·尤苏波夫这么轻率。他告诉费利克斯·尤苏波夫，小心皇后报复他。费利克斯·尤苏波夫说，自己不打算亲自动手，毕竟自己多少算是皇室成员；否则，如果自己亲自动手，说不定还会引发一场革命。费利克斯·尤苏波夫建议应把此事交给革命党人。马克拉科夫回答："拉斯普京是革命党人最忠实的盟友。"费利克斯·尤苏波夫又建议雇个人把事办了，马克拉科夫打断了他的话："什么，你觉得我会养着一群杀人凶手吗？"在费利克斯·尤苏波夫离开前，马克拉科夫警告他，避免和任何愿意收钱杀人的人打交道。"把你供出来，对收钱杀人的人岂不是笔更好的买卖？不过，要是你想要亲自动手，记得来找我，我还能提点一二，好让你不至于犯无谓的错误"。在当时的首都彼得格勒，这样的对话屡见不鲜，因此，马克拉科夫认为整个对话不过是两人之间的寻常交流罢了。

普里什克维奇于1916年12月2日在帝国杜马发表演讲后，费利克斯·尤苏波夫立马找到了他。在非同寻常的场合下，两人见了面。普里什克维奇开门见山地告诉费利克斯·尤苏波夫，杀掉拉斯普京一直是自己梦寐以求的事情。两人立即开始讨论起杀人计划来。另一个同谋者是尼古拉二世最喜欢的堂弟德米特里·帕夫罗维奇大公，彼时二十五岁，在父亲再婚娶了一个平民后，被送到了伯父谢尔盖大公那里照顾，从此便将皇宫当成了第二个家。在信中，他把尼古拉二世称作"叔叔"[①]。尼古拉二世夫妇明白四个女儿都不愿意嫁出国门，甚至一度将德米特里·帕夫罗维奇大公看作是长女奥尔加未来的丈夫。从亚历山德拉皇后的信中，我们不止一次地看出，皇后对德米特里·帕夫罗维奇大公十分上心，有时还认为他正与他们渐行渐远，希望能好好扶正他的性格。德米特里·帕夫罗维奇大公满心接受了费利克斯·尤苏波夫的建议。他的加入对同谋者而言自然求之不得，这样一来，谋杀就不会被看成是在与整个王朝作对。

还有两个人也被卷进了这场阴谋，一个是年轻的军官苏霍京，此人在彼得格勒的上流社会是个响当当的人物，另一个是拉扎维特医生，普里什克维奇认为他能派上用场，所以推荐了他。拉斯普京的女儿后来称普里什克维奇为"阴谋的灵魂人物"。他手下有一辆救护用的火车，常常在首都彼得格勒与前线之间往返。现在，使用这辆火车的时候到了。1916年12月4日晚上10点，同谋们碰了个面。12月7日，在普里什克维奇的火车里，他们商讨下一步的细节。12月10日，普里什克维奇仔细查看了费利克斯·尤苏波夫豪宅里的地下室。按照计划，费利克斯·尤苏波夫将单独去找拉斯普京，然后由拉扎维特开车将其带过来，其余人则在楼上等候。拉斯普京被杀后，苏霍京穿上自己的皮毛外套，把他剩下的衣物打包带到普里什克维奇的火车上烧毁。他们将德米特里·帕夫罗维奇大公的车秘密地开到费利克斯·尤苏波夫的房子那里，再将拉斯普京带至涅瓦河河边的某地。他们最终确定的地点是一处郊外，即支流小涅夫卡河的岛屿上。在那里，普里什克维奇把重物拴在拉斯普京身上，再将其扔到河里。

---

① 德米特里·帕夫罗维奇大公的父亲保罗·亚历山德罗维奇大公是尼古拉二世的父亲亚历山大二世最小的儿子。他的伯父谢尔盖·亚历山德罗维奇大公和伯母伊丽莎白·费奥多罗芙娜（亚历山德拉皇后的姐姐）在莫斯科照料过他。德米特里·帕夫罗维奇大公曾与尼古拉二世夫妇同住在沙皇村。其间，他与尼古拉二世之间产生了深厚的感情，并把尼古拉二世当成了一个父亲一样的角色。——译者注

同谋们事先约好，任何人不得承认知情此事，也绝不能发表任何声明。然而，两个主要的带头人罔视了这条规矩。马克拉科夫描述了其中的细节：1916年12月11日，在帝国杜马人来人往的大厅里，普里什克维奇向他走过来，说谋杀已经计划好了，这让他大吃一惊。马克拉科夫把普里什克维奇拉到一边，在亚历山大二世的半身像下坐了下来。普里什克维奇将包括日期在内的全部细节向他一一摊牌。"为什么你要告诉我这些？"马克拉科夫问道。普里什克维奇似乎对保密的想法不屑一顾，还问他愿不愿意再次接纳费利克斯·尤苏波夫。马克拉科夫点头同意，但对成功并没有把握。他提出一个看法，如果拉斯普京的尸体被藏起来，人们也许认为他还活着。不过，费利克斯·尤苏波夫向他保证——后来证实他是对的——不会有什么大动干戈的调查。马克拉科夫提议，同谋们不妨打电话给拉斯普京最喜欢光顾的声色之地罗德别墅，留个口信，问他到了没有，以混淆调查人员的判断。他还提出，愿意在事后提供任何法律上的帮助。正因为这样，谋杀发生时，便有人在莫斯科用电报通知了他。费利克斯·尤苏波夫向马克拉科夫告别时，要走了其放在桌上的一个带弯柄的钢制熨烫斗。

　　让费利克斯·尤苏波夫万分吃惊的是，很快，帝国杜马一个叫贝克尔的女记者找到了马克拉科夫，向其准确地说出了阴谋的全部细节。这些内容是她在记者办公室里从普里什克维奇那里套出来的。当时，这个小个子显得十分激动，称"我亲自参与了计划"，并给出了同谋的名字和具体日期。现在，马克拉科夫没有什么好顾虑的了，就将此事告知了同为律师的克伦斯基。克伦斯基听后，怒不可遏地对他说："你难道不明白这场谋杀会巩固君主制吗？"谋杀的确对巩固君主制起到了立竿见影的效果。

　　1916年12月20日，俄罗斯帝国最保守的团体"联合贵族"召开了一次特别会议，抗议"皇位背后的黑暗势力"，并讨论了是否应向尼古拉二世进言。帝国杜马成员称亚历山德拉皇后"把俄罗斯帝国当成了自己的闺房"。在军中，士兵臆造着她与拉斯普京之间的不正当关系，这成了士兵毫无顾忌的话题。

根据安娜·维鲁波娃的记录，在生命的最后一个月中，拉斯普京常常想到死亡。在与尼古拉二世的最后一次见面中，拉斯普京并没有像往常一样祝福尼古拉二世，而是说："今天由你来祝福我！"他确信自己的死会带来一系列极大的不幸。此时，西马诺维奇也在密切观望着事态发展。他之前建了一个大型赌博俱乐部，红极一时，所以也在客人出入之间得到不少信息。有人告诉他，在接受医生的治疗时，普里什克维奇向别人泄露了秘密——这与其从前在帝国杜马做的如出一辙。

费利克斯·尤苏波夫正式邀请拉斯普京来自己家做客。他的妻子伊琳娜之前从未见过拉斯普京。拉斯普京急不可耐地要与她见面，这正中费利克斯·尤苏波夫的下怀，他以此为诱饵，一步步将拉斯普京逼近死亡。此时，伊琳娜正在克里米亚，亚历山德拉皇后对此十分清楚。拉斯普京并没有过分在意这个昵称为"小人儿"的费利克斯·尤苏波夫，接受了邀请。西马诺维奇曾试图劝说他不要去。两天前，拉斯普京陷入了一种极度忧惧的状态。像往常一样，他又在外面鬼混了一夜，但第二天，他完全平静了下来。面对西马诺维奇的提醒，拉斯普京清楚地告诉他，只需用自己的意志力便能控制局面。1916年12月29日晚，安娜·维鲁波娃来见他，带来了亚历山德拉皇后送给他的一幅圣像，这是皇后刚刚从诺夫哥罗德带回来的。安娜·维鲁波娃还说，皇后恳求他不要去见费利克斯·尤苏波夫。拉斯普京神秘兮兮地对安娜·维鲁波娃说："你已经得到了需要从我这里得到的一切。"普罗托波波夫也在晚上拜访了拉斯普京，发现之前在其公寓的三个保镖已被拉斯普京打发走了。普罗托波波夫要他一定答应自己，不要去见费利克斯·尤苏波夫。之后，拉斯普京对西马诺维奇称："我是一言九鼎的人。"据拉斯普京自己说，他曾不止一次向尼古拉二世表达过这一观点。

为了这次行动，费利克斯·尤苏波夫家的地下室已经做过精心布置，里面有一张熊皮、一个内部装着镜子、水晶和银器的橱柜，最上面有一个17世纪的十字架。同谋们已经在楼上的一个房间里就位，留声机里播放着"扬基歌"①。地下室里，有人准备好了一次茶会剩下的巧克力、杏仁蛋糕和葡萄酒。在酒杯里和一些点心里，拉扎维特医生下了氰化钾。

半夜时分，费利克斯·尤苏波夫独自去了拉斯普京的公寓。穿着白色宽松丝质上衣和黑色天鹅绒长裤的"长老"在等着他，浑身散发着一股廉价的肥皂味儿。在后来的叙述中，费利克斯·尤苏波夫说自己当时紧张得几乎瑟瑟发抖。费利克斯·尤苏波夫将这位客人带到了地下室，两人坐了下来。当惯了农民的拉斯普京对这个橱柜显示出了特别的兴趣。一开始，他既不愿意喝茶，也不愿意喝酒，但后来要了一杯茶。费利克斯·尤苏波夫又递给他几块没有下毒的饼干。在一番拒绝后，他还是拿了两块。之后，他又要了一杯马德拉葡萄酒。费利克斯·尤苏波夫将手里没有下过毒的杯子悄悄换成了下了毒的杯子。拉斯普京接过杯子畅饮起来。毒没有起作用，反倒是拉斯普京用一种带着恨意的眼神注视了费利克斯·尤苏波夫一会儿。"我的头一阵发昏……"费利克斯·尤苏波夫写道。拉斯普京喝了点茶，要求弹得一手好吉他的费利克斯·尤苏波夫弹唱一曲。拉斯普京就这样耷拉着脑袋坐在那里，一曲接一曲地点。"杀人凶手"弹唱了一曲又一曲，可计划中被杀的人并没有倒下。

此时，楼上的"扬基歌"还在循环播放，其他的赴宴者焦急地等待将要发生的事情。据普里什克维奇说，费利克斯·尤苏波夫一共上来了三次。第一次，他告诉他们，拉斯普京不肯吃喝；第二次，他向他们报告，

---

① "扬基歌"是一首美国传统歌曲，旋律轻快，早在北美独立战争之前就已经流行开来。"扬基歌"在美国通常被当作爱国歌曲。——译者注

拉斯普京东西吃了，酒也喝了，可看上去没有中毒的症状；第三次，他绝望地问他们还有什么可做的。而根据他自己的记录，费利克斯·尤苏波夫只在半夜2点半上了一次楼。拉扎维特医生下的毒不起作用，这让他几近崩溃。于是，费利克斯·尤苏波夫走出屋去透透新鲜空气，却一下子倒在雪地里昏厥了过去。德米特里·帕夫罗维奇大公提议就此收手。普里什克维奇坚决表示反对。三个主谋都自告奋勇地提出要亲手终结这次行动。最后，费利克斯·尤苏波夫返回拉斯普京那里，背后藏着一把德米特里·帕夫罗维奇大公的左轮手枪——只有他去才不会引起拉斯普京的警觉。拉斯普京在桌边坐着，头低在胸前，喘着粗气。几杯马德拉葡萄酒下肚后，他恢复了生气，居然提议去找吉普赛人。"我虽然心里装着上帝，"他说，"但肉体上是个凡人。"费利克斯·尤苏波夫起身朝那个十字架走去。拉斯普京跟着他，一路着迷地盯着那个橱柜看。费利克斯·尤苏波夫要他看着十字架，对着十字架祈祷。费利克斯·尤苏波夫后来向马克拉科夫解释了当时这么做的原因：拉斯普京一定会在胸前画十字，这样其内心的邪恶就会减去几分——费利克斯·尤苏波夫一直十分惧怕这位受害者的超自然能力。马克拉科夫打趣地说："氰化钾和十字的神奇力量构成了'共同阵线'——这是需要上帝保佑的一场谋杀。"拉斯普京正一动不动地看着十字架，费利克斯·尤苏波夫开枪击中了他靠近心脏的部位。随着一声闷响，拉斯普京往后倒在了那张熊皮地毯上。

听到声响，费利克斯·尤苏波夫的同谋们急忙冲进了地下室，其中一人按到了灯的开关，屋子里突然一片漆黑。后来，人们检查了拉斯普京的尸体，认定其死亡。"我们所有人都感到欢欣鼓舞。"费利克斯·尤苏波夫写道。苏霍京穿上了拉斯普京的皮毛外套，与德米特里·帕夫罗维奇大公一道钻进汽车，一路向普里什克维奇的火车所在地驶去，在那里又搭乘了一辆出租车赶往德米特里·帕夫罗维奇大公住的谢尔盖宫。与此同时，费利克斯·尤苏波夫和普里什克维奇还在楼上的房间里交谈。费利克斯·尤苏波夫决定再去查看尸体，便下楼到了地下室。他将尸体摇晃了几下，尸体软软地朝后倒去。可他发现，拉斯普京的眼睛和脸抽搐了一下。细看时，拉斯普京竟然猛地从地上站了起来，扯下了费利克斯·尤苏波夫衣服上的一个肩章，接着又倒了下去。眼前的一幕让费利克斯·尤苏波夫害怕得说不出话来。此时，德米特里·帕夫罗维奇大公的左轮手枪已不在费利克斯·尤苏波夫的身上了。他写道："一瞬间，我就跑到了书房。"但即使在那里，他也没有逃离危险。楼梯处有声音传来，正是拉斯普京。拉斯普京手脚并用、艰难地爬上楼后，重重地靠在通往院子的门上。门虽然上了锁，仍不堪重力，砰地一声被推开了，拉斯普京狂怒地咆哮着跑进了积雪的院子里。普里什克维奇冲进院子朝他开了两枪，但并没有打中他。普里什克维奇懊恼地咬着自己的手，接着又补了两枪。拉斯普京应声倒在雪地里。普里什克维奇站到他身边，朝他的头部狠狠地踢了几脚。

同谋们想着无论如何不能让人听到枪声，所以才会像阿列克谢·赫沃斯托夫那样，希望毒杀拉斯普京。然而，普里什克维奇不这么想。户外的四声枪响隔很远都能听到。他穿过房子跑到了前门，对在那里守卫的两个士兵说："我杀了俄罗斯帝国和沙皇的敌人拉斯普京。"在守卫的两个士兵向其保证不会走漏风声后，普里什克维奇激动地拥抱了他们。他们还帮普里什克维奇将尸体拖到屋内。费利克斯·尤苏波夫本来已经感到十分不适，可当普里什克维奇搀扶着他走近一动不动的拉斯普京时，他一把扑了上去，用马克拉科夫的钢制熨烫斗狠狠地砸在拉斯普京的身体上。拉斯普京还有生命迹象，有一只眼睛还睁着。费利克斯·尤苏波夫不停地用力砸他的脑袋，直到普里什克维奇一声令下，守卫的士兵才把尸体拖走。

一个在外面值勤的警察向守卫的士兵询问枪击的情况。普里什克维奇派守卫的士兵叫值勤警察过来，告诉在场的人，拉斯普京已经被杀，并将值勤警察打发走了。其他同谋坐着德米特里·帕夫罗维奇大公的车回来了。意识还没有恢复的费利克斯·尤苏波夫被交给了一个仆人照顾。两个士兵用一块蓝色的窗帘将尸体包裹起来，用一根绳子捆紧后扔进车里，接着开车去了岛上。普里什克维奇称，尸体还是温热的。拉斯普京的皮毛外套和棉靴还留在车上，并没有按打算的那样被销毁。之前他们曾约定好，往罗德别墅打电话询问拉斯普京在不在。这一部分已按计划进行。

抛尸的地点有一座桥。显然在第一次侦查时，他们没有注意到桥的另一头有一个岗亭。好在当时哨兵正在睡觉，但他们并不知情。停下车、关掉灯、熄灭引擎后，他们便急急忙忙地将捆好的尸体从桥上扔进了河里，可在慌乱中，完全忘了之前应将重物拴在尸体上，于是把绑着链子的皮毛外套和一只棉靴也一同扔进了河里——另一只棉靴被不小心留在了车上。回到谢尔盖宫后，惊慌失措的几个人才发现了另一只棉靴。他们将这只棉靴与包裹着拉斯普京尸体的窗帘一起烧掉了。车里还留有血迹。

之后，几个同谋的做法同样不合常理。费利克斯·尤苏波夫叫家中的仆人将现场的血迹清理干净。虽然普里什克维奇多此一举地向警察宣布了自己帝国杜马成员的身份，并声称他们已经杀死了拉斯普京，但在之后的调查中，他们说用枪打死了一条狗。事实上，为了掩人耳目，他们真的用枪打死了一条狗。他们约定，闭口不提此事。然而，在与穆尼娅谈过话后——当然没有人告诉她发生了什么，费利克斯·尤苏波夫打电话给亚历山德拉皇后请求见面。皇后没有答应，而是要求他写信告知情况。在信中，费利克斯·尤苏波夫口口声声称自己与此事没有任何关系。

亚历山德拉皇后知道伊琳娜此时正在克里米亚。当从安娜·维鲁波娃那里得知拉斯普京受邀的消息时，她便起了疑心。亚历山德拉皇后立即写信给尼古拉二世，向其告知这桩极大的丑闻——当时，普里什克维奇从费利克斯·尤苏波夫家中跑出来，冲着警察大喊"我们的朋友"被杀了。

她要普罗托波波夫阻止费利克斯·尤苏波夫去克里米亚的计划。"费利克斯，"她写道，"假装自己没有去那所房子，也没有邀请过他。我仍然相信主之仁厚，他只是被人赶走了而已……要让她①一直住在这里，因为她是他们下一步的目标。我不相信他已经被杀了。我感到无比悲痛——我很平静，但仍然不能相信……快回来吧。"

与此同时，亚历山德拉皇后还要求一个叫马克西莫维奇的高级警官将费利克斯·尤苏波夫和德米特里·帕夫罗维奇大公软禁起来。凡是关系到皇室成员的命令必须由尼古拉二世本人下达，所以此举使其他大公大为震怒。之前，他们刚刚开了一次家庭会议，劝尼古拉二世适时地同意某种程度上的立宪；现在，他们一致行动了起来，包括尼古拉·米哈伊洛维奇在内的几个大公看望了软禁中的两人。司法大臣仍然是地位已岌岌可危的马卡罗夫。谋杀案发生后，几个同谋立刻打电话给他，要求见他一面。由于同谋中的两人是皇室成员，他并没有直接下达命令。普里什克维奇有意将自己摆在显眼的位置，以表示自己不愿意被软禁。普里什克维奇去了前线。在亚历山德拉皇后的一再要求下，警察不遗余力地搜寻拉斯普京的尸体。正如费利克斯·尤苏波夫预测的那样，由于情势复杂，警察对追查杀人犯并不上心。1917年1月1日，西马诺维奇的儿子发现一只棉靴漂浮在冰面上，于是顺着线索找到了拉斯普京的尸体。一些人跳入水中将尸体打捞了上来。拉斯普京的一只手从绳子中挣脱了出来，成弯曲状。他的身上至少还有两处伤口——一处在背部，一处在颈部——这些都是致命伤。尸体被送到了彼得格勒和沙皇村之间的切斯马教堂。亚历山德拉皇后和安娜·维鲁波娃跪在尸体旁边祈祷。皇后阻止了尸检，并叫人将尸体运走了。不过，根据后来的报告，他的肺部有大量积水，这说明在被人扔进河

① 这里是指安娜·维鲁波娃。——译者注

里时，他还活着。

收到亚历山德拉皇后信息的尼古拉二世正在总部主持一个非常重要的军事会议。他深知妻子此时的心境，于是丢下会议回到了彼得格勒。参加会议的成员从各个前线被召集而来，没有尼古拉二世就做不了决定。临时代替阿列克谢耶夫的古尔科自己只是一个副参谋长。所有人都能预见尼古拉二世对待谋杀的态度。大公们写了一封联名信，要求宽恕德米特里·帕夫罗维奇大公。尼古拉二世的回答则是："杀人行为没有受任何人所托。"费利克斯·尤苏波夫回到了自己的田庄。德米特里·帕夫罗维奇大公被流放到了在波斯行动的俄军部队。这一审判结果其实救了他一命，他由此躲过了1917年十月革命后对旧贵族的清洗。亚历山德拉皇后的姐姐伊丽莎白大公妃给德米特里·帕夫罗维奇大公写信，对他的遭遇表示同情，说自己在为他祈祷。由此可见，尼古拉二世夫妇与家族其他成员之间的裂痕"已经没有修复的希望了"。

1917年1月3日，浓雾弥漫。拉斯普京在皇宫公园下葬，皇室成员参加了追思会。有人本来想在墓地上建一座教堂。"二月革命"后，拉斯普京的尸体被人们挖出并焚烧。传闻说，他的尸体久焚不化。同他一起埋葬的还有一幅上面有尼古拉二世、亚历山德拉皇后和孩子们签名的圣像。兜兜转转之后，圣像到了克伦斯基的手上。现在，上流社会中每个与拉斯普京打过交道的人要么极力否认，要么尽量淡化与拉斯普京之间的关系。拉斯普京留下了一个在农村的妻子、一个心智不太正常的儿子和两个女儿。亚历山德拉皇后竭力善待他的两个女儿，一周邀请她们来皇宫两次。西马诺维奇自己大掏腰包，确保拉斯普京的一家人有吃有住。1917年"二月革命"后，他仍在继续接济这一家人。

费利克斯·尤苏波夫曾天真地认为，杀掉拉斯普京能激起声势浩大的人民运动，以拯救君主制，但结果完全不是其料想的那样。事件发生后不久，一个士兵向马克拉科夫表达了自己的想法："是的，只有一个农夫来到了沙皇身边，而地主们杀死了他。"这话可以说代表了农民的普遍心声。从萨佐诺夫与帕莱奥洛格的对话中，人们的观点可见一斑："从之前出现的事例来看，谋杀的时代已经开启。"的确，紧接而来的便是遍布全国的恐怖主义。虽然犯罪分子的名字人尽皆知，但政府显然不敢起诉他们。媒体的集体噤声进一步证实了萨佐诺夫的结论。

西马诺维奇称，尼古拉二世之所以派自己来，是因为想要知道拉斯普京最后的政治愿望是什么。这一说法也许是真实的。看得出来，此后一段时期的政策——与其说是尼古拉二世的，不如说是亚历山德拉皇后的——就是从各个方面严格遵照拉斯普京的想法。总而言之，1917年1月3日，A.F.特列波夫的辞职再次被拒绝。几天后，1月9日，他终于收到了辞职的许可。在给亚历山德拉皇后的数封信中，尼古拉二世说得很清楚，之所以留着特列波夫，是因为他还有用得着的地方，要是用不上了，他就会"被一脚踢开"。伊格纳季耶夫也请求辞去自己在教育部的职位。他对尼古拉二世说，在这样的内阁中，自己没有用武之地。这就是俄罗斯帝国有史以来最好的教育大臣的下场。库利奇茨基成了他的接班人。因为去了一趟帝国杜马，舒瓦耶夫遭到了亚历山德拉皇后的严厉批评。舒瓦耶夫被革职把陆军部搅了个天翻地覆。在过去几个月中，亚历山德拉皇后一直极力主张任命别利亚耶夫，现在终于如愿以偿。然而，这个和善的小个子根本无法胜任这份工作。马卡罗夫也终于被解了职——直到最后，他仍然拒绝服从亚历山德拉皇后要求他撤掉待审案件的命令。1917年1月15日，多布罗沃尔斯基得到了任命。他是拉斯普京和西马诺维奇的委托人，还欠了西马诺维奇一大笔账。选择首相就更难了。尼古拉·戈利岑亲王已年老体弱，但为人正直，在亚历山德拉皇后的一个慈善委员会中担任副主席。尼古拉二世把他叫来，一开始还跟他兜圈子，说"我对你还不够坦率"云云，之后突然提出让他当首相。可怜的戈利岑骇然失色，说自己年纪大了，身体不好，又没什么经验，恳求尼古拉二世"把这一荣誉交给别人"。然而，在战争期间，他又如何能拒绝得了一国之君的命令呢？就这样，当1917年"二月革命"到来时，包括首相在内的内阁成员大部分来自名不见经传的和几乎没有行政经验的人。不过，对这些人的任命起到的作用微乎其微。问题的真正关键在于，能呼风唤雨的内务部此时仍然掌握在普罗托波波夫的手中。

第 14 章

警示、阴谋与反阴谋

我的灵魂里充满着混乱和惊愕。[①]

《哈姆雷特》，第四幕，第一场

人民对于善良的波洛涅斯的暴死，已经群疑蜂起，议论纷纷。

《哈姆雷特》，第四幕，第五场

拉斯普京被杀，意味着尼古拉二世夫妇失去了一个轴心人物。就像是三角形的底边被抽走，剩下的两条边只能拼尽全力相互支撑，才能勉强站立。安娜·维鲁波娃写道："他们成了自己的皇帝与皇后。"在书中，她记述亚历山德拉皇后依旧美丽动人，灰蓝色的大眼睛常常久久地凝视前方，脸上挂着泪痕。她仍然高举着君主专制的旗帜。她是那种永远斗志昂扬、不容许退而求其次的人。也就是从这时开始，对她性格的考验才真正到来。她以加倍的勇气面对这一切，直到生命的最后一刻。

[①] 文中采用的是朱生豪的译本。——译者注

第 14 章 警示、阴谋与反阴谋 ● 427

我们可否跟随尼古拉二世夫妇走进这个两人生命中最神秘也最黑暗的时期？在此时，所有书信戛然而止。我们还能找到尼古拉二世这段时期的日记，但里面记录的仅仅是有关接见大臣或向他提出建议的人——当然是保守派——的点滴。除此之外，我们只知道在1917年1月4日晚他出门散了步。亚历山德拉皇后的情况则很清楚。当在尘世的支持离开了她，她只能寄希望于天国。拉斯普京常常对尼古拉二世夫妇说，他们如果失去了他，将在劫难逃。她需要拉斯普京才能走上通往天堂的路吗？绝非如此。她没有了指引，反倒激发了自己全部的原始力量。她一旦明白自己要面临的一切，她对上帝的信仰将更纯洁、更明亮。

　　一直以来，和丈夫尼古拉二世相比，亚历山德拉皇后更容易被人们理解。人们研究她的兴趣也远不及研究她丈夫的兴趣。亚历山德拉皇后的有意避世使当时外界对其一直疏于了解，但只要人们对她有了我们现在的认识，她也就不再神秘。尼古拉二世则不同。他的天性"半明半暗"，喜欢用沉默寡言保护自己敏感的心灵，总能看到事情的两面，也能公正地看待问题，所有这些都使人们对他的研究大部分凭猜测和臆断。据说，有人曾清楚地看到，当尼古拉二世在总部听闻拉斯普京的死讯时，居然在那样的气氛中表现出轻松的样子。在这一时期，他照了一张特别的照片，脸上是一副冷峻的表情。在此时，普罗托波波夫经常与尼古拉二世见面，称其是个真正的"右派"。即使在皇宫的家中，尼古拉二世也始终不忘守护自己的权威。亚历山德拉皇后告诉丈夫尼古拉二世必须这样做。一个像他这样聪明的人，一定产生过各种自相矛盾的想法。尼古拉二世意识到，自己一直以来都把妻子和妻子的劝告放在首位。而现在，连妻子也给不了自己任何希望了。最重要的是，他意识到自己与人民已经疏远。我认为这是我们理解他性格的关键。亚历山德拉皇后一直在提醒尼古拉二世，不要忘记自己的责任感、对父亲和儿子的义务。然而，这些责任和义务压得他几乎喘不过气。如果尼古拉二世不必扛起这些重担——除非是他自己背弃了责任——那他将会很快回归到那不受约束的天性中。

尼古拉二世很清楚，自己深爱的妻子在首都彼得格勒不受人待见。除了拉斯普京被杀一事，这一点同样让他感受到侮辱。甚至有报告称，当亚历山德拉皇后还在自己创办的医院里做着最脏最累的工作时，有人曾扬言要一枪毙了她。安娜·维鲁波娃不断地收到此类匿名的威胁信。别出心裁的普罗托波波夫想出了一个幼稚的主意，安排各省的老百姓给亚历山德拉皇后写信和发电报，让其笃定地认为自己是俄罗斯帝国的救星。直到现在她还保留着这种可怜的幻想。

尼古拉二世虽然非常反感任何人闯入自己的私人生活，但当人们提醒要如何提防拉斯普京时，通常还是会耐心克制地聆听。从尼古拉二世的信中，我们可以看出，尼古拉二世并不像妻子亚历山德拉皇后那样，满脑子想的都是跟拉斯普京相关的事情。他敢于对这个"先知"的智慧提出质疑。拉斯普京成了将尼古拉二世与俄罗斯人民联系起来的纽带，在他感到焦虑时，能让他平静下来，给他安慰。而现在，这样的支持已不复存在。西马诺维奇说："他接受了自己最终一无所有的命运。"更何况，尼古拉二世本来就是个不折不扣的宿命论者。他有一种不加雕饰的魅力，能让周围的人感到愉悦，这也成了其生命中最大的快乐，可亚历山德拉皇后狠心将这种快乐夺走了，还给他设定了不可能完成的任务。像他这样的人怎么可能成为伊凡雷帝或彼得大帝呢？在君主专制垮台前的最后的信中，尼古拉二世曾这样写道："对任何人都不应疾言厉色。"显然，他要变得"不留情面"的决心并非发自肺腑。在总部，他几乎疏远了所有人。在随行人员中，只有萨布林尚被认为是"我们自己的"人。德伦特已被革职。尼洛夫向尼古拉二世进过忠言。沃耶伊科夫充其量只是个宫廷侍从。和善的弗雷德里克斯虽然没有大声责难过尼古拉二世，但那恨其不争的心情清清楚楚。军队随行神职人员沙维尔斯基同样提醒过尼古拉二世。阿列克谢耶夫曾是个可以完全依赖的人，但现在也与尼古拉二世疏远了。此时，尼古拉二世感到了一种巨大孤独，直到1917年"二月革命"前夕才回到总部担任最高统帅，这实在是一个莫大的讽刺。他在皇宫的身份是家中慈父，仅此而已。在普罗托波波夫惟命是从的辅佐下，失去了拉斯普京这个主心骨的亚历山德拉皇后实际上成了独揽大权的人。在外人看来，绝望无助的尼古拉二世已经心灰意冷。皇宫中的主要电话被安置在了亚历山德拉皇后的起居室，房间里挂着一幅玛丽·安托瓦内特的肖像。当亚历山德拉皇后坐在对面的写字桌前接电话时，目光便会在玛丽·安托瓦内特的肖像上停留良久。这间房内还建了一个不起眼的木质楼梯，穿过墙壁，一直延伸到尼古拉二世会客厅后面高于地面的平台上，由一块窗帘遮挡起来。这样一来，她就能躺在窗帘后面的沙发上聆听访客的报告。乔治·布坎南和科科夫佐夫最后几次觐见尼古拉二世时，他们总感觉有人在偷听。忠诚的科科夫佐夫惊叹于尼古拉二世敏捷的思维和超强的记忆力，并且十分了解他的为人，不像当时的人们一样认为他一直以来都很冷漠。科科夫佐夫给我们描述了一段令人心酸的景象。1917年2月1日，他以学监和教务长的身份参加了亚历山大中学——相当于英国的伊顿公学——举办的宴会。尼古拉二世站在开着门的房间里，看上去心事重重。"今天是周五吗？"他心不在焉地问。不知从什么时候起，皱纹悄悄爬上了他的脸。他的眼睛发黄，灰色的瞳孔显得有些浑浊。他面带微笑地向四处打量了一番，说话时眼神游离不定。在答应写退位文件后，他站到门口，目送客人离开。就在不久前，亚历山德拉皇后给在总部的尼古拉二世写了一封信，对忠心耿耿的科科夫佐夫充满了愤慨之辞。

帝国议会的右翼党派由已被罢黜的A.F.特列波夫领导，其政治态度早已与帝国杜马分道扬镳。现在，帝国议会的右翼党派开始与帝国杜马联手，共同要求建立一个国家可以信任的部门。"把灰尘清理干净"，在最后写给总部的一封信中，亚历山德拉皇后如是说。帝国议会的成员组成一半来自尼古拉二世的任命，一半从国家高等机构的官员中选出。在每个新年到来之际，君主要重新任命来年的人选，这已经成为国家的一个传统。1917年1月14日，当俄罗斯新年即将来临时，特列波夫列出并提交了人选名单。施蒂默尔没有出现在名单中——他被摒弃了。亚历山德拉皇后提出的整肃行动包括选出一个帝国议会新主席。拉斯普京被杀前不久，1916年12月28日，坚定的保皇派谢格洛维托夫被召至总部，取代了正直的老臣库洛姆津。在受宠信的拉斯普京能呼风唤雨之前，谢格洛维托夫曾是拉斯普京的反对者。不过之后，两人达成了和解。事实上，在被杀之前，拉斯普京曾给谢格洛维托夫打过电话，向其抛出了首相职位的橄榄枝。谢格洛维托夫或许能成功地压制帝国议会中各种讨论的声音，但在这一关键时期，他只会逃避各种困难，起不了多少实质性的作用。

此时，管理俄罗斯帝国政府成了亚历山德拉皇后和普罗托波波夫的家务事，安娜·维鲁波娃也会在一旁协助。在以前，每天早上10点，拉斯普京都会打电话给皇宫。现在，普罗托波波夫将这一习惯沿袭了下来。他要么会在皇宫拜访两位女士，要么就是到沙皇村的医院里去看她们。普罗托波波夫的身上笼罩着一层说不清道不明的神秘色彩。他曾主持过一个降神会，想要让拉斯普京的魂魄现身，好让亚历山德拉皇后支持他的建议。内阁似乎与这些人并不相干，也没有多少影响力。普罗托波波夫甚至不常参加内阁会议。只要一出现在会场，他就会被同僚激烈地反对，反对的不止一人——戈利岑和波克洛夫斯基——都极力要求尼古拉二世免他的职。戈利岑甚至建议克雷扎诺夫斯基接替普罗托波波夫的职务。堂堂帝国的管理人员竟腐败到如此地步。无题诗在当时广为传阅，里面的内容成了人们喜闻乐见的话题，这真实反映了普罗托波波夫在人们心中的形象。这些诗是在拉斯普京被杀前不久写的。

交给迷人的普利就好，
首相特列波夫养了一只鸟，
迷人的政治家。
有关反对派的话，
仔仔细细听得一字不差。
什么话他①会点头，
什么话他会摇头——
交给迷人的普利就好，
迷人的普利什么都知道。

时间有什么要紧，
人人都日渐憔悴。
这可急坏了内务部——
我们晚餐吃什么食物。
谁有牛肉加豆子，
谁的肚子挨饿，让人一眼便知——
交给迷人的普利就好，
迷人的普利什么都知道。
我们这弱不禁风的身子，
如何还能摆出独裁者的姿势。
做军装可是件肥差事，

---

① "普利"和"他"都指普罗托波波夫。——译者注

花个大价钱才能买上一件。

让士兵对它说句"请",

让他花钱：就这么个价。[1]

交给迷人的普利就好，

迷人的普利什么都知道。

我们的境遇闻所未闻，

设备却是一样不差。

再精明能干的商人，

也赶不上你[2]的野心。

给他一块馅饼，他可不搭理，

你的馅饼就这样浪费。

交给迷人的普利就好，

迷人的普利什么都知道。

国家权威何在？

尽管它在哪儿也不缺。

比它更高高在上的——

是珍贵的蝇头小利。

格里沙跪倒在它的脚下，

安妮[3]问："事儿办得怎么样？"

交给迷人的普利就好，

---

① 这里影射的是普罗托波波夫的制衣工厂。——译者注

② "你"指普罗托波波夫。——译者注

③ 格里沙和安妮分别是指拉斯普京和安娜·维鲁波娃。——译者注

迷人的普利什么都知道。

按照你的办法播种好了，
庄稼会长出来，回报也会来。
别把秘密说出去：什么时候也别说，
记得向对面也鞠个躬。[①]
突然来了一纸诏令！
秘密全泄露干净。
交给迷人的普利就好，
迷人的普利什么都知道。

　　普罗托波波夫不太了解工作，执政理念乏善可陈，大部分只停留在纸面。虽然他只是个政治代理人，但由于身处高位，其政策意图还是有研究的历史价值的。除了在狱中写下一份交给"二月革命"后调查委员会的认罪书，在1917年11月的十月革命后，他还写了一份所谓的"临终备忘录"。之后不久，他便被苏维埃政府枪决了。正如普罗托波波夫本人一样，这份临终备忘录中有很多让人捉摸不透的地方，但其中的几条主要路线倒是十分清楚。他希望像前任们一样，加强对军队管理的控制。他说："对自己的无知，人们泰然自若，这像一把利剑，切断了复杂的经济问题。"像尼古拉二世一样，他还希望重塑阅兵传统。当时，人们认为这一任务应交由别列茨基。正如上面我们引用的无题诗的最后一节暗示，在帝国杜马解散后，他显然打算全面修改宪法。在普罗托波波夫绘制的图表中，我们只能找到几条大概路线，但有一点很清楚，那就是大臣之间彼此

---

① 这里是指反对派。普罗托波波夫曾为反对派成员。——译者注

独立——他们通过君主的顾问受命于君主。普罗托波波夫还打算压制公共组织，特别是民间红十字会及战争产业委员会，以赢回自己最熟悉的商界支持；通过地方委员会进行统治；减轻犹太人的痛苦；建立神职人员的选举制度，享受定期薪俸，使神职人员的收入不再依赖于向教区居民征收的费用；将土地分配给农民；由士兵充当农村警察；工人要由战争大臣领导；建立调解性质的安抚法院；严加控制媒体等。大臣的行动必须要对代替了帝国杜马的某个特殊机构负责。在外交政策方面，普罗托波波夫的理念也十分清楚。他发出通告，要求协约国必须在六个月之内缔结和平条约，否则俄罗斯帝国将退出世界大战。

哪怕是尼古拉二世也一定看出来了，普罗托波波夫缺乏政策执行力。于是，他和亚历山德拉皇后曾一度将目光转向了所有前大臣中最保守的尼古拉·马克拉科夫。拉斯普京被杀前，亚历山德拉皇后曾接见过尼古拉·马克拉科夫。很快，尼古拉·马克拉科夫就写信给尼古拉二世，建议其采取最强硬的手段重塑权威。在各级官员中，他是不折不扣的顽固派。早在1913年，他就极力主张只保留帝国杜马的协商功能。在战争爆发前夕，尼古拉二世将尼古拉·马克拉科夫的建议告知了各大臣。他还将另一个保守派戈奥鲁霍-奥特罗克的备忘录交给了尼古拉二世。不过，尼古拉二世似乎没有仔细研究过，只是在去沙皇村的路上匆匆扫了几眼，连内页掉在了站台上都浑然不觉。尼古拉·马克拉科夫十分清楚，保守团体虽然得到了资助，但实际上效率很低。尼古拉二世要求尼古拉·马克拉科夫起草一份解散宣言作为一场政变开始的序幕。他起草好了，可尼古拉二世开始犹豫不决，并叫他不要再联系自己，接下来便把事情一股脑儿地扔给了普罗托波波夫。对尼古拉·马克拉科夫，普罗托波波夫怀有戒心，生怕其威胁到自己的官职。

在此期间，几乎所有肯说真话、并有理由接近尼古拉二世的人，都开始源源不断地向其提出与保守派相反的谏言。拉斯普京被杀之前，安德烈大公的宫殿里就召开过一次皇室会议，要求尼古拉二世利用与其同名的圣尼古拉纪念日，也就是1916年12月19日那一天宣布同意立宪的决定，并请尼古拉二世唯一还健在的叔叔保罗·亚历山德罗维奇大公代为转达。1916年12月16日，保罗大公的请求得到批准，得到了一次觐见的机会。尼古拉二世夫妇设茶招待他。听了保罗大公的要求后，亚历山德拉皇后摇了摇头。尼古拉二世则回答，在加冕仪式上，自己曾许下誓言，要将权力完完整整地交给儿子。于是，保罗大公又提出建立国家信任的部门，并直言不讳地谈到了拉斯普京的影响。尼古拉二世只是兀自抽着烟沉默不语，一边的亚历山德拉皇后却在极力为自己的先知辩护，说每个人都在诋毁拉斯普京，还说部门不可能会有任何人事变动。拉斯普京被杀之前，伊丽莎白大公妃受莫斯科的一个挚友所托，曾专程到彼得格勒，为劝说妹妹亚历山德拉皇后做最后努力。用这个朋友的话说："她此行没有达到任何效果。有消息灵通的人说，她虽然有和皇后说话的机会，但只要一提起拉斯普京的名字，皇后就会立马打断她，还让她坐最早的那一班火车回莫斯科去。皇后甚至传令下去，要人赶紧备好马车，送姐姐去车站。"这是姐妹两人最后一次见面。之后，两人在西伯利亚相继被杀，彼此相隔不过一天。

拉斯普京死后不久，1917年1月4日，尼古拉二世的堂叔及妹夫，也就是费利克斯·尤苏波夫亲王的岳父亚历山大·米哈伊洛维奇大公匆忙从基辅赶到皇宫。在得到尼古拉二世的许可后，他去了亚历山德拉皇后的寝宫，见到了正躺在床上的皇后。不久，激烈的争吵声便从里面传了出来。尼古拉二世带着几个孩子走进房间，轻言打断了两人的谈话，并叫亚历山大·米哈伊洛维奇在书房里把想说的话写下来。2月7日，他终于断断续续地完成了这封长信，在信中表达了自己的担忧之情。

必须要有一个组织在人民面前担负起所有责任。在现行制度下，由你一人担责，这断不可接受。大臣会议主席必须由你完全信任的人担任；此人可选择其他大臣并对这些大臣负责。

亚历山大·米哈伊洛维奇大公反对建立对帝国杜马负责的部门，但他认为：

最近这段时间——1917年1月14日——的人事变动说明，你决意奉行与你忠实子民的愿望背道而驰的国内政策。这样的局面难以为继。我重申一遍，只有倾听人民的声音，才能治理国家。虽然这听起来很奇怪，可我要说的是，总而言之，将要迎接革命到来的是政府。人民不希望发生革命，而政府用了所有可能的方式使不满的人数与日俱增，政府的确做到了。这简直是一大奇观：革命自上而下，而非相反。

阿列克谢耶夫将军一直在提醒尼古拉二世，要防范施蒂默尔。但他突发疾病，不得不休假六周。能力出众、精力充沛的古尔科因此平步青云，接替其成为新一任参谋长。由于同盟国想要获得波兰的支持，波兰问题成了摆在公众面前亟待解决的问题。正如鲁登道夫所说，德意志帝国和奥匈帝国勉强承认的所谓"独立的波兰国"并未获得俄属波兰人的实质性支持，而两大战胜国之间的摩擦日益加剧。按照日程，协约国内部会议将很快在彼得格勒召开，届时俄罗斯帝国将不得不兑现承诺。尼古拉二世还在总部时，古尔科就再次提出了这一问题。虽然有亚历山德拉皇后和拉斯普京的反对，他还是设法让尼古拉二世同意于新年之后在一份宣言上签字，对波兰问题做出新的承诺。事实上，1917年2月31日^①，内阁还建立了一个有关波兰问题的委员会，但这个委员会连一个波兰代表也没有。古尔科一直与古奇科夫保持着联系。1917年1月24日，他像其他批评人士一样，找到罗江科寻求建议，并与其长谈了两个小时。第二天，他再次请求尼古拉二世尽快与帝国杜马言和，并解除普罗托波波夫的职务。1917年3月8日，尼古拉二世回到总部。刚刚病愈回到工作岗位的阿列克谢耶夫再次恳求尼古拉二世向全国人民做出让步。

如果在此时，有外国大使插手俄罗斯帝国内政，哪怕是基于战时协约国政策的立场，也会是一件十分敏感的事情。波克洛夫斯基曾恳求尼古拉二世实施更明智的政策，但没有成功，便将此事托付给了帕莱奥洛格。1917年1月7日，帕莱奥洛格在进谏时，言辞中透露出担忧之情。他先暗示自己是来寻求"宽慰"的。尼古拉二世虽然态度温和，但一直在含糊其词，让这个文雅的法国人失去了说下去的勇气，只得另寻话题。1916年11月5日，乔治·布坎南曾觐见尼古拉二世，并大胆进言。在这之前，他曾请求外交部同意自己以个人名义，而非大使身份劝谏尼古拉二世。而现在，事情的发展急转直下，他决定再试一次。这次，布坎南希望能代表英国君主和政府进言。外交部没有同意他的请求，但他可以再次以个人名义进言。1917年1月12日，他受到了接见。这次见面的地点不在皇宫书房，而在会客厅。首先，布坎南告诉尼古拉二世，协约国内部会议前景堪忧，无法保证"现行俄罗斯帝国政府能继续当权"，亦无法保证"当权者的继任者会尊重会议决定"。然后，在请尼古拉二世原谅自己的大胆进言后，布坎南开始提出了主要问题：

---

① 原文为Feb.31st，应有误。——编者注

如果皇帝陛下能任命国家可以信任的人为大臣会议主席，并允许其选择共事之人，那么我有理由相信（乔治·布坎南在一天前曾问过罗江科）帝国杜马会十分满意。

他甚至说：

与大使们共事的大臣们的职位已经朝不保夕。皇帝陛下，恕我直言，您眼下只有一条无虞之路可走——那就是打破您和人民之间的藩篱，并使他们重新信任您。

尼古拉二世愣住了，问布坎南，是他重新信任人民，还是人民重新信任他。

皇帝陛下，是相互信任。如果没有相互信任，俄罗斯帝国永远赢不了这场世界大战。请原谅我这么说，他（布坎南提到了普罗托波波夫的名字）正带着俄罗斯帝国走向毁灭的边缘。

很明显然，尼古拉二世大为不悦，但布坎南最后说出了这样一番了不起的话：

皇帝陛下，您不要忘了军民本是一家。俄罗斯帝国革命到来之时，只有一小部分军人才能真正保卫王朝。我仅仅是一个大使，深知没有权利用这样的语气跟陛下说话，说出这些话让我鼓足了十万分的勇气。我唯一的理由是，这全是出于对皇帝陛下和皇后陛下的一片忠心。如果我看见一个朋友在黑夜中穿过一片森林，路的前方就是悬崖，难道提醒他小心危险不是我应该做的吗？同样，难道提醒皇帝陛下提防前方的深渊不是我应该做的吗？皇帝陛下，您现在已经来到了分叉路口，必须做出选择。一条路将引领您通往胜利、荣耀与和平，另一条路则通向革命和灾难。我恳请皇帝陛下选择第一条路，只有沿着这条路，您才能保证国家实现其目标，而您也才能继续成为欧洲最有权力的君主。最重要的是，您才能保护身边亲人的周全，为了他们，不要让他们担惊受怕。

尼古拉二世与人民格格不入，而外国大使又由其亲自委派，因此，两位大使无论是站在尼古拉二世的立场上还是站在人民的立场上都不合适。在这样的情况下，帕莱奥洛格和布坎南选择了不同的方式接触民意。帕莱奥洛格把目光放在了最不满尼古拉二世的彼得格勒上流社会。之前，他还曾邀请包括米柳科夫和立宪民主党人在内的公职人员来使馆做客。而当时，布坎南选择接近的仅限帝国杜马成员。他的方式虽然不像帕莱奥洛格这么直接，却赢得了帝国杜马成员更多的信任。不过，时至今日，布坎南也不得不以更直接的方式与帝国杜马接触了。布坎南说给尼古拉二世忠言，引来的却是怨恨。根据安娜·维鲁波娃的记录，亚历山德拉皇后甚至与尼古拉二世讨论过将布坎南召回的问题，不过，生性柔和的尼古拉二世回答道："这太不近人情了。"普罗托波波夫要求监视英国使馆。有人由此编造出不实的传言，说不懂俄语的布坎南贴上假胡须赶赴革命会议。在宫廷的小圈子里，这样的无稽之谈居然开始流传开来。

最后一次严正警告是1917年1月20日由罗江科提出的。1月14日，在皇宫举行的新年招待会上，普罗托波波夫穿过人群来到罗江科身边，并伸出一只手示好。罗江科回答："在哪儿都绝无可能。"几天后，罗江科为自己在皇宫的无礼表现向尼古拉二世道歉，但同时说，普罗托波波夫不应该觉得受到了多大的侮辱，毕竟他又没有真正向自己发出决斗挑战。尼古拉二世听后大笑起来。而普罗托波波夫的说法是，自己本来要发出决斗挑战，但被罗江科制止了。罗江科继续向尼古拉二世面呈报告，内容如下：

从我的第二份报告中，想必皇帝陛下已看出，我认为国家局势已到了最关键和危急的时刻。人民的情绪正在酝酿着一场暴风骤雨。党派已不复存在，俄罗斯帝国上下一致认为，要改革政府，并任命一个不负国家所托的负责首相。务必在政府、帝国议会及帝国杜马和公共机构互相信任的基础上，为国内秩序做出协调各方的努力。动乱四处蔓延，实在令人羞愧。社会已陷入无政府、无体制状态，时至今日，前线和后方也无任何协作可言。伤害和惶惑无处不在。全国人民都明白，您将所有帝国杜马和人民信任的人驱逐出政府，取而代之的是毫无作为与价值的人。大臣的人事更迭频繁，一开始造成了官场的混乱，久而久之，官员对此已变得麻木不仁。皇帝陛下，请想一想，波利瓦诺夫、萨佐诺夫、伊格纳季耶夫伯爵、谢尔巴托夫、瑙莫夫——在没有犯错的情况下，所有这些对您和俄罗斯帝国忠心不二、正直诚实的公仆却被无缘无故地罢免。想一想戈卢别夫和库洛姆辛这些受人尊敬的政治家吧。这些受人尊敬的政治家之所以被罢免，仅仅是因为他们拒绝在帝国议会上禁言诚实的声音。一切就像设计好的一样，事情正朝着损害俄罗斯帝国利益和对敌人有利的方向发展。无怪乎在军队后方，有关叛国和间谍的可怕谣言正四处流传。陛下，您的随从中已没有一个诚实或可靠的人。最好的人不是被免职就是辞职了，留在身边的全是声名狼藉之人。在您不知情的情况下，皇后就擅自发布命令，大臣向其报告国家大事，皇后的意愿可以使所有皇后不喜欢的人官职不保，被没有经验的无能之辈代替。这些都已经是公开的秘密。全国各地对皇后的愤怒和仇恨情绪日益高涨。她被看成是德意志帝国的支持者。甚至连普通百姓也在谈论此事……

"用事实说话，"尼古拉二世说，"没有事实能证明你的说法。"

我没法给您事实，但皇后主导的政策走向让我有底气说这样的话。要拯救您的家庭，皇帝陛下需要想办法阻止皇后对政治事务施加任何影响。俄罗斯人民预感到可怕的灾难即将发生，人民的心灵由此饱受煎熬，人民已经不再信任自己的沙皇，因为明白即使经受了苦难，新的考验仍在等着他们……

陛下，不要逼迫人民在您和国家利益之间做抉择。人们曾经认为沙皇和祖国密不可分，但如今，两者之间已经出现了裂痕。

尼古拉二世双手托着头，说道：

"难道过去的这二十一年来，我竭尽所能做到最好，到头来却是一场错误？"

空气几乎要凝固了。我极力控制住自己，然后回答："是的，皇帝陛下，在过去的这二十一年，您一直走的是一条错误的道路。"

罗江科补充道：

说了这么多逆耳的忠言后，皇帝陛下只是友好地向我道别，没有表现出愤怒，甚至没有一丝不悦。

　　大公和大公妃也有不少对宫廷表达过反对的声音，其中以玛丽亚·帕夫洛夫娜大公妃为甚——德米特里·帕夫罗维奇大公的姐姐与她同名，年纪则比她小得多。玛丽亚·帕夫洛夫娜大公妃是来自梅克伦堡-什未林大公国的德意志人。和某些德意志低等级贵族一样，她十分讨厌德意志皇帝。她是尼古拉二世最大的叔叔弗拉基米尔大公的遗孀。如果亚历山大三世没有孩子的话，玛丽亚·帕夫洛夫娜大公妃很有可能成为俄罗斯帝国皇后。她还是俄罗斯帝国当时地位第三的贵妇，仅排在玛丽亚·费奥多罗芙娜皇太后和亚历山德拉皇后之后。丈夫弗拉基米尔大公是个不折不扣的保守主义者，曾制造了"血腥星期日"枪杀事件。然而，玛丽亚·帕夫洛夫娜大公妃与宫廷的关系一直很紧张。亚历山德拉皇后并不待见她，特别不喜欢她的儿子鲍里斯大公。玛丽亚·帕夫洛夫娜大公妃曾请求让尼古拉二世的长女奥尔加嫁给自己的儿子。在写给丈夫尼古拉二世的信中，亚历山德拉皇后与外祖母维多利亚女王措辞一致，认为鲍里斯大公的名声不好，所以拒绝了这桩婚事。对这件事，玛丽亚·帕夫洛夫娜大公妃一直心怀怨恨。她经常与来家中拜访的帕莱奥洛格谈论政治，在谈到亚历山德拉皇后时便会口无遮拦。

　　弗拉基米尔大公在皇宫的家成为会议中心，人们常聚集于此，讨论皇室的联合行动。某日凌晨1点，罗江科居然接到了玛丽亚·帕夫洛夫娜大公妃打来的电话，说有个"紧急事件"，让其立即来见自己，这让罗江科大感意外。耿直的他回答"实话跟你说，我正准备上床睡觉"，并告诉对方："帝国杜马主席在凌晨1点去拜访一位大公妃——这怎么听都像是一场阴谋。"于是，罗江科将见面时间推到了第二天的午餐时间。他用生动的语言向我们描述了当时的情景：

　　在我到达的第二天，大公妃和她的儿子们都来了，似乎是在
准备一场家庭会议。他们对我十分友好，但对"紧急事件"只字
未提。之后，我们来到了大公妃的卧室，谈论的仍然是一些琐碎
的小事。基里尔·弗拉基米洛维奇问母亲："您怎么不说话？"
大公妃这才开口，说起了现在的局势、政府的无能，还提到了普
罗托波波夫和皇后。一提起皇后的名字，大公妃的情绪变得激动

基里尔·弗拉基米洛维奇。
摄者信息不详

起来，说皇后如何带来有害的影响，如何事事插手，还说皇后把国家带向毁灭；说皇后威胁到了皇帝和所有皇室成员，并表示不能再容忍这样的情况；说必须要有改变，必须铲除、毁灭云云。

我希望进一步了解大公妃是指什么，便问道："您指的'铲除'是什么？"

"唔，我不知道。必须要做些什么，帝国杜马必须做些什么。她必须被毁灭……"

"谁？"

"皇后。"

"殿下，"我说，"请允许我把今天的对话当作没有发生，因为如果您认为我是以帝国杜马主席的身份在跟您对话，那您想必知道，我曾宣誓效忠君主，所以我必须侍奉皇帝陛下，并向他报告，玛丽亚·帕夫洛夫娜大公妃向我坚称皇后必须被毁灭。"

从这段描写中，我们可以看出大公们反对的声音，但大公们也只能嘴上说说。在一个又一个觥筹交错、美人相伴的筵席上，人们将手中的香槟一饮而尽，嘴里说的尽是一些对君主大不敬的话。在加布里埃尔大公的家里，人们公开谈论起1801年保罗一世被刺一事。据瓦西里·马克拉科夫回忆，有关这一话题的书很受人追捧。人们普遍认为，尼古拉二世应该让位给儿子阿列克谢，并由弟弟米哈伊尔大公或尼古拉大公摄政。

有关谁来继任皇位也是进步同盟一直在考虑的问题。A.F.特列波夫准备了一份提交给帝国杜马的纲领。帝国杜马进行了短暂休会。1916年12月27日，在帝国杜马召开的最后一次会议上，米柳科夫言辞激烈地提到"暴雨将至"。第二天，民间红十字会就在莫斯科召开会议，由格奥尔基·利沃夫亲王主持。在会议上，一份谴责"黑暗势力"和政府腐败无能的决议被宣读，赢得了满堂喝彩。在普罗托波波夫的授意下，会议被紧急叫停。不过，一切为时已晚，这份决议传遍了大街小巷。进步同盟已准备好了纲领内容。尼古拉二世将由儿子阿列克谢接任，由米哈伊尔大公摄政。早先在1905年，立宪民主党曾要求建立共和制，现在在米柳科夫的领导下，开始主张君主立宪制。包括十月党和民族主义者在内的大部分进步同盟成员也持同样的观点。事实上，进步同盟做了组建新内阁的准备。之前的内阁稍做调整，即将在1917年"二月革命"后以临时政府的形式正式生效。米柳科夫一直努力不让罗江科坐上首相的位置，现在终于如愿以偿。民间红十字会主席格奥尔基·利沃夫亲王成为临时政府总理。罗江科或许有缺点，但的确是个难得的人才，因此，米柳科夫的做法很有可能是个严重的错误。古奇科夫将担任战争大臣，米柳科夫为外交大臣。之后，民族主义者舒勒金提议，邀请工党领袖克伦斯基进入内阁。

这次会议并没有提出权力移交的具体方法。古奇科夫直言不讳地说，革命后的权力应交给制造革命的人。后来，涅克拉索夫和捷列先科专程去见古奇科夫，问他有什么建议。两人还密谋了一个计划，在尼古拉二世坐火车往返首都彼得格勒和总部、经过诺夫哥罗德的途中将其拦下，逼其将皇位让给自己的儿子。因此，有必要在指定的时间集结几个分队来执行计划。执行的难度造成了行动的延迟。计划准备在1917年3月执行，但"二月革命"抢先一步到来了。

另外一份计划由格奥尔基·利沃夫亲王与阿列克谢耶夫将军共同执行。阿列克谢耶夫是个典型的军人，说话直来直去，信奉自由，不是当政治家的料。各路大臣纷纷严厉谴责政府，让阿列克谢耶夫不知如何应对。尼古拉二世很欣赏他。一开始，亚历山德拉皇后也很喜欢他。在一次去总部的路上，她挽着阿列克谢耶夫的胳膊，领着他进了花园，并说如果拉斯普京在，一定会给部队施福。阿列克谢耶夫简单地回答了一句，说如果拉斯普京出现，自己就不会在这里了。听了这话，亚历山德拉皇后很快把胳膊抽了回来。不过，最让阿列克谢耶夫惊恐万分的是，亚历山德拉皇后手上有一份给尼古拉二世的军事行动秘密地图，而仅有的一份复印件由自己保管。他猜想拉斯普京一定知晓地图内容。事实证明了他的判断。对阿列克谢耶夫而言，这是一个性质十分严重的军事问题。在给他的信中，古奇科夫称凭他一己之力便可惩治邪恶。从亚历山德拉皇后的信中，我们得知，警察将信拦截下来，交给了她。阿列克谢耶夫同意格奥尔基·利沃夫亲王的想法，认为可以抓住亚历山德拉皇后常常去总部的机会拘捕她，并向尼古拉二世提出，皇后应被送到里瓦几亚，在那里一直待到战争结束。假使尼古拉二世拒绝，阿列克谢耶夫就会要求尼古拉二世让位给自己的儿子。格奥尔基·利沃夫亲王的任务是获得更多民众的支持。据说，正在高加索的尼古拉大公得知了计划，但不愿意卷入其中。有人还说，格奥尔基·利沃夫的一个特使拜访了总部，询问阿列克谢耶夫准备何时行动。阿列克谢耶夫一言不发，只是将日历一页页撕下来。突然，他的手在写着某个日期的那一页上停了下来。然而，阿列克谢耶夫之后生了一场大病，一连休了好几个星期的病假，计划不得不搁置。在拉斯普京死前，亚历山德拉皇后写的最后一封重要书信中，曾要求丈夫尼古拉二世将古奇科夫和格奥尔基·利沃夫遣送到西伯利亚。我们必须要为亚历山德拉皇后说句公道话：她这样说并非没有道理。这一时期，从审查机关那里，她经常会收到不少私人书信，里面的内容十分露骨，充满了对她的敌意。

1917年1月中旬，克雷莫夫将军去了一趟彼得格勒。虽然和波利瓦诺夫及古尔科一样，他也是与古奇科夫有密切往来的上级军官，但此次拜访与以上提到的计划并无联系。以下是罗江科对此事的描述：

1917年1月初，克雷莫夫将军从前线来此，称前线局势大乱、军心涣散，问能否有机会私下结识帝国杜马成员。很多帝国杜马、帝国议会和国防委员会成员在我家齐聚一堂。在讲述时，英勇的将军直面严峻的事实，听得在座的人心潮澎湃。克雷莫夫说，除非政府改变路线，或让位给一个军队可以信任的政府，否则绝无胜利的希望可言。后方情况严重拖累了战争进程，所有暂时的胜利都化为乌有。克雷莫夫的总结大致如下：

"军心如此涣散，士兵要是听到政变的消息，一定会欢呼雀跃。前线的人都能感受到，一场革命即将到来。如果你决定采取这样极端的措施，我们会支持你。显然没有另一条路可走。你和其他成员一样，已经用尽了办法，可皇帝把自己妻子的话看得比一切逆耳忠言都要重要，殊不知她的影响贻害无穷。我们没时间浪费了。"

克雷莫夫不说话了。有那么几秒钟，房间里的人都沉默不语，人们似乎有一种不祥的感觉。申加廖夫首先打破了沉默。

"将军的话没错。政变即将到来。但谁有勇气发动政变？"

舍特洛夫斯基严厉地说："不需要对一个将俄罗斯帝国带向毁灭的人存有怜悯之心。"

许多帝国杜马成员都同意申加廖夫和舍特洛夫斯基的话，热烈的讨论开始了。有人引用了布鲁西洛夫的话，"如果我不得不在皇帝和俄罗斯帝国之间做选择，那么我选择后者"。

最不依不饶的是米哈伊尔·捷列先科。他的话激怒了我，于是，我反驳道：

"你没有考虑到，皇帝退位后将会发生什么？我坚决不同意革命。我曾宣誓效忠君主，请你不要在我家里这样说话。如果军队仍然坚持皇帝退位，那么也将由军队来执行；至于我，我将用规劝的手段，而不是暴力手段坚持到最后。"

会议一直持续到深夜。人们感到黑云压顶、暴雨将至、未来险恶：这个国家正被某种可怕的命运，一步步地推至深不见底的谷底。

进步同盟的口号仍然是"支持战争、批评政府"。法国政治家M.杜梅格再次来到俄罗斯帝国参加了协约国内部会议。1917年2月8日，他在法国使馆与一众自由党人士共进午餐，其中包括米柳科夫、波利瓦诺夫、瓦西里·马克拉科夫和申加廖夫。像往常一样，他呼吁大家保持克制：在世界大战结束前，国内局势必须保持基本稳定。米柳科夫和马克拉科夫回答："我们已经够克制了，我们已经尽了全力。再说，如果不马上行动，广大人民就再也不会听我们的了。"杜梅格的口气不那么强硬了，但末了还说了一句："要从战争的大局出发。"立宪民主党左派和进步主义人士并不支持这些人的想法，所以没有加入进来。政府的言而无信使人们对国家越来越失去信心。新上任的温和派首相戈利岑宣布，希望与帝国杜马和人民合作，但人们只在口头上支持他。

工人阶级毫无组织性和计划性，这和以前没什么两样。优秀的讽刺漫画家瓦莱里·卡里克的作品朴实无华，深得平民喜爱。他有一本珍贵的日记，里面记录了各种观点，以平民的观点为主。日记里写道："这里根本找不到有能力组织和领导革命的人。"彼得格勒军事长官哈巴洛夫将军也有相同的论断。革命党领袖V.B.斯坦克维奇后来说："群众在自发地运动。"舒勒金的总结最精彩："虽然他们[1]没有准备好，但其他所有人都准备好了。"

---

[1] 这里是指革命党人。——译者注

事实是，当时的俄罗斯帝国还有几百万文盲。因此，总的来说，人们在政治上还很不成熟，想法不成体系。社会党领袖中的很多人虽然都受过高等教育、思想深刻，但就像席位在自己右边的政治家一样，无法深入群众。据克伦斯基估计，即使在1917年年初，社会革命党和社会民主党这两个真正的革命党派的注册人数也不超过三万五千人，其中属于失败主义团体布尔什维克的不超过一万五千人。这一时期，在活跃分子名单上的社会民主党或马克思主义者的人数不超过四千人——这是他们中的一员提供给我的数字——其中大部分仍是孟什维克党或温和派。不过，毫无疑问的是，许多人正在成为布尔什维克人。此时，资深孟什维克党领袖普列汉诺夫仍在国外，并号召人们鼓起爱国热情，赢得战争胜利。现在，孟什维克党出身的帝国杜马社会民主党主席、格鲁吉亚人奇赫伊泽成了其对手最喜欢的对象。同为孟什维克党人的托洛茨基正在美国。此时，布尔什维克领袖列宁和其所有主要副官都在瑞士。在那里，他们弄到了设备，使失败主义文献能被关押在德意志战俘营的俄罗斯人传阅。在战争期间，要影响俄罗斯帝国，只能通过最迂回的方式。值得注意的是，在"二月革命"结束后、十月革命正在酝酿之际成立起来的调查委员会的记录中，囊括了所有与罗曼诺夫王朝衰落有关的人物的证词，但列宁这个名字鲜少被提及。克伦斯基是最让警察头疼的人物。他告诉我们，"没有任何一个左派党和革命组织为革命的到来做了周全的准备"。1917年2月17日，在帝国杜马，克伦斯基发表了一篇义正辞严的演讲，并大胆宣布：

　　　　为了阻止巨大灾难的到来，沙皇本人必须下台——在不得已的情况下，不排除使用恐怖主义。如果此时您不听警言，那么等待您的将是事实——不再是警言。请抬头遥望俄罗斯天空中闪耀的火光！

克伦斯基之所以一直坚定地支持世界大战，是因为如果德意志帝国胜利，俄罗斯帝国任由德意志帝国摆布，那么俄罗斯帝国就没有革命的可能。正因如此，克伦斯基甚至开始与包括民族主义者舒勒金在内的反对党走得更近了。在他发表上面这篇演讲后，多布罗沃尔斯基想让帝国杜马把他交出来，但罗江科对他说："放心，我们绝不会把你交给'他们'。"

政治计划和纲领如何姑且不论，老百姓与现行制度的隔阂越来越深，日益沸腾的民怨随时都会将国家吞没。在警察的十月报告里，对此阐述得淋漓尽致。而现在，报告里提到的各种现象愈演愈烈，人们的情绪随时可能爆发。进步同盟鼓吹爱国主义和世界大战，可和平和面包才是老百姓最大的期盼。布尔什维克最开始举行游行时，列宁还把这两个词印在了横幅上。即使在1917年十月革命发生后，塞利瓦切夫将军仍认为这两个期盼比其他的都重要。军中流传着各种的言论，说将军们如何背信弃义。在后方，这种声音则传播得更远。工资的增长远远赶不上物价的飞涨，人们的生计成了问题。由于卖粮食的钱买不起想要的东西，农民开始大量囤积粮食。新任农业大臣里蒂希虽然经验丰富、很有能力，但无力应对这种局面。在一次讨论中，帝国杜马猛烈地批评他，差点让进步同盟起内讧。虽然内阁经常讨论食物问题，可当权的普罗托波波夫常常缺席，而同僚对其敌意有增无减。

1917年1月29日至2月1日，在彼得格勒召开的协约国内部会议无异于一场闹剧。

俄罗斯帝国的代表们没有达成任何共识。战争大臣别利亚耶夫虽然长期担任总参谋长，经验老道，却缺乏专业知识——他要求的军需品订单的吨位数是实际需求的五分之一。在经过摩尔曼斯克时，协约国代表们想必都看见了自己带来的礼物正胡乱堆放在一边，无人问津。米尔纳爵士一边不耐烦地挪动自己的椅子，一边说："我们在浪费时间。"在觐见尼古拉二世时，布坎南找了个机会再次提议说，应该批准被普罗托波波夫关停的地方自治局参与食物供应的工作。

1917年2月12日，普罗托波波夫下令逮捕了中央战争产业委员会工党代表。此时，协约国内部会议的代表们还没有离开俄罗斯帝国。中央战争产业委员会是合法机构，工人可以通过它发表看法。它不仅汇聚了爱国劳动者的观点，还为世界大战做了大量工作。这一时期，罢工规模不断变大。1917年1月22日，一万两千名工人参与了一次罢工游行。不久，七万矿场工人齐聚彼得格勒街头，在其他省份也出现了类似的运动。在浩荡的队伍面前，罢工煽动者发表了一篇又一篇演讲。人们已经注意到普罗托波波夫想要缔结和平条约的想法。虽然他的思想并不严谨，说话也总是含糊其辞，但从他的话里可以听出，他意在挑起一场小型动乱，继而压制，这样就能向协约国解释，俄罗斯帝国为什么难以继续参战。之所以逮捕中央战争产业委员会工党代表，是因为一个叫阿布罗西莫夫的人在演讲中鼓动人们发起一场武装起义。人们后来才发现，他是个特务警察，并不在被捕人员之列。警察似乎没有从中汲取任何教训，又开始玩起了阿泽夫和马利诺夫斯基那段时期的肮脏把戏。据说，在1917年2月27日，也就是帝国杜马重新开会的那一天，会有一支长长的工人游行队伍出现在门口。迷信的普罗托波波夫得到一个外国巫师的指引，明白自己这一天将在焦虑不安中度过。米柳科夫向工人发出严正警示，要工人留意不要落入陷阱，但有关方面拒绝发表这份警示声明。有充分证据表明，一个和他长得很像的特务警察自称是米柳科夫本人，混迹在工人队伍中，企图挑起一场鲁莽的暴动。总而言之，那一天的游行队伍并没有出现。

此时，包括萨马林和格奥尔基·利沃夫亲王在内的显赫人物纷纷找到罗江科，问还有什么办法能让尼古拉二世看清眼前的危机。1917年2月23日，罗江科成了尼古拉二世最后接见的人。他注意到了尼古拉二世的态度与以往不同，就只口头陈述了书面报告的内容。尼古拉二世不仅十分冷淡，并且"十分严厉"，不停地催促罗江科快点说。

当我提到普罗托波波夫时，他不耐烦地说：

"普罗托波波夫是俄罗斯帝国杜马的副主席。为什么你现在不喜欢他了？"

我向他解释道，自从普罗托波波夫当上大臣以来，就完全丧失了理智。在我们谈到普罗托波波夫和总体的国内政策时，我拐弯抹角地提到了马克拉科夫——保守的马克拉科夫，兄弟俩中的弟弟①。

"我为马克拉科夫感到非常难过，"皇帝说，"至少他没有丧失理智。"

"他毫无理智可言，皇帝陛下。"我忍不住说道。

我只能以这样的方式结束报告：

"皇帝陛下，出于职责，我要向您表达我的预感和决心，那就是这将是我最后一次向你报告。"

"为什么？"尼古拉二世问道。

"因为帝国杜马会被解散，政府采取的路线前景堪忧。我们仍有时间，我们仍然有可能进行全面变革，批准建立一个负责的部门，但这一切无法实现。您，皇帝陛下，不同意我的看法，一切还是会像往常一样。我认为，这将带来革命和无政府状态，届时，谁也无法控制这样的局面。"

皇帝一言不发，很快将我打发走了。

---

① 指尼古拉·马克拉科夫。——译者注

尼古拉二世的弟弟米哈伊尔大公是最后一批拜访罗江科的客人之一。他娶了一个离过两次婚、与自己身份悬殊的平民，和尼古拉二世曾因此闹得很不愉快。得到许可后，米哈伊尔大公回国参战，在前线担任指挥，几乎一直与士兵同吃同住，对士兵们的想法自然心知肚明。在此时，米哈伊尔大公觐见尼古拉二世，敦促其回到总部，用意很明显：让尼古拉二世远离亚历山德拉皇后。尼古拉二世仍是名义上的最高统帅，也觉得自己有必要回去。根据罗江科的说法，在尼古拉二世动身前，首相戈利岑亲王曾再次恳切地向其提出警示。尼古拉二世回答说，他准备第二天去帝国杜马，宣布批准一个负责的部门。罗江科写道：

> 同一天晚上，戈利岑亲王再次被召入宫中。皇帝向他宣布了动身前往总部的打算。
> "皇帝陛下，指定一个负责的部门怎么样？您意下如何？"戈利岑期待地问，"您正好打算明天去帝国杜马。"
> "我改变主意了，我今晚就动身去总部。"

1917年3月7日，动身前的尼古拉二世最后一次接见了普罗托波波夫。这位大臣明白，新情况随时可能出现。普罗托波波夫已为镇压起义做了准备。彼得格勒十七万人的卫戍部队严阵以待，其中大部分是未经训练的新兵——这可以说是国家"最后的肃清行动"。我们看到，一开始，俄罗斯帝国常规军包含大量志愿兵，但常规军已经至少换过三次以上的新鲜血液。后来招募的这些新兵根本不愿意上前线，更不要说是在当前的局势下了。由于后方武器装备不足，新兵的常规训练本就少得可怜，还要在集合时，一遍又一遍地听各种宣传。现在，前线又出现了食物短缺，这让新兵的境况更糟糕。因此，人们认为，真正可以依赖的是那些受过实际训练的军官，加起来大约有五千人左右——这个数字相当于多事之秋1904年至1907年驻守在首都彼得格勒的常规军数量的十分之一。许多军官来不及奉命对聚集街头的同胞开枪，就去了前线。彼得格勒出现了军民共同参与的抗议集会。用拉斯普京的话说，彼得格勒行政长官巴尔克之所以被任命负责管控公共秩序，只是因为"他是自己人"。到了1917年1月，首都彼得格勒的部队从北方前线分出来，成为了一个独立的分队，由能力不足的哈巴洛夫将军领导。鲁兹斯基再次担任北方前线的指挥。根据调度安排，当骚乱发生时，警察先开枪，然后是哥萨克人，最后是常规军，一个营负责一个市区。重型炮弹已经在沙皇村部署好，几个星期之前已经经过调试。据别列茨基所说，普罗托波波夫派人把机关枪运来，告诉他，枪支已经备好。但之后，普罗托波波夫一口咬定自己与此事无关，还把责任推到了军事指挥官们身上。不管怎样，机枪已经运到，并且也被用过了，这是不争的事实。

尼古拉二世不顾古尔科的警告，命令其向彼得格勒派遣四个骑兵警卫团。古尔科深知，要是警卫团知道被召集的目的是镇压一场人民起义，肯定心生厌恶。于是，他派了三组船员。1917年3月6日，普罗托波波夫向尼古拉二世报告，希望自己能第二天返回。3月7日，亚历山德拉皇后接见了他。她告诉普罗托波波夫，尽管自己已竭尽全力地劝阻，尼古拉二世仍坚持在前线待一个月。说话间，尼古拉二世走了进来，把普罗托波波夫带到自己的书房，告诉了其古尔科的所作所为。普罗托波波夫发出惊呼，说这些船员是从城镇工人中征募的，是战斗部队中最具革命性的力量。最后，尼古拉二世尊重了亚历山德拉皇后的意见，同意将自己在总部待的时间减少到三周。"局势紧急，先生，"普罗托波波夫说，"每个地方都需要您。我不敢想象会有什么后果。"尼古拉二世露出了少有的激动神色，但还是抓着普罗托波波夫的胳膊向其保证，尽量一个星期之内就回来。就这样，尼古拉二世与他道别，请他务必照顾好皇后，并于次日——3月8日——离开。在博洛戈耶车站，尼古拉二世给亚历山德拉皇后发了一封电报："（我）再次感到内心坚定，但很孤独。"在给她的一封信中，他这样写道："我感到十分难过。"尼古拉二世咳嗽得厉害。收到亚历山德拉皇后的第二封信后，他回信说："对孤独的我来说，这是莫大的安慰。"

在尼古拉二世离家当天，其家人相继患上了麻疹。一开始是奥尔加和阿列克谢。第二天，亚历山德拉皇后的得力助手塔季扬娜也患病了。接下来患病的是安娜·维鲁波娃。自从拉斯普京被杀后，亚历山德拉皇后让安娜·维鲁波娃从原来的"小房子"里搬出来，住进皇宫。虽然心脏十分虚弱，亚历山德拉皇后还是坚持自己照料孩子们。亚历山德拉皇后通过电话与总部直接通讯，到头来却变成了一桩与柏林私通的公共丑闻。

到达总部后，尼古拉二世见到了休假回来的阿列克谢耶夫。尼古拉二世说："他的脸上有一种我很久都未曾见过的平静。"这很可能是因为阿列克谢耶夫不久前下定了决心，再次恳求尼古拉二世为国家做出让步。在给妻子的信中，尼古拉二世写道："房子里非常安静。没有吵闹声，没有兴奋的喊叫声——他的儿子不在身边。"在如此关键的时期写出这样的话，说明了尼古拉二世的处境是多么荒谬："闲暇时分，我可以像以前一样玩多米诺骨牌。""当我没在工作时，这儿的安静让我心情低落。你在信中说我要坚强，我是主人。你说得一点没错。我向你保证，我没有忘记你的话，但没有必要动不动就对人发脾气，想走就走。"1917年3月9日，尼古拉二世建议说，应该让还没有被传染的玛丽亚和阿纳斯塔西娅也患上麻疹，省去以后的麻烦。他还建议送孩子们到克里米亚养病。"我的大脑在总部可以得到休息，"他写道，"没有大臣，没有让人伤脑筋的麻烦问题。我觉得这对我很好，但只是对我的大脑而言。"那些平日对尼古拉二世一家亲切友好的随从现在几乎全部远离尼古拉二世，总部往日的生气已经不在。大雪阻断了交通，要等到食物运过来，还得等上三四天，据说有五万七千辆卡车被滞留在路上。"真是太可怕了。"尼古拉二世写道。此时，他还提到过胸口的"剧痛"，但在其祈祷时，疼痛会自然消失。

无怪乎莫索洛夫对位于总部的参谋部会有这样的描述："我们居住在另一个星球上。"

第 15 章

1917 年"二月革命"

比大洋中的怒潮冲决堤岸、席卷平原还要汹汹其势。[①]

《哈姆雷特》，第四幕，第五场

就在尼古拉二世离开的同一天，也就是1917年3月8日，帝国杜马开始猛烈抨击政府的粮食政策，城市爆发骚乱，数千名工人罢工。人群涌上街头，要求填饱肚子、主张和平，并高唱俄罗斯帝国版的《马赛曲》。涅瓦河以北的贫困地区出现了抢劫。在涅瓦大街，当地工人与哥萨克人发生了冲突。

1917年3月9日周五，动乱升级，北部市区的群众开始打劫面包店。之后，官方一连几天发表声明，称城市的面包供应正常，配送严重滞后才是问题所在。但面包店店主抱怨称，自己得不到足够的燃料维持生意。哥萨克人被派来协助警察工作。瓦莱里·卡里克注意到，工人和哥萨克人的关系并不是剑拔弩张的。哥萨克人会高声回应人群："我们不会开枪。"

罗江科与首相戈利岑取得了联系。内阁召开紧急会议，不过，到目前

---

① 文中采用的是朱生豪的译本。——译者注

为止，会议上仅讨论了食物供应问题。普罗托波波夫再次缺席。罗江科和彼得格勒市长受邀出席了会议，他们坚称，食物分配应该交由城镇议会负责。内阁对此没有异议，但要将城镇议会负责食物分配的做法落实下去，恐怕还得等一段时日。内阁还决定寻求与帝国杜马的合作。但波克洛夫斯基和里蒂希这两位受人尊敬的成员表达了不同的意见。瓦西里·马克拉科夫建议首相戈利岑立即辞职，宣布任命一位民意支持的首相，并将会期延长三天，好为新政府完成与帝国杜马的合作纲领做准备。

1917年3月10日周六，人群不断聚集。他们高举红旗，大喊"打倒那个德意志女人^①"。警察向人群开枪，约有一百人受伤。街道上到处是警察的巡逻队。内阁再次举行会议，一直开到次日清晨5点才结束。这一次，普罗托波波夫没有缺席。会上宣读了帝国杜马的答复。几乎所有大臣都做好了被人民爱戴的人选替代的准备。他们打长途电话将这一意愿告诉在总部的尼古拉二世，却收到了要他们不要轻举妄动的命令。大臣恳求尼古拉二世回来，并决定将帝国杜马休会一段时间。这完全不是因为大臣怀有敌意，而是因为帝国杜马在当前情况下几乎无法工作，再说大臣已经提出辞职，要组建一个受人欢迎的新内阁还需要一些时日。

1915年夏季危机的那一幕似乎又重演了。当时内阁的大部分成员都提出辞职，支持组建一个受人欢迎的部门，并同样考虑过以友好的方式休会。然而，戈列梅金挑起了敌意的情绪，并不是所有人都能理解当时真正发生了什么。

要是皇帝无法到场，皇帝会给首相下达让帝国杜马休会或解散帝国杜马的待定命令，如果事出紧急，则由首相来决定具体日期。早在第一次世界大战前，这就是一种惯例。一开始，首相还会先与帝国杜马主席进行

---

① 这里是指亚历山德拉皇后。——译者注

磋商，但最近这一做法慢慢摒弃不用了。戈利岑手头上就有这样的待定命令。据普罗托波波夫同僚的说法，一直以来，普罗托波波夫支持的是解散帝国杜马，而不是让帝国杜马休会。不过，普罗托波波夫后来抗议说此话不实。

普罗托波波夫认为自己和尼古拉二世一样，说话时闪烁其词。事实的确如此。比如，打电话向总部报告情况时，普罗托波波夫说了很久也未把情况的严重性讲明白。哪怕是在彼得格勒，首要的问题仍然是食物问题。但此时的尼古拉二世远在一个前不着村后不着店的小镇，自然没办法正确判断情况。1917年3月10日晚上9点，尼古拉二世给焦头烂额的哈巴洛夫留了一个电话口讯："在与德意志帝国和奥匈帝国交战的严峻时刻，不允许首都出现动乱。我命令明天必须停止动乱。尼古拉。"尼古拉二世还告诉对方，自己宣布退位。鉴于动乱的影响，直到"二月革命"后，之前在彼得格勒的战争大臣才得知电报内容。看了哈巴洛夫给自己的电报后，普罗托波波夫十分沮丧，并且完全没了主意，但做不到违抗命令。

1917年3月11日周日，首都彼得格勒的大街小巷贴上了告示。哈巴洛夫宣布，禁止集会，如有不从，将命令部队开火。人群还在不断聚集。部队开了四五次火，导致多人丧生。巴甫洛夫斯基团哗变，杀了上校，但其枪支很快被训练有素的普列奥布拉任斯基团缴下。到了晚上，秩序得以恢复。普罗托波波夫还巡视了一圈安静下来的街道。

在这一天，内阁进行了紧急磋商。1917年3月10日，内阁会议一直开到第二天清晨5点才结束。然而，应负主要责任的战争大臣别利亚耶夫在第二天早上征求首相戈利岑的意见，要求晚上再召开一次内阁会议。这次会议从3月11日晚上9点一直开到第二天凌晨2点。普罗托波波夫出席了会议。他发言时间很长，但表述含糊不清。不过，可以肯定的是，他很希望解散帝国杜马。

然而，最坏的结果还在后面。一开始，沃林斯基禁卫团参与了对人民开火的行动，但因为反感这种做法，回到营房的士兵在一番激烈的讨论过后，沃林斯基禁卫团最终哗变，并杀掉了一个军官。此时，首都彼得格勒大部分团都出现了军官不足的现象。这些军官要么是伤员，要么成功地逃脱了被送往前线的命运。哈巴洛夫的副手以生病为由离岗，他手下的两个上校也不见了踪影。

　　在接到休会的命令后，帝国杜马拒绝解散。对这一紧张时期发生的事，保守党舒勒金记录得最精彩——既是最客观的也是最生动的。1917年3月11日，舒勒金敦促其他人尽快准备好新的大臣名单。我们知道的是，这份名单已经起草好了，舒勒金是第一个推荐将克伦斯基加入名单中的人，但没人采取任何行动。"我们没有勇气去思考这一巨大差异，"他写道，"或者说我们太胆怯。"而工党领袖克伦斯基才三十岁出头，就已经春风得意。"我们必须有所作为，"他说，"你打算有所作为吗？"他仅仅要求权力不应当交给官僚，也就是已经与官场有交道的人。工党代表斯科别列夫则宣称："人民信任你。"

　　当天，罗江科向尼古拉二世发送了一封紧急电报报告动乱情况，结尾写道："但愿人们不要怪罪头戴皇冠的人。"读完电报，尼古拉二世说了句"那个胖子罗江科又说了一堆胡话"，便把电报放到了一边。此时，罗江科还与具有统帅权的所有将军取得了联系，希望得到他们对支持成立新政府的回复。很快，他就得到了鲁兹斯基和布鲁西洛夫的支持，之后，其他将军也纷纷表示支持。

　　1917年3月12日周一，沃林斯基禁卫团从离帝国杜马办公位置不远的营房出发，开始执行任务，这成了整个故事的转折点。在离沃林斯基禁卫团出发的三小时前，所有极左团体的领袖来到克伦斯基的住所开会。布尔什维克代表尤勒宁称："保守势力在积蓄力量，营房的不安在逐渐消退。

的确，工人和军人必须走不同的路。我们绝不能靠做白日梦等待革命的到来，我们要靠的是在工厂有条不紊地进行宣传，为更好的明天努力。"这证实了克伦斯基生动的说法："""二月革命"的发生水到渠成，其根源是沙皇制度崩塌造成的混乱。"

沃林斯基禁卫团只有一个随行军官，那就是年轻的阿斯塔霍夫。沃林斯基禁卫团邀请其他部队的消息越传越远。一听到沃林斯基禁卫团出发的消息，克伦斯基就马上打电话给一个朋友，要这个朋友把沃林斯基禁卫团带到帝国杜马那里去。在沃林斯基禁卫团到达帝国杜马的途中，又有不少部队相继加入。

1917年3月12日大约早上6点30分，哈巴洛夫得知了沃林斯基禁卫团的消息。指挥官身体抱恙，哈巴洛夫便派了一个人代替指挥官的职位，并亲自去了沃林斯基禁卫团。当时，沃林斯基禁卫团已全副武装，在营房外严阵以待。附近营房的普列奥布拉任斯基团和一些工厂工人也加入进来。汹涌的人群从东北部的维堡郊区出发，途经芬兰车站和一些军火厂，一路来到亚历山大桥。叛乱者继续向帝国杜马前进，并破坏了宪兵营房和一个军校。哈巴洛夫好不容易才组队了一支后备军——六个连只有十五挺机枪。后备军的任务是一路往帝国杜马进发，将叛乱者包围在涅瓦河区域内。后备军的指挥是库捷波夫上校。他曾在前线受过重伤，1930年还在巴黎被人神秘绑架。后备军方面没有传来任何消息。大桥附近的巡回法庭[①]被洗劫，并且着了火。消防员赶到现场救火，却被人群赶走。莫斯科团的两支分遣队想要保护兵工厂，但终究寡不敌众，兵工厂被攻占了。人们把桑普森街挤得水泄不通。部队就驻守在营房前，谁也不知道部队究竟支持哪一边。到了中午，两万五千人站在了革命队伍这一边。部队被划分成几个部分，

---

① 巡回法庭是一个国家司法的重要组成部分，主要用来审判严重的刑事犯罪。——译者注

战斗持续了一整天。政府军在涅瓦大街用机枪扫射，然而，军事总部和多达二十个警察局全部被攻占，并被人放火燃烧。到了晚上，只有市中心还在哈巴洛夫的控制之下。在冬宫前，他集结了为数不多的残余部队：来自城市另一端的伊斯麦洛夫斯基团的三个连及三个猎骑兵禁卫团。哈巴洛夫要求各大指挥官给自己派遣信得过的分队，可他们纷纷回应，称这样的队伍已所剩无几，如果再派遣分队，其他部队将很快溃散。哈巴洛夫又请求喀琅施塔得方面派遣卫戍部队，得到的是同样的答复。哈巴洛夫曾一度得到普列奥布拉任斯基团的增援。有意思的是，巴甫洛夫斯基团奏着军乐加入了哈巴洛夫的部队。哈巴洛夫的部队连炮弹或弹药筒都没有，要接近北部工厂显然不可能。几个哈巴洛夫手下的军官开始敦促哈巴洛夫，要其与罗江科言归于好。位于涅瓦河北岸的彼得保罗要塞被包围。帝国杜马附近宽阔的铸造厂大街上已铺设了路障。包括禁卫军在内的大部分部队已经改变了立场。牢门大开，犯人被放了出来。叛变的部队冲向标志性建筑，人群像潮水般汹涌而至，就像1789年全巴黎人民自发冲向巴士底狱一样。夜幕降临，在建筑物熊熊燃烧的火光中，四面八方的战斗还在继续。

警察局局长瓦西里耶夫生动地记录了1917年3月12日发生的事。3月11日晚，在去内阁开会前，普罗托波波夫曾与瓦西里耶夫一家一起喝酒。半夜，瓦西里耶夫被叫走，去报告警察为维护城市秩序采取了哪些措施。瓦西里耶夫记录如下：

> 我回到家中时，已经是3月12日凌晨3点。大臣们表现出焦虑和沮丧。他们沉重的责任感让我倍感压抑。我开始和他们一样，感到紧张不安。这种情绪使我疲惫不堪，久久无法入睡。
>
> 早上6点，急促的电话铃声把我从睡梦中吵醒。电话是彼得格勒行政长官巴尔克打来的。他告诉我，沃林斯基禁卫团里一个

叫基尔皮奇尼科夫的军士刚刚把自己的上级、训练长官拉什克维奇给杀了。现在杀人犯跑了，军心开始动摇。这个消息把我压垮了，我开始明白无政府状态在军营已经发展到了何种程度。谋杀在营地发生，因此，我无法直接处置，便打电话给谢尔盖·哈巴洛夫将军。没有用，军事长官也不在。我只得到了含糊其辞的回复，无法得知其去向。基尔皮奇尼科夫军士逃到了国外。后来，他坦承了一个幼稚的想法：不知道一小时后，自己是被当成民族英雄还是被绞死。这番话倒是反映了当时的局势：在彼得格勒，没人知道接下来事件会如何发展。

从房间的窗口望出去，我能看到街道上不同寻常的忙碌景象。一辆辆军车疾驰而过；远处时不时能听到枪响的声音。电话铃声再次响了起来，行政长官又给我带来了不好的消息：指挥禁卫军中一个工程兵营的陆军准将多布罗沃尔斯基被手下杀了。事件的发展一发不可收拾。在拉什克维奇上校被杀后，沃林斯基禁卫团的士兵叛变，把军官赶出了营地。叛变者加入了附近的普列奥布拉任斯基团和立陶宛禁卫团。他们成功地攻下了位于里特尼的兵工厂。士兵拿着大大小小的枪在街上一路小跑。人群怒吼着占领了关押未审判犯人的监狱，打开了牢门。很快，城市所有监狱的大门都被打开了。各个行政区的警察局被暴徒控制，来不及换上便服的警察被打得体无完肤。其他地方则被人们放火烧毁。大部分事件都发生在里特尼区。有人在电话里告诉我，反叛者放走的罪犯放火烧了彼得格勒安抚法院的办公室，那里的档案被毁，这意味着无法弥补的损失。

每个人都明白局势已万分紧急。一连好几天，彼得格勒都处于军事机构的控制下。这些军事机构无力阻止革命部队谋杀军官，也无法镇压叛乱。事件的后续发展更是清楚地证明了这一点。军官被哗变的部队包围缴械，反抗者只有死路一条。有一支由工程兵组成的分遣队一直忠于职守，全力反抗反叛者，却被打倒了。反叛者成功控制了克洛查纳亚的军官学校，并缴械了那里的枪支。眼看着暴徒的数量越来越多。他们还冲到了城市中心，绝不放过这样一个抢劫的大好机会。

在涅瓦河北面连接里特尼区与维堡区的桥梁曾被持有机枪的警察控制过一段时间，但他们很快就寡不敌众。人群冲到了莫斯科团的营地。一些分遣队拿着武器反抗，不久便被汹涌的人群包围。莫斯科团加入了反叛队伍。

瓦西里耶夫回忆道：

我准备去主楼的办公室找在那里的普罗托波波夫。正要动身，一个信使跑来告诉我，说机枪正在铸造厂大街四处扫射，已无法通行。警察还在为阻止反叛者过桥做最后的努力。信使恳求我不要无谓地拿生命去冒这个险，等到风平浪静后再做打算。

我现在唯一能做的就是给局里[①]打电话。我的秘书告诉我，虽然内心十分紧张，但他们仍会在办公室工作。我有充分的理由害怕反叛者发起袭击，便下令让所有工作人员离开。我的命令下达得正是时候。过了一会儿，秘书打电话过来，说愤怒的人群已经闯进了大楼。我立马下令将写有员工和秘密特务家庭地址的书全部烧掉。后来，我得知这些"自由的人"洗劫了所有办公室。有

---

① 这里是指警察局。——译者注

一些领头的人出于个人兴趣，想要找到罪犯档案所在的部门。收集了小偷、骗子和杀人犯等各种罪犯的记录、照片和指纹的所有案底全被扔到了外面，当众烧毁。反叛者还逼我打开出纳柜，取走了两万五千卢布公款。从警察局出来后，这些人又来到普罗托波波夫的住所实施抢劫。有目击者看见一些模样端庄的女性披着斗篷，从普罗托波波夫的住所里走出来，手里拿着贵重物件。在那之后的几个小时内，我接到了无数个电话，此事暂且不提。莫斯科当局想要不惜一切代价弄清楚在彼得格勒究竟发生了什么。我告诉秘密警察组织负责人马丁诺夫上校，发生了严重的暴动，有任何消息我会随时通知他。动乱已四处蔓延，无论是叛乱分子还是军事当局都没有要霸占电话线的想法。维持秩序的代表和革命领导人得以协调行动。一切工作还在按部就班地进行着。但很快，政府官员便丢下手头的工作，急不可耐地往家赶，要与政府官员取得联系变得越来越困难。最后，连接到冬宫的电话线路被中断了。事情发展到这一步，我没法给秘密警察组织打电话。

正在马林斯基宫避风头的普罗托波波夫，突然给我打了一个电话，让我始料未及。我简单向他描述了大致的局势，告诉他部队完全不把军事部门的命令当回事，部队已和叛乱分子站到了同一边。

不久，我便带着妻子和一个朋友格沃兹杰夫离开了住所。说实话，虽然手里有一本用假名登记的护照，但我并不知道要去哪里。我一度想着去投奔住在阿斯托里亚酒店的哥哥，思索再三，我又放弃了这个念头。事实证明，我是对的。酒店很快就被叛乱分子占领了。于是，我去找了一个住在酒店附近的工程师朋友

A——①。我们受到了热情款待。无论如何睡觉是不可能的了。到处是步枪和机关枪射击的声音。重型卡车上挤满了全副武装的人，在街道上横冲直撞。我们度过了一个无眠之夜。

让我们来看看帝国杜马那天发生了什么。和瓦西里耶夫一起住在涅瓦河北岸的舒勒金和立宪民主党人申加廖夫也正冒着危险赶来。在路上，帝国杜马预算委员会前主席、战前繁荣缔造者之一——阿列克谢延科的葬礼队伍从他们身边经过。两人在过河时，申加廖夫不无讽刺地说：“现在河两岸的人都认得我们了。”当他们越来越靠近拥挤骚动的街道时，舒勒金说：“我觉得我们扮演的角色到此为止了。”

1917年3月12日上午11点，克伦斯基、涅克拉索夫和奇赫伊泽三人要求米柳科夫立即将四届帝国杜马的全体成员召集起来，包括最开始通过大选选出的两届帝国杜马成员。他们觉得这也许能为民意支持奠定必要的基础，但米柳科夫拒绝了。消息传开，说市里好几个地方都在通过举手表决进行公开选举。选举是为了产生新苏维埃或“工人代表会议”。1905年的大罢工开始后，“工人代表会议”曾进行干预，以指明前进的方向。有八万人正在前往帝国杜马的消息不胫而走。在帝国杜马主席罗江科的主持下，各团体领袖开始会议。人们认为，工党肯定会要求建立一个立宪大会，就和在1905年做的一样。对此，米柳科夫表示反对。正开会间，一个官员冲了进来寻求帮助。在确认了情况后，克伦斯基认为，要维持管控，必须采取紧急行动。他准备从军营开始入手。“我必须想清楚，”他说，“我要怎么跟士兵说。我能说，帝国杜马支持士兵，把责任揽到自己身上，说自己是运动的带头者吗？”没有人回答。后来，舒勒金写道，克伦

---

① 原文如此，此处可能是有意隐瞒了此人姓名。——译者注

斯基的形象在那一刻显得无比伟岸："他保持着清醒的头脑，语气专横、决然，说话时的动作干脆有力，目光如炬。"他有着雄辩的口才，言语间不加掩饰又充满热忱，很快便控制了全场的观众。除右派外，所有主要党派都同意建立一个"临时委员会"，同意人员包括舒勒金、罗江科、米柳科夫、涅克拉索夫、克伦斯基和社会民主党人奇赫伊泽——一言以蔽之，就是整个进步同盟委员会成员加上克伦斯基和奇赫伊泽。克伦斯基仅凭个人威信，就已经为帝国杜马的公信力提供了某种担保。

到达了帝国杜马的人群涌入大厅，将那里挤得水泄不通。这些人都是庶民，虽然不带敌意，但带来很大压力。舒勒金打趣地写道："他们来到了你的怀抱里。"显然，对这突如其来的情况，大部分帝国杜马成员一头雾水。舒勒金写道，帝国杜马成员并不是害怕死亡，死亡对他们来说没什么大不了，他们只是被弄得不知所措而已。然而，克伦斯基说：这像是"人们在沼泽上跳舞"。"沼泽"是指"有小山丘的地方，在那里能找到立脚之地"，就像舒勒金待过的沼泽地前线上的小山丘。后来，克伦斯基又换了个比喻，称帝国杜马大厅是自己一个人就能抓住的"小钩子"。

舒勒金回忆道：

> 克伦斯基的形象似乎愈加高大。士兵冲进来，向他询问了意见后，无条件地服从了他的命令。
>
> 快看！谢格洛维托夫——躲躲闪闪的保守派前司法大臣——被带了进来。他是"二月革命"的第一批囚犯，很可能被私刑处死。不过，大步朝他走去的克伦斯基铿锵有力地说："谢格洛维托夫，你被捕了。你的生命不会有危险。帝国杜马不杀人。"

这话就像是一句口号，周围顿时一片肃静。毕竟，帝国杜马中有了可以听命的人。根据舒勒金的描述，人群站在宽敞的大厅里如同"身处教堂一般"。至于其他：

我们完全不知道发生了什么，当然也不清楚要如何应对。

所有人都感觉自己似乎身处异国他乡。米柳科夫的一个对手冲上去对他说："我来自我介绍一下，我是你最痛恨的敌人。"

在一个小房间里，一群人正不知为了什么情绪激动，其中有一个人穿着厚实的外套，戴着一条有些发皱的围巾，虽然年纪不算太大，可头发已经花白。这群人正把他按在地上，他口里还在不停地叫嚷着什么。突然，他似乎看到了一位救星：显然，他认出了某人。这个"某人"便是正穿过人群走来的米柳科夫。米柳科夫的脸色苍白，胡子刮得干干净净，显得"非常体面"。这个有些皱巴巴的人一头扑向保养得很好的米柳科夫，喊道："帕维尔，他们到底要把我怎么样？我已经坐了六个月的牢。他们又拉我上这儿来，说我必须领导这场运动。什么运动？发生了什么？我可什么都不知道。这究竟是怎么回事？他们要我来做什么？"我没有听到米柳科夫如何回复他。当他急匆匆地走开后，我找准了机会问："那个人是谁？"米柳科夫回答说："啊，你不知道么？那是赫鲁斯塔廖夫–诺萨尔。"

此人便是大名鼎鼎的、1905年的第一届苏维埃主席。副主席托洛茨基仍然远在美国。可怜的保守派罗江科说："我不想叛乱。"但比他还要保守的舒勒金劝他："接手政权吧，位置就摆在面前。如果你不做，别人就会做。"

夜晚的城市已经全副武装。此时,未经正式程序匆忙选出的新苏维埃行政部门已在帝国杜马的预算委员会大厅有了一席之地,克伦斯基是副主席之一。舒勒金深信,只有牺牲君主,王朝才有保全的希望,其中的理由之一是:这是自己活命的唯一办法。

这个时候的内阁也没闲着。早上,一些大臣在首相戈利岑的住处见了面。局势的发展速度出乎所有人意料。第一个到的哈巴洛夫显然完全心不在焉,无法担起责任。戈利岑注意到,哈巴洛夫的报告杂乱无章、不知所云。负责的上校们毫无经验可言。别利亚耶夫建议内阁让赞克维奇将军担任哈巴洛夫的助手,此人曾在前线担任指挥官。别利亚耶夫去了一趟市政厅,发现那里毫无计划、秩序和理性可言。别利亚耶夫坚称,当务之急是要解除普罗托波波夫的职务。戈利岑认为,没有君主的授权,执行起来会很困难。不过,他做好了在必要时担起责任的准备。

内阁会议从1917年3月12日晚上6点开到7点。戈利岑发表讲话,要求普罗托波波夫辞去职务,并尊重他本人的意思,接受他"生病"的辞职理由。别利亚耶夫补充道,他们其实知道普罗托波波夫一直"有病"。这个可能拯救了君主制并担起了所有照顾亚历山德拉皇后重任的人没有发表异议,然后失去了意识。普罗托波波夫既是个悲剧人物,也是个喜剧人物。他说:"现在我已了无牵挂,只有开枪自我了结。"但后来开枪结果了他性命的另有其人。当普罗托波波夫走出门时,没人向其道别。别利亚耶夫提了一个危险的建议,认为马卡连柯将军应该代替普罗托波波夫内务大臣的职位。但有人马上指出,马卡连柯现在是军纪部门负责人,这个时候任命他很不合适,连马卡连柯本人也指出了这一点。米哈伊尔大公也参加了会议,并且之后去了战争大臣别利亚耶夫的住处。在那里,米哈伊尔大公直接与总部通了话,敦促总部马上任命并宣布一个国家可以信任的大臣,并推荐了格奥尔基·利沃夫亲王。阿列克谢耶夫将军接了电话，说半小时后答复。四十分钟后，他又拿起了话筒，但这次代表的是尼古拉二世。尼古拉二世让阿列克谢耶夫将军转告自己的弟弟，自己会马上过来，一到那里就会做出决定。米哈伊尔大公与别利亚耶夫一直待到1917年3月13日凌晨2点，然后回到在加特契纳的家。此时，内阁如鸟兽散，大部分成员都在避风头。普罗托波波夫躲在一个裁缝店里。

1917年3月13日周二一大早，米哈伊尔大公刚一离开，别利亚耶夫就动身去了冬宫。一些保皇派部队正在冬宫广场前待命，以保护参谋部。普列奥布拉任斯基团、巴甫洛夫斯基团和禁卫队中的海军都撤走了。赞克维奇将军与自己即将指挥的部队见了面。进攻是不可能的了。后来，我们得知，当时尼古拉二世正将伊万诺夫将军从总部派过来。尼古拉二世唯一的希望是，在伊万诺夫到达前，最后一块堡垒能守住。赞克维奇将军认为君主仅剩的拥护者一定会誓死保卫所有大门，所以冬宫将是最后的堡垒。权力被大大削弱的哈巴洛夫认为冬宫附近的海军部大楼才是最后的堡垒。它由彼得大帝选址，在那里可以沿着首都彼得格勒最重要的三条街道自由发射炮弹。然而，弹药筒已所剩无几，对只有八十枚炮弹的海军部大楼，这样自由发射炮弹的位置又有什么用呢？保皇派部队先是来到海军部大楼，接着又来到冬宫。在刚刚结束了一场内阁会议后，尼古拉二世的弟弟米哈伊尔大公终于赶来并要求冬宫人员撤离。海军部大楼被保皇派部队重新占领。由于人马已经断粮，为数不多的哥萨克人被允许撤离。但冬宫里的东西吃完了，驻守在冬宫的总共约一千五百人好不容易才分到一点面包。不时有人向驻军开枪，但驻军没有回应。中午，海军大臣格里戈罗维奇插手了。彼得保罗要塞已被攻占，所有人员必须在二十分钟内撤出，否则海军部将受到攻击。士兵放下武器，手无寸铁地走了出来。人们找不到一个可以展开投降谈判的部门。在红旗飘扬的街道上，人们用缴获到的机枪开火，城市中到处可见燃烧的火光。警察和军官被人们追捕，帝国杜马临时委员会收到了紧急求救的请求。阿斯托里亚酒店的部分军官仍在负隅抵抗。当夜色开始笼罩大地，战斗仍在继续；但胜负其实已见分晓。

帝国杜马成了指挥中心，临时委员会和苏维埃总部均设于此。1917年3月13日周二，高唱《工人马赛曲》的人群涌入帝国杜马。在潮水般的声浪中，帝国杜马成员一个个走出来，发表了一篇又一篇演讲。罗江科体形魁梧、声如洪钟，再加上他所处的职位，使他成了发言的最佳人选。罗江科向听者大声疾呼，要他们拿出热情来抵御外敌、保卫国家。

到目前为止，政府已经无法掌控局势，军官也失去了指挥权。帝国杜马临时委员会正加紧工作，指派代表处理最紧急的任务。各种请愿雪片般向帝国杜马飞来。犯人被抓来帝国杜马，其中大部分是警察，他们从有利的位置用机关枪沿着城市宽阔笔直的街道射击。这些犯人能够得救，要归功于克伦斯基提出的那句口号。"为此，"其政治对手舒勒金写道，"我们应该感谢他。有时我们要承认，这是他的功劳。""这些警察真是可怜，不管是穿便服的也好，乔装的也罢，警察那一副惊恐万分、唯唯诺诺的样子，简直不堪入目，很像他们过去常常欺负的小店主。他们排着长长的队，来到了帝国杜马内部房间的门口。这次，轮到他们被捕了。"此时，帝国杜马主席的办公室里挤满了犯人，他们中间的重要人物被关在专门为大臣们准备的一个房间里。

舒勒金写道：

> 突然，从副主席沃尔康斯基办公室里传来一阵骚动；很快，有人在我耳边说："普罗托波波夫被捕了。"话音刚落，我在镜子里看见门被一脚踢开，克伦斯基冲了进来。他的脸色苍白，但眼里闪烁着光芒，伸出一只手臂把人群分开。每个人都认出了

他，由于害怕而纷纷往两边退去。我在镜子里还看见克伦斯基身后跟着一群拿着步枪和刺刀的士兵。他们中有一个可怜的小个子——小个子的脸已经凹陷下去，充斥着痛苦无助——我费了好大的劲才认清那是普罗托波波夫。"谁也不许碰那个人！"克伦斯基吼道——他举起一只手用力往前挤，穿过人群，脸色还是那么苍白，目光如炬，没有举起的另一只手指着"那个人"，宣告了他的命运。此人正是反对革命头号罪犯、前内务大臣普罗托波波夫。

"谁也不许碰那个人！"克伦斯基像是一支宣告革命正义的熊熊火炬，他奋勇直前，似乎要把普罗托波波夫领向刑场，迎接可怕的命运。人群纷纷散开。在克伦斯基身后，士兵正拖着那个可怜的小个子。他穿着发皱的大衣，被明晃晃的刺刀包围着。好一副凄惨的景象！

克伦斯基大吼着穿过"罗江科的办公室"，冲进了叶卡捷琳娜大厅。那里已挤满了士兵、未来的布尔什维克人和其他民众。此时，普罗托波波夫真正的危险才刚刚开始。人们的愤慨情绪到达了顶点，很有可能一拥而上，把他从士兵那里拖走，杀了他，将他撕得粉碎。然而，这一切并没有发生。人们看到了奇怪的一幕：克伦斯基正拖着普罗托波波夫，目瞪口呆的人们纷纷往后退去。"谁也不许碰那个人！""那个人"似乎不再是一个真正的人了。人们给克伦斯基让出一条路。

帝国杜马派出演讲者四处宣讲，以重新获得某些控制权，来自各党派的人都参与了这项工作。舒勒金写道，梦魇般的一天过去了，人们似乎掉进了又深又粘的洞里。夜晚到来时，嘈杂声变小了。人们都在外面找地方露宿。克伦斯基写道："所有俄罗斯人都在外面露宿。"帝国杜马成员睡在能躺得下的地方，如椅子上或地板上。

1917年3月13日周二，满载着革命士兵的卡车往十四英里外的沙皇村开去。没有任何特别的措施来保护皇宫，尽管彼得格勒行政长官巴尔克曾经向普罗托波波夫提议，要试着给其开路。吉利亚尔回忆，在拉斯普京死后，亚历山德拉皇后似乎在"痛苦地等待着某种终将到来的厄运"。她的信心被击垮了。不过，她不是那种一蹶不振的人，并且为了自己生病的孩子们，她绝不能放弃努力。现在，安娜·维鲁波娃已经搬进了皇宫。安娜·维鲁波娃总不让人省心，和尼古拉二世一家一样也染上了麻疹。安娜·维鲁波娃在书中这样写道："我老看见她在我床边打盹儿，一会儿在准备酒水，一会儿把垫子弄平整，一会儿又在和医生说话。"有关首都彼得格勒动乱的一切报道都能通过电话传到亚历山德拉皇后的耳朵里。3月12日周一晚上10点左右，别利亚耶夫敦促亚历山德拉皇后赶紧离开，但此时她的孩子们还生着麻疹躺在床上，她没办法照做。亚历山德拉皇后与总部的沃耶伊科夫取得了联系，得到的答复是尼古拉二世会马上过来。当晚，显然已精疲力尽的哈巴洛夫打来电话，说自己还在守卫冬宫，并恳求送些食物过来。然而，他很快就去了海军部大楼，电话便打不通了。3月13日周二中午，阿普拉克辛伯爵带来了详细的消息。铁路线已被阻断，卡车正在赶来的路上。卡车到达时，亚历山德拉皇后显示出无比的平静和勇敢。晚上，皇宫里听得到步枪开火的声音。在没有军官的情况下，小镇上的所有卫戍部队正全副武装地前进；而皇宫的卫兵部队在院子里集结完毕，包括精英混合团的两个营、一个禁卫部队、两个哥萨克护卫中队、第一铁路团的一个连和一个重型野战炮兵连。镇上不断有歌曲声和枪声传来。禁卫军三个步枪团中的预备营加入了叛乱行列，打开了牢门。晚上，有人与一支宫廷巡逻队发生了小规模冲突，警报四起。人们能感觉到，在皇宫的卫兵部队中，有些人立场并不坚定。亚历山德拉皇后走进雪地去看望自己的拥护者，十七岁的玛丽亚还生着麻疹，却毅然陪在母亲身边。此时，外面天寒地冻——气温为零下四十度——亚历山德拉皇后把自己的拥护者分批带回皇宫，给他们沏茶，好让他们暖和身子。她不仅给他们提供了避难之所，还带去了枕头和毯子。亚历山德拉皇后和衣躺下休息，但好几次起身查看并告诉大家外面的动静。到了3月14日凌晨2点，外面的吵闹声慢慢地小了下去。

3月14日周三早上，小镇显得很平静。伊万诺夫将军带着小型部队来见亚历山德拉皇后，两人短暂地见了一面。除了尼古拉二世乘坐的火车无法通行，没有其他消息。我们知道，所有大公都疏远了这一家人，去年在他们中连一个送圣诞礼物的人都没有。不过，亚历山德拉皇后还是请来了住在沙皇村的、尼古拉二世唯一在世的叔叔保罗大公。据本肯多夫伯爵回忆，在3月14日下午5点到达后，保罗大公的情绪十分激动，与亚历山德拉皇后之间发生激烈争吵。之前，他与米哈伊尔大公起草了一份模糊的"立宪"文件，希望亚历山德拉皇后能代表尼古拉二世在上面签字。第二天，保罗大公叫人给她送去了一份打印版本，但她毫不理会。于是，本肯多夫伯爵与其他几个大公在上面签了字，把文件交给了米柳科夫。米柳科夫打着官腔说："这是一份有趣的文件。"3月14日晚，警报响个不停。在此期间，铁路连杀死了两个军官，并向彼得格勒进发。禁卫团中的一个营也离开了，声称这是首都彼得格勒传来的命令。旗帜被丢弃在路边，军官也被部队抛在身后。皇宫前面对峙的双方部队戴上白色臂章，约定休战，承诺互不攻击。镇上卖酒的商店被洗劫一空。

此时，尼古拉二世正在前往首都彼得格勒的路上。他将应对动乱的任务交给了伊万诺夫将军。后者曾是西南前线指挥官。布鲁西洛夫接任后，伊万诺夫将军来到总部当上了军事顾问。尼古拉二世知道，对伊万诺夫将军，亚历山德拉皇后没有异议，还曾在好几封信中敦促任命其为战争大臣。老将军伊万诺夫是个经得住考验的忠诚保守党，具备老派俄罗斯帝国将军的典型特征：诚实、有人情味，与手下士兵打成一片。他对自己去彼得格勒的行程记录平实又令人印象深刻。3月12日晚上8点，伊万诺夫将军接到了去彼得格勒的命令。北方前线的两个团和西方前线的两个团被派遣过来增援他。他和其他人一样，极力主张改革，也感到尼古拉二世因此对自己产生了不满。阿列克谢耶夫坚决反对用任何强制手段镇压叛乱，建议只给伊万诺夫将军配备一个营的力量，其成员主要来自获得了圣乔治勋章的士兵。这些士兵总能成为进攻部队中的支柱力量。圣乔治勋章由叶卡捷琳娜大帝设立，无论官兵，均可获此殊荣。尼古拉二世对伊万诺夫将军说，这只是一场由食物短缺引发的动乱，但伊万诺夫将军回答，真正的问题根源要深刻得多，并且彼得格勒的卫戍部队靠不住。他又打电话与哈巴洛夫取得了联系，两人谈了很久。此时，政府军连冬宫都快保不住了。3月13日凌晨，伊万诺夫将军便动身前往首都彼得格勒。上车前，他得知尼古拉二世也会去首都，但两人走的是不同的路线。凌晨3点，两人在车站交谈。尼古拉二世将在首都行动的全部权力交给他，还对他说："我们很可能明天就会在沙皇村碰面。"末了，伊万诺夫将军不忘补充一句："别忘了改革。"由于手下只有一个营的力量，伊万诺夫将军当然没有进攻的打算。他告诉尼古拉二世，如果到了首都彼得格勒，看到那里仍然在闹动乱，他不会让手下卷入其中。尼古拉二世只简单地应了一句："当然。"

伊万诺夫将军带着手下经由维捷布斯克，取道从基辅到彼得格勒的直达路线，途中经过总部所在地莫吉廖夫。3月14日早上6点30分，他们终于到达德诺的一个枢纽站。一下车，紧张的气氛扑面而来。一些从彼得格勒来的士兵正在车站收缴军官的武器。当地的宪兵指挥官央求他帮忙，并告诉他尼古拉二世也会来德诺。还有几辆火车从彼得格勒开了过来，上面挤满了军容不整的士兵。窗户被砸碎，煽动者正振臂高呼地发表演讲。有个士兵一手拿着一把军官用的剑，径直朝他冲了过来。伊万诺夫将军回想起自己曾在喀琅施塔得处置暴动部队的场景。他把手放在那人的肩上大喝一声："跪下！"旧式作派还是管用的，暴动者的气焰消失殆尽。

伊万诺夫将军继续一路向北，于3月14日晚上6点到达了维里察。有人告诉他，大臣已经被抓起来了，沙皇村正在闹暴动。他仍执意继续向前。在出发前，伊万诺夫将军将另一个火车头连在自己乘坐的火车后面，为可能的被迫撤退未雨绸缪。他终于成功抵达目的地沙皇村，并在那里与亚历山德拉皇后短暂地见了一面，向她说明了问题根源，重点提到了普罗托波波夫。皇宫仍护卫森严，伊万诺夫将军被告知帝国杜马成员也在皇宫护卫的严密保护之下。然而，伊万诺夫将军自己的处境十分危险。沙皇村很安静，但由革命士兵驾驶的装甲车从彼得格勒一辆接一辆地开到了马路上，很可能是为了执行反对他的命令。要依赖手下的人几乎不可能，他的出现只会带来麻烦。他还收到了阿列克谢耶夫发来的电报，称首都彼得格勒的秩序已经恢复，甚至还有拯救君主制的希望。电报最后说："不有所图，此为明智之举。"就这样，伊万诺夫将军带着部队离开了沙皇村。在远处向西延伸的一条支线上，护卫部队的数量越来越少。

经过奥尔沙、维亚济马和利库斯拉夫尔的一条铁路支线，尼古拉二世也动身了。这条铁路支线最终与由莫斯科到彼得格勒的铁路主干线交会。如果他紧随伊万诺夫乘坐的火车路线，就能直接到达沙皇村。他之所以选择另一条路线，是为了不临时调度部队乘坐的火车。1917年3月13日清晨4点至5点，尼古拉二世乘坐的火车离开莫吉廖夫，在利库斯拉夫尔和博洛戈耶都收到了从首都彼得格勒发来的电报。在利库斯拉夫尔收到的电报里说，罗江科领导下的临时政府已经建立，冬宫失守。有报道称，彼得格勒行政长官巴尔克和助手文多夫被杀。铁路正由一个叫布勃利科夫的帝国杜马成员负责。车上的旅客收到警示称，他们很有可能无法到达托斯诺。据说，革命部队正在柳班。一名铁路军官刚送来电报，电报中称革命部队持有机枪。

尼古拉二世派出了两辆火车。当消息传到第一辆火车时，有人决定将火车停在小维舍拉，以通知正在第二辆火车上的尼古拉二世。3月14日凌晨2点，第二辆火车驶来了。人们都还在睡梦中，而宫廷指挥官沃耶伊科夫被叫醒。他直接找到了尼古拉二世，建议他们应该往西开，经由博洛戈耶开往鲁兹斯基将军的总部所在地普斯科夫。鲁兹斯基指挥过北方前线，具备处理局势的军事决断力和经验。尼古拉二世异常平静地接受了提议。好几个传记作者，包括像古奇科夫这样对尼古拉二世并不友好的人，都提到了尼古拉二世在关键时刻异于常人的克制和冷静。他们还言之凿凿地说，这和冷漠不是一回事。不过，最后一次见到尼古拉二世时，科科夫佐夫对其形象描述与以上提到的评价大相径庭：“好吧，就去普斯科夫。”对这段旅程，杜本斯基将军有过清楚地的描述。他说，尼古拉二世勇气可嘉，作息和谈话一切照常。两辆火车改变方向后，经过德诺的枢纽站，在3月14日晚抵达了普斯科夫。有传言说罗江科会来普斯科夫。整个晚上，罗江科都在与鲁兹斯基用电话交流。

我们再把目光投向帝国杜马。1917年3月14日，城市的战斗仍然没有结束，火光随处可见。士兵和暴民还在追捕军官和警察。部队在帝国杜马集结，其中包括来自沙皇村最得宠的部队——皇家护卫队、哥萨克禁卫队、尼古拉二世的铁路团，甚至还有宫廷警察。基里尔大公公然表达了对堂兄尼古拉二世的敌对立场。在他指挥下，海军禁卫团到达现场。基里尔大公肯定是相信，只有这样才能继续控制海军禁卫团。苏维埃已经在帝国杜马自立门户。这个有着约一千人的大团体现在已不仅是工人阶级的苏维埃，还是由工人阶级和士兵代表组成的苏维埃，所以其重要性大大增强。从每个部分中选出一个代表取代了原来从一千个工人中选出一个代表。这样的变化具有重要的意义，苏维埃因此成了首都彼得格勒的实际主人。一开始，苏维埃办事处是设在宽敞的叶卡捷琳娜大厅内，后来搬至辩论大厅，里面还设有临时委员会，不少新加入的成员在此办公。苏维埃没有质疑过临时委员会的权威性。最后，临时委员会的影响力渗透到帝国杜马议院的各个角落。对恢复秩序，苏维埃做了很多有价值的工作，但不信任帝国杜马和临时委员会。苏维埃不对这些机构负责，却紧握权力之鞭。

我们再来看看舒勒金的生动阐述。在舒勒金去帝国杜马的路上，街道看上去"既熟悉又陌生"。载满了革命士兵的大卡车疾驰而过，士兵一边拿着尖尖的刺刀，一边在高声喊着什么。舒勒金斗胆去了一趟彼得保罗要塞，成功躲开了争斗，为转移权力和释放犯人做了安排。事情办好后，他坐车返回。舒勒金描述道，一路看见的那些人"似乎是从另一个王国里来的"。克伦斯基一直保持着高高在上的姿态，像一个旧时代的主人一样对给自己送包裹的人说："你可以离开了。"士兵退下后，克伦斯基把包裹扔在桌子上说："这些是我们与同盟国之间的秘密条约，把它藏起来！"说完他便昂首挺胸地离开了。帝国杜马里已经没有可以放得下东西的柜子了，秘密文件被藏在了桌子底下。无处安放的两百万卢布被藏在了另一张桌子底下。基里尔大公带着海军禁卫团到达后，罗江科向其发表了一篇有关国家和原则的演讲。"当下大为所动"的士兵向他欢呼。现场一片混乱。人们从四面八方涌来，请求得到帝国杜马成员的建议。克伦斯基大喊着罗江科的名字。军官接连被杀，局势严峻。一些人闯入了罗江科的办公室，指责他是个资本主义者。罗江科一拳锤在桌子上，大喊道："乌合之众！你们怎么扯我的衬衫都可以，但请你们务必要救俄罗斯帝国。"他与总部取得了联系，得知尼古拉二世已经离开。阿列克谢耶夫主张尼古拉二世退位。罗江科想去找尼古拉二世，可连一辆火车都找不到。嗅到了危险气息的苏维埃坚决不同意他独自前往。此时，保皇派舒勒金派了工党成员马特维·斯科别列夫去堡垒处理局势。

著名的一号军令便是苏维埃讨论的初步成果，并且在镇上四处张贴了出来。最开始，一号军令是为地方卫戍部队准备的。一号军令制造了革命，传递出的信息造成了破坏性影响，使前线不堪一击。

1917年3月1日[①]，告彼得格勒军区全体禁卫军、陆军、炮兵与海军部队士兵，并立即照此执行，以及通告彼得格勒工人群众书

彼得格勒苏维埃工人与士兵全体代表决定：

一、在所有连、营、团、炮兵连、中队和其他兵种里，以及战舰上，必须立即选出在上述作战单位中军衔较低的士兵代表。

二、所有尚未选出工人苏维埃代表的作战单位，必须选出一个代表。代表须携带书面证书于1917年3月2日[②]上午10点在帝国杜马大楼前报到。

三、在一切政治行动上，军事单位隶属于工人与士兵苏维埃代表及其委员会。

四、只有在不违背工人与士兵苏维埃命令的情况下，帝国杜马军事委员会的命令才可以实施。

五、包括步枪、机关枪及装甲车等在内的所有武器必须置于连营委员会的绝对控制之下，不得在军官的命令及其他任何情况下交还给军官。

六、在服兵役并执勤时，士兵必须遵守最严格的军纪，但在不执勤时，士兵的政治生活、社会生活、私人生活与全体公民享

① 公历为1917年3月14日。——原注
② 公历为1917年3月15日。——原注

有同等权利。废除执勤外的立正敬礼等军礼。

七、以前对军官的称谓如"阁下"、"长官"等一概废除，从今往后应称呼他们为将军先生、上校先生等。在任何作战单位中，禁止粗鲁地对待士兵，特别是严禁对士兵使用"你X的"（脏话）这种称呼；任何违规行为或官兵之间的任何误解须由士兵报告给连委员会。

这是积极的政治意图的最初信号。彼得格勒的士兵制造了革命，其中大部分是新兵。真正的军队正在战场与敌人作战。虽然那些身在前线的人很可能跟苏维埃讲述过军队的作为，可苏维埃还是无法预见，军队一旦复员会做些什么。军官处于茫然无措的状态：没有一个公认的民间机构有权给他们下达命令。到头来，革命也许真的只是一场会被镇压下去的暴动而已。苏维埃执行委员会主席奇赫伊泽看上去也有这种担心。那天晚上，在帝国杜马的办公室里，他睡得并不安稳，舒勒金就在他旁边。他喃喃地说："失败了。我跟你说，彻底失败了。要拯救局势，除非奇迹出现！"

舒勒金催促米柳科夫赶紧将各个新任大臣的名字写下来。这位很有骑士风度的保守党描绘了勇敢的自由党同僚着手执行这一任务时的情形：

成千上万的人拉着米柳科夫的胳膊没完没了地和他交谈。他见了一个又一个代表团，在叶卡捷琳娜大厅无休止的会议中发表各种演讲，往返于各个偏远地区的部队，讨论总部发来的长途电报中的事宜，因苏维埃领导日渐气盛的行为而与他们发生争吵。此时，米柳科夫正蹲在桌子的一个角落写大臣名单。"财政大臣？喏，你看这儿，不好办。别的大臣算是干满了任期，但财政大臣嘛……""为什么有申加廖夫的名字？""不，申加廖夫必须担任农业大臣！""阿列克谢延科死了！幸福的阿列克谢延科。"首相将是利沃夫而非罗江科。

他站在那里，头埋在两只手掌之中……他的心智和肩上的重任无人能及。

古奇科夫不出意料地成了战争大臣。年轻的捷列先科是个靠甜菜糖发家的百万富翁。他一心一意地投入到了"二月革命"的浪潮中，最终成了财政大臣。

在临时加的两个左派职位中，奇赫伊泽得到了劳工部的职位邀请，但拒绝了。克伦斯基得到了司法部的职位邀请。身为苏维埃副主席，他明白司法部所有成员都反对苏维埃，但认真考虑过后，他还是接受了。由此，克伦斯基建立起了两个对立部门之间的重要联系。

当晚，从苏维埃来了一个代表团，其中有秘书索科洛夫、斯捷克洛夫和苏哈诺夫。舒勒金大喊："要么逮捕我们，要么让我们工作。"米柳科夫则与来访者展开了长时间的辩论。"他坚决要求苏维埃针对军官遭受的暴力行为提出上诉，谁劝他也无济于事。"米柳科夫"对他们时而劝说、时而恳求、时而咒骂。这种情况持续了很长时间，不知道何时才能结束。这不是一个常规会议。当时的情形是这样的：几个人躺在扶手椅里，看上去疲惫不堪。三个来访者和头发花白的米柳科夫坐在一张小桌边。实际上是这四个人在辩论。我们其余的人只是为了表示尊敬偶尔答上几句。克伦斯基像闪电般不时地冲进冲出，动作十分夸张。丢下了几句悲观的话后，他又出去了。到了最后，他也累瘫在了扶手椅里。米柳科夫仍坐在那里，手里握着一支铅笔，表情坚毅，一副精神奕奕的样子。突然，他跳起来说道：'我想单独和你谈谈。'走出门外后，他再次与对方达成了共识。"

米柳科夫体现出了非凡的沉着、耐心：在帝国杜马一连四天，他只能抓住空隙时间睡觉。在积极努力下，他终于与苏维埃就建立基于全民选举权的选民大会达成了共识，并发表声明。选民大会将政府的形式确定了下来。俄罗斯帝国各国籍人民享有平等权利——自由党人对此不会有异议。除必须服从军纪要求外，士兵享有一切民权。彼得格勒的卫戍部队可以继续留守。这是最具现实意义的共识，却带来了灾难性的后果，因为彼得格勒的卫戍部队全由士兵组成，而士兵现在都在苏维埃。

深夜时分，在人们的呼声中，罗江科在雪地上再次发表演讲。这次，"'俄罗斯帝国母亲'的说法再次得到响应，人们高呼万岁。"罗江科一封接一封地大声念着总部发来的电报。他认为尼古拉二世必须拥有绝对统治权。刚从部队回来的古奇科夫神色阴郁。他的朋友维亚泽姆斯基亲王是帝国杜马的高级礼宾官，在与古奇科夫同坐的车内遭枪击身亡。罗江科、米柳科夫和舒勒金都主张拯救君主制。舒勒金说："俄罗斯不能没有它。"如果要拯救君主制，保全尼古拉二世的性命，那么必须有人带回尼古拉二世的退位文件。这一重任被托付给了古奇科夫和舒勒金。第二天清晨5点，古奇科夫为尼古拉二世撰写退位文件——其实尼古拉二世本人撰写的文件要好得多。天一刚亮，两人就赶到了空无一人的车站。二十分钟后，一辆火车被调了过来。他们出发了。

据索科洛夫说，在离开总部前，尼古拉二世与亚历山德拉皇后打了很长时间电话。在火车上，他接二连三地收到了令人不安的报告，所以一定明白情况有多危急。在到达普斯科夫后，尼古拉二世终于同意做出重大让步。之后，鲁兹斯基打电话将内容通报给了罗江科。现在，尼古拉二世愿意满足大臣的要求，任命一个国家信任的首相——很有可能是罗江科，给予首相对同僚和政策方向的完全控制权，君主只对外交政策和作战享有皇室特权。罗江科已失去了在彼得格勒的支持。他回答说，所有人都能看得出，这样的让步来得太迟了。1917年3月15日凌晨1点，鲁兹斯基向尼古拉二世报告了自己和罗江科的谈话内容。从北方前线和西方前线派遣四个师的指令未能完成。两支从北方前线派遣的师还没有到达首都彼得格勒，就在卢加和加特契纳之间的地区叛变了。两个从西方前线派遣的师最后也不知所踪。

从罗江科那里得知消息后，1917年3月14日，阿列克谢耶夫用电报的形式向所有正在前线指挥的将军们咨询对尼古拉二世退位的看法。将军们的看法是一致的：尼古拉二世必须退位。3月15日周四早上，在收到了将军们的答复后，鲁兹斯基将回复内容报告给了尼古拉二世。他还询问了两个副官丹尼洛夫和萨维奇的意见，两人也给出了相同的答复。尼古拉二世十分不安。几人向他解释道，国家正处在抵御外敌的紧要关头，现在只有这条路线能将全国上下团结起来。尼古拉二世一直害怕内战因自己而起，于是很快说，为了国家，自己愿意做任何牺牲。阿列克谢耶夫发出了一份退位声明。尼古拉二世选择自己撰写文件来宣布将皇位交给儿子阿列克谢，米哈伊尔大公为摄政。文件签署日期为1917年3月15日下午3点。这份退位文件是进步同盟和帝国杜马委员会的纲领。显然，阿列克谢耶夫之前已经看过了。

宫廷指挥官沃耶伊科夫仍与尼古拉二世在一起。他本来是要打电话告知罗江科有关退位的事，但此时从普斯科夫传来消息，古奇科夫和舒勒金正在赶来的路上。于是，鲁兹斯基决定等两人到了之后再从长计议。幸好他这么做了。在空闲时，尼古拉二世问同行的家庭医生费奥多罗夫，自己儿子的病是不是无法治愈。忠心耿耿的费奥多罗夫只得照实承认。听完这话，尼古拉二世决定不将皇位传给儿子阿列克谢，而是交给弟弟米哈伊尔大公。这样做实际上不合法：皇位继承的顺序是保罗一世登基后不久于1801年明确规定的。除非正式放弃皇位，否则任何人不得破坏。但阿列克谢尚未成年，无权放弃皇位；再说他此时正与母亲亚历山德拉皇后待在沙皇村，无法来到现场。此外，因为摄政显然是建立立宪政体的方式，所以帝国杜马委员会拯救君主制的整个计划要靠阿列克谢登基才能实现。对国家而言，米哈伊尔大公只是另一个罗曼诺夫王朝的沙皇罢了。

古奇科夫和舒勒金穿越了俄罗斯帝国北部寒风刺骨的广袤大地，于3月15日晚上10点到达了普斯科夫。在这样的局势下，两人是完成任务的不二人选。古奇科夫负责务必将退位文件带回来，而舒勒金要确保的是以最得当的措辞陈述主张。舒勒金的出现本身就清楚地说明，这一主张代表了所有人的意见。对当时的情形，两人都有过描述。在自己的头号敌人尼古拉二世感到最耻辱的时刻，古奇科夫的内心却充满了怜悯。对这次关乎俄罗斯君主制生死存亡的危机，舒勒金饱含深情、痛苦不安、充满敬畏。

在两人充满同情的描述中，我们很容易感到，尼古拉二世才是掌控了局势走向的人，并且在此体现出其性格中最好、最高尚的那一面。对尼古拉二世并而言，退位不是件难以接受的事——在整个统治期间，他不就一直在与皇位保持距离吗？他回归到了本应属于自己的天性：做一个优雅的失败者，甘心接受被打败的事实。我们看到的只是一副简简单单的场景。尼古拉二世友好地迎接了古奇科夫和舒勒金。在火车的会客室里，三人坐下来进行了简单的谈话。古奇科夫的话似乎太多了。舒勒金提到，尼古拉二世只是朝古奇科夫看了一眼，好像在问"这真的有必要吗？"这是尼古拉二世唯一一次露出不耐烦的样子。不过，古奇科夫的话倒是说得很有道理。他不动声色地强调了禁卫军精兵放弃皇宫的事实，这说明眼下已没有其他路可走。他和尼古拉二世有一个共同点，即两人都有一片赤诚的爱国之心。他希望尼古拉二世能从大局考虑退位之事。尼古拉二世说话很轻，欣然同意，但接着谈到了即位顺序的重大改变，并简单地补充了一句："你会理解一个父亲的心情。"古奇科夫和舒勒金吃了一惊，因为他们马上意识到要改变即位顺序可不是件轻巧的事。于是，他们问尼古拉二世，是否需要更多人参与讨论，但并没有不依不饶。在确认了退位文件没有错误后，尼古拉二世庄重地将它交给了两人。

舒勒金给了两条补充建议。第一，新文件应该使用与之前文件相同的日期。尼古拉二世明白，这样做是为了不让古奇科夫和舒勒金承受压力，便很快同意了。第二，提到米哈伊尔大公时，应该加上一条他对新政体的公开承诺，尼古拉二世也答应了。按照舒勒金的建议，尼古拉二世修改了措辞。

除此之外，还需要任命一位首相，尼古拉二世想到的人选自然是罗江科。他把头转过去问："你们觉得是谁？"两人回答："利沃夫亲王"。尼古拉二世有些不解，用不确定的口吻说："哦，利沃夫？好的，那就利沃夫吧。"他意识到罗江科已不在他们的考虑范围之内，而他们选定的这个人有可能成为革命组织的民间红十字会的负责人。任命以通知的形式提交给了国家最高立法机关参议院。

尼古拉二世站起来，在一节车厢的角落里，和舒勒金又交谈了几句。

舒勒金回忆道：

> 皇帝看着我，似乎在用眼神示意我开口说话，也许他从我的眼神里读出了不安的情绪。于是，我不假思索地说："哦，陛下，要是您早点行动，哪怕是在帝国杜马召开最后一次会议时也行，也许这一切——"我说不下去了。皇帝满是不解地望着我，问道："你认为这一切本可以避免吗？"

即使是尼古拉二世的对手古奇科夫也对其表示出了深切的同情。古奇科夫注意到，围绕在尼古拉二世身边的都是他自己的人，却对他的命运漠不关心。这样看来，就不难理解尼古拉二世当晚的日记内容了——用词精练，读起来让人唏嘘——"周围全是背叛、怯懦和欺骗"。他已经完全被孤立了。

古奇科夫和舒勒金离开后的彼得格勒并不平静。秩序虽然基本得到恢复，但由于群众现在在苏维埃有了发言权，局势正急速朝着左派方向发展。退位文件和任命利沃夫为首相的消息先他们一步通过电话传达。新任内阁大臣的名字被公之于众。古奇科夫很快发现，在没有征求自己意见的情况下，海军部也被交付给自己管理。代表团络绎不绝地访问帝国杜马。米柳科夫对其中一个代表团说，新政府是在立宪君主制的基础上建立的。人群中的叫喊声很快淹没了他的声音，人们已经受够了罗曼诺夫王朝的统治。刚到达车站，古奇科夫就收到邀请，在车站大厅向铁路工人发表演讲。听众要求他交出退位文件。舒勒金也在车站向另一群人发表演讲。他用充满爱国热情的话语向人们宣布了米哈伊尔大公即位的消息。人们甚至向他高呼万岁。但紧接着，有人打电话找他。打来电话的是米柳科夫。米柳科夫用沙哑得几乎听不清楚的声音恳求舒勒金，对退位文件的事只字不提，并想一切办法将它送到临时政府。铁路现任负责人布勃利科夫已经派了一个特使在取退位文件的路上了。此时，古奇科夫不得不面对铁路工人愤怒的质问。为了防止他离开，所有出口的门都关上了。舒勒金想办法把古奇科夫弄了出来。另一个新政府派出的特使好不容易带着他俩穿过人群，钻进了一辆接应的车里。车子把他们径直带到了米利翁纳亚街10号。在那里，新任官员们正与米哈伊尔大公讨论他是否应该即位的问题。

米哈伊尔大公个子很高，看起来很年轻。舒勒金回忆道，他脸色苍白，一副羸弱的模样。此时，他正坐在私人休息室的扶手椅上，周围是权力不堪一击的新任官员。就皇位问题，人们展开了激烈的讨论。罗江科和利沃夫都反对米哈伊尔大公接受皇位。舒勒金写道，米柳科夫疲惫地看着时间，数不清的演讲已使他的声音变得嘶哑，他拼尽全力地为君主制做最后的据理力争。如果在十年前，在自由主义领袖那里，他的话听来是多么奇怪。他说，君主制是俄罗斯帝国的轮轴，没有君主制，也就没有俄罗斯帝国。对君主效忠是使国家团结的纽带，君主制是人们批准、许可和同意的。皮之不存，毛将焉附？米柳科夫的呼吁可谓激情澎湃。古奇科夫表示完全同意他的观点。和罗江科一样，克伦斯基认为如果米哈伊尔大公接受皇位，自己的性命将无法保全。米哈伊尔大公希望能有半小时的考虑时间，接着便退出了房间。在咨询了利沃夫和罗江科的意见后，他回到房间，宣布只有在即将召开的立宪会议邀请他的情况下，他才会接受皇位。二十四小时之内，修改后的退位文件被打印出来。文件不仅剥夺了阿列克谢即位的权力，还被放在了其学校教室的课桌上。

这份著名的退位文件如下：

在近三年的时间里，外敌企图奴役我们的国家。在与之进行艰苦卓绝的斗争中，上帝再次降以俄罗斯帝国沉甸甸的考验。内患已经出现，它有可能给这场旷日持久的战争的未来带来灾难性后果。只有不惜一切代价赢得战争胜利，才能保证俄罗斯的命运、英雄军队的荣誉、人民的福祉和亲爱的国家未来无虞。残忍的敌人正在做最后的反扑。我们英勇的军队和光荣的盟国击溃敌人的时刻已经临近。在国家命运攸关的日子里，帮助一切国家力量紧密团结以尽快取得胜利既是良知，也是义务。我已与帝国杜马达成共识，认为退下国家皇位、下放最高权力符合大局。我不愿意与亲爱的儿子分开，皇位将由我的弟弟米哈伊尔大公继承，祝福他登上国家皇位。我交给他引领国家力量的全部权力和与立法机构中的人民代表牢不可破的联盟，此为立法机构建立的原则。以挚爱的国家之名，在国家遭受沉重考验的时刻，我呼吁祖国所有忠实的子民顺从、辅佐沙皇，以完成他们神圣的使命，并和人民代表一道，将国家带往胜利、繁荣和光荣之路。愿天佑俄罗斯帝国！

尼古拉

已存续千余年之久的俄罗斯君主制轰然倒塌，摔成碎片。无论这些碎片的主人是尼古拉二世，还是阿列克谢，抑或米哈伊尔大公，总而言之，它们已经纷纷散落在地，无迹可寻。

相传，在米哈伊尔二世①统治俄罗斯帝国期间，俄罗斯帝国将赢得君士坦丁堡。罗曼诺夫王朝的缔造者是米哈伊尔一世。赢得君士坦丁堡的任务将由米哈伊尔二世来完成。此时，一直反对俄罗斯帝国得到君士坦丁堡主权的法国和英国同意，如果赢得世界大战的胜利，君士坦丁堡将成为俄罗斯帝国的一部分。最后，英国和法国的确打赢了这场战争，但这场战争不是和俄罗斯帝国一起打赢的。

那个被公认为是真正的皇后的外国公主又怎样了呢？1917年3月16日，傍晚即将来临时，亚历山德拉皇后从好心的保罗大公那里得知了丈夫退位的消息。一起出现在报纸上的还有米哈伊尔大公宣布放弃皇位的消息和新任官员的名单。亚历山德拉皇后坚持认为，尼古拉二世之所以宣布退位，是因为如果承认了立宪政体，他就违背了加冕时的誓言。晚上，本肯多夫伯爵向她证实了消息的可靠性。面对事实，她表现出惊人的勇气。本肯多夫伯爵写道："我们出门时，我看见她坐在桌边，泪水夺眶而出。"她对一个闺中密友说："退位了！只留他一个人孤零零地在那儿！"

---

① 如果米哈伊尔大公即位，会称米哈伊尔二世。——译者注

尾 声

他们推翻了一切的传统和习惯，自己制定规矩，擅作主张。^①

《哈姆雷特》，第四幕，第五场

你所能向我宣布的最不幸的灾祸，不过是人世间的损失。
说，我的王国灭亡了吗？它本来是我的烦恼的根源：
从此解除烦恼，那又算得了什么损失？^②

《理查二世》，第三幕，第二场

尼古拉二世的统治自我瓦解了。政府不需要担忧统治会恢复：没有一种力量可以办到，哪怕是想要复辟的委员会也办不到。站在"君主专制理论的对立面"的尼古拉二世本身就成了第一道障碍。对此，克伦斯基有正确的判断："在人们的想象中，尼古拉不再是一国之君"。由此看来，古奇科夫和舒勒金收到他的退位文件后，居然同意了他回到总部向军队道别

---

① 文中采用的是朱生豪的译本。——译者注
② 文中采用的是朱生豪的译本。——译者注

的想法，也就不足为怪了。正如杜本斯基将军所言："他从俄罗斯帝国皇位上退了下来，似乎只是在移交一个中队。"不过，尼古拉二世还是发表了一篇庄严的告别演说，里面倾注了自己全部的感情，但政府不准将内容公之于众。全文如下：

　　我最后一次向你们，我如此深爱的部队致辞。自从我和我的儿子放弃俄罗斯帝国皇位后，权力已移交至帝国杜马倡议下建立的临时政府。愿上帝佑它领导俄罗斯帝国走向光荣和繁荣之路。愿上帝保佑英勇之师保卫国家不受外侮。在过去的两年半中，你们每时每刻都在战争中为国效力，多少人流血牺牲，多少人殚精竭虑。当俄罗斯帝国与其英勇的盟国勠力同心，朝着共同的胜利目标并肩作战时，击碎敌人最后企图的时刻已经不远了。我们必须取得这场空前的战争的全面胜利。

　　谁要是此刻想着媾和，或希望媾和，谁就是祖国的叛徒，是一个背信弃义的人。请恪守职责，保卫我们伟大的国家。听命于临时政府，顺从你们的指挥官。记住，任何对军令的动摇只会助长敌人的威风。

　　我深信，在你们心中，对我们伟大国家的无限热爱将生生不息。愿上帝保佑你们，愿神圣的殉道者和征服者圣乔治引领你们走向胜利。

1917年3月8日[①]

于总部

---

① 公历1917年3月21日。——原注

在总部的五天时间里，除了为顾全尼古拉二世的颜面保持的传统仪轨，尼古拉二世被完全漠视了。为了在儿子失意时给他宽慰，母亲玛丽亚·费奥多罗芙娜皇太后从基辅赶来看望他。之后，新政府的特使逮捕了尼古拉二世，这是为了保他周全的万不得已的做法。接下来，对仍在皇宫的亚历山德拉等人，古奇科夫和彼得格勒军事区新任指挥官科尔尼洛夫将军采取了行动。1917年3月21日上午11点15分，末代皇帝尼古拉二世回家的火车刚到达站台，随从便一个个如鸟兽散，只有几个忠臣还想着来皇宫表达他们最后的敬意。亚历山德拉冲出来迎接他。安娜·维鲁波娃说，她"就像个十五岁的女孩子"。两人之间进行了私下长谈。尼古拉二世的精神似乎完全垮掉了。打那以后，两人就彼此相伴、共渡风雨，直到生命的最后一刻。

　　"二月革命"后担任司法部部长的克伦斯基负责安排他们一家人的事宜。除了尼古拉二世的子女因自由受限而感到了侮辱，其他人觉得这些安排还是很有人情味的。士兵完全没有纪律可言。在一大批士兵的簇拥下，克伦斯基第一个来到皇宫。他们认为皇室一家一定会受到各种辱骂和羞辱，因此，唯有限制人身自由才是为皇室大局考虑。皇室一家还是可以住在自己漂亮的皇宫里，更准确地说，是其中一隅，从这一隅可以通往私家公园的一个角落。这个公园曾凝聚着尼古拉二世的心血，而现在皇室一家必须在有陪同的情况下才能前往。负责看管他们的士兵是从禁卫军的预备团中调来的，其中一些营的纪律十分松散。士兵连皮带也懒得系，还经常无所事事地坐着抽烟。对尼古拉二世这样欣赏振奋士气的人来说，肯定见不得士兵这副懒散的样子。他自己的行为举止无可挑剔。从一开始，他就表现得像一个真正的士兵。如果他想要与人握手，却被对方拒绝，也只会轻声地叹一句："我亲爱的伙伴，为什么呢？"到处有令人烦心的事：一会儿公园里传来枪声，一会儿又有不守纪律的士兵在皇宫里开枪打鹿。一个女孩正在缝衣服时，窗帘啪啦啪啦地动，搅得台灯的灯光忽明忽暗，她还以为是有人在发"信号"，一时间人心惶惶。安娜·维鲁波娃向我们展示了令人心酸的一幕：负责看护阿列克谢的水手得勒文科深得尼古拉二世一家器重，现在却差遣他在房间里跑前跑后地为自己做事，这让他感到既惊恐又困惑。阿列克谢的玩具枪也被收走了，还是好心的卫戍部队指挥官科贝林斯基悄悄把玩具零件还给他。无论是谁接替宫廷指挥官，尼古拉二世对他们都表示出了一视同仁的最大善意和礼貌，甚至还会邀请他们参加家庭娱乐活动。当然，他们中有一个人内心充满痛苦，很难让自己融入一个陌生的新岗位。皇室一家每天都在辛勤地工作：尼古拉二世锯木劈柴，和大家一起铲雪，和女儿们一起打理小花园，还种出了供一家人食用的蔬菜。晚上，他会读书给家人听。为了打发被囚禁的日子，他越来越喜欢诵读俄罗斯古典作品。到了最后，他还准备将整部《圣经》从头到尾地读一遍。尼古拉二世给家人做出了坚忍的典范。在1917年4月30日的日记中，吉利亚尔写道："他是我们所有人的榜样，并给予我们力量。"此时，全家人被安排到了一所学校里，尼古拉二世在那里教历史和地理。见到吉利亚尔时，他会向对方敬礼，并说"早上好，亲爱的同仁"。他的妻子亚历山德拉则不是这样。她永不能忘记的是，自己现在是一个失意的皇后。这让她与生俱来的羞涩和冷漠又平添了几分。克伦斯基能看出两人之间的区别。

让尼古拉二世一家住在动荡的首都彼得格勒附近并非临时政府的本意，毕竟这么做十分危险。布坎南很早便发来了代表乔治五世的电报，提出在战争结束之前邀请尼古拉二世一家赴英国避难。批评之声让俄罗斯临时政府十分紧张，因此，电报没能直接送到这位失意的皇帝手中。最终收到邀请的尼古拉二世虽然更希望去位于克里米亚的里瓦几亚宫，但仍然接受了邀请。亚历山德拉也同意了，不过，直到最后，她都万分不愿离开俄罗斯。一家人开始收拾行李。此时，在向莫斯科苏维埃致辞时，克伦斯基说出了一句人性化的口号："我不想充当"二月革命"的马拉^①。"政府一直在问他有关皇室一家的计划，而他不明智地对外宣称会将他们护送到摩尔曼斯克。当消息传到彼得格勒苏维埃时，人们爆发了义愤填膺的呐喊。很快，铁路委员会接到了禁止火车运行的命令。苏维埃的一个团体甚至去了沙皇村，要求见这个前皇帝。没人清楚这个团体的真实目的。这个团体的人好不容易进了皇宫，但尼古拉二世只是走到走廊尽头去见了他们。见面的那一刻，双方面面相觑了好一会，直到他们自行退下。

司法部部长克伦斯基设立的调查委员会使我们得以掌握大量相关信息。在接下来的几个月里，几乎所有大臣和这个故事中的其他角色都受到过专业法律专家的审讯，其中就包括安德罗尼科夫和马努伊洛夫。我们不要忘了，俄罗斯临时政府以英国政府和法国政府为模板，工作执行起来考虑周全、谦恭有礼。所有人，特别是老百姓认为，审问的主要角色肯定是退位后的皇帝和皇后。的确，包括克伦斯基在内的所有人都不清楚亚历山德拉插手政治到什么程度，所以才会进行严肃调查，真相因此浮出水面。比如，在被审讯时，不招人待见的安娜·维鲁波娃居然声称，拉斯普京从未和自己谈论过政治。很久以后，一个完整的故事才被世人所知。要细细盘问前皇帝和前皇后本身就是个关键问题。在一段令人印象深刻的文章中，克伦斯基描述了自己第一次进入皇宫时的情景。他坦承自己的内心非常激动，连一旁的宫廷司仪官本肯多夫伯爵都看出来了。尼古拉二世友好、简单地跟克伦斯基打招呼。短短几秒内，他就把这个失意君主当成了一个遭遇不幸的人，而非一个可能缔造共和制传奇的皇帝。本肯多夫伯爵

---

① 马拉，指让-保罗·马拉。法国大革命爆发后，他积极投身革命，并创办报纸，以尖锐犀利的语言猛烈抨击企图保留旧秩序的残余势力。1793年7月，让-保罗·马拉被刺杀身亡。——译者注

看出了他的想法，说任何接近尼古拉二世的人都会这么认为。后来，本肯多夫伯爵写道："他设法让两位陛下相信——他做到了——自己是唯一能保护他们的人。"后来，他又写道："皇帝越来越信任克伦斯基，皇后也很信任他。"这些话出自一个对所有出现在宫廷里的民众领袖都十分反感的人之口。以司法部部长的身份，克伦斯基自告奋勇地承担了审问故事主人公的任务。在与亚历山德拉对话的两个小时内，他就赢得了本肯多夫伯爵说的那种信任。本肯多夫伯爵告诉我们，克伦斯基没有问起任何有关对德关系或单独媾和的问题。克伦斯基认为，在进行审问的几个星期内，有必要将尼古拉二世和妻子亚历山德拉分开，以避免两人一起回答他的问题，除非两人在有军官在场的情况下一道用餐。即使是这样不近人情的想法，也没有改变两人对他的看法。

一直以来，起义都是一种缺乏组织的行动，就像一具尸体被背在一个消极无为的民族背上，只需从下面轻轻一推，就会自己滚落——这绝不是终结一段历史最无效的方式。革命的首要特点便是毁灭性。国家的整个行政结构自行解体。没有地方政府机关。警察向人群开枪，于是，警察局被取消了。当一号军令传到前线时，军队也开始从内部垮掉，在两个月的时间内，出现了两百万逃兵。"士兵不想再打仗了，"布鲁西洛夫写道，"军官命令继续战斗，于是便成了士兵心中的敌人。在士兵看来，军官是穿着军装的主人。"面包与和平——这是人们两大最基本的诉求。后来，天才列宁使用了阶级斗争的思想和无产阶级统治作为对这两大迫切需求的回应。

新政府面临三大主要任务。第一是恢复国家行政。第二是使国家行政改头换面以适应发生的巨变。要是在和平时期，这可能会使内阁一个接一个地下台。在政府承诺不背叛盟友的前提下，第三个任务使前面两个无法完成，即使俄罗斯继续作战。如果我们在后来回顾历史，就会知道战争当时距离结束还有一年半。"二月革命"爆发一年后，德意志人就打到了亚眠的城门。绝大部分俄罗斯革命党人都正确地认为，如果德军赢得战争，俄罗斯革命就相当于结束了。

摆在新政府面前的还有一份自由主义纲领。新组建的内阁具有自由主义思想，传承了长久以来反对君主专制的传统，从一开始就采用了超级民主体系，即包括中亚游牧民在内的整个国家的所有人民，无论男女均享有全民选举权。新内阁建立了对政治和财产问题拥有决定权的选民大会。与此同时，现行政府被正式称作"临时"政府，新任总理利沃夫亲王甚至提议每个省或每个区应重新组织其政府！

西伯利亚的政治犯被释放后，怀着一腔抱负回来了。革命移民从四面八方回到了俄罗斯。1917年4月16日，即君主制倒台一个月后，通过波的尼亚湾北部的开放边境，布尔什维克人的总参谋列宁和主要追随者回到祖国。不久后，当时还是孟什维克党人的托洛茨基从美国回来，加入了列宁的队伍。对加米涅夫和季诺维也夫及其他同僚的胆战心惊，列宁不屑一顾，每天在芭蕾舞者克谢辛斯卡娅被没收的房子的阳台上向公众发表演说，宣扬前线的博爱精神、即将到来的和平和阶级斗争——一开始，连苏维埃听到这些话都会提心吊胆。

1917年5月3日，一次又一次的街头聚会终于演变成一场危机。由布尔什维克士兵和工人组成的武装部队要求罢免米柳科夫和古奇科夫的职务，并将一切权力移交给苏维埃。外交部部长米柳科夫的致命弱点是缺乏政治眼光。他一直积极鼓吹征服达达尼尔海峡和博斯普鲁斯海峡。战争部部长古奇科夫则一直在绞尽脑汁重整军队秩序，但没有得到人民的同情。因为从同僚那里得不到更有力的支持，古奇科夫辞职加入了哥萨克前线——他告诉我，自己这是一心赴死。迫于同僚压力的米柳科夫也辞职了。就这样，在两个月的时间内，君主专制的三个主要挑战者中的两个也追随他们以前的君主而去，湮没在俄罗斯历史的故纸堆中。

下一个时期的主要人物是克伦斯基。无论1917年7月2日俄罗斯发起的攻势是迫于协约国的压力还是因为克伦斯基的动作，都不是什么明智之举。一开始，敌军猝不及防、连连告退。十分关心军队命运的尼古拉二世下令秘密举行感恩节仪式，然而，敌军的反击导致俄军全面溃败。此时，克伦斯基正在前线。布尔什维克人第二次试图在彼得格勒有所行动，差点就成功了。对峙有好几个小时，由于哥萨克人的顽强抵抗，布尔什维克最终未能取得城市控制权，大臣四处避难。不过，临时政府派出了普列奥布拉任斯基团。到了晚上，苏维埃部队已经排好了整齐的队列，其中只有一小部分是布尔什维克。7月17日，秩序最终得以恢复。

当务之急是将尼古拉二世一家转移到安全的地方。7月30日，在喀琅施塔得举行的海军会议上，有人扬言对皇宫动用暴力。临时政府刚获得了更大的铁路控制权，就再次向英国提出了让尼古拉二世去避难的问题。在丹麦大臣斯卡韦纽斯的斡旋下，德意志帝国答应不会袭击运送尼古拉二世一家的英国巡洋舰。英国首相劳合·乔治害怕接纳尼古拉二世会引起英国工党的强烈反对，毕竟1909年尼古拉二世访英时的类似遭遇便是前车之鉴。总之，英国外交部传来消息，称不再"坚持"原来提供避难的建议。据克伦斯基描述，布坎南眼含泪花，颤抖着双手向俄罗斯新任外交部部长捷列先科口头传达了信息，大意是说撤销提供避难所的建议。信息中还提及了英国怀疑俄罗斯帝国君主有亲德倾向。这样的怀疑完全没有事实根据，实在有失体面。寻求英国的帮助是不可能的了，于是，利沃夫亲王让克伦斯基去找其他的避难所。

1917年7月，布尔什维克在首都彼得格勒采取行动后，克伦斯基接替利沃夫亲王当上了总理。在7月21日的日记中，尼古拉二世这样写道："在当前的局势下，此人确实处于正确的职位。他拥有的权力越大越好。"尼古拉二世一直希望能去自己最喜欢的里瓦几亚宫，但这就意味着要穿过俄罗斯的心脏地带，其中不少大城镇里的农民阶级正在占用地主的土地。决定权在克伦斯基的手上。最后，他定下的地方是托博尔斯克。这次，他没有将地点告诉任何人。在克服重重困难后，8月13日夜间，一切终于安排妥当，尼古拉二世一家准备从皇宫出发。除了宫廷副司仪官多尔戈鲁科夫，尼古拉二世还可以选择一个年长的随行军官。他一开始选中的人打了退堂鼓。而在最后一刻接到通知的塔季谢夫只带着一只小皮箱便赶了过来，一直陪着尼古拉二世走到了生命的终点。克伦斯基安排尼古拉二世和弟弟米哈伊尔短暂地见了一面。但在克伦斯基在场时，两人没什么话说。过了许久，火车终于姗姗来迟。亚历山德拉已经病得厉害，是被人抬进去的。火车里的服务安排周到，得到了尼古拉二世的称赞。车厢外飘着一面日本国旗。在所有车站，帘子都是拉下来的。首都彼得格勒附近的札万卡①的铁路工作人员准备将火车上的人拦下来，情势一度危急，所幸他们渡过了难关。每天，火车都会在空旷的地方停留半小时，好让尼古拉二世保持自己散步的习惯。8月17日夜间，尼古拉二世一行抵达了位于乌拉尔山脉的终点站秋明。在肃穆的人群的注视下，他们改乘了"鲁斯"号汽船，向托博尔斯克驶去。第二天，他们经过了一个高耸在河岸上的村庄，其中有一栋房屋格外醒目。这里便是波克罗夫斯科耶村庄，而那栋房屋正是拉斯普京的老家。在日记中，头脑冷静的吉利亚尔说，这并没有让他们感到惊讶，因为拉斯普京总跟他们说，有朝一日，他们会拜访此地。8月19日凌晨4点，托博尔斯克的古老教堂耸现在他们面前。随行的两个官员发现，他们要住的西伯利亚省省长宅邸还有待修葺。于是，在接下来的四天时间里，船一直没有靠岸。像往常一样，他们在甲板上来来回回地散步。

---

① 今沃尔霍夫。——译者注

在托博尔斯克的尼古拉二世父子。

摄者信息不详

　　1917年8月26日，房子收拾妥当。托博尔斯克远离铁路，是个传统和充满爱国热情的地方，地方官员为孟什维克党人或社会革命党人。所有人都一致认为，当地的人们拥有怜悯之心。修道院的修女常常给他们送吃的，过路的人看见他们也会用画十字的方式或其他方式表示同情。房子住着很舒服，不过，花园里没有多少可供锻炼的空地。从沙皇村的禁卫军中，一支部队被抽调出来作为随行队伍。出发前，克伦斯基对这支部队说"不要落井下石"，并要求这支部队给予被囚禁的人们最周全的考虑。

　　在接下来的几个月里，尼古拉二世一家安静地住在这里。一开始，他们还可以去城里的教堂做礼拜。奇怪的是，当时的主教成了赫尔摩根，他对尼古拉二世一家表示出了最大的敬意。在沙皇村，尼古拉二世夫妇并没有放松教育孩子们。吉布斯是孩子们的家庭英语教师，他很荣幸自己也跟着尼古拉二世一家去了西伯利亚。街对面有一栋叫科尔尼洛夫的房子，是为那些在省长宅邸住不下的人准备的。家庭医生博特金出入不受任何限制，甚至在城里开办了一个小诊所。仆人也能行动自由。这样一来，尼古拉二世一家就有足够多的渠道与朋友保持通信。

在这个时期，亚历山德拉写信写得十分动情。吉布斯说，她从来没有像现在这样看清自己的价值。一如既往地注重"内心的精神世界"的她，找到了生命中会经受各种磨难的全部答案。在1917年12月7日写给安娜·维鲁波娃的信中，她这样说："上帝的爱高于一切。"12月21日，"是的，过往已成云烟。我感谢上帝让我拥有了这一切。我会靠着回忆活下去，没有人可以从我身边带走这些回忆"。12月22日，"上帝就在身旁，我能感到他支持的力量。我的内心平静，即使我为国家和你日夜操劳。我认为一年后，上帝会垂悯这个国家。他比我们更有智慧"。12月28日，"为我们亲爱的国家祈祷。让他们清醒吧……他①为国家操碎了心，这种顽强的精神让人敬佩。他从来没有过抱怨。哦，上帝保佑俄罗斯帝国！"12月23日，"对他们②的想法，我感到十分欣喜。他们是一片沃土。身为一国之母，我为自己的宝贝担惊受怕。哪怕有如此多的恐惧和罪恶，我仍然爱着我的国家。你要知道，这是一份内心无法割裂的爱——对俄罗斯帝国的爱，虽然人们对皇帝的忘恩负义让我心碎"。

克伦斯基很可能将皇室一家的生命延长了近一年的时间。自从当上总理后，他面临的困难越来越多，这让他疲于应对。在很快将观点转向左派后，为了孤注一掷地进行阶级斗争，克伦斯基将人们团结起来，组成新的联盟，以维护1917年"二月革命"的成果。对布尔什维克人夺取首都彼得格勒的第二次失败，临时政府听之任之，没有采取任何措施增加自身控

---

① 这里是指尼古拉二世。——译者注
② 这里是指亚历山德拉的孩子们。——译者注

制权。两个星期后，首都彼得格勒的人民开始感到，一个不自救的临时政府已经没有挽救的余地了。革命进程一度陷入停滞。这时，右派又爆发了新骚乱，苏维埃开始将自己当作是拯救局势的权宜之计。1917年8月1日，在整顿军纪方面历来雷厉风行的拉夫尔·科尔尼洛夫被任命为最高统帅。他是个典型的哥萨克人，天不怕地不怕，只有满腔爱国热情，可他对政治一窍不通。他本人支持"二月革命"，但在处理政治事务上，甘于听从一个叫扎沃伊科的金融家的指挥。此人想策划一场反动活动。在扎沃伊科的影响下，科尔尼洛夫很快与克伦斯基渐行渐远。在扎沃伊科的建议和鼓动下，科尔尼洛夫准备进军首都彼得格勒、解散苏维埃，并建立一个自己的独裁统治，他身边围绕的大臣都是些无名小辈，计划让扎沃伊科当财政大臣。科尔尼洛夫的主张最后传到了克伦斯基的耳朵里。我们可以理解克伦斯基不愿意参与其中的原因。军队确实采取了行动，但士兵们很快就和被派来反对自己的士兵联合起来。克伦斯基下令由阿列克谢耶夫替换科尔尼洛夫的职位。阿列克谢耶夫试图调解克伦斯基和科尔尼洛夫之间的关系，但没有成功。科尔尼洛夫被逮捕了。

这次右派发起的行动成为压倒临时政府的最后一根稻草。临时政府的主要支持者现在已成了一盘散沙，拥有快速组织能力的布尔什维克队伍抓住了空档。托洛茨基表现出杰出的能力，现在，他是一名热忱的布尔什维克人和苏维埃主席。他一个个地收回在"二月革命"后不久各个军事分队建立的委员会。克伦斯基面临的困难是，在选民大会召开会议前，没有一个公共机构能代表俄罗斯人民真实的声音。于是，他不断尝试新的临时方案：1917年9月12日，建立遵从苏维埃的民主大会和由四名成员组成的理事会；9月15日宣告成立共和制；10月3日，成立全新内阁；10月21日，召开由四百五十名成员组成的临时会议。11月5日，临时会议对临时政府投出了反对票。在最后阶段，有关奥匈帝国退出战争的谈判实际上已经完成；一批经过遴选的使节前往伦敦。保加利亚和奥斯曼帝国正在为同一个目标进行谈判。这是临时政府为帮助其盟国做出的最后努力。11月6日，由布尔什维克人在彼得格勒成立的革命军事委员会决定采取行动。第二天，整个彼得格勒都落入了布尔什维克人手中，所有部队也站到了布尔什维克人这边。从喀琅施塔得开来的"阿芙乐尔"号巡洋舰在河面待命，装甲车在街上四处巡逻。冬宫遇袭，只有一个女子营在保卫它。克伦斯基连夜赶到普斯科夫，想获得外围部队的支持。他居然将克拉斯诺夫将军带领的哥萨克军带了回来，并在普尔科沃城外打了一场小型战役。由于克伦斯基与哥萨克将军科尔尼洛夫的关系闹崩，一个由哥萨克人组成的中央委员会命令克

克拉斯诺夫将军。
摄者信息不详

拉斯诺夫离开克伦斯基。11月8日凌晨2点，布尔什维克人进入冬宫，逮捕了各大臣，将他们赶到关押过前君主的彼得保罗要塞。由人民委员组成的布尔什维克政府得以成立，列宁任总理，托洛茨基任外交人民委员。11月9日，有关全部土地国有化的法令颁布。此后不久，莫斯科也开始效仿彼得格勒的做法，只有一些立宪民主党人组成的部队还在保卫克里姆林宫。11月20日晚，正在前线的最高指挥官杜霍宁收到新政府的命令，要其开启单独媾和的谈判。杜霍宁拒绝执行命令。在继任者克雷连科准尉的带领下，12月1日，一伙士兵将杜霍宁处以私刑。克伦斯基逃跑了，和古奇科夫和米柳科夫一样，被湮没在历史的故纸堆中。

随着时间推移，来自各方反对布尔什维克的力量日渐成熟起来：雅罗斯拉夫尔省的军官起义被果敢的托洛茨基镇压了下去；伏尔加被解散的选民大会竖起了自己的旗帜；在南方，科尔尼洛夫和阿列克谢耶夫集结了一群年轻的俄罗斯军官；在自治意识强烈的西伯利亚，一个独立的政府在鄂木斯克建立起来。就在协约国的眼皮底下，阻挡德军进攻的东部防线瓦解。德意志帝国取代了协约国，在莫斯科设立了自己的大使馆。俄罗斯的一些部队主张继续对德作战，并寻求协约国帮助。许多俄罗斯军官实际上投入了战斗，其中就有海军上将高尔察克。他提出愿意协助英国，随后被英国派往西伯利亚。

这一时期最离奇的事件应该要属捷克军团①的故事。在克伦斯基发起的夏季攻势中，捷克军团立下赫赫战功。之后，克伦斯基把自由组织的权力交给了捷克军团。由于不可能与轴心国缔结和平条约，捷克军团与以托洛茨基为代表的布尔什维克展开谈判，希望捷克军团的部队能通过太平洋调往西线。由于谈判协议没有被遵守，在横贯西伯利亚的铁路沿线，捷克军

---

① 即捷克斯洛伐克军团，主要由捷克人组成，是第一次世界大战期间与协约国协同作战的志愿部队。——译者注

团发生叛乱，占领了一个又一个铁路途经的城市。因为铁路是西伯利亚的生命线，对清除筋疲力尽的德军部队，铁路运送的物资起到了关键作用，这对协约国事业来说无异于一笔宝贵的财富。上述提到的很多事件都是后来发生的，但只有当我们了解了事件的来龙去脉，才能理解皇室一家的故事是如何走到终点的。

有关这一点，我们手上有两个权威记载。一个来自N.A.索科洛夫，他是一个专业的法律调查官，能力超群，为人刚正不阿。在白军控制西伯利亚的八个月里，面对内战期间出现的各种各样的阻碍和干扰，索科洛夫仍然兢兢业业地完成了任务，显示出非凡的胆识。另一个是来自叶卡捷琳堡的苏维埃主席P.M.贝科夫，他同样是故事亲历者之一。1924年，索科洛夫死于巴黎。他已无法知道自己详尽的报道得到了完全确认。在被一起关押于托博尔斯克的吉利亚尔的日记中，同样有弥足珍贵的证词。

人们自然有一个疑问：为什么几乎没人极力营救这一家人呢？只要临时政府还存在，这就不是一个紧迫的问题。之前，临时政府曾试图协助他们离开俄罗斯，并且仍然没有放弃帮他们跨过西伯利亚逃到日本的想法。亚历山德拉与朋友通信的语气仍相对轻松。他们的卫戍部队指挥官科贝林斯基上校是沙皇村第一个革命党指挥官，曾两次在前线负伤。他哗众取宠地对囚犯说，前沙皇称其是"我最后的朋友"。

在这个故事中，我们不得不再次提到愚蠢得无可救药的安娜·维鲁波娃。索洛维耶夫中尉是个年轻的冒险者，曾经在印度的布拉瓦茨基夫人的学校学习神秘论。在"二月革命"的暴风骤雨中，他开始从事性质模糊的职业。一方面，他积极帮布尔什维克宣传；另一方面，他居然出现在了帝国杜马的礼拜堂里，和著名的长老拉斯普京的女儿玛丽亚结为夫妻。他得到了安娜·维鲁波娃百分百的信任。玛丽亚根本不喜欢他，却接受他成为自己的丈夫，说不定她是被催眠了才会这么做。1917年8月，安娜·维鲁波娃和索洛维耶夫去了西伯利亚。在那里，安娜·维鲁波娃两次去了拉斯普京的村子做客。之后，索洛维耶夫回到秋明，开始正式营救皇室一家的性命，并且声称，这一任务非自己莫属。在莫斯科和彼得格勒还有几个小的保皇派团体，比如以特列波夫、克里沃舍因为代表的前大臣和以奈德哈特为代表的持保守观点的人——后者曾是亚历山德拉钦定的交通大臣人选之一。与彼得大帝有惊人的相似之处的N.E.马尔科夫也是保皇派，是帝国杜马极右派的忠诚领袖。这些人凑了些钱送到皇室一家手里，还派出两个军官展开营救行动。索洛维耶夫有好几次都拦下了保皇派的密使，甚至将至少两人扭送到了布尔什维克当局。他没有让诚实的博特金为自己效命，找的是两个贵妇的女仆罗曼诺娃和乌特基纳。有时在通信中，亚历山德拉会用罗曼诺娃的名字代替自己的名字。乌特基纳后来则嫁给了一个布尔什维克官员。显然，他通过两人与亚历山德拉保持联系；亚历山德拉也将自己的一些珠宝请他代为保管。有足够证据表明，从俄罗斯寄来的大部分钱款并没有到亚历山德拉的手里，而是落入了索洛维耶夫之手。从吉利亚尔和其他人那里，我们得到的说法是，亚历山德拉曾对和自己关押在一起的三百名军官说，他们是"俄罗斯好人"。后来，这三百名军官被安置在托博尔斯克的前一站秋明，也是最后一个铁路站点，这里成了他们的集中地。索洛维耶夫似乎还组织过军事游行活动，并告诉游客这就是自己为营救做了准备的证据。不过，他有计划地竭力阻止游客继续往托博尔斯克的方向前进。

在没有取得任何实质性进展的情况下，布尔什维克得到了权力，之后的整个局势发生了逆转。直到两个星期后，布尔什维克掌权的消息才到达托博尔斯克。又过了很久，这个偏远的小镇才开始感受到布尔什维克的权力带来的影响。可渐渐地，在对皇室一家的管控中开始出现各种各样的限制和侮辱行为。对此，科贝林斯基无论如何都坚决反对，与皇室一家一同从沙皇村来此的禁卫军中的一部分人对此也不能完全苟同。1917年11月3日，很可能是在赫尔摩根的同意下，托博尔斯克响起了纪念尼古拉二世登基的钟声。12月5日，皇室一家将家中传统的祷告词完整地诵读了一遍。12月25日，礼炮鸣响，高唱"万岁！"在这之后，尼古拉二世一家就不能再去市里的教堂做礼拜了。1918年1月12日，规定的家庭开销数目减少到每人每月六百卢布，而此时的卢布已经大大贬值。1月16日，尼古拉二世一家接到命令，要他们取下衣服上的肩章。尼古拉二世虽然很不高兴，但还是老老实实照做了，倒是科贝林斯基觉得受到了莫大的侮辱。尼古拉二世对他说："你看我们都耐住了性子，你也得这样才行。"临时政府委员潘克拉托夫个子不高，为人古怪，是个信教的革命党，对他们还算不错。现在，他被解雇了。2月23日，所有被关押的人和士兵享受同样的配给。3月31日，几个守卫的士兵被送回了老家。

听到要单独媾和谈判的消息，尼古拉二世一家悲从中来。尼古拉二世想起了妻子遭受的众多指责，悲愤地问道："谁是叛徒？"在1917年12月22日的信中，亚历山德拉感叹道："真是罪恶滔天！应该给予俄罗斯和平的是上帝，而不是通过背信弃义与德意志人交好。"在她所有信中都透着同样的愤慨之情。一想到德意志人提出要保护他们，就让她觉得不能忍受。他们面临着随时被迫离开俄罗斯的可能，这成了一根紧绷在他们心上的弦。她觉得，如果真是这样，那他们就"断了最后的联系"。她还说，这是到目前为止留给他们的唯一念想。尼古拉二世并没有体现出强烈的逃跑意愿。人们感到亚历山德拉不仅认为有被营救的希望，甚至还有复辟的可能。她认为，俄罗斯不可一日无沙皇，有朝一日，尼古拉二世一定会重新登上皇位。

1918年3月，城市气氛变得更加剑拔弩张。坐落在乌拉尔山脉的叶卡捷琳堡算得上是俄罗斯布尔什维克最坚定的据点。从旧农奴工厂开始，这个地方就延续了憎恨沙皇制度的传统，甚至在布尔什维克夺取了首都彼得格勒的权力之前，当地的苏维埃就已经将矿场国有化。因此，这里的人会不惜一切代价阻止尼古拉二世一家被救出来。叶卡捷琳堡派遣了一支红军部队前往托博尔斯克，但从东边的鄂木斯克来了一支更强大的部队。有人告诉亚历山德拉，这些是"俄罗斯帝国好人"。她相信了这样的话，甚至在阳台上向从鄂木斯克来的部队挥手致意。从鄂木斯克来的这支部队的真实意图仍不得而知。领头的是杰米亚诺夫和德格塔列夫。学界认为德格塔列夫是极右派分子，而杰米亚诺夫肯定维护过科贝林斯基上校的权威。总之，他们逼迫从叶卡捷琳堡来的部队撤出托博尔斯克。后来，叶卡捷琳堡派遣了一支人数更多的部队，带头的斯拉夫斯基曾企图干预守卫工作，但遭到了守卫的不满，便跑掉了。

1918年4月22日，从莫斯科来了一个叫雅科夫列夫的特使。他去看尼古拉二世一家时，阿列克谢正病重卧床，甚至比其在什保洛夫时的情况还要糟糕。看到这一切，雅科夫列夫显得很难过。4月25日，他宣称，自己收到了来自莫斯科的指示，要自己把前沙皇带过去。显然，他的意思是阿列克谢也要一同前往。一开始，尼古拉二世拒绝离开，但雅科夫列夫对其毕恭毕敬，甚至称其为君主，敦促其赶紧答应——毕竟尼古拉二世在别人那儿可得不到这样的待遇。雅科夫列夫找到科贝林斯基商量，并协助其寻找斯拉夫斯基。看得出来，雅科夫列夫急着离开。亚历山德拉非常焦躁不安，在与吉利亚尔和女儿塔季扬娜的私密谈话中，她告诉他们，这是自己有生以来第一次不明白自己的职责是什么，一边是自己的丈夫，一边是自己的孩子。她坦承，自己现在担心的是，没有了自己出谋划策，丈夫尼古拉二世可能被迫采取他实际上并不赞同的行动。一想到这里，她就感到害怕。尼古拉二世则表明了心迹："他们①想要我签署《布列斯特-立陶夫斯克条约》，就算他们把我的手砍下来我也不会答应！"他们深信，在俄罗斯军事处于劣势的情况下，德意志帝国驻莫斯科大使米尔巴赫伯爵会受命而来，以居高临下的姿态命令将尼古拉二世带到莫斯科并让其签署那份条约。米尔巴赫曾告诉俄罗斯保皇派奈德哈特，在必要时，他会"要求"皇室一家的安全。亚历山德拉心烦意乱地在房间里踱来踱去，思忖良久，终于做出决定，自己的首要职责是留在丈夫身边。于是，她向雅科夫列夫提出要求，说自己要跟着去。雅科夫列夫没有表示出任何反对，只对她说："随你的便。"1918年4月26日凌晨3点30分，尼古拉二世、亚历山德拉、女儿玛丽亚和博特金医生坐着一辆粗陋的农车上路了。有人注意到，雅科夫列夫向前皇帝敬了个礼，还特别叮嘱他穿一件暖和一点的外套。在获得科贝林斯基同意的情况下，他带上了八个士兵作为随行人员。这八个人由科贝林斯基挑选。其他家庭成员则待在托博尔斯克，准备等阿列克谢病好后再过去。

这是一场艰辛的旅程。河面上还结着冰，所以必须使用马车。而在通过托博尔河时，他们只能步行穿过已经有积水的冰面。在歇脚的地方，雅科夫列夫还不忘继续照顾其他人，特别是病重的博特金医生。俄罗斯历史的车轮仍然在向前滚动，但在此时这段历史发生了不可言状的戏剧性一幕。他们最后一个驿站居然就位于拉斯普京在波克罗夫斯科耶老家房子的窗户底下。在日记中，尼古拉二世记录了拉斯普京的家人从窗口望向他们的一幕。叶卡捷琳堡派出一支队伍紧跟其后，不过，雅科夫列夫成功摆脱了其注意力。在到达铁路终点站秋明时，他得知有人试图在叶卡捷琳堡阻止尼古拉二世一行的行程，便下令让火车往相反方向的鄂木斯克开。在火

---

① 这里是指德意志人。——原注

车上，他常常与尼古拉二世交谈。在别人面前，尼古拉二世对他的评价是：这个人"不坏"。有人提议让尼古拉二世去莫斯科受审，这位前沙皇回答："受审？一派胡言！"他心里很可能是这么打算的：到了莫斯科后，他可以转道去瑞典，说不定可以投奔丹麦的亲戚。

在跟踪者打电话将消息禀告给叶卡捷琳堡后，叶卡捷琳堡立即与鄂木斯克取得联系，安排那边将火车停在当地。火车到达库洛姆齐诺时，雅科夫列夫得知了这一危险情况。他自己乘坐火车头前往鄂木斯克，回来后又与莫斯科方面进行了长时间的通话，最后下令火车经道叶卡捷琳堡返回莫斯科。刚一到叶卡捷琳堡，他就被当地苏维埃解除了一切权力，随行的士兵也被送回了托博尔斯克，其他人则被遣送到一个叫伊帕季耶夫的商人的寓所。这是一幢优雅别致、古色古香的小房子，坐落在通往叶卡捷琳堡的一条斜坡上。伊帕季耶夫——俄语为Hypatius——不是一个常见的俄罗斯名字。五年前，在庆祝王朝建立三百周年之际，尼古拉二世夫妇拜访了与科斯特罗马镇紧挨着的伊帕季耶夫斯基修道院。正是在那里，最具广泛代表性的缙绅会议推举了当时还未成年的米哈伊尔为王，并为其举行了紧急祈祷仪式，罗曼诺夫王朝由此开启。被关押的皇室一家脑海里不可能没有浮现过当时的场景。从住进尼古拉·伊帕季耶夫的寓所开始，他们就再也没有从那里离开。对此，雅科夫列夫提出过抗议，还跑到了莫斯科，但后来打电话过来，称自己没有任何权力了，所以对后果一概不负责任。据贝科夫说，他之后逃到了高尔察克那里。

我们要如何理解这个离奇的故事呢？可以肯定的是，之前，雅科夫列夫虽然是革命党人，但他倾向保皇，非常想将皇室一家从位于叶卡捷琳堡的苏维埃手中解救出来。不止如此，雅科夫列夫可能希望将其他人也一并解救出来。在莫斯科的俄罗斯共产党执行委员会主席斯维尔德洛夫肯定给他下达了明确任务。在与奈德哈特等人的对话中，米尔巴赫伯爵表示出自己对守卫皇室一家安全的信心。斯维尔德洛夫派雅科夫列夫去托博尔斯克的做法是否是在奉命行事呢？毫无疑问的是，此时，叶卡捷琳堡方面正在与斯维尔德洛夫保持联系。称前君主将在莫斯科接受全国审判的时事报道有真实的成分吗？可能性非常小。

无论如何，如果尼古拉二世真要去莫斯科，那么不久前，苏维埃政府安排将罗曼诺夫家族的人全体转移到叶卡捷琳堡的做法就解释不通了。1918年2月9日，米哈伊尔大公和英国秘书约翰逊从加特契纳被转移到彼尔姆，住在一个旅馆里，行动相对自由。带着忠心耿耿的侍从、修女雅科夫列娃，亚历山德拉的姐姐伊丽莎白大公妃被人从莫斯科带到了阿拉帕耶夫斯克。在俄罗斯人的地理概念中，这里离叶卡捷琳堡不是太远。谢尔盖·米哈伊洛维奇大公、康斯坦丁·康斯坦丁诺维奇大公的三个儿子，以及保罗大公在第二段婚姻中与一个平民女子所生的小儿子帕雷亲王也被带去了那里。他们住在一个条件简陋但设备齐全的校舍，同样行动相对自由，时常在花园里劳作、散步，还组成了一个小社区。

伊帕季耶夫的房子现在被叫作"特殊目的之家"，在这里，皇室一家受到的管控与其住在托博尔斯克时大不相同。首先，尼古拉二世一家的所有随身物品都会受到严格搜查，甚至连亚历山德拉零零碎碎的小物件也不放过。为此，尼古拉二世义正辞严地发出抗议："我之前打交道的都是体面人。"有人不客气地跟他说，他现在是一个囚犯，任何示威的表示都会招来严厉惩罚。尼古拉二世一家还能与他们在托博尔斯克的其他家人简短联络，亚历山德拉最后的几封信确实送到了她的几个朋友手中。我们知道，她已预知到会发生什么。在她最后寄出的几封信中，我们找到了这样的话："看，新郎来了。"1918年4月21日，亚历山德拉写信给安娜·维鲁波娃："虽然暴风雨日益逼近，但我的内心充满平静。"在她房间的一面墙上，人们发现了她最喜爱的万字符。每到一个地方停留，她都会将万字符挂起来。多多少少带有迷信色彩的"托博尔斯克的圣约翰兄弟会"也使用了这个符号，而索洛维耶夫有可能是这个兄弟会的组织者。现在，尼古拉二世一家要在一个公用的锅里吃饭。警卫长阿夫杰耶夫对他们一家还算客气。他是个酒鬼，吃饭时会坐在尼古拉二世和亚历山德拉中间，然后俯身在锅里舀上一勺。屋外有一间厨房，饭菜虽然简单，但好在不算糟糕。屋子里的取暖设备不足，供暖得不到解决是常有的事。

1918年5月1日，还在托博尔斯克的病殃殃的阿列克谢终于可以下床走动了。四天后就是俄罗斯传统的复活节。5月11日，尼古拉二世一家"最后的朋友"科贝林斯基被解雇了，取而代之的是来自叶卡捷琳堡的一个叫罗季奥诺夫的无赖。他不仅搜查所有拜访尼古拉二世一家的神父和修女，不准他们再次来访，还下令尼古拉二世的女儿们的卧室不得上锁。5月20日，包括吉利亚尔和吉布斯在内的所有人登上了"鲁斯"号汽船，取道秋明向叶卡捷琳堡驶去。旧帝国官员敦巴泽将军的养子、年轻的军官谢尔盖·马尔科夫也在随行队伍中，他是另一个马尔科夫授命安娜·维鲁波娃派过来的。这个马尔科夫比谢尔盖·马尔科夫有名气得多，即帝国杜马极右派领袖N.E.马尔科夫。1918年5月24日上午9点，尼古拉二世一行到达叶卡捷琳堡。到达的前一天晚上，尼古拉二世的几个女儿不得不睡在地板上。当天，忠实的仆人切莫杜罗夫被人从家中带到了监狱医院，从而躲过一劫。四天后，另外两个忠实的仆人也被带走了：一个是代替不忠的安德烈·得勒文科来看护阿列克谢的纳戈尔内，另一个是厨师谢德涅夫。

叶卡捷琳堡称已不再严密控制彼尔姆和阿拉帕耶夫斯克。1918年6月12日，两个持枪的人闯入米哈伊尔大公住的酒店房间，命令其跟他们走一趟。米哈伊尔大公受彼尔姆的苏维埃管辖，称没有接到指令，拒绝跟他们离开。后来，有个逃走了的门房描述，两个不速之客出示了一份伪造的文件后，与约翰逊交谈了一会儿。之后，约翰逊微笑着对米哈伊尔大公说了几句，大公便同意与这两人一起走了。约翰逊当时是否在暗示大公，两人是来营救他们的？但之后，人们再也没有见过米哈伊尔大公和约翰逊。后来，又有一个叫米亚斯尼科夫的亡命之徒称，自己在莫托韦利哈工厂附近开枪打死了两人，还夸口说，要是有人允许，自己可以像对付米哈伊尔大公那样对付尼古拉二世。米哈伊尔大公的死亡原因被说成是因为他企图逃跑，这和很多人所谓的死亡原因如出一辙。

比起索科洛夫，贝科夫自然把更多记述的重点放在了道听途说的营救皇室一家的计划上，还提到附近的捷克军团也参与了行动。他记述中的另一个重点，是其通过弗拉基米尔·得勒文科医生——他是一位内科医生，不是我们前面说到的不忠的安德烈·得勒文科——与皇室一家通信往来。

伊万·康斯坦丁诺维奇大公与妻子塞尔维亚的海伦。

摄者信息不详

由于他住在城里，常常有机会去登门造访皇室一家。在书中，他还提到，原来的总参谋院成员正住在叶卡捷琳堡，其中一部分人已被捕。塞尔维亚人正试图将伊万·康斯坦丁诺维奇大公的妻子塞尔维亚的海伦救出来。城里还是有几个保皇派的。保罗·布雷金上尉一直忠心耿耿地服侍着玛丽亚·费奥多罗芙娜皇太后。根据一份苏维埃报纸的报道，因为附近就是捷克军团，皇室一家将很快从叶卡捷琳堡转移到维亚特卡省一个叫科捷利尼奇的小镇。布雷金告诉我们，自己在那里组织了一批军官，共同制定了明确的营救计划，计划将皇室一家带上汽船，沿着河流一直往北冰洋开。然而，皇室一家并没有按料想的那样来到科捷利尼奇。于是，布雷金动身前往叶卡捷琳堡侦察情况。他正与一个苏维埃委员坐在车站的饭馆里，一个曾在他手下工作过的老兵认出了他。对他的计划，老兵毫不知情，向他敬了个礼。布雷金的身份暴露，并很快被投进了叶卡捷琳堡的监狱。在关押了许多普通犯人的牢房里，至少有两个军官也是为了类似的目的来到叶卡捷琳堡。布雷金被关进去时，两人就被执行了枪决。不过，布雷金急中生智地编了个离奇的故事，唬住了对方，才得以逃脱。后来，他辗转找到了高尔察克，并协助索科洛夫完成困难重重的调查工作。贝科夫还清楚地记录了与皇室一家的交流。尼古拉二世收到了一张由一个"白军"军官签字的纸条，上面写着"行动时机已到"，还要其将一个窗栓打开，作为暗号。他们甚至计划将尼古拉二世生病的儿子阿列克谢带走。在回复中，尼古拉二世说明了细节，如打开第二扇窗户的栓子、钥匙的情况等。他还提到阿夫杰耶夫指挥官"对我们很好"。之后，他收到一封寄自"我们的人民"的信，里面包含的正是营救计划。在1918年6月27日的日记中，尼古拉二世写道："整个晚上，我们都焦虑不安，穿戴整齐，不敢有一丝懈怠。这是因为两天前，我们一连收到两封信，信上说会有忠士前来营救，要我们做好准备。可两天过去了，什么也没有发生。在茫茫未知中等待，简直是一种煎熬。"叶卡捷琳堡的各工人委员会成员深信会有人营救皇室一家，于是计划将一家人处死。

在经历远征后，1918年7月25日早晨，捷克人占领了叶卡捷琳堡。贝科夫说，他们从两翼包抄进来。近在咫尺的捷克人让气氛变得更剑拔弩张。布雷金记录了人们紧急撤离时的情况。

当地军事指挥官戈洛谢金是一个来自维尔纳的犹太人。后经证实，他去了莫斯科，在老熟人斯维尔德洛夫的驻地住了下来。阿夫杰耶夫刚与叶卡捷琳堡方面有接触，就被解了职，并且被抓了起来。他手下的卫兵也被替换掉了，其中不乏俄罗斯人。最能体现尼古拉二世质朴的人格魅力的，莫过于他与被派去守卫他一家的各分遣队之间的关系。在托博尔斯克，他有时会和孩子们走到对面的守卫室，与士兵玩西洋跳棋。当时，临时政府委员潘克拉托夫做事一丝不苟，但对尼古拉二世一家很友好。有一次，他恰好在守卫室撞见了这一幕，简直不敢相信自己的眼睛。在日记里，尼古拉二世提到了阿夫杰耶夫被革职一事，说："我为阿夫杰耶夫感到遗憾。"阿夫杰耶夫的卫兵亚基莫夫曾说起自己近距离与尼古拉二世接触时的情形。当时坊间纷纷传言，说尼古拉二世是个人间蒸发了的可怕暴君。亚基莫夫却说："他的眼神里带着善意和友好。总之，他给我的印象是亲切、简单、直率、乐于交谈……我们都认为尼古拉·亚历山德罗维奇[①]是个没有城府的人，但她[②]就没那么简单了，换句话说，她很有皇后的威仪。他看上去比她要年轻。塔季扬娜很有皇后的样子。其他几个女儿不会给人高高在上的感觉。你会觉得她们都是简单、友好的人。在执行守卫任务后，我推翻了自己对沙皇以前的印象。我只是见过尼古拉二世一家几次，对他们的感觉就跟以前完全不同了。我为他们感到难过。"事实上，尼古拉二

---

① 指尼古拉二世。——译者注
② 指亚历山德拉。——译者注

世不被允许和守卫说话。在和谐的家庭氛围中，他的女儿们自得其乐，"从始至终都在愉快地交谈"。可以说，她们完全没有被逆境打倒。

代替阿夫杰耶夫的是一个来自塞尔维亚的叫尤洛夫斯基的犹太人。此人有一张凶神恶煞的脸，劣迹斑斑。在最后一篇已发表的日记中，尼古拉二世说："此人是我们最不喜欢的类型。"新卫兵队伍里只有两个俄罗斯人。新卫兵被之前的卫兵称作"拉脱维亚人"或"布尔什维克人"，有别于俄罗斯人，其中大部分是战俘。事后，人们在墙壁上发现了用潦草的德语和匈牙利语写的碑文。其中有一段碑文出自海涅的诗歌：

> 当天夜里这个伯沙撒[①]
> 就被他的臣仆所暗杀[②]

1918年7月4日，叶卡捷琳堡方面发电报给戈洛谢金，称阿夫杰耶夫被革职，现在负责的是尤洛夫斯基。7月12日，戈洛谢金从莫斯科回来了。几天后，他和尤洛夫斯基神秘兮兮地去了离叶卡捷琳堡约十四英里外的库珀特亚基村旁边的一个废弃矿井，紧挨着的是被称作"四兄弟"的四棵孤零零的树。村民证实了这一说法。后来，他们被人赶出了村子，在离开村子的过程中不得扭头往回看。乌拉尔苏维埃成员沃伊科夫购买了大量汽油。几辆运载着汽油和硫酸的卡车开到了库珀特亚基旁的矿井。

之前，斯托罗热夫神父曾获准在"特殊目的之家"布道。1918年7月14日，他最后一次拜访了尼古拉二世一家。尼古拉二世一家自发组成了合唱团，在家高唱赞美诗。这一天，赞美诗的歌声再次响起，斯托罗热夫神

---

① 伯沙撒，是新巴比伦王国的最后一位统治者，与其父那波尼德共同执政。《但以理书》中也有关于伯沙撒的一些记载。——译者注

② 译文选自钱春绮编《海涅诗歌精选》。——译者注

父觉察到他们与以前很不一样了。上一次登门时，他说尼古拉二世的身体和精神都很好。而现在，尼古拉二世一家可以寄托的只有上帝了。当他们唱到"与圣徒安息"时，所有人都跪在地上。他们是在为自己唱安魂曲。后来，人们发现了亚历山德拉和奥尔加的宗教诗手稿，诗歌出自一个英国福音教派诗人；还有一首有关顺从天意和请求宽恕的俄罗斯赞美诗，笔触动人，很可能是忠心服侍尼古拉二世一家的亨得里科夫女伯爵触景生情所写。她一路跟随他们去了叶卡捷琳堡，却不被允许和他们同住。第二天，7月15日，厨师谢德涅夫的小侄子被带走了。

1918年7月16日早晨，尼古拉二世一家被处死。

"二月革命"发生二十年后，如果一个游客来参观沙皇村的小宫殿，他会发现这里仍然保持着那天晚上尼古拉二世一家动身前往托博尔斯克时的场景：他们与克伦斯基坐在半圆形的大厅里，旁边的行李堆成了小山。他们从打开的落地窗走出去前往车站。尼古拉二世刚刚撕下最后一张日

伊帕季耶夫的房子，尼古拉二世一家最后居住的地方。
摄者信息不详

历。导游会用不带一丝敌意的语气告诉游客，末代皇帝尼古拉二世喜爱有益健康的户外运动，特别是在自家漂亮的室内游泳池里锻炼；亚历山德拉的起居室几乎是个育儿室，是家庭生活的中心。导游还会告诉游客，他们是父母慈爱、子女孝顺的一家人。游客离开时，他们的脑海里会留下对此行的回忆。游客肯定会产生这样的感觉，那就是居然有人将占地球陆地面积近六分之一的土地看作私人领地；一位女士在自己的起居室里就可以管理大约一亿七千万人口，这是只有中世纪才会发生的故事。游客还会自言自语地说，一切都已烟消云散、永不再来。

附　录

十月诏书

（"失去的宪章"）

有关重整国家秩序

包含首都在内的帝国各地动荡不安，使我们心中充满巨大悲痛。俄罗斯帝国君主与人民一荣俱荣，一枯俱枯。四起的动乱会导致人心不稳，从而威胁到整个俄罗斯帝国权力的完整性和统一性。我们曾宣誓效力于沙皇，因此，我们必须在力所能及的范围内，尽早结束对国家政体来说十分危险的动乱。除命令相关机构采取措施铲除所有显而易见的动乱活动、违纪行为和暴力行径之外，为了保证默默履行义务的和平人士的安全，我们制定了一般性措施来平息国家局面。如果要有效贯彻，则有必要统一政府高层的行动。

我们赋予政府义务，以执行我们不可改变的意愿：

一、基于人权不可侵犯的原则，给予人民不可动摇的自由，即良心自由、言论自由、集会自由和结社自由。

二、在不干扰帝国杜马选举的前提下，在帝国杜马召开会议前，尽快让现在被完全剥夺了选举权的各个阶级参会。新建立的立法秩序（即根据

1905年8月6日^①帝国杜马和帝国议会通过的法律）将体现全民选举权原则的后续发展。

三、建立不可动摇的原则，即未经帝国杜马同意，任何法律不得生效，并保证民选代表能真正参与监督我们任命的机构，监督机构行动的合法性。

我们号召俄罗斯帝国全体忠诚的子民不忘对国家的责任，为停止前所未有的动乱做出贡献，与我们勠力同心，恢复祖国的安定祥和。

尼古拉

1905年10月17日^②

---

① 此为儒略历，公历1905年8月19日。——译者注
② 此为儒略历，公历1905年10月30日。——译者注

译名对照表

A Soldier's Notebook	《一个士兵的战时笔记》
A.A.Mosolov	A.A. 莫索洛夫
A.D.Obolensky	A.D. 奥伯伦斯基
Aaron Simanovich	亚伦·西马诺维奇
Abrosimov	阿布罗西莫夫
Adrianople	阿德里安堡
Adrianov	阿德里阿诺夫
Adriatic	亚得里亚海
Adzhemov	阿杰莫夫
Aegean	爱琴海
Aehrenthal	埃伦塔尔
Aladin	阿拉金
Alapayevsk	阿拉帕耶夫斯克
Albania	阿尔巴尼亚
Albert	阿尔贝特
Aleksandr Khvostov	亚历山大·赫沃斯托夫
Alexander Bridg	亚历山大桥
Alexander II	亚历山大二世
Alexander III	亚历山大三世
Alexander Lyceum	亚历山大中学

Alexander Mikhailovich	亚历山大·米哈伊洛维奇
Alexander Nevsky Monastery	亚历山大·涅夫斯基修道院
Alexander Obolensky	亚历山大·奥伯伦斯基
Alexander Palace	亚历山大宫
Alexander Trepov	亚历山大·特列波夫
Alexander Zvegintsev	亚历山大·泽维金茨耶夫
Alexandra	亚历山德拉
Alexeyev	阿列克谢耶夫
Alexis Khvostov	阿列克谢·赫沃斯托夫
Alfred Knox	阿尔弗雷德·诺克斯
Alix	阿利克斯
Amfiteatrov	阿姆菲捷阿特罗夫
Anastasia	阿纳斯塔西娅
Anhalt-Zerbst	安哈尔特－采尔布斯特公国
Anna Vyrubova	安娜·维鲁波娃
Apraxin	阿普拉克辛
Archangel	阿尔汉格尔斯克
Archduke Ferdinand	斐迪南大公
Armenia	亚美尼亚
Artamonov	阿尔塔莫诺夫
Astakhov	阿斯塔霍夫
Astoria Hotel	阿斯托里亚酒店
Astrakhan	阿斯特拉罕
Augustovo	奥古斯图夫
Avdeyev	阿夫杰耶夫
Azef	阿泽夫
Babeuf	巴伯夫
Badmayev	巴德马耶夫
Baghdad	巴格达
Baghdad railway	巴格达铁路

Balk	巴尔克
Baluyev	巴卢耶夫
Bangor	班戈
Baranovichi	巴拉诺维奇
Bark	巴尔克
Battle of Tannenberg	坦能堡战役
Battle of Tsushima	对马战役
Battle of Waterloo	滑铁卢战役
Beaumont	博蒙
Becker	贝克尔
Beletsky	别列茨基
Belgrade	贝尔格莱德
Beliayev	别利亚耶夫
Beloretsk	别洛列茨克
Belshazzar	伯沙撒
Benckendorff	本肯多夫
Berdichev	别尔季切夫
Bernard Pares	伯纳德·佩尔斯
Berthelot	贝特洛
Beskides	贝斯基德山
Bessarabia	比萨拉比亚
Bethmann Hollweg	贝特曼·霍尔韦格
Bezobrazov	别佐布拉佐夫
Bezobrazov	别佐布拉佐夫
Biren	比隆
Birilev	比瑞列夫
Bismarck	俾斯麦
Bitner	比特纳
Björk	比约科
Bogrov	博格罗夫
Bologoe	博洛戈耶

Charykov	恰雷科夫
Cheka	契卡
Chemodurov	切莫杜罗夫
Chernigov	切尔尼戈夫
Chesmé Chapel	切斯马教堂
Chkheidze	奇赫伊泽
Christiania	克里斯蒂安尼亚
Coblenz	科布伦茨
Coburg	科堡
Compiègne	贡比涅
Constandza	康斯坦察
Constantinople	君士坦丁堡
Corfu	科孚岛
Cossack	哥萨克
Cracow	克拉科夫
Crimean war	克里米亚战争
Cyril Vladimirovich	基里尔·弗拉基米洛维奇
Czernowitz	切尔诺夫策
Damansky	达曼斯基
Danilevsky	丹尼列夫斯基
Danube	多瑙河
Danzig	但泽
Dardanelles	达达尼尔海峡
Davidov	达维多夫
Dedyulin	杰久林
Degtarev	德格塔列夫
Demidova	杰米多娃
Demyanov	杰米亚诺夫
Denikin	邓尼金
Derevenko	得勒文科

Derevenko	得勒文科
Dmitry Constantinovich	德米特里·康斯坦丁诺维奇
Dmitry Pavlovich	德米特里·帕夫罗维奇
Dmitry Shipov	德米特里·希波夫
Dmitry Trepov	德米特里·特列波夫
Dmowski	德莫夫斯基
Dnieper	第聂伯河
Dniester	德涅斯特河
Dobrovolsky	多布罗沃尔斯基
Dobrudja	多布罗加
Dogger Bank	多格滩
Dolgorukov	多尔戈鲁科夫
Don River	顿河
Donets	顿涅茨河
Dora Kaplan	多拉·卡普兰
Dorna Vatra	多尔内·瓦特拉
Doumergue	杜梅格
Drenteln	德伦特
Dubensky	杜本斯基
Duke of Albany	奥尔巴尼公爵
Duke of Courland	库尔兰公爵
Duke of Holstein-Gottorp	荷尔斯泰因 – 戈托普公爵
Dukhonin	杜霍宁
Dumbadze	敦巴泽
Dunajec	杜纳耶茨河
Durnovo	杜尔诺沃
Dzhunkovsky	准科夫斯基
East Galicia	东加利西亚
Edward Grey	爱德华·格雷
Edward VII	爱德华七世

Ekaterinburg	叶卡捷琳堡
Ekaterinoslav	叶卡捷琳诺斯拉夫
Elisabeth	伊丽莎白
Ellershaw	埃勒肖
English Channel	英吉利海峡
Ermolov	叶尔莫洛夫
Ernest Louis	恩斯特·路易斯
Erzerum	埃尔祖鲁姆
Essen	埃森
Estonian	爱沙尼亚
Eugene Trubetskoy	尤金·特鲁别茨科伊
Evert	埃弗特
Falkenhain	法尔肯海恩
Faure	富尔
Fazlawica	伐兹拉维卡
Fedorov	费奥多罗夫
Fedorovsky Cathedral	费奥多罗夫斯基大教堂
Felix Yusupov	费利克斯·尤苏波夫
Feodor Rodichev	奥多尔·罗季切夫
Feodosyev	费奥多西耶夫
Ferdinand I	斐迪南一世
Fjords of Norway	挪威的峡湾地区
Flavell	弗拉维尔
Florence Barclay	弗洛伦斯·巴克利
Florinksy	弗洛林斯基
Florishchevo	弗罗瑞士切科夫
Fontanka	丰坦卡河
Francis Ferdinand	弗朗茨·斐迪南
Francois	弗朗索瓦
Franz Joseph I	弗朗茨·约瑟夫一世

Frederick the Great	腓特烈大帝
Freedericksz	弗雷德里克斯
Fülöp-Miller	富洛普－米勒
Gabriel	加布里埃尔
Galicia	加利西亚
Gallipoli	加利波利
Gapon	加蓬
Gatchina	加特契纳
Gedroitz	格德罗伊茨
George Buchanan	乔治·布坎南
George Lvov	格奥尔基·利沃夫
George Mikhailovich	格奥尔基·米哈伊洛维奇
George V	乔治五世
Gerasimov	格拉西莫夫
Giers	吉尔斯
Gladstone	格拉德斯通
Golitsyn	戈利岑
Goloshchekin	戈洛谢金
Golovin	戈洛温
Gorchakov	戈尔恰科夫
Goremykin	戈列梅金
Gorky	高尔基
Gorokhovoy	戈罗霍娃街
Governor General	莫斯科总督
Govorukho-Otrok	戈奥鲁霍－奥特罗克
Grand Duke Nicholas	尼古拉大公
Gravelotte	格拉沃洛特
Gravesend	格雷夫森德
Great Elector	大选帝侯
Grigorovich	格里戈罗维奇

Grigoryev	格里戈里耶夫
Grishka Otrepyev	格里什卡·奥特里叶夫
Grodno	格罗德诺
Guchkov	古奇科夫
Gurko	古尔科
Guryev	古里耶夫
Guseva	古谢娃
Gvozdev	格沃兹杰夫
Habalov	哈巴洛夫
Hackebusch	哈克布希
Hansa	汉萨同盟
Hardy	哈代
Haritonov	哈里托诺夫
Heine	海涅
Helen of Serbia	塞尔维亚的海伦
Hendrikov	亨得里科夫
Herzegovina	黑塞哥维那
Hesse-Darmstadt	黑森 – 达姆施塔特
Hindenburg	兴登堡
Hindenburg line	兴登堡防线
Hoffmann	霍夫曼
Holy Aliance	神圣同盟
Hötzendorf	赫岑多夫
House of Hohenzollern	霍亨索伦家族
Hoyos	霍约斯
Hrustalev	赫鲁斯塔廖夫
Ignatyev	伊格纳季耶夫
Igor Demidov	伊戈尔·杰米多夫
Illiodor	伊利奥尔多

Ilyinskoe	伊林斯科
Innocent	因诺森特
Insterburg	因斯特堡
Ipatyev	伊帕季耶夫
Ipatyevsky	伊帕季耶夫斯基
Irina	伊琳娜
Irmanov	伊尔曼诺夫
Ismailovsky Regiment	伊斯麦洛夫斯基团
Ivan Logginovich	伊万·洛吉诺维奇
Ivan Petrunkevich	伊万·彼得伦克维奇
Ivan the Terrible	伊凡雷帝
Ivangorod	伊万哥罗德
Ivanov	伊万诺夫
Ivanovo-Voznesensk	伊万诺沃 – 沃兹涅辛斯克
Izvolsky	伊兹沃尔斯基
Jagow	雅戈
Jaroslav	雅罗斯拉夫
Joffre	霞飞
John of Kronstadt	喀琅施塔得的约翰
Jugoslavia	南斯拉夫
Kafafov	卡法福夫
Kaledin	卡列金
Kaliayev	卡列亚耶夫
Kaluga	卡卢加
Kamenev	加米涅夫
Kamenno-Ostrovsky Prospekt	卡缅内岛大街
Karageorgevich	卡拉乔治维奇
Kasso	卡索
Kaufman	考夫曼

Kazan Cathedral	喀山大教堂
Kerensky	克伦斯基
Kiel	基尔
Kielce	凯尔采
Kienthal	金塔尔
Kirli-baba	克尔利 – 巴巴
Kirochnaya	克洛查纳亚
Kirpichnikov	基尔皮奇尼科夫
Kishinev	基希讷乌
Kitchener	基奇纳
Kluck	克鲁克
Klyuchevsky	克柳切夫斯基
Knyazev	克尼亚泽夫
Kobylinsky	科贝林斯基
Kokovtsev	科科夫佐夫
Kolchak	高尔察克
Komissarov	科米萨罗夫
Kondratenko	孔德拉坚科
Königgrätz	克尼格雷茨
Königsberg	柯尼斯堡
Koptyaki	库珀特亚基
Kornilov	科尔尼洛夫
Korokov	科罗科夫
Korolenko	科罗连科
Koropets	科罗佩齐
Kosovo	科索沃
Kostroma	科斯特罗马
Kotelnichi	科捷利尼奇
Kotzebue	科策比
Kozenice	科杰尼采
Krasnik	克拉希尼克

Krasnov	克拉斯诺夫
Krasnustaw	克拉斯内斯塔夫
Kremlin	克里姆林宫
Krivoshein	克里沃舍因
Krymov	克雷莫夫
Kshesinskaya	克谢辛斯卡娅
Kulchitsky	库利奇茨基
Kulomsin	库洛姆辛
Kulomzin	库洛姆津
Kulomzino	库洛姆齐诺
Kuropatkin	库罗帕特金
Kutepov	库捷波夫
Kutuzov	库图佐夫
Lake Naroch	纳拉奇湖
Lamsdorff	拉姆斯道夫
Lashkevich	拉什克维奇
Lazavert	拉扎维特
League of Liberation	解放联盟
Lechitsky	列奇茨基
Lemberg	利沃夫
Lena	勒拿河
Lesh	列什
Leszczyca	莱什奇卡
Lettish	拉脱维亚语
Leuchtenberg	洛伊希滕贝格
Lev Trotsky	列夫·托洛茨基
Libau	利耶帕亚
Liège	列日
Likhoslavl	利库斯拉夫尔
Lili Daehn	莉莉·德恩

Liman von Sanders	利曼·冯·桑德斯
Limpus	林普斯
Linsingen	林辛根
Liteiny	里特尼
Lithuania	立陶宛
Litvinov-Falinsky	利特维诺夫－法林斯基
Litzmann	利兹曼
Livadia	里瓦几亚
Lloyd George	劳合·乔治
Lokhtim	洛克蒂姆
Loris Melikov	洛里斯·梅利科夫
Loubet	卢贝
Lublin	卢布林
Lucius	卢修斯
Ludendorff	鲁登道夫
Lukomsky	卢科姆斯基
Lutsk	卢茨克
Lyubachev	吕巴乔夫
Macedonia	马其顿
Mackensen	马肯森
Madeira	马德拉
Makarenko	马卡连柯
Makarov	马卡罗夫
Maklakov	马克拉科夫
Malaya Vishera	小维舍拉
Malinovsky	马利诺夫斯基
Marfo-Mariinsky Convent	马大－马利亚修道院
Marie Antoinette	玛丽·安托瓦内特
Marie Corelli	玛丽·科雷利
Mariinsky Palace	马林斯基宫

Marne	马恩河
Marschall	马沙尔
Martemian	马特米扬
Martynov	马丁诺夫
Marwitz	马维茨
Mary of Teck	特克的玛丽
Masaryk	马萨里克
Mather and Platt	马瑟与普拉特
Maurice Baring	莫里斯·巴林
Max Horton	马克斯·霍顿
Maximovich	马克西莫维奇
Mazurian Lakes	马祖尔湖区
Mecklenburg-Schwerin	梅克伦堡－什未林大公国
Meriel Buchanan	梅里埃尔·布坎南
Metropolitan Antony	大主教安东尼
Metropolitan Flavian of Kiev	基辅的弗拉维安大主教
Michael Alexandrovich	米哈伊尔·亚历山德罗维奇
Michael Nikolaevich	米哈伊尔·尼古拉耶维奇
Michael Stakhovich	米哈伊尔·斯塔霍维奇
Middlesex	米德尔塞克斯郡
Militsa	米莉察
Millionnaya Street	米利翁纳亚街
Milyutin	米柳金
Mitau	米塔乌
Mitya Kolyaba	米佳·科利亚巴
Mlawa	姆瓦瓦
Mogilev	莫吉廖夫
Molodechno	莫洛杰奇诺
Montenegro	黑山
Moscow Regiment	莫斯科团
Motovilikhi	莫托韦利哈

Mount Tabor	塔沃尔山
Munich	慕尼黑
Munkacz	穆卡切沃
Munya Golovina	穆尼娅·戈洛文娜
Murder of the Romanovs	《谋杀罗曼诺夫家族》
Murmansk	摩尔曼斯克
Muromtsev	穆罗姆采夫
Myasnikov	米亚斯尼科夫
Myasoyedov	米亚索耶多夫
Napoleon Bonaparte	拿破仑·波拿巴
Narew	纳雷夫河
Narym	纳雷姆
Naumov	瑙莫夫
Neidhardt	奈德哈特
Nekrasov	涅克拉索夫
Nelidov	涅利多夫
Neo-Slavophil movement	新斯拉夫运动
Nesselrode	内塞尔罗德
Neue Freie Presse	《新自由报》
Neva	涅瓦河
Nevsky Prospekt	涅瓦大街
New Soviet	新苏维埃
Nicholas	尼古拉
Nicholas Homyakov	尼古拉·霍米亚科夫
Nicholas II	尼古拉二世
Nicholas Lvov	尼古拉·利沃夫
Nicholas Maklakov	尼古拉·马克拉科夫
Nicholas Mikhailovich	尼古拉·米哈伊洛维奇
Nicholas Sokolov	尼古拉·索科洛夫
Nicholas station of St.Petersburg	圣彼得堡的尼古拉车站

Nicolson	尼科尔森
Niemen	尼曼河
Nikolai Bunge	尼古拉·本格
Nilov	尼洛夫
Nizhny Novgorod	下诺夫哥罗德
Nizier	尼济耶
Nosar	诺萨尔
Novoe Vremya	《新闻时报》
Novo-Georgievsk	新格奥尔吉耶夫斯克
Novo-Torzhok	诺沃－托尔若克
Obruchev	奥布鲁切夫
Odessa	敖德萨
Okhrana	保卫部
Okhta	奥赫塔河
Olga	奥尔加
Once a Grand Duke	《大公往事》
Orbeliani	奥尔别利阿尼
Order of St.Anne	圣安娜勋章
Ordin-Nashchokin	奥尔登－纳晓金
Orsha	奥尔沙
Osipenko	奥西片科
Osovets	奥斯威克
Ostermann	奥斯特曼
Ostrolenka	奥斯特罗文卡
Out of My Life	《我的自传》
P. Medvedev	P.梅德韦杰夫
Palacky	帕拉兹基
Paleologue	帕莱奥洛格
Paley	帕雷

Palkino Rasputye	帕尔基诺·拉斯普特
Pankratov	潘克拉托夫
Papus	帕皮斯
Pashich	帕希奇
Paul Alexandrovich	保罗·亚历山德罗维奇
Paul Bulygin	保罗·布雷金
Paul I	保罗一世
Paul Vinogradov	保罗·维诺格拉多夫
Permanent Court of Arbitration	常设仲裁法院
Peter Benckendorff	彼得·本肯多夫
Peter I	彼得一世
Peter Nikolayevich	彼得·尼古拉耶维奇
Peter Struve	彼得·斯特鲁韦
Peter the Great	彼得大帝
Peterhof	彼得霍夫宫
Petrosany	彼得罗沙尼
Philippe Égalit	菲利普·艾格利特
Philippe Vachot	菲利普·瓦绍
Picked Composite Regiment	精英混合团
Pierre Gilliard	皮埃尔·吉利亚尔
Pilica	皮利察
Pilsudski	毕苏斯基
Pitirim	皮蒂里姆
Plehve	普勒韦
Plekhanov	普列汉诺夫
Pobedonostev	波别多诺斯采夫
Poincar	普安卡雷
Pokrovskoe	波克罗夫斯科耶
Pokrovsky	波克洛夫斯基
Police Russe et Revolution	《俄罗斯警察与革命》
Polivanov	波利瓦诺夫

Poltava	波尔塔瓦
Posen	波兹南
Potemkin	"波将金"号
Potsdam	波茨坦
Pourtalès	波尔塔勒斯
Prasnycz	普扎斯内什
Preobrazhensky Regiment	普列奥布拉任斯基团
President of the Duma	杜马主席
Prince Friedrich	弗里德里希王子
Prince Leopold	利奥波德王子
Princess Alice	爱丽丝公主
Princess Anastasia of Montenegro	黑山的阿纳斯塔西娅
Prittwitz	普里特维茨
Procurator of the Holy Synod	宗教大臣
Protopopov	普罗托波波夫
Przemysl	普热梅希尔
Pskov	普斯科夫
Pugachev	普加乔夫
Pushkin	普希金
Putilov	普季洛夫
Pyatigorsk	皮亚季戈尔斯克
Quarter-Master-General	军需长
Rachkovsky	拉奇科夫斯基
Radko Dmitriev	拉德科·德米特里耶夫
Railway Regiment	铁路团
Rambaud	朗博
Raspoutine	《拉斯普京》
Rasputin	拉斯普京
Ratimov	拉季莫夫

Rawa	拉瓦
Razin	拉津
Reichstad	赖希施泰特
Reichstag	帝国议会
Rein	赖因
Reinsurance Treaty	《再保险条约》
Rennenkampf	伦嫩坎普夫
Reshetnikov	列舍特尼科夫
Reval	雷瓦尔
Richard Chancellor	理查德·钱塞勒
Richard II	《理查二世》
Riga	里加
Rittikh	里蒂希
River Bug	布格河
River Stokhod	斯托希德河
River Styr	斯特里河
River Tobol	托博尔河
Rodionov	罗季奥诺夫
Rodzyanko	罗江科
Roediger	勒迪格
Romanova	罗曼诺娃
Rominten	罗明滕
Rozanov	罗扎诺夫
Rubinstein	鲁宾施泰因
Rukhlov	鲁赫洛夫
Rurik	留里克
Rus	"鲁斯"号
Russia and the Great War	《俄罗斯帝国与第一次世界大战》
Russia in 1914-17	《1914 年到 1917 年的俄罗斯帝国》
Russian conquest of Galicia	俄罗斯帝国征服加利西亚
Russian Revolution	俄罗斯革命

Ruthenians	鲁塞尼亚人
Ruzsky	鲁兹斯基
Sabler	萨布勒
Sailors of the Guard	海军禁卫团
Saint John of Kronstadt	喀琅施塔得的圣约翰
Saint Seraphim	圣撒拉弗
Saint Theophan	圣西奥潘
Sakhalin	库页岛
Sakharov	萨哈罗夫
Salonica	萨罗尼加
Samarin	萨马林
Sampson Prospekt	桑普森街
Samsonov	萨姆索诺夫
Samuel N.Harper	塞缪尔·N.哈珀
San	桑河
Sarajevo	萨拉热窝
Sarakamysh	萨雷卡梅什湖
Saratov	萨拉托夫省
Sarov	萨罗夫
Sarrail	萨拉伊
Scheidemann	谢德曼
Schneider	施奈德
Scylla	斯库拉
Second Boer War	第二次布尔战争
Sedan	色当
Sedlitz	塞德利茨
Selivachev	塞利瓦切夫
Semenovsky Guard	谢苗诺夫斯基团
Senioren Konvent	元老会议
Sereth	锡雷特河

Sergey Sazonov	谢尔盖·萨佐诺夫
Sergius Alexandrovich	谢尔盖·亚历山德罗维奇
Sergius Markov	谢尔盖·马尔科夫
Sergius Mikhailovich	谢尔盖·米哈伊洛维奇
Sergius Palace	谢尔盖宫
Sergius Shidlovsky	谢尔盖·舍特洛夫斯基
Sergius Trubetskoy	谢尔盖·特鲁别茨科伊
Sevastopol	塞瓦斯托波尔
Shakhovskoy	沙霍夫斯科伊
Shavelsky	沙维尔斯基
Shavli	希奥利艾
Shcheglovitov	谢格洛维托夫
Shcherbachev	谢尔巴乔夫
Shcherbatov	谢尔巴托夫
Shingarev	申加廖夫
Shir Shikh	希林·希哈
Shirvan	希尔凡
Shornikova	申尼科娃
Shulgin	舒勒金
Shuvayev	舒瓦耶夫
Shvedov	什韦多夫
Sienawa	谢尼亚瓦
Sievers	西弗斯
Silesia	西里西亚
Simbirsk	辛比尔斯克
Sipyagin	西皮亚金
Skavenius	斯卡韦纽斯
Skerries	斯凯里斯岛
Skobelev	斯科别列夫
Smolensk	斯摩棱斯克
Smorgoni	斯莫尔贡

Snezar	斯奈扎
Sodom	所多玛
Sokols	索科尔
Solovyev	索洛维耶夫
Somme	索姆河
Souvenirs de Russie	《俄罗斯帝国回忆录》
Soviet Government	苏维埃政府
Spala	什保洛
Speransky	斯佩兰斯基
St.Andrew	圣安德烈勋章
Stallupönen	涅斯捷罗夫
Stankevich	斯坦克维奇
State Auditor	审计长
State Duma	帝国杜马
Steklov	斯捷克洛夫
Stolypin	斯托雷平
Storozhev	斯托罗热夫
Stössel	施托塞尔
Stürkgh	施图尔
Stürmer	施蒂默尔
Stuttgart	斯图加特
Sukhanov	苏哈诺夫
Sukhomlinov	苏霍姆利诺夫
Sukhotin	苏霍京
Sunny	桑妮
Suvorov	苏沃洛夫
Sverbeyev	西尔贝耶夫
Sverdlov	斯维尔德洛夫
Svyatopolk-Mirsky	斯维亚托波尔克 – 米尔斯基
Tales of Sevastopol	《塞瓦斯托波尔的故事》

Tamberlane	帖木儿
Taneyev	塔涅耶夫
Tariff Treaty	《关税条约》
Tarnov	塔尔诺夫
Tartar	鞑靼人
Tatyana	塔季扬娜
Teglova	特格洛娃
Tereshchenko	捷列先科
Teutonic	条顿人
The Citizen	《公民》
The Crucifixion of Liberty	《自由的受难》
The Dissolution of the Empire	《俄罗斯帝国的瓦解》
The End of the Russian Empire	《俄罗斯帝国的灭亡》
The Holy Devil	《神圣的魔鬼》
The Japanese War	日俄战争
The Real Rasputin	《真实的拉斯普京》
The Real Tsaritsa	《真实的沙皇皇后》
The Reign of Rasputin	《拉斯普京的统治》
The Will of Russia	《俄罗斯之愿》
Things I Remember	《我的回忆》
Thorn	托伦
Thornhill	桑希尔
Timiryazev	季米里亚泽夫
Tōgō Heihachirō	东乡平八郎
Tolstoy	托尔斯泰
Tosno	托斯诺
Town Council Red Cross	市镇红十字会
Transylvania	特兰西瓦尼亚
Treaty of Berlin	《柏林条约》
Treaty of Brest-Litovsk	《布列斯特－立陶夫斯克条约》
Treaty of Bucarest	《布加勒斯特条约》

Treaty of Paris	《巴黎条约》
Treaty of Portsmouth	《朴次茅斯条约》
Trembovlya	捷列博夫利亚
Trupp	特鲁普
Tsaritsyn	察里津
Tsarskoe Selo	沙皇村
Tsarstvo-Polskoe	俄属波兰
Tschirschky	奇尔施基
Tsushima	对马
Turkestan	突厥斯坦人
Twenty-Five Years	《二十五年》
Tyrolese	蒂罗尔人
Tyumen	秋明
Tyutcheva	丘特切娃
Upper Silesia	上西里西亚
Urals	乌拉尔
Uritsky	乌里茨基
Urusov	乌鲁索夫
Utkina	乌特基纳
V.P.Meshchersky	V.P. 梅谢尔斯基
Varum-Sekret	沃鲁姆－塞克雷特
Vasilyev	瓦西里耶夫
Venizelos	韦尼泽洛斯
Ventnor	文特诺
Verdun	凡尔登
Verkhoturye	维尔霍图里耶
Viborg	维堡
Viborg appeal	《维堡宣言》
Victor Frank	维克托·弗兰克

Villa Rod	罗德别墅
Vilna	维尔纳
Vissarionov	维萨里奥诺夫
Vitebsk	维捷布斯克
Vladimir Alexandrovich	弗拉基米尔·亚历山德罗维奇
Vladimir Bobrinsky	弗拉基米尔·博布林斯基
Vladimir Burtsev	弗拉基米尔·布尔采夫
Vladimir Nabokov	弗拉基米尔·纳博科夫
Vladimir Orlov	弗拉基米尔·奥尔洛夫
Vladimir Purishkevich	弗拉基米尔·普里什克维奇
Vladimir Ulyanov	弗拉基米尔·乌里扬诺夫
Vladimir-Volynsk	弗拉基米尔–沃伦斯基
Vladivostok	海参崴
Voeykov	沃耶伊科夫
Volkonsky	沃尔康斯基
Volkov	沃尔科夫
Volynsky	沃林斯基
Volzhin	沃尔任
von Anrep	冯·安列普
von der Goltz	冯·德·戈尔茨
Vorontsev-Dashkov	沃龙佐夫–达什科夫
Vosges	孚日山脉
Vyatka	维亚特卡省
Vyazemsky	维亚泽姆斯基
Vyazma	维亚济马
Vyrubov	维鲁博夫
W.J.Birkbeck	W.J.伯克贝克
Walton-on-Thames	泰晤士河畔的沃尔顿
War Office	陆军部
Warburg	瓦尔堡

Wendorff	文多夫
Wielepolski	维罗波尔斯基
Wilhelm II	威廉二世
Wilhelm von Mirbach	威廉·冯·米尔巴赫
Wilkes	威尔克斯
William I	威廉一世
Windsor	温莎
Winter Battle'of February	冬季战役
Wirballen	维尔巴利斯
Wisloka	维斯沃卡河
With the Russian Army	《俄罗斯军中见闻》
Witte	维特
Wloclawek	弗沃茨瓦韦克
Woyrsch	沃伊尔施
Xenia	克塞尼娅
Yakhontov	亚洪托夫
Yakimov	亚基莫夫
Yakovlev	雅科夫列夫
Yakovleva	雅科夫列娃
Yalta	雅尔塔
Yanushkevich	亚努什克维奇
Yaroslavl	雅罗斯拉夫尔
Yegor Sazonov	叶戈尔·萨佐诺夫
Yudenich	尤登尼奇
Yurenin	尤勒宁
Yuri Danilov	尤里·丹尼洛夫
Yurovsky	尤洛夫斯基
Yusup-Murza	尤苏普－穆尔扎

Zankevich	赞克维奇
Zaslavsky	斯拉夫斯基
Zavoyko	扎沃伊科
Zemgor	泽姆戈
Zemsky Sobor	缙绅会议
Zemstva	地方自治局
Zemstvo Red Cross Union	红十字地方自治联盟
Zemstvo-Octobrists	地方自治－十月党
Zhilinksy	日林斯基
Zimmerwald	齐美尔瓦尔德
Zinovyev	季诺维也夫
Zubatov	祖巴托夫
Zvanka	札万卡